재일조선인 문학과 민족
김사량·김달수·김석범의 작품세계

재일조선인 문학과 민족

김사량 · 김달수 · 김석범의 작품세계

국학자료원

책머리에

　재일동포에 의해 일본어로 쓰인 문학을 일본에서는 보통 '재일조선인문학'이라고 한다. 재일동포나 일본인들이 '재일조선인문학'이라고 할 때는 남·북한의 구별 없이 일본에 살고 있는 한민족 후예들의 문학이라는 뜻으로 사용한다. 그런데 한국에서는 '조선'이라는 말을 꺼려하여 '재일동포문학', '재일교포문학', '재일한국인문학' 등과 같은 용어를 사용하고 있는 경우가 많다.
　이와 같은 다양한 용어의 정의는 남북한의 정치적 대립이 재일동포문학에 대한 인식에도 영향을 미치고 있음을 말해주고 있으며, 실제로 재일동포사회는 조국의 영향으로 양분되어 대립하고 있는 실정이다. 따라서 일제의 조선에 대한 식민지배의 결과로 형성된 재일동포사회는 일본사회의 민족적 차별이라는 억압 속에서 조국의 분열과 대립으로 인한 이중고를 겪고 있는 것이다.
　그러므로 재일조선인문학은 일제 강점기의 불운한 민족적 운명을 담아내는 것에서 출발하여, 일제의 패전 이후에는 일본사회의 민족 차별에 대한 저항적 자세를 견지함과 동시에, 해방된 조국이 분열되어 대립하고 있는 현실에 대한 안타까움을 그려냄으로써 재일동포사회의 고난의 역사를 총체적으로 형상화하고 있다는 특징을 지닌다.
　이렇게 재일동포들의 고단한 삶을 그려낸 재일조선인문학은 해방 이후에도 귀국하지 않고 일본에 거주하고 있는 동포들에 의한 문학으로 한정되는 경우도 있으나, 문학의 연속성이라는 측면에서 해방 이전의 일본문단에서 활약했던 문인들의 문학까지 포함하는 용어로 사용되는 것이 일반적이다.

본서는 재일조선인문학의 일반적인 정의에 입각하여 일제말기의 민족적 고난을 그려낸 김사량, 일본사회에서 차별받는 동포들의 삶과 분단된 조국 통일의 염원을 담아낸 김달수, 그리고 <제주4·3사건>이라는 이데올로기의 대립에 의한 제주민중의 고통을 형상화한 김석범 문학을 '민족문학'이라는 입장에서 연구한 내용을 수록하였다.

연구의 주된 내용은 필자의 박사학위 논문「민족문학으로서의 재일조선인문학-김사량·김달수·김석범을 중심으로」(충남대학교 대학원, 2007.2)에 토대를 두고 있음을 밝혀둔다. 그러나 본서의 출간에 즈음하여 적지 않은 보정이 있었으며, 책 말미의 작가연보와 주요 작품의 줄거리는 새로이 추가하였다.

기왕에 학위 논문으로 발표된 연구내용을 새삼스레 출간하게 된 계기는 부족한 내용을 보정하고 재일조선인문학에 대한 세간의 관심을 이끌어내고 싶다는 필자의 소박한 욕심에 있었다. 그러나 부실한 저작으로 이러한 소망을 갖는다는 것이 미숙한 연구자의 과욕일수도 있겠으나, 여러 선학들의 충고와 질책으로 자신의 연구를 다듬어 가고 싶다는 생각에서 출간을 결심하게 되었다.

미흡한 저작이지만 필자의 논문 집필을 노심초사 지켜봐주신 지도교수님과 여러 은사님들의 지도와 격려 덕분에 출간할 수 있었음을 밝히며, 이 자리를 빌려 다시 한 번 깊은 감사의 말씀을 드리고 싶다. 또한 바쁘신 중에도 부족한 논문을 검토해주신 이한창 교수님과 김환기 교수님, 그리고 일본의 임전혜 선생님께도 감사의 말씀을 드린다. 그리고 많은 연구 자료를 제공해주신 야마키(八卷) 선생님과 출판에 힘써주신 국학자료원의 정구형 이사님께도 심심한 사의를 표한다.

2009. 4. 김학동

격려의 말

　재일동포들에 의해 쓰인 재일조선인문학만큼 한민족의 존재의미와 그 가치를 추구한 문학도 드물다. 그렇지만 일본어로 쓰였고 일본인 독자를 대상으로 하고 있다는 이유로 일본문학의 범주 안에서 일본인 연구자들의 연구 결과에 의존해왔을 뿐, 한국에서의 주체적인 연구는 미흡한 상태에 머물고 있었다.

　따라서 동포들에 의해 한민족의 문제를 다룬 문학임에도 불구하고 타자적이고 피상적인 연구결과를 도출해내는데 그칠 수밖에 없었으며, 재일조선인문학을 통해 한민족의 과거와 현재를 돌아보고 미래의 발전을 도모하려는 움직임 역시 찾아보기 어려웠다.

　그런데 본서의 저자인 김학동 선생이 본교의 석·박사 과정에 재학하면서 기존의 일본인 연구자들과는 달리 스스로의 민족 문제를 다룬 문학이라는 입장에서 주체적인 연구를 시도하였다. 그 결과 석사학위 논문으로 「『太白山脈』研究 – 김사량·김달수·조정래를 중심으로 –」를 완성하였고, 박사학위논문으로 본서의 토대를 이루고 있는 「민족문학으로서의 재일조선인문학 – 김사량·김달수·김석범을 중심으로 –」를 완성하였다. 이와 같은 김 선생의 연구는 재일조선인문학을 일본문학으로 생각하고 있던 한국의 연구자들에게 한국문학의 범주 안에서 적극적으로 연구해야할 대상이라는 인식과 관심을 불러일으키는 계기가 되었다.

　그리고 다행히도 재일조선인문학에 대한 주체적인 연구를 강조한 김 선생의 박사학위 논문이 다소의 보정과 자료의 보완을 거쳐 단행본으로 출간된다고 하니, 김 선생의 연구를 지켜본 지도교수로서 매우 기쁘게 생각한다. 김 선생은 바로 얼마 전에도 장혁주라는 친일작가의 일본어 작품에 대해 한국인 연구자로서의 주체적인 입장에서 집필한 연구서『張赫宙의 일본어 작품과 민족』(국학자료원, 2008)을 출간하여 학계의 관심을 불러일으킨 바 있다.

이상과 같은 김 선생의 연구는 스스로의 민족문제를 형상화한 재일조선인문학을 동족의 문학연구라는 주체적인 입장에서 진행해왔다는 특징을 지니고 있는데, 이는 재일조선인문학의 본질을 파악하는데 있어 매우 중요한 연구 자세라 할 수 있을 것이다. 그렇지만 아직도 미숙한 연구자의 저작인 만큼 앞으로 여러 선학들의 조언과 충고를 적극 수용하여 내용을 보완하고 학문적 역량을 키워가겠다는 각오를 다져야 할 것이다.

끝으로 여러 어려움 속에서도 본서의 출간에 힘쓴 김학동 선생의 노고를 위로하며, 앞으로도 재일조선인문학의 학문적 발전에 공헌할 수 있도록 더욱 성실히 연구에 매진할 것을 기대하는 바이다. 그동안 김 선생의 학업과 연구에 많은 도움을 주신 여러 교수님들께 감사의 말씀을 드린다.

2009. 4. 충남대학교 장남호

목차

Ⅰ. 서 론 | 17

1. 재일조선인 문학의 개념 | 17
2. 재일조선인 문학의 형성 | 20
3. 재일조선인 문학의 연구동향 | 27
4. 연구의 목적 | 34
5. 연구의 범위와 방법 | 36

Ⅱ. 민족문학으로서의 재일조선인 문학 | 41

1. 머리말 | 41
2. 민족주의와 민족문학의 개념 | 42
3. 재일조선인 문학의 귀속성 | 50
4. 민족문학으로서의 일본어글쓰기 | 56
5. 맺음말 | 69

Ⅲ. 식민지배하의 김사량 문학 | 73

 － 김사량 문학과 내선일체(內鮮一體) － | 73

1. 머리말 | 73

2. 김사량 문학과 민족주의적 저항 | 75
3. 「빛 속으로」에 대한 재평가 | 78
4. 「광명」과 내선일체 | 83
5. 「향수」와 대동아공영 | 88
6. 조선말과 민중을 위한 협력적 제스처 | 90
7. 맺음말 | 95

－김사량의 『太白山脈』과 민족독립의 꿈－ | 98

1. 머리말 | 98
2. 『太白山脈』의 집필과정 | 100
3. 민족의 혼과 함께 하는 주인공 윤천일 | 103
4. 조선의 역사와 풍속에 관한 묘사 | 107
5. 친일잡지 『國民文學』과 『太白山脈』 | 113
6. 불가피한 친일협력의 흔적 | 118
7. 맺음말 | 120

Ⅳ. 해방 전후사와 김달수 문학 | 123

− 김달수 문학의 사상적 배경 − | 123

1. 김사량과 김달수 | 123
2. 김달수의 작가적 여정과 「叛亂軍」 | 129
3. 「叛亂軍」과 민족통일 이념의 형상화 | 133
4. 맺음말 | 143

− 김달수의 『太白山脈』과 민족의식 − | 145

1. 머리말 | 145
2. 『太白山脈』과 민족의식 | 146
3. 해방 직후의 민족적 갈등과 『太白山脈』 | 152
4. 집필되지 못한 『太白山脈』 속편 | 176
5. 맺음말 | 179

Ⅴ. 김석범 문학과 <제주4・3사건> | 183

− 김석범 문학과 <제주4・3사건> − | 183

1. 김석범 문학의 개관 | 183
2. 김석범 문학의 원천으로서의 <제주4·3사건> | 186
3. 민족문학으로서의 망명문학 | 190

－김석범의 한글 『화산도』－ | 195

1. 머리말 | 195
2. 김석범 문학의 태동 | 197
3. 한글 『화산도』의 특징과 중단 배경 | 202
4. 한글 『화산도』의 위상 | 208
5. 맺음말 | 214

－김석범의 『火山島』－ | 216

1. 머리말 | 216
2. 『火山島』와 정치적 이데올로기 비판 | 218
3. 『火山島』에 대한 비평적 고찰 | 228
4. 맺음말 | 230

－『火山島』와 이방근(李芳根)－ | 232

―『火山島』와 이방근(李芳根)― | 232

1. 이방근의 여성관계 | 232
2. 제주민중의 상징이며 생명의 근원인 '부엌이' | 233
3. 문난설(文蘭雪)과의 허망한 사랑이 지닌 상징성 | 238
4. 꿈으로 표출되는 민족혼 | 241
5. 신영옥(辛英玉)과의 순간적인 사랑의 의미 | 245

―『火山島』와 제주도의 문학적 형상화― | 248

1. 서장(序章)의 제주 | 248
2. 제주도민의 형성과 그 특성 | 251
3. 제주도의 풍습과 문화 | 253

―『火山島』와 기존 작품과의 제 관계― | 262

―소결― | 269

Ⅵ. 결 론 ∣ 273

≪참고문헌≫ ∣ 281

Ⅶ. 부 록 ∣ 311

≪김사량 연보≫ ∣ 311
≪김달수 연보≫ ∣ 326
≪김석범 연보≫ ∣ 360

-『火山島』의 주요 등장인물과 줄거리- ∣ 389

Ⅰ. 서론

1. 재일조선인 문학의 개념

재일동포에 의해 쓰인 문학을 일본에서는 보통 '재일조선인 문학'으로 칭한다. 그런데 남한이 '대한민국'으로, 북한이 '조선민주주의인민공화국'으로 독립된 정부를 세우자, 일본에서는 이를 '한국(韓国)'과 '북조선(北朝鮮)'으로 통칭하게 되었다. 그런데 문제는 '재일조선인 문학'이라는 호칭이 재일동포 문인들의 의지와는 상관없이 북조선에 국적을 두고 있거나 관계가 깊은 작가들에 의한 문학이라는 인상을 깊게 한다는 데 있다.[1] 더욱이 남한 사회에서는 대한민국 정부수립과 함

---

[1] 일본에 거주하고 있는 재일동포의 국적 문제는 크게 세 가지 형태로 분류된다. 일본국적을 취득하여 일본인으로 귀화한 경우와, 대한민국의 국적을 취득한 경우, 그리고 일본의 식민통치에서 해방되던 당시에 주어졌던 '조선'이라는 기호가 있다. 조선이라는 기호는 국적이라기보다는 일종의 일본 잔류 조선인이라는 의미로 부여된 것인데, 일본은 아직까지 북한과 국교를 맺고 있지 않기 때문에, 조선이라는 기호가 북한의 국적을 가리키는 것은 아니다. 즉 일본인으로 귀화하지도 않고 한국 국적을 취득하지 않은 재일동포는 모두 '조선'으로 되어 있는데, 이들의 상당수는 한국이나 북한의 편에 서지 않고 조국이 통일되면 그때 국적을 바꾸겠다는 생각을 갖고 있는 것으로 전해진다. 이러한 생각을 확고히 하고 있는 인물의 예로 작가 김석범을 들 수 있다.

께 '조선'이라는 용어의 사용이 터부시되었다.

이런 이유로 그동안 한국에서는 조선이라는 단어를 뺀 채 '재일동포 문학'[2], '재일교포 문학'[3], '재일한국인 문학'[4]과 같은 용어를 사용해 왔으며, 최근에는 '재일코리언 문학'이라는 용어도 사용하고 있다. 또한 일본에서도 한국을 의식한 듯 '재일한국·조선인', '재일한국·조선인 문학'이라는 용어를 사용하는 경우가 많아졌다.

그런데 '재일한국인 문학'이라는 용어는 한국 측의 사정을 우선시 하여 '재일조선인 문학'의 본질을 희석시킬 우려가 있다. 해방 이전에 일본어로 작품을 발표한 장혁주(張赫宙)와 김사량(金史良)이 한국인인가 하는 문제를 비롯하여, 김석범(金石範)과 같이 통일된 조국을 기다리겠다며 한국 국적의 취득을 거부하는 작가들까지 전부 '재일한국인 문학'과 '재일한국인 작가'라는 용어로 묶는 것은 그러한 작가들이 작품에 임했던 작가정신을 침해 할 우려가 있다.

이런 의미에서는 '재일동포 문학' 또는 '재일교포 문학'이라는 용어가 무난할 것으로 생각되지만 이는 본국의 입장만을 강조한 호칭으로,

---

[2] 양석일 외 5인 著·이한창 옮김, 『재일동포작가 단편선』, 소화, 1996, 7쪽. ; 이한창은 '재일동포 문학'이란 일본에 사는 우리 동포들에 의해 이루어진 문학으로서, 일반적으로 '재일조선인 문학'이라는 명칭으로 통용되고 있으나, 일본, 러시아, 중국, 미국, 유럽 등 해외에 거주하고 있는 동포에 의해 이루어지는 동포 문학을 의식하고 필자 나름대로 정해 놓은 명칭이다. 라는 정의를 내렸다.

[3] 이한창, 「재일교포 문학연구」, 『외국문학』, 열음사, 1994 겨울, 78쪽. ; '재일교포 문학이란 일본사회에서 우리 교포들이 쓴 문학을 가리키는 말'로 정의를 내렸다.

[4] 유숙자, 『在日한국인 문학연구』, 月印, 2000, 10쪽. ; "한국, 일본 어느 쪽에도 통용될 수 있는 호칭으로 '재일한국인 문학'이라 부르고자 한다." 고 하였다. 그런데 유숙자의 다른 논문인 「해방 후 재일 동포 문학을 일군 사람들」(『재일조선인 그들은 누구인가』, 삼인, 2003)에서는 그 제목에 '재일동포 문학'이라는 용어를 사용하고 있으며, 본문의 내용 중에서는 '재일한국인 문학'을 '재일 문학'과 같은 개념으로 다시 사용하고 있어서, 용어의 사용에 혼란을 보이고 있음을 알 수 있다.

일본 현지에서는 '在日同胞'나 '在日僑胞'와 같은 표기만으로는 그 국적을 특정 지을 수 없어서 일본에 거주하고 있는 동포들이 받아들이기에는 부적절한 면이 있다.5)

일본의 평론가 이소가이 지로(磯貝治良)는 "엄밀히 조사하지는 않았지만 '재일조선인 문학'이라는 호칭을 사용하기 시작한 것은 1960년대 초라고 생각한다"6)는 말과 함께, 해방 이후 1950년대까지는 그저 "일본어로 쓴 조선인 문학"으로 인식되고 있었다는 견해를 밝혔다. 그러나 '재일조선인 문학'이라는 호칭이 채 30년이 지나기도 전에 새로이 등장하는 세대들의 문학을 포괄할 수 없게 된 현실을 바탕으로, 이제는 "'재일조선인 문학'이 아닌 '재일 문학'으로 부르는 것이 적절하다"는 인식을 피력했다. 이와 같이 '조선인'이라는 말이 생략된 '재일 문학'에 대하여 홍기삼은 "결국 아이덴티티가 매우 불투명해진 조선인(한국인) 출신들의 문학을 말하는 것"7)이라며 아쉬움을 나타냈다. 즉 '재일 문학'이라 불리는 용어는 제3의 문학세대의 출현을 뜻하는 것으로, 더 이상 '재일조선인 문학'이라는 범주 안에서 논하기 어려운 문학의 출현을 의미한다.

그런데 재일조선인에 의한 '재일조선인 문학'의 범주를 넓은 의미로 고찰할 때는 한국어로 집필된 문학까지 포함한다고 하겠으나, 일반적으로는 일본어로 쓴 작품으로 한정하는 경우가 대부분이다. 그 이유로는 "한국어로 쓴 작품은 한국문학이라는 의식을 가지고 썼다"8)는

---

5) 일본 거주 동포들의 입장에서 볼 때, 在日僑胞, 在日同胞라는 한자 표현은 일본에 거주하는 재일한국·조선인만을 지칭하는 고유호칭으로 받아들이기 어려운 면이 있다. 한자권의 다른 아시아인들 역시 사용할 수 있는 표현이기 때문이다.
6) 磯貝治良, 「第一世代の文学略図」, 『季刊 青丘』, 1994, 春, 34쪽.
7) 홍기삼, 「재일한국인 문학론」, 『재일한국인 문학』, 솔, 2001, 32쪽.
8) 이한창, 『재일 교포문학의 작품성향 연구 — 정치의식 변화를 중심으로 —』, 중앙대 박사학위논문, 1996, 3쪽.

사실과, "재일조선인 문학은 조선인이 일본어로 조선적인 것이나 조선인의 생활을 그린 것으로 제한한다"9)는 김달수(金達壽)의 견해에 연구자들이 동감하고 있기 때문이다.

필자는 일본의 동포에 의한 문학이 '재일동포 문학'이나 '재일교포 문학', 또는 '재일한국인 문학'이라 불리는 것은 "본국 중심주의 또는 분단 구도적 사고에서 비롯된 주관적인 것"10)이라는 견해가 타당하다고 생각하여, 본 논문에서는 일본문단에 통용되는 '재일조선인 문학'이라는 용어를 사용하기로 하였다. 그리고 그 연구대상을 일본의 동포가 쓴 일본어 작품으로 한정한다는 김달수의 견해와 입장을 같이하여 한국어로 쓴 작품은 제외11)하였다.

2. 재일조선인 문학의 형성

2.1 해방 전 재일조선인의 문학 활동

해방 전의 재일조선인에 의한 문학 활동은 구한말 유학생의 활동에서 시작된다고 할 수 있다. 그러나 유학생들의 활동 이전에 조선 정부에서 파견한 관리로서 일본에서 문화저술 활동을 했던 이수정(李樹廷)과 유길준(兪吉濬) 같은 이들이 있었다. 유학생들에 의한 문학 활동은 거의 조선어에 의한 것이었으며, 일본어에 의한 문학 활동은 주로 사회주의자들이 일본의 프로문학잡지에 발표하면서 시작되었다. 본고에서는 재일조선인 문학 연구자인 임전혜의 저서『일본의 조선인문학

---

9) 安宇植,「金達壽, 人と作品」,『直』11号, 1980, 7쪽.
10) 한일민족학회 엮음,『재일조선인 그들은 누구인가』, 삼인, 2003, 5쪽.
11) 필자는 본 논문에서 김석범의 한글『화산도』를 분석하고 있는데, 이는 일본어로 쓴 장편『火山島』와의 비교 고찰을 위한 것이다.

의 역사-1945년까지-』12)에 기술된 내용을 중심으로 조선인에 의한 일본어 소설 창작 활동에 한하여 간략히 정리해보고자 한다.

조선인으로서 일본 프로문학잡지에 가장 먼저 일본어 작품을 발표한 사람은 정연규(鄭然圭)로서, 1922년 『예술전선(芸術戦線)』에 단편소설 「혈전의 전야(血戦の前夜)」를 발표한 이후 「유랑의 하늘(さすらいの空)」(1923), 「생의 번민(生の悶え)」(1923), 「광자의 삶(光子の生)」(1925) 등을 발표했다. 이 중에 「혈전의 전야」는 서울 시내를 내려다볼 수 있는 곳에 자리한 의병부대의 부대장이 적에 의한 민중의 살해에 울분을 참지 못해 자멸행위와 같은 공격명령을 내린다는 내용을 담고 있어 저항적인 정연규의 문학적 특성을 짐작할 수 있다.

그리고 1927년에는 한식(韓植)의 「엿장사(飴賣り)」와 김희명(金熙明)의 「거지 대장(乞食の大将)」, 「채찍 아래를 간다(笞の下を行く)」가 발표되었다. 「엿장사」는 일본에 이주한 조선인들의 삶을 다룬 작품으로 아침에는 낫토(納豆 : 삶은 메주콩을 띄운 것), 저녁에는 엿을 팔러 다니는 조선 소녀가 비극적인 투신자살을 한다는 내용이고, 「채찍 아래를 간다」는 제2공산당 사건으로 투옥된 늙은 조선인의 시대적인 고난과 역사적 사실을 수기의 형식으로 그려낸 작품이다. 이들 작품은 조선의 실상을 일본인에게 알리고 일본에 거주하는 조선인들의 현실과 생활을 그려냄으로써, 이후의 재일조선인 문학가들이 지향하는 중요 테마를 앞서 제시하고 있다는 데 큰 의의가 있다.

이에 그치지 않고 박능(朴能)은 1932년에 「동지(味方)」를 발표하였다. 이 작품은 아직 조직 체계를 완성하지 못한 재일조선인들의 폐쇄된 생활과 그 속에 스며있는 퇴폐적인 노예근성을 날카롭게 포착하고

---

12) 任展慧, 『日本における朝鮮人の文学の歴史-1945年まで-』, 法政大学出版局, 1994. ; 박사학위논문.

있는데, 일본인들과 연계하여 투쟁을 도모하려는 재일조선인들의 모습을 그려낸 최초의 작품이라는 점에 그 의의가 있다.

또한 1934년에는 정우상(鄭遇尙)이「소리(聲)」를, 1935년에는 이조명(李兆鳴 : 李北鳴의 필명)이「첫 출진(初陣)」을『문학평론(文学評論)』에 발표하였다.「소리」는 간도에서 소작쟁의 운동에 관여하다가 고문으로 성대가 파열된 채 서대문형무소에 수감된 주인공과 그 아내의 애달픈 애정을 정감 있게 그려낸 작품이고,「첫 출진」은 흥남질소비료공장 노동자들의 비참한 실상과 공장 내에서 노동자조직을 만들어 가는 과정을 자신의 체험에 바탕을 두고 그려낸 작품이다.

이상과 같이 재일조선인에 의한 문학은 일본 프롤레타리아문학 운동의 자극과 지원에 의해 탄생된 기관지에 발표해 온 것이 전부였으나, 1932년 4월『개조(改造)』의 현상공모에 장혁주의「아귀도(餓鬼道)」가 2위로 입선함으로써 일본문단 등단이 실현되었다.「아귀도」는 식민지 조선의 농민을 갖은 수법으로 착취하려는 지주계급과 일본제국주의를 정면에서 고발한 분노의 문학이었다. 그리고 연이어 발표된「하쿠타 농장(迫田農場)」(1932.6)과「쫓기는 사람들(追はれる人々)」(1932.10), 단편집『권이라는 남자(權という男)』(1934.6)에 수록된「산신령(山靈)」,「소년(少年)」과 같은 작품에서도 이와 같은 자세를 엿볼 수 있다. 그러나 한편으로는 농민들의 분노를 직접적인 반항으로 연결시켜 가는 강인함 속에 취약한 일면을 내포하고 있으며, 지나치게 서정적인 표현으로 기울어진 점은 장혁주가 극복해야 할 과제였다고 할 수 있다.

장혁주는 일본어 글쓰기를 통하여 조선인들의 고난을 일본과 세계에 알린다는 생각[13]으로 문학 창작에 임했고 '일본프롤레타리아작가

---

13) 張赫宙(1953.3)「脅迫」,『新潮』, 129쪽.

동맹'의 가맹을 결의하였지만, 일본문단에서 프로문학이 일제의 탄압으로 쇠퇴를 거듭하자 그의 작품 경향은 변화를 보이기 시작한다.

초기의 일본어 창작으로 형성된 문학적 토대를 스스로 부정하기 시작한 장혁주는 그 과도기적 작품으로「갈보(ガルボウ)」(1934.3),「장례식날 밤에 생긴 일(葬式の夜の出来事)」(1934.8),「성묘하러 가는 사내(墓参に行く男)」(1935.8) 등이 있는데, 모두 민족적인 소재를 단순한 흥미 위주로 다루려는 경향이 두드러진다. 그리고 이러한 과도기의 고뇌 끝에 발표된 작품이「심연의 사람(深淵の人)」(1936.9)과「우수인생(憂愁人生)」(1937.10)이라 할 수 있는데, 민족주의 운동과 인연을 끊고 소시민적 생활로 돌아가거나 일본인을 동경하는 우수에 찬 조선인을 묘사함으로써 작가의 입장변화를 확인시켜주고 있다.

장혁주가 일본제국주의에 협조적인 글쓰기를 시작한 것은 임진왜란의 장수를 영웅으로 묘사한「가토 기요마사(加藤清正)」(1939.1)라 할 수 있으며,「조선의 지식인에게 호소함(朝鮮知識人に訴う)」(1939.2)에서는 조선민족의 결함을 시정하기 위해서는 내선일체(內鮮一體)를 받아들여야 한다는 주장을 펼치며 본격적인 군국주의 이데올로기의 대변자로 나선다. 이후에는 일본 군국주의의 중국대륙 침략을 찬미하는 일련의 작품『광야의 처녀(曠野の乙女)』(1941.5),『행복한 신민(幸福の民)』(1943.4),『개간(開墾)』(1943.4) 등을 쓴 뒤, 황민화(皇民化)와 내선일체의 찬미로 젊은 청년을 제국주의의 침략전쟁에 동원하기 위한「이와모토 지원병(岩本志願兵)」을『마이니치신문(每日新聞)』에 연재(1943.8.24~9.9)하였다.

홍종우(洪鐘羽)는 장혁주가 일본제국주의에 점차 협조적인 글쓰기를 하고 있을 무렵 아오키 히로시(靑木洪)라는 일본 이름으로 장편『땅을 일구는 사람들(耕す人々の群)』(1941.8)을 간행하였고, 이듬해에는「민며느리(ミンメヌリ)」(1942.2)를 발표한 뒤 고향인 황해도 황주로 돌아왔다. 귀국 후에는 친일문학 잡지『국민문학(國民文學)』에 단편「아내의 고향(妻の故鄕)」(1942.4)과「고향의 누나(ふるさとの姉)」(1942.10)를 발표한 것이 전부이다.

홍종우의 작품에 등장하는 농민들은 모두가 조선의 풍토에 어울리는 선 굵은 유머와 리얼리티를 간직한 모습으로 훌륭하게 묘사된다. 그러나 그의 리얼리즘에는 조선농민이 황폐화된 근본 원인이라 할 수 있는 식민지체제에 대한 비판적인 태도는 보이지 않는다. 오히려 내선일체 정책을 장려하기 위한 목적으로 수여되는 아리마(有馬)상을 수상하는 등 일본제국주의 권력에 영합해 가는 모습을 보였다.

김사량(金史良)은 일제에 저항하는 민족주의적인 작품을 발표하여 재일조선인의 정신적인 지주로서 많은 영향을 남겼다. 1939년에 아쿠타가와(芥川)상 후보에 오른「빛 속으로(光の中に)」에 의해 일본문단에 등단한 이후 조선민중들의 고난에 찬 삶과 친일 모리배들의 군상을 다룬「토성랑(土城廊)」,「기자림(箕子林)」,「천마(天馬)」,「무성한 풀섶(草深し)」를 비롯하여, 조국독립의 꿈을 담은『태백산맥(太白山脈)』등을 발표하였다. 김사량의 이와 같은 작가적 태도는 일제 말기의 극심한 탄압 속에서 내선일체에 부응하는 글을 발표하여 위기를 맞기도 하였으나, 중국의 조선항일독립운동 부대로 탈출하여 끝까지 저항하려는 모습을 보였다. 김사량의 작품 활동에 대해서는 본서의 제2부에서 자세히 언급하고자 한다.

식민지 말기에 작품 활동을 시작한 김달수(金達壽)는 재일조선인의 고달픈 생활상을 그려낸「위치(位置)」,「잡초(雜草)」등을 발표했으며, 이은직(李殷直)은 일본대학 예술과 재학 중에「흐름(ながれ)」(1939.11)을 발표하여 아쿠타가와상 후보에 올랐으며, 그 외에「그네(ぶらんこ)」

(1940.7) 등의 작품을 남겼다. 또 김성민(金聖珉)은 「단풍의 삽화(楓の挿話)」(1940.10), 「천상 이야기(天上物語)」(1943.8) 등을 발표하고 『綠旗聯盟』을 간행하였다.

　이상으로 해방 이전의 조선인에 의한 일본어 창작과 관련된 흐름을 간략히 정리하였는데, 1922년부터 장혁주가 등장하는 1932년까지의 약 10년간은 일본 프롤레타리아 예술운동과 교류하면서 그들이 발행하는 잡지나 신문에 식민지 조선과 재일조선인의 비참한 생활 모습을 그려낸 작품을 게재하는 것으로 만족해야 했다. 뒤를 이어 일본 문단에 본격적으로 등장한 장혁주와 김사량은 식민지 조선의 모습과 민족적 차별을 호소하여 주목을 받았으나, 식민지 말기에 제각기 일제에 대한 협력과 저항의 길로 그 행로를 달리하면서 해방 이후의 '재일조선인 문학'의 정체성에 영향을 미쳤다.

2.2 해방 이후의 재일조선인 문학

　해방 이후 현재에 이르는 '재일조선인 문학'은 크게 세 시기로 나누는 것이 일반적이다. 대체로 작가의 출생 시점과 장소를 기준으로 제1, 2, 3세대로 분류[14]하는 경우가 보통이지만, 이한창의 경우는 작품의 발표 시기를 기준으로 제1, 2, 3기로 구분[15]하기도 한다. 세대별 분류는 작가의 작품 성향을 특정 짓는 데 유효하고, 시기를 기준으로 하는

---

14) 일제의 식민통치기에 조국인 조선에서 태어나 일본으로 건너와 정착한 사람들이 제1세대이고, 조국에서 건너온 부모에 의해 일본에서 태어난 세대가 2세대, 그 다음 세대가 3세대이다.
15) 이한창 「재일교포 문학의 작품성향연구 －정치의식 변화를 중심으로－」, 1996년 박사학위 논문, ; 해방 이후 현재까지의 재일한국·조선인 문학을 제1기(해방 직후~1960년대 중반), 제2기(1960년대 중반~1970년대 말), 제3기(1980년~현재)의 세 시기로 구분하였다.

분류는 각 시대의 작품 경향을 파악하는 데 효과적이다. 본고에서는 각 작가들의 작품 성향을 파악하는데 도움이 되는 세대별 분류를 기준으로 삼았으나, 작품의 발표 시기도 고려하여 간략하게 정리하면 다음과 같다.

재일조선인 제1세대 작가들의 특징은 식민지 시대의 민족적 경험을 작품으로 쓰고 있다는 점이다. 그렇지만 비록 경험을 바탕으로 집필된 작품이라 할지라도 당시의 일본의 사소설(私小說)들과는 차원을 달리하는 거대한 구성과 리얼리티를 담고 있다. 개인의 경험을 통해 민족의 운명과 직결된 문제들, 즉 남북의 통일과 자주 독립을 최우선 과제로 한 민중의 투쟁을 그려낸 작품이 대부분이다. 그리고 이들의 조선인으로서의 확고한 정체성은 작품에 그대로 드러나고 있어서 그저 일본어로 쓰인 조선인 문학으로 인식되는 경향이 강했다.

이러한 제1세대를 대표하는 작가로는 해방 이후 재일조선인 문학의 효시라 할 수 있는 김달수(金達壽), 허남기(許南麒), 김시종(金時鐘), 김태생(金泰生), 정승박(鄭承博), 성윤식(成允植) 등이 있다. 그리고 김석범(金石範)[16]도 1세대 작가로 분류된다.

제2세대 작가들은 일본에서 출생하였으나 조선인으로서의 피가 자신의 몸속에 흐르고 있음을 항상 자각하고 있는 세대들이다. 개인차를 보이고는 있지만 민족적 색채를 띤 작품을 쓰는 경우가 대부분이다. 그러나 이들은 조국으로 돌아간다 하더라도 자신들이 이방인일 수밖에 없는 현실에 심한 정체성의 혼란을 겪는다. 결국 일본에 정주할 수밖에 없는 세대들로 일본인 이름을 가진 작가들도 많이 등장한다. '재일조선인 문학'이라는 용어가 꼭 들어맞는 시기의 작가들이다.

---

16) 제주 출신의 모친이 임신한 몸으로 일본으로 건너온 뒤 출생하였으나, 김석범 스스로는 제1세대 작가라는 인식을 지니고 있으며, 작품의 성향 역시 그에 가깝다.

대표적인 작가로는 이회성(李恢成), 양석일(梁石日), 김학영(金鶴泳), 고사명(高史明), 종추월(宗秋月), 박중호(朴重鎬), 쓰카 코헤이(つかこうへい, 본명 金峰雄), 이정자(李正子), 이양지(李良枝) 등이 있다.

제3세대에 속하는 작가들은 1980년대 중반에 작품 활동을 시작하여 현재에 이르는 경우를 말한다. 제3세대 작가들 역시 제2세대 작가들과 마찬가지로 조국의 언어를 구사할 능력이 없을 뿐만 아니라, 한국과 북한사회에 대한 귀속의식 역시 제2세대보다도 훨씬 희박하다. 자신의 민족적 정체성보다는 '재일(在日)'인 자신이 속한 일본사회에서의 정체성을 추구하는 경향이 강해진다. 따라서 '재일조선인'이라는 용어도 이들에게는 잘 어울리지 않게 되는데, '조선인'을 뺀 '재일'을 살고 있는 작가들로, 그들의 작품도 '재일문학'으로 불리는 것이 자연스러운 단계로 접어든다.

대표적인 작가로는 후카사와 카이(深沢夏衣), 유미리(柳美里), 사기사와 메구무(鷺沢めぐむ), 원수일(元秀一), 김창생(金蒼生), 김중명(金重明), 김마스미(金真須美), 현월(玄月), 가네시로 가즈키(金城一紀) 등이 있다.

3. 재일조선인 문학의 연구 동향

1932년에 장혁주가 「아귀도」를 발표하면서 일본문단에 등단한 것을 본격적인 재일조선인 문학의 출발점으로 간주할 때, 그 역사는 이미 70년을 넘고 있어 결코 짧다고 할 수 없다. 그리고 이들의 문학에 대한 평가는 꾸준히 이루어져왔지만, 본격적인 연구는 1970년대에 들어서면서부터 시작되었다. 한국에서의 연구는 이보다 늦은 1990년대에 들어와 본격적으로 시작되었으나, 급속한 연구자의 증가와 함께 향상된 연구 성과는 주목할 만하다.

3.1 일본의 연구현황

장혁주와 김사량에 관한 연구는 야스다카 도쿠조(保高德蔵)의 「일본에서 활약한 두 사람의 작가(日本で活躍した二人の作家)」(1948.7)가 최초라 할 수 있으며, 뒤를 이어 많은 문학가와 연구자들에 의해 이들에 대한 연구가 진행되었다. 대표적인 연구자로 박춘일(朴春日)[17], 임전혜(任展慧), 안우식(安宇植), 남부진(南富鎭)[18], 정백수(鄭百秀)[19] 등이 있는데, 안우식은 1972년에 김사량의 작가와 작품론을 통사적으로 다룬『김사량-그 저항과 생애-(金史良-その抵抗と生涯)』를 간행하였다.

그리고 임전혜는『일본의 조선인 문학의 역사-1945년까지-(日本における朝鮮人の文学の歴史-1945年まで-)』(1994)에서 김사량과 장혁주의 문학에 대하여 상세히 언급하고 있다. 또한 시라카와 유타카(白川豊)는 장혁주의 해방 이전의 문학 활동의 전체상을 조명한「張赫宙 研究」[20]로 박사학위를 받았으며, 장혁주와 김사량의 행적 및 작품 활동에 대해 실증적 입장에서 접근한 연구논문집『식민지기 조

---

17) 「日本における朝鮮文学の歴史的意義とその諸問題」,『日本文学誌要』, 1957. 12.
「近代朝鮮文学における抵抗と屈従」,『日本文学』, 1961. 10. 등 다수.
18) 「金史良「光の中に」と創氏改名」,『稿本近代文学第21集』, 1996. 11.
「金史良文学に現れた白々教事件の影」,『稿本近代文学第22集』, 1997. 12.
「金史良文学に現れた創氏改名-「光冥」と「親方コブセ」を中心に-」,『昭和文学研究第38集』, 1999. 3. 등.
19) 「血と名前の存在拘束とそれへの抵抗-金史良の日本語小説「光の中に」-」,『比較学研究』第73号, 1999. 2.
「植民地者の言語・文化的対応-金史良の「草深し」-『比較文学研究』第74号, 1999. 8.
「植民地「国語」作家の内面-金史良「天馬」-」,『今月の新刊』, 青土社, 2001. 1.
20) 白川豊『張赫宙研究』, 동국대박사학위논문, 1989.

선의 작가와 일본(植民地期朝鮮の作家と日本)』(1995)을 간행하였다. 그리고 김사량의 해방 이후의 행적과 작품을 다룬 논문으로 호테이 도시히로(布袋敏博)의 「해방 후의 김사량 각서(解放後の金史良覚書)」(2001.11)가 있다.

김달수의 작품에 대한 최초의 연구는 나카니시 히로시(ナカニシヒロシ)의「민족문학의 태동-김달수의『후예의 거리』에 관해서-(民族文学の胎動-金達寿『後裔の街』をめぐって-」(1948.9)라 할 수 있으며,『현해탄(玄海灘)』에 관한 작품론으로 나가히라 가즈오(永平和雄)[21], 히라바야시 하지메(平林一)[22], 야하기 가쓰미(矢作勝美)[23]의 연구가 있고, 미즈노 아키요시(水野明善)는『태백산맥(太白山脈)』에 대한 작품론[24]을 썼다.

그리고 작가론으로는 기소 류이치(木曾隆一)[25]의 연구가 있다. 이외에도 김달수에 관한 작가 소개와 작품 해설을 시도한 많은 글들이 있으나 전문적인 연구라고 보기는 어려운 것들이 대부분이다. 그런데 1998년에 최효선(崔孝先)이 김달수의 작가론과 작품론을 망라한 종합 연구서『해협에 선 사람-김달수의 문학과 생애(海峡に立つ人-金達寿の文学と生涯)』를 출간하였으며, 2002년에는 신기수(辛基秀)가『김달수 르네상스-문학・역사・민족(金達寿ルネサンス-文学・歴史・民族)』를 편집 출간하였다.

김석범 문학에 대한 연구서로는 2005년에 쓰부라야 신고(圓谷眞護)가 출간한『빛나는 거울-김석범의 세계(光る鏡-金石範の世界)』가

---

21)『玄海灘』について」,『日本文学』第3巻 第5号, 1954. 5.
22)『国民文学の問題-『玄海灘』をめぐって」,『日本文学』第4巻 第2号, 1955. 2.
23)『民族的ドラマの幕あき」-金達寿『玄海灘』-『民主文学』第3巻 第2号, 1967. 2.
24)『『太白山脈』論」,『民主文学』第5巻 第2号, 1969. 2.
25)『金達寿論」,『近代文学』第6巻 第5号, 1951. 8.

있는데, 김석범의 거의 모든 작품에 걸쳐서 작가론과 작품론을 통합한 형태로 논하고 있다. 이외에도 오노 데이지로(小野悌次郞)26)와 나카무라 후쿠지(中村福治)27)가 『火山島』와 관련된 작품들을 논하는 연구서를 각각 출간하였다.

1960년대 후반에 접어들자 이회성과 같은 제2세대 작가들이 출현하고 김석범이 다시 작품 활동을 재개하는 등, 재일조선인 문학은 양적 팽창과 질적 향상을 동반하게 된다. 그리고 이러한 움직임에 대한 연구가 활발히 진행되어 이소가이 지로(磯貝治良)의 『시원의 빛(始源の光) - 재일조선인 문학론』(1979)과 같이 재일조선인 작가와 작품을 통사적으로 다루는 연구 서적들의 출간이 뒤를 이었다.

이러한 연구서로는 다케다 세이지(竹田靑詞)의 『＜재일＞이라는 근거』28), 하야시 고지(林浩治)의 『재일조선인 일본어문학론』29)과 『전후비일문학론』30), 가와무라 미나토(川村湊)의 『태어나면 그곳이 고향 - 재일조선인 문학론』31), 와타나베 가즈타미(渡邊一民)의 『＜타자＞로서의 조선 - 문학적 고찰』32), 야마사키 마사즈미(山崎正純)의 『전후

---

26) 『存在の原基 金石範文学』, 新幹社, 1998.
27) 『金石範と「火山島」-濟州島4・3事件と在日朝鮮人文学』, 同時代社, 2001.
28) 『＜在日＞という根拠-李恢成・金石範・金鶴泳』, 国文社, 1983. ; 이회성, 김석범, 김학영에 대하여 중점적으로 다루고 있다.
29) 『在日朝鮮人日本語文学論』, 新幹社, 1991. ; 김태생론에 중점을 두고 있으며, 양석일, 김학영, 장혁주, 김사량론도 싣고 있다.
30) 『戰後非日文学論』, 新幹社, 1997. ; 전반에서는 김달수를 중심으로 한 재일조선인 문학의 동향을, 후반에서는 유미리와 사기사와 메구무(鷺沢めぐむ)를 다른 외국인 일본어 작가들과 비교하고 있다.
31) 『生まれたらそこがふるさと』, 平凡社, 1999. ; 장혁주, 김사량에서 시작하여 재일조선인 문학 전반에 걸쳐서 논하고 있는 연구서이다.
32) 『＜他者＞としての朝鮮文学的考察』, 岩波書店, 2003. ; 1919년의 3・1 독립운동에서부터 현재에 이르기까지의 한일 간의 역사 속에서 재일조선인들에 의해 이루어진 광범위한 문학에 대한 개론서.

<재일>문학론-아시아론 비평의 사정-』33), 이소가이 지로『<재일>문학론』34), 김훈아(金壎我)의『재일조선인 여성 문학론』35) 등이 있다. 집필 목적에 따라 연구 대상을 달리하고 있지만, 최근의 연구서에서는 제3세대로 분류되는 작가들에 대한 연구를 포함시키는 것이 일반적인 경향이다.

이상으로 일본에서의 재일조선인 문학에 대한 연구 현황의 개략을 정리하였는데, 100여명에 이르는 재일조선인 작가 중에 일부 인기 작가에 한정하여 연구되고 있음을 알 수 있다. 그러므로 모든 작가들의 작품을 연구 대상으로 넓혀 가는 것은 재일조선인 문학 연구자들의 과제라 하겠다.

한편 재일조선인의 권익보호문제를 비롯한 문학, 민속, 역사에 이르기 까지 광범위한 주제를 다룬 잡지『三千里』36),『民涛』37),『青丘』38)가 있었으나 모두 폐간되었고,『海峡』39)과『架橋』40) 등은 현재도 발행되고 있다. 이들 잡지에 대한 정리와 조사 역시 연구자들의 간과할 수

---

33)『戦後<在日>文学論-アジア論批評の射程』, 洋々社, 2003. ; 전반에는 김학영, 김석범, 이회성의 작품을 논하고, 후반에는 일본인 작가들의 아시아에 대한 인식을 다루고 있다.
34)『<在日>文学論』, 新幹社, 2004. ; 재일조선인 문학의 전체상을 논한 연구서이다.
35)『在日朝鮮人女性文学論』, 作品社, 2004. ; 종추월(宗秋月), 이정자(李正子), 이양지(李良枝), 후카사와 가이(深沢夏衣), 김마스미(金真須美), 유미리(柳美里)와 같은 재일조선인 여성의 문학작품을 다룬 연구서이다.
36) 1975년 봄에 季刊으로 창간되어 1987년 여름(50)호로 종간되었다.
37) 재일조선인 작가 이회성에 의해 창간된 문예잡지로 창간호(1987.11)부터 10호(1990.3)까지 발행하고 중단된 상태이다.
38)『三千里』의 뒤를 이어 역사학자 이진희(李進熙)의 주도로 1989년 8월에 창간되었는데, 1996년 2월에 25호로 종간되었다.
39) 朝鮮問題研究会가 1974년에 창간호를 발행한 뒤, 2005년 1월 현재 21호까지 발행하였다.
40) 재일조선인 문학 평론가 이소가이 지로가 중심이 된 '재일조선인 작가를 읽는 모임'에서 1977년에 창간호를 발행한 뒤, 2005년 11월 현재 25호까지 발행하였다.

없는 중요한 과제라 하겠다.

3.2 국내의 연구현황

재일조선인 문학에 대한 국내의 연구는 일본어로 쓰였다는 것과 냉전체제라는 정치적 제약으로 말미암아 90년대에 들어와서야 본격적으로 시작되었다. 그러나 짧은 기간에도 불구하고 많은 연구 성과를 올리고 있다. 그 대표적인 연구자로는 이한창, 홍기삼, 유숙자 등이 재일조선인 문학 전반에 걸친 체계의 확립에 공헌하였는데, 특히 이한창[41]의 경우는 해방 이전과 이후에 걸친 재일조선인 문학 활동을 폭넓게 연구하고 있다. 홍기삼[42]은 한국문화권의 영역 확대를 도모하려는 차원에서 재일조선인 문학에 대한 연구를 지속해 왔으며, 김사량, 김달수, 김석범과 같은 작가의 작품에 특히 관심을 보인다. 유숙자[43]는

---

41) 이한창의 주요 논문
「재일교포문학의 작품 성향 연구-정치의식 변화를 중심으로-」, 중앙대학교 박사학위 논문, 1996.
「在日韓國人文學의 역사와 그 現況」,『日本硏究』제5집, 중앙대 일본연구소, 1990. 2.
「재일 교포문학의 주제 연구」,『日本學報』제29집, 1992. 11.
「재일교포문학 연구」,『외국문학』, 1994, 겨울.
「재일동포 작가와 아쿠타가와상」,『외국문학』, 1997, 여름.
「소외감과 내향적인 김학영의 문학세계-『얼어붙은 입』과『흙의 슬픔』을 중심으로」,『日本學報』제37집, 1996. 11.
「민족문학으로서의 재일 동포문학 연구」,『일본어 문학』제3집, 1997. 6.
「아쿠타가와상을 통해 본 재일동포 문학」『東國大日本學』제19집, 2000. 12.
「在日同胞文学を通じて見る日本文学」,『日語日文學硏究』제39집, 2001.
「해방 전 재일조선인 사회주의자들의 문학활동-1920년대 일본 프로문학 잡지에 발표된 작품을 중심으로-」,『日語日文學硏究』제49집, 2004.
「재일 동포문학의 역사와 그 연구 현황」,『日本學硏究』제17집, 2005. 10.
「梁石日의 多樣한 文學世界」,『韓日民族問題硏究』제9호, 2005. 12.
42) 홍기삼의 주요 논문
「재외 한국인 문학 개관」,『문학사와 문학비평』, 해냄, 1996.
「재일 한국인 문학론」, 홍기삼 편,『재일 한국인 문학』, 솔, 2001.

『재일한국인 문학 연구』에서 제1세대 작가로 김달수와 김석범, 제2세대는 이회성과 김학영, 제3세대는 이양지와 유미리의 작품을 연구대상으로 삼아 세대별 특징을 논하고 있다. 또한 김환기44)는 김학영과 이양지의 문학 연구에서 출발하여 디아스포라 문학으로서의 '재일코리언 문학'으로 그 연구 영역을 넓혀 가고 있다. 김사량 문학에 대한 연구는 추석민45)과 정백수46), 장혁주 문학은 시라카와 유타카(白川

---

43) 유숙자의 주요 논문
「1945년 이후 在日한국인 소설에 나타난 민족적 정체성 연구」, 고려대학교 박사학위논문, 1998. 2.
「재일한국인 작가의 문학세계」, 『문화예술』, 1996. 8.
「재일한국인 작가 유미리 문학 소묘」, 『문화예술』, 1997. 3.
「李良枝의 소설 『각(刻)』에 나타난 在日性 연구」, 『日本語文學』제6집, 1998. 12.
「金鶴泳論」, 『比較文學』, 1999. 12.
「張赫宙의 문학행로 - 『餓鬼道』에서 『岩本志願兵』까지 -」, 『翰林日本學研究』제5호, 2000, 「타자(他者)와의 소통을 위한 글쓰기 - 유미리 문학의 원점 -」, 『東國大日本學』제19호, 2000.
「李良枝論 - 언어와 정체성의 상관관계를 중심으로 -」, 『翰林日本學研究』제6호, 2001. 12.
「在日한국인 문학의 현주소」, 『리토피아』제4호, 2001, 겨울.

44) 김환기의 주요 논문 및 연구서
「김학영 문학과 '벽'」, 홍기삼 편, 『재일한국인 문학』, 솔, 2001.
「김학영의 『얼어붙은 입』론」, 『日語日文學研究』제39집, 2001. 11.
「이양지의 『유희』론」, 『日語日文學研究』제41집, 2002. 5.
「이양지 문학과 전통 '가락'」, 『日語日文學研究』제45집, 2003. 5.
「현월(玄月)문학의 실존적 글쓰기」, 『日本學報』제61집, 2004. 11.
「김달수 문학의 민족적 글쓰기」, 『日本語文學』제29집, 2005. 5.
「金鶴泳 文學論 - 작가적 고뇌의 원질, 그로부터의 해방구 모색 -」, 『韓日民族問題研究』제9호, 2005. 12.
『재일 디아스포라 문학』, 새미, 2006.

45) 추석민의 주요 논문
「金史良文学の研究 - その文学的生涯と作品世界をめぐって -」, 東海大学博士論文, 2001. 3.
「金史良 研究 - 日本語としての作品を中心として -」, 『日語日文學研究』제21집, 1992.
「金史良の文学研究 - 『ムルオリ島』を中心に -」, 『日語日文學研究』제44집, 2003.
「金史良の『天馬』と田中英光の『酔いどれ船』 - 知識人の群像からみた真実 -」, 『日語日文學研究』제47집, 2003.

豊)의 연구논문47)과 김학동의『張赫宙의 일본어 작품과 민족』48)이 있으며, 현월의 문학에는 황봉모49), 김석범 문학에는 정대성의 연구논문50)이 있다. 그리고 이회성 문학의 연구자로 송하춘51)을 들 수 있다.

전체적으로 보면 잘 알려진 재일조선인 작가들의 작품 소개와 그 특징을 정리하는 정도에 머무르고 있으며, 다양한 각도에서의 접근과 모든 재일조선인 작가로 연구 대상을 확대해 가는 노력이 요구된다 하겠다.

4. 연구의 목적

본 논문에서는 조선인으로서의 정체성 확립과 조국의 통일을 위한 노력의 일환으로 문학을 해 왔다고 평가받는 재일조선인 문학가들의 작품 연구를 통하여, 이들이 생산한 문학이 '민족문학'의 범주에 포함되어야 한다는 당위성을 뒷받침함과 동시에, 민족의 자존과 자주통일이 갖는 보편적 타당성을 추구하려는 데 그 목적을 두고 있다.

---

46) 鄭百秀,『金史良 小說 硏究』, 서울대학교 석사논문, 1991.
47) 白川豊의 논문
「張赫宙硏究」, 동국대학교 박사학위논문, 1989.
「戰前期 日本文學界의 狀況과 張赫宙(1930~1945)」,『東國大日本學』제8,9합, 1989. 9.
「張赫宙作品에 대한 韓・日兩國에서의 同時代의 反應」,『東國大日本學』제10호, 1991. 9.
「張赫宙作・長編<嗚呼朝鮮>をめぐって」,『東國大日本學』제19호, 2000. 12.
「장혁주의 생애와 문학」,『서울大學校人文論叢』제47집, 2002. 8.
48) 김학동,『張赫宙의 일본어 작품과 민족』, 국학자료원, 2008.
49) 황봉모,「현월(玄月)『그늘의 집(陰の棲みか)』-'서방'이라는 인물-」,『일본연구』제23호, 2004.
50) 정대성,「作家 金石範의 人生歷程, 作品世界, 思想과 行動-서론적인 소묘(素描)로서-」,『韓日民族問題硏究』제9호, 2005. 12.
51) 송하춘의 주요 논문
「역사가 남긴 상처와 민족의식-이회성론(1)」,『한국학연구』제10호, 1998.
「역사가 남긴 상처와 민족의식-이회성론(2)」,『한국학연구』제11호, 1999.

여기에서 말하는 '민족문학'은 백낙청이 주장하는 바와 같이 "민족으로서 가능한 온갖 문학 활동 가운데 특히 그 민족의 주체적 생존과 인간적 발전이 요구하는 문학"[52]이라는 개념에 토대를 두고 있으며, "일제식민시대 민족문학의 모든 문제가 식민지 상황의 극복이라는 과제와 연결되듯이, 남북이 갈라진 오늘날 우리 문학의 기본적인 관심사는 통일의 문제"[53]라는 인식을 바탕으로 민족의 자존과 통일을 지향하는 문학을 뜻한다. 그렇다고 해서 연구 대상의 문학에 포함되어 있는 민족적 색채, 즉 한민족의 고유한 정서와 풍습 등을 배제하는 것은 아니다.

본서에서는 이와 같은 민족문학으로서의 재일조선인 문학을 대표하는 김사량, 김달수, 김석범의 문학 중에서 민족의 자존과 통일에 대한 염원을 간절히 드러내고 있거나, 조국과 민족을 잃은 비통한 심정을 그려낸 작품을 연구의 대상으로 삼았으며, 이러한 연구의 목적은 다음과 같다.

첫째, '민족주의'라는 용어가 갖는 보편성과 그 가치에 대한 고찰을 통해서 이를 뒷받침하고 있는 '민족문학'의 현대적 의미와 그 역할을 정립하고자 한다. 이러한 시도는 재일조선인 문학을 민족문학의 범주 안에서 논하기 위해 필요한 전제조건이라 할 수 있다.

둘째, 김사량·김달수·김석범 세 작가의 일본어 글쓰기를 통한 한반도의 정치적 문제 및 민족성·풍토·풍습 등을 그려내기 위한 노력을 규명하고자 한다. 조국과 민족에 대한 작가의 고뇌가 이러한 노력의 과정을 통해서 표출된다고 믿고 있기 때문이다.

셋째, 작품 속에 엿보이는 민족문학으로서의 특성이 피상적인 관념

---

52) 백낙청, 『民族文學과 世界文學』, 創作과 批評社, 1978, 124쪽.
53) 백낙청, 『民族文學과 世界文學』, 創作과 批評社, 1978, 301쪽.

의 세계를 그려낸 것이 아니고 현실적으로 작가가 직면한 문제였다는 것을 규명하고자 한다. 이는 본 논문의 연구대상 작가들의 문학이 민족의 독립과 통일에 대한 스스로의 열망을 실천하기 위한 수단으로 이용되었음을 증명하기 위함이다.

넷째, 남북의 대립으로 요원해 보이는 민족의 통일문제에 대한 재일조선인 작가의 입장을 객관적으로 조명해보고자 한다. 이는 그들의 시선이 정당한 것이라기보다는 남북의 대립 논리에 직접적인 영향을 받지 않는 보다 객관적인 민족적 시각을 엿보기 위함이다.

이상과 같은 연구의 목적은 진정한 '민족주의'와 '민족문학'이 의미하는 바를 되돌아보고 그 존재 가치를 재확인하려는 데 있으며, '재일조선인 문학'이 한국의 민족문학으로서 자리매김을 할 수 있음을 증명하기 위한 것이다.

5. 연구의 범위와 방법

본서에서는 민족문학으로서의 색채가 짙은 작품을 집필한 세 작가 김사량·김달수·김석범의 문학을 대상으로 하고 있다. 재일조선인 작가 중에 민족문제를 다루지 않는 작가는 드물겠지만, 민족문학을 식민지 상황의 극복과 조국의 통일 문제를 다룬 문학이라고 정의할 경우, 이들 세 작가에 의한 문학이야말로 그 중심에 있다 하겠다.

그렇지만 이들 세 작가의 모든 작품을 본서의 연구 대상으로 삼기는 어려우므로 '민족문학으로서의 재일조선인 문학'이라는 연구 목적을 달성하기 위하여 그 범위를 다음과 같이 한정하였다.

먼저 김사량의 작품으로는 일제 식민치하에서 고통 받는 조선민중의 삶을 그려낸 「빛 속으로(光の中に)」 「광명(光冥)」 「향수(郷愁)」와,

민족의 독립을 열망하는『태백산맥(太白山脈)』을 주된 연구의 대상으로 삼았다.

김달수의 작품 중에서는 <여·순사건>의 반란군에 가담하여 투쟁하겠다는 주인공의 의지를 그려낸「반란군(叛亂軍)」과, 해방 직후의 혼란한 조선의 정치상황 속에서 활약하는 친일파의 모습을 묘사한『태백산맥(太白山脈)』을 주된 연구의 대상으로 하였다.

김석범의 작품으로는 일생 동안 <제주4·3사건>의 형상화에 매달려온 작가의 문학세계를 확인해보기 위하여「까마귀의 죽음(鴉の死)」과『火山島』를 주된 연구 대상으로 정했다.

이상과 같은 작품을 연구 대상으로 삼은 것은 식민치하의 조선민족이 겪었던 고통을 그려내거나 민족통일에 대한 염원을 담아냄으로써 민족문학으로서의 재일조선인 문학의 위상에 걸맞는 특성을 지니고 있다는 판단에 따른 것이다. 본서에서는 이러한 연구 대상 작품을 제1, 2, 3, 4부와 같이 나누어 서술하고 있는데, 그 개략적인 연구의 방법과 내용은 다음과 같다.

제1부에서는 한스 콘(Hans Kohn)을 비롯한 서양의 학자들과 백낙청 등 국내학자의 연구 성과를 토대로 '민족주의'와 '민족문학'의 개념을 검토하고자 한다. 그리고 민족과 국토가 분단된 한국은 좀 더 이러한 개념들에 입각한 문학을 실천해야 한다는 당위성에 대해서도 논하고자 한다. 또한 김사량·김달수·김석범의 일본어 글쓰기를 통한 조선(한국)의 혼과 풍토를 담아내기 위한 노력의 과정을 고찰하고자 한다.

제2부는 김사량 문학에 대한 연구를 두 장으로 나누어 논하고자 한다. 제1장에서는 작가론적인 입장에서 작가의 약력과 식민지배하에 집필된 작품들을 소개하고,「빛 속으로」「광명」「향수」의 세 작품과

관련된 '내선일체의 수용'이라는 문제를 작품론적인 입장에서 논하고자 한다. 제2장에서는 일제 말기의 친일 잡지였던『국민문학』에 실린『태백산맥』에 대하여 친일문학이 아닌 민족문학이라는 입장에서 고찰하고, 이와 관련된 작가적 입장을 조명해 보고자 한다.

김사량 문학에 대한 연구의 주된 목적은 조선인이라는 뚜렷한 민족의식을 지니고 있던 작가가 일제 말기의 조선민중에 대한 혹독한 탄압을 지켜보면서 발생되는 내면의 갈등을 어떻게 표출시키고 행동하였는가를 조명하는데 있다.

제3부는 김달수의 대표작이라 할 수 있는『태백산맥』에 대한 집중적인 고찰을 통하여 작가의 해방 전후사에 대한 인식과 조국의 자주독립을 향한 염원을 확인해보고자 한다. 먼저 제1장에서는 김달수의 작가적 행적과 대표적인 작품들을 검토하고,『태백산맥』의 모태라 할 수 있는「반란군」에 대해 집중적인 분석을 시도하고자 한다. 그 과정에서 김달수의 처녀작이라 할 수 있는『후예의 거리』와의 관계도 논하고자 한다. 제2장에서는『태백산맥』을 통해 엿보이는 해방 전후사에 대한 인식과 외세로부터 독립된 조국건설의 염원을 고찰하고자 한다.

제4부에서는 <제주4·3사건>의 형상화라는 말로 상징되는 김석범 문학을 총체적으로 집대성한『火山島』[54]를 집중적으로 고찰하고자 한다. 제1장에서는『火山島』의 모태가 되는「까마귀의 죽음」을 비롯하여, 그 중간에 위치하는 한글『화산도』와의 관계에 대하여 논함으로써, 작가의<제주4·3사건>관련 문학의 계보를 확인하고자 한

---

54) 김석범의 작품 중에는 한글로 집필하다 중단한『화산도』가 있고, 일본어로 완성된『火山島』가 있다. 본서에서는 한글로 된 작품은 '한글『화산도』'로, 일본어로 완성된 작품은 '『火山島』'와 같이 표기하고자 한다.

다. 제2장에서는 『火山島』를 중심으로 분석하되, 일본의 연구자들이 <제주4·3사건>과 관련된 역사 자료의 검증과 확인에 지나치게 몰두했던 점을 감안하여, <제주4·3사건>을 형상화한 문학작품으로서의 고찰에 역점을 두고자 한다.

본서에서는 이상과 같이 민족을 주제로 한 문학의 집필에 전념해온 김사량·김달수·김석범 세 작가의 특성과 작품을 연구 대상으로 삼음으로써, 조국과 민족에 대한 애착의 정서적 배경 및 그 당위성을 검토함과 동시에, 이들의 문학이 한국의 민족문학으로서 자리매김 될 수 있는 특징과 성격을 고찰하고자 한다.

Ⅱ. 민족문학으로서의 재일조선인 문학
— 속문주의를 초월하는 민족문학으로서의 일본어

1. 머리말

본고의 목적은 재일조선인 작가를 대표하는 김사량·김달수·김석범의 문학이 '민족문학'으로서 충분히 자리매김 될 수 있음을 입증하는데 있다. 이와 같은 연구의 필요성을 인정받기 위해서는 먼저 민족문학이라는 개념에 대한 고찰을 통하여 그 용어가 가진 보편타당한 가치의 확인이 선행되어야 한다. 그런데 민족문학이 '민족주의'를 문학적인 측면에서 뒷받침하는 것이라고 한다면, 민족문학에 대한 고찰에 앞서 민족주의가 지닌 인류사적 가치를 검토하지 않으면 안 된다.

그리고 민족문학이라는 것이 '한국문학' 중에서 특히 민족의 자존과 통일을 지향하는 문학을 가리키는 것이라면, 본 논문의 연구의 대상이 되는 재일조선인 작가들의 일본어 작품이 한국문학의 범주에 속한다는 것을 입증해야 한다. 이때 중점적으로 고찰해야 할 사항은 문학작품의 귀속을 결정하는 일반적인 기준이었던 속문주의의 벽을 어떻게 넘을 수 있는가 하는 문제이다. 즉 일본어로 쓰인 '재일조선인 문학'을 한국문학의 범주에 포함시키기 위해서는 '한국문학은 한국어로 쓰인 작품'이라는 통념을 깨기 위한 보편타당한 이론을 제시하지 않으면 안 되기 때문이다.

본고에서는 이상과 같이 논문의 토대를 이루는 핵심적인 용어와 논점에 대한 선행적인 고찰을 통해서 연구의 목적과 방향을 제시하고, 재일조선인 작가들이 일본어 글쓰기를 통해 조선적인 것을 그려내려 했던 노력을 조명해 보고자 한다. 민족주의와 민족문학의 개념에 대한 고찰은 서양과 국내의 학자들의 학설을 바탕으로 각 용어가 내포하고 있는 보편적 가치를 추구하는데 중점을 두었으며, 속문주의에 의해 문학의 귀속을 결정해 온 그 동안의 관행에 대한 비판 역시 국내외 연구자들의 견해에 토대를 두고 그 불합리성을 고찰하였다. 그리고 본 논문의 주된 연구 대상인 세 사람의 재일조선인 작가가 일본어로 조선적인 것을 묘사하기 위해 노력했던 과정을 통해 체득하게 된 이론을 검토하고, 각 작가의 작품 일부를 예로서 소개하여 그 실체를 확인해 보고자 한다.

2. 민족주의와 민족문학의 개념

2.1. 민족주의의 개념

근대적 의미의 '민족주의'는 서유럽에서 일어난 시민혁명을 계기로 출현했으며, 서유럽 세력의 확장으로 민족주의는 유럽은 물론이고 점차 전 세계로 퍼져 나갔다. 한스 콘(Hans Kohn)은 "민족은 어떤 정치적 실체에 상응하는 하나의 정신상태이다"[1]라는 말을 인용하면서, 민

---

1) Israel Zangwill, The Principle of Nationalities, Watts, London, 1917, 39쪽. ; 백낙청

족주의의 특징에 대하여 다음과 같이 언급한다.

> 주권에는 이중의 중요성이 있다. 한 측면은 국가와 그 시민과의 관계에 관한 것이고 다른 하나는 국가 간의 관계에 관한 것이다. 민족주의라는 감정도 이와 유사하게 이중의 얼굴을 하고 있다. 국내적으로 그것은 민족 내부의 모든 동료 성원과의 생생한 공감으로 이어진다. 국제적으로는 민족의 범위 밖에 있는 동료 인간들에 대한 무관심이나 불신·증오로 표현된다.[2]

한스 콘은 민족주의가 내포하고 있는 이중성에 대해 경계하면서도 민족주의라는 이념이 발생하기 이전부터 인간사회를 유지해 온 여러 가지 관념들, 즉 합리주의적 사고방식과 종교와 같은 관념들이 완충작용을 해줄 것이라는 기대를 한다. 그러나 "서구 문명과 도저히 타협할 수 없는 파시즘만이 민족주의를 그 극단적인 한계인 전체주의적 민족주의로 몰고 갔다"[3]는 한스 콘 자신의 말에서도 알 수 있듯이, 민족주의가 가지고 있는 위험성을 극단적으로 표출시킨 것임에 틀림없다.

이러한 민족주의가 가진 양면성에 대하여 차기벽은 다음과 같이 말한다.

> 일반적으로 내셔널리즘(민족주의)은 네이션의 통일이나 독립을 추구하는 단계이거나 약소국이 강대국에 저항하는 경우에는 진보성과 정당성을 가진다 하겠으나, 일단 독립과 통일이 이룩된 뒤거나 그것이 강대국의 네이션적 이기주의로 변하는 경우에는 보수적이 되고 침략적이 되기 쉽다 하겠다.[4]

엮음, 『民族主義란 무엇인가』, 創作과 批評社, 1981, 40쪽.
2) Hans Kohn, The Idea of Nationalism, Macmillan, New York, 1956, 20쪽. ; 주(1), 『民族主義란 무엇인가』, 41쪽.
3) 앞의 책, 『民族主義란 무엇인가』, 41쪽.

차기벽은 이미 민족적 독립과 통일을 이룬 나라가 계속적으로 민족주의를 표방하는 것은 국가적 이기주의로 변질될 가능성이 크지만, 한국과 같이 민족의 완전한 독립과 통일을 추구하는 나라에서는 민족주의가 진보성과 정당성을 가진다는 주장을 하고 있다. 이어서 그는 "서방 선진국의 학자들은 대개 내셔널리즘의 부정적인 측면을 강조하고, 제3세계의 지식인들은 내셔널리즘의 긍정적인 측면을 역설하는 경향이 있다"는 말을 덧붙이고 있는데, 제3세계 국가들이 서방 선진국과 같은 민족국가 건설을 위해서 민족주의의 긍정적인 측면을 강조하는 것은 충분히 납득 가는 일이다. 민족주의가 내포하고 있는 부작용을 감내하면서 근대민족국가의 건설을 끝낸 서방세계 학자들이 이에 대한 부정적인 생각을 가지고 있다 하더라도, 제3세계의 선진화를 위한 특별한 대안을 제시하지 못하는 한 별다른 설득력을 갖지 못한다.

프랑스의 사상가 에르네스트 르낭(Ernest Renan, 1823 – 1892)은 1870 – 1871에 있었던 프랑스와 프로이센(독일)간의 전쟁이 주로 독일 측의 편향된 민족주의에 의해 촉발된 점을 인식시키는 강연을 소르본 대학에서 가졌다. 1882년에 「민족주의란 무엇인가(Qu'est – ce qu'une nation?)」라는 제목으로 진행된 강연에서는 "민족은 이미 치러진 희생과 여전히 치를 준비가 되어 있는 희생의 욕구에 의해 구성된 거대한 결속"이라는 말을 하여 진정한 민족주의에 대한 성찰을 엿볼 수 있게 하였다.

> 현재 시점에서는 민족들의 존재가 좋은 것이며, 심지어 필요하기도 한 것입니다. 세계에 하나의 법과 하나의 주인이 있다면 잃어버리게 될 자유를 보장하는 것이 바로 민족의 존재 이유인 것입니다.[5]

---

4) 차기벽, 『民族主義原論』, 한길사, 1990, 86쪽.

르낭은 이 글을 통해 민족주의 자체의 개념을 부정하고 있는 것이 아니라 프랑스와 독일이 대립하고 있는 현재의 상황을 발전적으로 해소하기 위한 좀 더 미래지향적인 이론을 창출해 내려 하고 있음을 알 수 있다. 그러므로 미래의 사회에서는 민족주의에 대체 될 수 있는 새로운 개념이 탄생되겠지만 현재로서는 필요한 것이라고 주장하고 있는 것이다. 그렇지만 "한 민족의 존재는 개개인의 존재가 삶의 영속적인 확인인 것과 마찬가지로 매일매일의 인민투표"라는 정의를 내림으로써, 무엇보다 민족에 소속된 개개인들의 의사가 중요하다는 것을 일깨우며, 매일같이 인민투표를 해서라도 계속 변해가는 구성원들의 의식이 표명되고 이를 실천하는 민족주의가 진정한 '민족주의'라는 점을 강조하고 있다. 혈연과 언어, 역사적인 배경을 떠나 민족의 구성원들의 소속의지가 중요하다는 점을 명백히 하고 있는 것이다.

지금까지 국내외 학자들의 민족주의에 대한 개념 정의를 살펴보았는데, 장점보다 단점을 강조하려는 서양의 학자들의 이론에서조차 한국사회에 형성되어 있는 민족주의를 부정하는 의견은 찾아보기 어렵다. 지역적인 인접성을 토대로 한 역사의 흐름 속에서 언어와 문화를 같이하며 살아온 한민족의 고유성은 여러 학자들이 주장하는 동일민족으로서의 특성을 고스란히 갖추고 있으며, 제국주의적 통합에서 온존되어야 할 대상으로 확인된다.

비록 민족의 순수성을 강조하여 단결을 도모하려는 의도에서 수사적인 의미의 단일민족이라는 용어가 일시적으로 사용되었고, 이로 인해 타 민족에 대한 불필요한 배타적 감정을 조장하는 일면이 있었을지는 모르지만, 그것은 한민족만이 가지고 있는 배타성이 아닌 만큼, 한

---

5) Ernest Renan, Qu'est-ce qu'une nation? 1882. 3, 소르본 대학 강연내용.; 신행선 옮김, 『에르네스트 르낭-민족이란 무엇인가』, 책세상, 2002, 80-82쪽.

민족의 정체성 확립과 관련지어 비난할 일은 아니다. 오히려 남북으로 분단된 조국의 통일이라는 역사적 과제를 안고 있는 한민족은 그 열기가 식어가는 민족주의에 대한 인식을 새로이 하여 민족단결의 사상적 토대로 삼으려는 노력을 기울여야 할 것이다.

2.2. 민족문학의 개념

백낙청은 「民族文學 槪念의 정립을 위해」라는 글에서 "(민족문학이 성립되기 위해서는) 구체적인 민족적 현실이 존재해야 한다"6)고 언급하고, 민족문학은 그 주체가 되는 민족의 "가능한 온갖 문학 활동 가운데서 특히 그 민족의 주체적 생존과 인간적 발전이 요구하는 문학"이라는 정의를 내린다. 또한 "일제식민지 시대의 민족문학의 모든 문제가 식민지상황의 극복이라는 역사적인 과제와 연결되듯이, 남북이 갈라진 오늘날 우리 문학의 기본적인 관심사는 통일의 문제"이고 "분단시대 문학의 사상은 한마디로 통일의 사상이다"라는 말로 민족문학의 개념을 정의한다. 그리고 「분단시대 문학의 사상」이란 글에서 남북의 통일과 관련된 인식과 성찰에 대해 다음과 같이 촉구한다.

> 통일이 되고 안 되고를 남의 일로 생각한다거나, 설령 자기일로 생각하더라도 그야말로 <단선적>으로 파악하고 있는 사람들에게는, 그런 문제를 문학논의에 끌어들이는 것이 부질없는 짓이요 불쾌한 일이기 마련이다. (중략)
> 국내외의 모든 방해에도 불구하고 갈라진 국토를 하나로 합치고 분열된 민족을 화해와 단합으로 이끌지 못한다면 민족의 존엄과 생존마저 유지하기 어렵다는 냉혹한 현실 속에서 <자주・평화통일>

---

6) 백낙청, 『民族文學과 世界文學』, 創作과 批評社, 1978, 124쪽.

이라는 명제가 내포하는 온갖 인간적 과제의 복잡성이 민족의 입장
을 떠난 사람들에게 실감되기는 어려운 것이다.7)

한반도의 통일에 대한 낙관론이나 비관론을 경계하는 한편, 현실적으로 이의 실천을 위한 문학적 노력에서 쉽게 일탈하려는 사람들의 자세를 비판하고 있다. '분단문학'의 실천을 이데올로기에 편승한 단순하고도 시대착오적인 일로 치부하고 넘긴다든지, 통일의 당위성을 말하면서도 정작 이의 실천을 위한 노력은 찾아볼 수 없는 현상들에 대한 우려가 섞여 있다. 그러면서 분단시대의 문학을 한다는 것은 "민족 자체가 지닌 능력과 문제점을 냉철히 인식하면서 격변하는 세계에 정확히 대응하는 지성의 작업이요, 역사상 일찍이 없었던 민중적 각성에 의해서만 시작될 수 있고 그보다 더 큰 깨달음과 사랑의 실천에 의해서만 마무리 지어질 수 있는 역사창조의 작업"8)이라고 강조한다. 즉, 이러한 각성에 의한 문학적 실천이야말로 위기에 처한 민족적 과제를 해결하고자 하는 '민족문학'이라는 것이다.

그런데 이와 같은 '민족문학'이라는 용어를 사용할 때 파생되는 문제로, '한국문학' 또는 '국민문학'과 어떤 기준으로 구별할 것인가 하는 점과, '세계문학'으로의 발전을 저해하는 방향으로 한국문단이 흘러가기 쉽다는 점이 지적되어 논란이 일기도 한다. 또한 민족문학의 토대를 이루는 민족주의의 융성은 국수주의의 팽배를 초래하고, 세계사의 흐름에 역행하여 고립을 자초할 수도 있다는 우려의 목소리도 있다. 백낙청은 이러한 우려의 목소리를 타당한 것으로 인정하고, '민족문학'이 '국수주의문학'과 어떻게 다른가에 대해 말한다.

---

7) 위의 책, 『民族文學과 世界文學』, 302, 303쪽.
8) 같은 책, 『民族文學과 世界文學』, 303쪽.

이러한 민족문학론은 민족이라는 것을 어떤 영구불변의 실체나 지고의 가치로 규정해 놓고 출발하는 국수주의적 문학론 내지 문화론과는 근본적으로 다르다. 현실적으로 정치·경제·문화 각 부분의 실생활에서 '민족'이라는 단위로 묶여져 있는 인간들의 전부 또는 그 대다수의 진정으로 인간다운 삶을 위한 문학이 '민족문학'으로 파악되는 것이 가장 바람직한 때와 장소에 한해 제기될 뿐이다.9)

백낙청은 민족문학을 역사적인 상황에 따라 존재의 가치가 변하는 개념으로 파악하여, 환경이 변하는 경우 보다 높은 차원의 개념에 흡수된다는 점에서 국수주의 문학과는 차이가 있다는 견해를 피력한다. 한마디로 "민족의 주체적 생존과 그 대다수의 복지가 심각한 위기에 직면해 있다는 위기의식"10)의 생성이 민족문학의 형성을 자연스럽게 유도한다는 것이다. 그러면서 "민족문학의 개념을 외면하는 것 역시 민족의 생존과 존엄에 대한 현실적 도전을 망각하는 결과가 될 수 있다"는 점을 자각해야 한다고 강조한다.

또한 "제국주의·식민지주의에 대한 철저한 비판과 저항은 민족문학에 있어 하나의 기본적인 생리와도 같은 것인데 이것은 선진국의 문학에서는 좀처럼 달성되지 못하는 어려운 경지"11)라면서, 우리의 민족적 위기의식을 강조하는 문학은 "한국문학을 세계문학의 대열에서 이탈시키기는커녕, 오히려 현 단계 세계문학의 가장 선진적인 흐름인 제3세계 민족문학의 일익을 맡게끔 해주는 것"12)이기도 하다는 주장을 통해서, 참다운 민족문학의 실현이 어떻게 선진적인 '세계문학'이 될 수 있는지에 대해서도 역설한다. 즉 참다운 민족문학이란 "자기인

---

9) 같은 책, 『民族文學과 世界文學』, 125쪽.
10) 같은 책, 『民族文學과 世界文學』, 125쪽.
11) 같은 책, 『民族文學과 世界文學』, 133쪽.
12) 백낙청, 『민족문학과 세계문학Ⅱ』, 創作과批評社, 1985, 13쪽.

식과 자기분열의 극복작업"13)이 선행되지 않으면 안 되고, 이러한 선결 과제는 선진제국의 문학에서도 절실한 현안 문제이므로 민족문학이 곧 세계문학이라는 주장을 한다. 이러한 백낙청의 견해는 국수주의를 두려워한 나머지 민족주의 자체를 경계하고 민족문학을 부정하는 것은 본질을 꿰뚫어 보지 못하는 것이며 민족적 각성을 저해하는 일이라는 것으로 요약할 수 있다. 진정한 민족문학은 곧 세계문학과 통하는 것이므로 민족문학에 대한 기존의 비판이 근거 없음을 논리적으로 반박하여 앞으로 한국문학이 나아가야 할 방향을 제시하고 있다.

백낙청과 함께 민족문학의 부흥을 줄곧 주장해 온 시인 고은(高銀)은 2001년에 심포지엄 참석차 일본을 방문했다가, 한 신문과의 인터뷰에서 "통일을 지향하는 민족문학이란 무엇인가(統一を志向する民族文学とは何か)"와 관련된 여러 견해를 밝혔는데, 민족문학의 역할에 대해서 다음과 같이 언급했다.

> 민족문학이란「통일의 도구」라는 주장을 해오셨다. 현시점에서 민족문학이 할 수 있는 역할은 무엇인가?
> 한반도에는 아직 완성되지 않은 역사적 현실이 있다. 그런 의미에서 우리들에게 주어진 임무는 분단을 타파하고 민족을 하나로 하는 역사를 만드는 것이라고 생각한다.14)

민족문학의 역할에 대해 "분단을 타파하고 민족을 하나로 하는 역사를 만드는 것"이라는 간단하고도 단정적인 고은의 말 역시 지금까지 고찰해 온 백낙청의 주장과 다르지 않다. 즉 현 상황의 한국에서는 "통일의 도구"로 기능하는 문학이 민족문학이라는 것이다.

---

13) 앞의 책, 『民族文學과 世界文學』, 135쪽.
14) 고은, 「統一の時代を生きる民族の歴史を」, 조선신보, 2001. 5. 5.

이상으로 국내외의 학자들이 정의하는 '민족주의' 및 '민족문학'의 개념에 대해 고찰해 보았다. 한마디로 말하면, 공동체로서의 민족이 스스로의 생존과 안위를 확보하기 위한 목적으로 실천하려는 민족주의는 정당한 것이며, 이를 문학적으로 뒷받침하는 것이 민족문학이라는 것이다. 그리고 현 한반도의 상황은 엄연한 현실로서 민족문학의 존재를 필요로 하고 있으며, 참다운 민족문학의 실천은 세계문학과도 통하는 것이므로 이를 부정적인 시각에서 배척하려는 것은 잘못된 것이라는 결론에 도달한다.

그런데 한국문학이라는 범주 안에 민족문학이라는 새로운 카테고리를 만들게 되면 문학가들에게 위화감을 줄 수 있으며, 작품의 평가 기준에도 영향을 미칠 수 있어서 자칫 민족문학 지상주의에 빠져들 우려가 있음을 부정하기 어렵다. 그러나 한민족의 통일은 이러한 부담을 감내하면서라도 이뤄내야 할 보편적인 인류사적 가치를 지니고 있으며, 한국문학계가 이 어려운 민족문학의 사명을 완수해 냄으로써 민족의 통일에 기여할 수 있다면, 이는 한국문학이 세계문학의 모범으로 성장하는 계기가 되리라 본다.

3. 재일조선인 문학의 귀속(정체)성

재일조선인 작가 김사량·김달수·김석범의 작품들은 일제 식민 치하로부터의 해방을 꿈꾸거나 조국의 통일을 염원하는 일념을 담고 있는 경우가 대부분이므로, 지금까지 고찰해 온 '민족문학'의 범주 안에 포함시키는 데는 전혀 문제될 것이 없다. 그러나 남북의 대립이라는 정치적인 외압 이외에도 일본어로 쓰였다는 이유만으로 그동안 '한국문학'의 범주에서 논의할 대상으로 여기지 않았던 것이 사실이다.

즉 한국문학은 한국어로 쓰인 작품이라야 한다는 속문주의 원칙이 지배하던 한국에서는 일본어로 쓰인 '재일조선인 문학'은 당연히 '일본문학'으로 간주되고 있었기 때문이다.

그러나 문학의 귀속성을 이와 같은 속문주의에만 의존하는 것에 대하여 여러 연구자들이 이의를 제기하고 있으며, 일본어로 글을 쓰는 재일조선인 작가들 중에도 스스로의 작품이 일본문학으로 취급받는 것에 대한 부당함을 피력하기도 한다. 그러므로 본 장에서는 속문주의 원칙이 지닌 모순을 검토하여 일본어로 쓰인 재일조선인 문학이 한국문학의 범주에 포함될 수 있다는 당위성에 대해 한국과 일본 연구자들의 주장을 토대로 고찰해보고자 한다.

3.1. 속문주의에 대한 국내의 비판

속문주의 원칙이 지닌 불합리함을 지적하며 국내의 인식 부족을 일깨워 한민족 문화권의 확대를 도모하려는 연구자로 홍기삼이 있다. 그는 "문학의 기본 조건이 언어인 한 한국문학은 어디까지나 한국어로 쓰인 것이어야 한다"와 같은 주장의 부당성을 논의해야 하는 이유로, "재일조선인 문학을 일본문학에서는 일본문학의 기술 대상이 아니라 하고 한국에서는 한국문학의 범주 밖의 것"15)으로 치부해 버리는 바람에 재일조선인 문학은 설자리를 잃게 되었다는 점을 들고 있다.

이와 같은 재일조선인 문학의 귀속 문제와 관련하여 이한창은 "우리 문학은 우리 민족어로 써야한다는 이유를 들어 연구자들이 이들 작품을 우리의 문학권 밖으로 방치하여 왔다"16)면서, 이는 재일조선인

---

15) 홍기삼 편, 『재일한국인 문학』, 솔, 2001, 11쪽.
16) 이한창, 「민족문학으로서의 재일동포문학 연구」, 『일본어문학』제3집, 한국일본어문학회, 1997. 6, 248쪽.

문학의 귀속에 관계되는 근본적인 문제로서 깊이 있는 검토가 필요하다고 말한다.

이러한 문제와 관련하여 이한창은 "국문학이란, 한국 사람의 생활을 역사상 각 시기의 특수성에 상응하는 표현방법인 정음, 차자, 한문을 통하여 형상적으로 창조한 문학"[17]이라는 한국문학계의 일반화된 논리를 들면서 "문학의 근거를 기록된 문자만을 가지고 따질 수 없게 되었다"[18]는 주장을 한다. 또한 "'속문주의'는 민족어로 민족문학의 통합을 이룩해야 한다는 이상일 뿐"이라는 말로 속문주의의 비현실성을 비판한다.

그리고 "재일동포 문학의 귀속문제를 문학의 주체, 내용, 독자층, 문자의 네 가지 요소에만 의존하여 해결하려고 하는데 그 문제가 있다"[19]며, 현재의 국문학계가 문자만을 가지고 귀속문제를 따질 수 없다는 점을 인식하고 있음에도 이들 네 가지 근거에 너무 집착하여 융통성을 발휘하지 못하고 있다는 주장을 한다. 그러면서 재일조선인 문학의 귀속문제는 "배제의 논리만을 기계적으로 적용할 것이 아니라, (주체·내용·독자층·문자의) 네 가지 기준을 상호 보완하고 부족한 점을 포용하고 인정"[20]해주는 입장에서 판단해야 한다고 강조한다.

3.2. 속문주의에 대한 일본 연구자들의 견해

오카자키 요시에(岡崎義惠)는 『日本의 文芸』라는 저서에서, 예술로

---

17) 김광순 외, 『한국문학개론』, 경인출판사, 1996, 12쪽 재인용.
18) 앞의 논문, 「민족문학으로서의 재일동포문학 연구」, 253쪽.
19) 같은 논문, 「민족문학으로서의 재일동포문학 연구」, 249쪽.
20) 같은 논문, 「민족문학으로서의 재일동포문학 연구」, 256쪽.

서의 문학이라는 의미로 '문예'라는 말을 쓰고 싶다면서, '일본문예'에 대한 정의를 1) 일본인이 지은 문예, 2) 일본어로 지은 문예, 3) 일본적 특색이 나타나 있는 문예[21] 와 같이 세 가지 요소로 나누어 설명한다. 그런데 이 세 가지 요소 중에 "일본적 특색이 나타나 있는 문예"와 같이 내면적인 의미로서의 일본문예로 규정되는 것이 중요하다며, "일본어로 짓는다는 것은 대체적인 표준에 지나지 않는다"는 말로 속문주의가 지닌 의미를 축소하고 있다. 그 이유로는 "외국인이 일본어로 지은 것도 일본문예인가, 또 그와 반대로 일본인이 지은 것이라 하더라도 외국어로 지은 것, 즉 영시(英詩), 영시류(英詩類)는 일본의 문예로부터 아주 제외되는가"[22]라는 근본적인 문제가 발생된다는 점을 들고 있다.

오카자키의 이와 같은 주장을 재일조선인 문학에 대입시키면, 재일조선인이 일본어로 쓴 문학이라 하더라도 얼마든지 한국문학이 될 수 있으며, 문학의 귀속성의 중요한 기준은 문학의 내용이라는 것으로 요약 할 수 있다.

평론가인 오다기리 히데오(小田切秀雄)는 1948년도에 출간된 김달수의 『후예의 거리(後裔の街)』에 대하여 "조선민족의 문학임과 동시에 일본문학의 하나"[23]로 규정하였으며, 1965년 무렵에는 "재일조선인의 일본어에 의한 문학은 역사적인 특수성에 의하므로, 문학의 국적은 그 언어에 귀속된다는 사고방식에 구속될 필요는 없다"[24]고 말했다.

---

21) 岡崎義恵著・장남호・임종석譯, 『日本의 文芸』, 시사일본어사, 1991, 서문.
22) 위의 책, 『日本의 文芸』, 서문.
23) 小田切秀雄, 「この本のこと」, 『後裔の街』, 朝鮮文藝社, 1948, 240쪽.
24) 任展慧, 「小田切先生と＜在日朝鮮人文学＞」, 『小田切秀雄の文学論争』, 「囲む会」編, 2005년 10월, 277쪽.

결과적으로 재일조선인 문학의 귀속 문제를 고찰하는데 있어서 속문주의적 입장은 절대적인 것이 될 수 없다는 것이 일본 연구자들의 주장이라고 할 수 있다.

3.3. 속문주의에 대한 재일조선인 작가의 비판

김석범은 재일조선인 작가 중에서 재일조선인이라는 존재와 자신의 일본어 글쓰기에 대해 가장 깊은 사고를 해온 사람 중의 하나이다. 따라서 재일조선인 문학의 귀속성에 대해서도 많은 글을 써왔다.

> 언어라는 것은 극단적으로 말해서 하나의 전달방법입니다.(중략) '재일조선인 문학은 일본문학이다'라는 발상은 언어속문주의(言語屬文主義)입니다. 언어 이외에 문학을 규율하는 것은 없다는 것이 됩니다.[25]

김석범은 '문학은 언어에 반드시 구속되는 것은 아니다'라는 주장을 하면서, 자신이 일어로 쓴 『火山島』는 일본문학인가라는 질문을 던지기도 한다. 물론 『火山島』가 일본어로 쓰였다고 해서 일본문학이라고 하기는 어렵다. 상식을 초월하는 장편의 내용 속에는 일본인이 거의 등장하지도 않을뿐더러 조선적인 유교의 전통이 지배하고, 무당이 굿을 하며, 제주도의 토속적인 옷을 입고 말을 하면서 <4·3사건>이라는 소용돌이를 헤쳐 나가는 민중들의 끈질긴 투쟁을 그려내고 있는 작품이기 때문이다.

그런데 김석범은 자신과 같은 재일조선인 작가들이 생산한 일본어

---

25) 金石範,「文化はいかに国境を越えるか」, 『国境を越えるもの-「在日」の文学と政治』, 文藝春秋, 2004, 194, 195쪽.

작품이 한국문학으로 받아들여지지 않는 것과 관련하여 스스로의 문학을 '디아스포라 문학'으로 정의하기도 한다.

> 그러면 재일조선인 문학은 도대체 무엇인가. 일본문학도 아니고, 한국에서 온 학자가 지적하듯이 이른바 한국문학, 즉 조선문학도 아니다. (중략) 여러 분석이 필요하겠습니다만, 결국 완전히 '디아스포라'적 성격을 가진 문학이지요. 결국은, 이산, 추방, 혹은 연행된, 그러한 피압박자이지요. 일본어, 이른바 타국어 속에서 표현을 찾아내는 존재. 그러한 존재로부터 탄생한 문학입니다.26)

망명자가 생산하는 문학의 언어는 단순히 수단에 불과한 것이고, 그 내용은 망명자 자신들의 처지와 그들이 속한 민족에 관한 것을 쓰게 된다고 말하고 있다. 그러므로 망명자의 문학을 그냥 '망명자 문학'이라는 명칭으로 규정해 버릴 수 없듯이, 망명자로서의 재일조선인의 문학을 '재일조선인 문학'이라는 말로 표현하는 것은 그 실체를 파악하기 어렵게 만드는 것이며, 김석범 자신의 문학이 이런 처지에 놓여 있음을 토로하고 있는 것이다.

이런 현상을 타파하기 위해서는 특수한 사정 아래에서 타국어로 쓰여 진 이들의 문학을 서둘러 한국어로 번역하여 국내의 독자와 평론가들에게 평가를 받는 수밖에 없다. 실제로 이렇게 자신의 문학을 망명문학으로 규정하고 있는 김석범이 평생을 바쳐 이룩한 대작 『火山島』가 아직까지 한국어로 번역되지 않고 있어서, 국내의 독자나 평론가들이 접하기 어려운 현실은 재일조선인 문학을 망명문학으로 떠돌게 만드는 주된 원인으로 작용한다.

이상으로 재일조선인 문학의 귀속(정체)성 문제와 관련하여 한국과

---

26) 위의 책, 『国境を越えるもの－「在日」の文学と政治』, 194, 195쪽.

일본 연구자의 주장과 재일조선인 작가의 입장을 고찰해 보았는데, 한마디로 말해서 언어만으로 문학의 귀속 문제를 단정 지을 수 없다는 것이며, 누가 무엇을 썼는가와 같이 종합적인 판단이 중요하다는 결론에 이르게 된다. 즉 지금까지 문학의 귀속 문제를 결정하는 편리한 기준으로 작용했던 속문주의는 더 이상 절대적인 판단의 잣대가 될 수 없다는 것이다.

4. 민족문학으로서의 일본어 글쓰기

일본어로 조선적인 것을 써내겠다는 의식적인 도전은 김사량의 작가 정신에서 뚜렷이 엿보이고 있으며, 김석범은 많은 노력 끝에 『火山島』로 그 결실을 맺는다. 그런데 같은 조선의 민족주의 작가로 분류할 수 있는 김달수의 경우는 이 두 작가에 비해서 일본어에 의한 작품 활동에 대해 그다지 갈등을 느끼지 않고 있었던 것으로 보인다.

본 장에서는 일본어로 조선적인 것을 작품화하려는 김사량·김달수·김석범의 노력을 통해서 표출되는 일본어글쓰기의 의미와 그 의의 등을 검토해 보고자 한다.

4.1. 김사량의 일본어 글쓰기

김사량은 1936년 동경제국대학 독일문학과에 입학한 뒤 동인지 『堤防』에 具珉이란 필명으로 생활주변의 짧막한 수필 「雜音」을 발표하였다. 이 짧은 수필에서는 조선적인 것을 일본어로 표현하는 어려움에 대한 번뇌가 엿보인다.

> 조선의 현실을 충실하게 써보고 싶다. 얼마나 핵심을 파악할 수
> 있을지, 얼마만큼 진실하게 형상화될 수 있을지 나는 매우 두렵다.
> (중략) 차라리 문장에서 일본어를 없애버릴까라는 생각도 해본다. 모
> 국어를 가나문자로 딱딱하게 직역해서 옮긴다면 과연 어떻게 될
> 까.27)

이러한 노력을 거듭한 끝에 김사량은 일본어로 훌륭한 조선적인 문학작품을 써낼 수 있는 작가로 성장한다. 그리고 1939년 『文芸首都』에 발표한 「朝鮮文學風月錄」이라는 글에서 "일부러 모든 희생을 감수하면서까지 내지어(일본어)로 글을 써야 할 경우에는 그 당사자에게 매우 적극적인 동기가 있어야 한다"28)며, 그 동기라는 것은 조선의 문화와 생활을 일본의 독자층에 알리거나 전 세계에 확산시키려는 노력이라는 취지의 말을 한다.

김윤식은 이러한 김사량의 작가적 태도와 이후의 중국 연안으로의 탈출과 결부시켜 "작가 김사량의 글쓰기 욕망이 일어 창작을 엿보게 했다면, 이를 물리치게 한 것은 국민국가의 문학관이었다"29)는 분석을 한다. 김윤식이 말하는 '국민국가의 문학관'이라는 것은 국어로 쓰지 않으면 국민(민족)국가의 문학으로 인정받을 수 없다는 인식을 말하는 것인데, 뒤늦게 이를 깨달은 김사량이 일본어 글쓰기를 포기하고 연안으로 탈출했다는 것이다. 그러나 이는 결과로써 나타난 김사량의 행적을 '국민국가의 문학관'이라는 개념과 결부시킨 추측에 지나지 않는 것으로 생각된다.

김사량이 작가적 욕망을 지니고 있었음은 부정하기 어렵겠지만, 일

---

27) 『金史良全集 IV』, 河出書房新社, 1973, 53쪽.
28) 金史良, 「朝鮮文學風月錄」, 『文芸首都』, 1939年 6月号. 『金史良全集IV』, 河出書房新社, 1973, 11쪽.
29) 김윤식, 『일제 말기 한국 작가의 일본어 글쓰기론』, 서울대학교 출판부, 2003, 93쪽.

본어글쓰기를 계속한 것은 나름의 저항 의식에 의한 것이었다고 할 수 있다. 이는 조국이 해방되리라는 희망을 가지고 있었기에 가능했는데, 일본어 글쓰기로 저항을 계속하는 것이 더 이상 불가능한 절박한 상황에 이르자 연안으로 탈출했다고 보는 것이 자연스럽다. 물론 김사량이 일본어 창작과정에서 안고 있던 고뇌가 국민국가에서 절대시하는 언어 문제와 유사했으리라는 사실을 부정할 수는 없다.

그런데 해방되어 조선으로 귀국한 김사량은 1945년 12월에 참석했던 어느 좌담회에서 이태준으로부터 일본어글쓰기에 대한 신랄한 비판을 받게 되자 다음과 같은 반론을 제기한다.

> 그러나 한 마디로 말하자면 문화인이란 최저의 저항선에서 二步退却 一步前進하면서 싸우는 것이 임무라고 생각합니다. 무엇을 어떻게 썼느냐가 議題가 될 문제이지 좀 힘들어지니까 또 옷 밥이 나오는 일도 아니니까 쑥 들어가 팔짱을 끼고 앉았던 것이 드높은 문화인의 정신이었다고 생각하는 데는 나는 반대입니다.[30]

이러한 반론에 대하여 김윤식은 저서 『한일문학의 관련양상』에서 "'무엇을 위해서 썼느냐가 논의될 문제'라고 한다면, 한국문학이란 것이 消滅한 자리에서의 이야기"[31]라는 말로 김사량의 자기변명을 인정할 수 없다는 비판을 한다. 이러한 비판은 조선의 작가로서 일본어글쓰기를 한 행위에 대한 본질적인 문제점을 제기하고 있다는 데는 의의가 있을 것이다. 그러나 김사량이 일본어를 좀 더 중요한 목적달성을 위해 수단으로 사용하려 했다는 분명한 의사표현을 하고 있음에 비추

---

30) 「문학자의 자기비판」, 『우리문학』, 1946, 창간호 45쪽. 김윤식, 『한일문학의 관련양상』, 一志社, 1974, 50쪽.
31) 위의 책, 『한일문학의 관련양상』, 50, 51쪽.

어 볼 때, 너무 극단적인 상황으로 논의를 이끌고 있는 감이 없지 않다.

일본어의 속박을 벗어나 그 내재하는 보편성을 추구하여 조선적인 것을 그려내려는 노력을 기울여온 김석범(金石範)은 김사량을 다음과 같이 평가한다.

> 한마디로 말하면, 김사량은 틀림없는 조선적인 작가라고 나는 생각한다. '내선일체', '황민화'와 같은 일본화의 거대한 정치의 흐름 속에서, 일본어로 쓰면서 더구나 빼앗겨가는 민족적인 것을 잘 지탱해냄으로써 마침내 저항을 관철시켰다는 점에서 실로 조선적인 작가였다.32)

김석범은 일본어로 조선적인 것을 묘사하는 작가적 태도에 대하여 철저하게 분석하고 그 한계를 넘으려는 노력을 기울여온 작가인 만큼 상당히 설득력 있는 평가를 하고 있는 것으로 보인다.

평론가 임헌영은 김사량의 작품 전반에 대해 다음과 같이 언급한다.

> 그는 일어로 쓴 소설에서도 언제나 민족문제를 부각시켰는데 그렇다고 상투적인 약소민족의 아픔에 머문 것이 아니라 인간의 실존적 추구에까지 천착한 점이 식민통치국과 피식민지의 두 나라 대중이 두루 공감할 수 있는 영역을 넓힌 것 같다. 이 점은 또한 민족문학의 지평을 확대시킨 공로이기도 하다.33)

임헌영은 일본어로 쓴 김사량의 작품을 아예 민족문학의 범주 안에 있는 것으로 인정하고, 일본인들도 공감할 수 있는 인간의 실존적 추

---

32) 金石範,「金史良について-ことばの側面から」,『ことばの呪縛』, 筑摩書房, 1972, 169쪽.
33) 임헌영,「암흑기의 '굴절된 삶' 읽기-김사량의 작품세계」,『한국소설문학대계17-강경애·김사량』, 동아출판사, 1995, 553쪽.

구로서의 민족문학을 실천하여 그 폭을 넓혔다는 평가를 하고 있다.

　김사량의 일본어 작품『太白山脈』이 2006년 1월에 우리말로 번역 출판되었는데, 그 내용을 살펴보면 얼마나 조선적인 작품인지 쉽게 알 수 있다.

アリアリラン　スリスリラン	아리 아리랑 스리 스리랑
アラリガ　ナンネーエ	아라리가 났네 – 에
アリラン峠を越え越え行く	아리랑 고개를 넘어 넘어 간다
いとしい君の　帰りには	정든 님이 오셨는데
言の葉も　凍てついて	인사를 못해
ヘンジュチマ	
前掛け　口に咥へ	행주치마 입에 물고
口だけ　にんまり 34)	입만 방긋 35)

　김사량의『太白山脈』에는 우리의 '아리랑'과 '각설이 타령' 등이 많이 들어 있는데, 이러한 노래와 문장들을 한국어로 복원하거나 번역해 놓고 보면 완벽한 우리의 것으로 다시 태어난다. 이런 작품을 두고 일본문학이라 말하기는 어렵다.

　이와 같이 본고의 고찰대상의 하나인 김사량의 작품은 우리말로 번역해 놓으면 훌륭한 한국어 작품으로 다시 태어나는데, 이는 일본어가 조선적인 것을 그려내기 위한 수단으로 기능하고 있다는 것을 보여주는 좋은 예라 하겠다.

---

34)『金史良全集 Ⅱ』, 河出書房新社, 1973, 309쪽.
35) 김사량著・김학동譯,『김사량의 태백산맥』, 노트북, 2006, 129쪽.

4.2. 김달수의 '수단'으로서의 일본어 글쓰기

　김달수는 조선민족의 정체성을 부각시키기 위한 자신의 작품 활동이 일본어글쓰기에 의존하고 있다는 사실에 그다지 큰 모순점을 느끼지 않았으며, 주변의 의혹이 담긴 시선에는 적극적으로 자신의 작가적 태도를 밝히기도 하였다. 이는 일본어를 단지 조선민족의 완전한 해방과 조국의 통일이라는 목적을 위한 '수단'으로 인식하고 있었음을 말해주는 것이다.

　김달수의 작품『玄海灘』을 읽고 "조선민족이 받은 고통, 그리고 오늘날까지도 아직 사라지지 않는 조선민족의 고통을 조금이나마 알게 되었습니다"36)라는 편지를 보내온 여성 독자가 있었다. 그녀는 그 편지 내용 중에 "조선인인 선생님이 일본에서 더구나 일본어로 소설을 쓰고 있는 것은 무슨 연유입니까"37)라는 질문을 하였는데, 김달수의 답장은 다음과 같았다.

> 일찍이(지금도 여전히 약간은 그렇습니다만) 나는 이 불평등으로 인하여 일본어를 이렇게 「능숙」하게 구사할 수 있게 되었습니다. 그러나 나의 이러한 일본어를 특별히 다른 곳에 써먹으려는 생각은 없습니다. 우리들 민족의 평등, 인간들 사이의 이해를 위해서 사용하고 싶습니다.38)

　김달수는 자신이 일본에 거주하면서 일본어로 소설을 쓰고 있는 이유를 한마디로, 일본인과 조선인의 이해를 도모하여 불평등한 두 민족

---

36) 金達寿,「『玄海灘』について、あるサークルへの答」,『金達寿評論集 上 わが文学』, 筑摩書房, 1976, 40쪽.; 초출(初出)은『溶岩』제29호, 1955년.
37) 위의 책,『金達寿評論集 上 わが文学』, 40쪽.
38) 같은 책,『金達寿評論集 上 わが文学』, 40쪽.

간의 관계를 개선하는 데 있다고 단정적으로 말하고 있다. 김달수가 주장하는 글쓰기는 결국 일본이 조선을 침략하여 식민지배를 한 것에 대한 비판과 일본인이 조선인을 차별하는 현실의 고발, 그리고 친일파를 대거 등용한 이승만 정권에 대한 반감 등으로 나타나고 있는 바, 이는 국내에서 정의하는 '민족문학'의 범주에 속한다고 할 수 있다.

어쨌든 김달수는 그의 많은 작품에서 과거 식민치하의 왜곡된 역사와 분단된 조국의 현실, 그리고 조선적인 전통과 풍습을 그려내려는 노력을 기울인다. 그리고 조선적인 것을 일본어로 표현하기 위한 그의 노력은 1948년에 단행본으로 출판된 최초의 장편 『후예의 거리』의 재판(再版)에 수록된 「작가의 메모(作家のおぼえがき)」에 잘 나타나 있다.

> 다음으로 조선어 문제인데, (중략) 예를 들면 식모(食母 − 이것은 말할 것도 없이 가정부를 말하는 것이지만)와 같은 단어에는 조선어 발음을 가나로 덧붙였고, (조선어에) 작자가 임의로 붙인 한자는 저고리(上衣)와 같이 괄호를 사용했다.[39]

김달수가 본격적인 작품 활동을 시작할 무렵의 글로, 자신의 작품 속에 조선적인 것을 어떻게 그려나갈 것인지에 대한 방법론적인 고민의 흔적이 엿보인다. 김달수의 작품은 대부분 조선을 배경으로 하고 등장인물도 조선인이며, 제사 용어라든가 일반적인 인사말과 같은 단어는 조선어를 그대로 사용하는 등, 일본어로 표현했지만 그 내용이나 표기면에서 일본문학이라 보기에는 어려운 작품이 대부분이다.

「叛亂軍」은 1948년의 <여・순사건>을 계기로 집필되어 1949년에 발표되었는데, 김달수의 이후의 문학적 방향을 결정짓는 의미 있는

---

[39] 金達壽,『後裔の街』재판(再版), (株)世界評論社, 1949, 249쪽.

작품이다. 이 작품 속에는 주인공인 인규(仁奎)와 함께 재일조선인으로 살아가는 어머니의 모습이 그려지고 있다.

> 그리고 이승만 정부에 대한 투쟁을, 남쪽의 민주주의를 받드는 노인 이승만과 북쪽의 공산주의를 받드는 젊은 김일성과의 대립항쟁이라면서 "벌써 70을 넘긴 노인네가 앞으로 무슨 일을 한다고 그래, 젊은이한테 맡기고 얼른 물러나야지"라고 말하곤 한다.[40]

어머니는 아들이 재일조선인 조직에서 일하는 것을 내심 자랑스럽게 여기며 빨리 고국에 돌아 갈 수 있게 해달라는 장면의 일부이다. 일본어로 쓰인 소설임에도 불구하고 모자간의 대화에서는 조선적인 정취가 물씬 풍긴다.

김달수는 일본어 글쓰기로 조선적인 것을 표현한다는 것에 대해 큰 모순은 느끼지는 않았으며, 설령 느끼고 있었다 해도 조선어로 창작을 할 수 있을 만큼 조국의 언어를 구사할 능력이 없었으므로 김사량이 느끼고 있던 갈등과는 그 차원을 달리 한다. 그러므로 그는 일본어 글쓰기를 통하여 일제의 식민지배와 재일조선인에 대한 차별의 부당성 고발 및 조국에서 벌어지고 있는 정치적인 갈등에 적극적으로 관여함으로써 민족의 자존과 통일에 대한 자신의 염원을 표출시키는 것으로 만족할 수밖에 없었던 것이다.

4.3. 속박을 벗어나기 위한 김석범의 일본어 글쓰기

김석범은 1957년 「까마귀의 죽음(鴉の死)」을 발표하여 본격적인 작품 활동을 시작한 뒤, 1960년까지 「이제는(これから)」 「구렁텅이(どん

---
40) 金達寿, 「叛亂軍」, 『金達寿小説全集 一』, 筑摩書房, 1980, 302쪽.

底)」「똥과 자유와(糞と自由と)」 등을 발표했다. 그런데 1960년대에 들어서면서부터 한글『화산도』를 1965－1967년 사이에『文學藝術』을 통해 9회까지 연재하다 중단한 것 말고는 거의 작품 활동을 하지 않았다. 그러다가 1970년이 되자,「언어와 자유(言語と自由)」[41], 1971년에는「<왜 일본어로 쓰는가>에 대해서(<なぜ日本語で書くか>について)」[42],「일본어로 쓰는 것에 대해서<좌담>(日本語で書くことについて)」[43]와 같은 평론 등을 발표하며 다시 일본어글쓰기를 시작한다. 즉 10년에 가까운 침묵기간은 일본어로 조선적인 것을 표현하는 것에 대한 갈등의 세월이었던 셈이다.

이후의 김석범은 보다 넓고 깊어진 일본어글쓰기에 대한 인식을 바탕으로 일본어를 수단으로 삼아 소설 창작을 한 장혁주와 김사량을 나름대로 평가한다. 그러나 김달수가 자신의 일본어글쓰기를 "일본인의 잘못된 조선에 대한 인식을 바로잡기 위한 무기"[44]라고 주장하는 데는 이의를 제기한다. 조선어를 자유롭게 구사하지 못하는 김달수가 조선어와 일본어 중에 양자택일이라도 하듯이 일본어를 무기로 삼아 글을 쓴다는 것은 논리적으로 맞지 않는다는 것이다. 그러면서 언어로 인해 이중의 속박을 겪고 있는 재일조선인 작가는 "일본어와 관계된 틀 속에서 자유의 유무를 확인해 가야"[45]하고, 이는 언어의 논리적인 면만이 아니라, "윤리적인 문제로 파악해야 하는 것"[46]이라는 자신의

---

41)「人間として」3호, 1970년 9월. 주(32),『ことばの呪縛』에 수록.
42)「文学的立場」5호, 1971년 7월. 주(32),『ことばの呪縛』에 수록.
43)「文学」1971년 11월호. 주(32),『ことばの呪縛』에 수록.
44) 金石範,「在日朝鮮人文学」,『岩波講座 文学8 表現の方法 5－新しい世界の文学』, 1976년 8월, 284, 285쪽.
45) 金石範,「후기」, 주(32),『ことばの呪縛』, 291쪽. ; (원문내용 : 日本語との関係におけるワクの中での有無を確かめてゆかねばならない。)
46) 앞의 책,『ことばの呪縛』, 291쪽.

논리를 전개한다.

바꿔 말하면 재일조선인 작가가 일본어로 창작 할 때 우선 봉착하는 문제로, 조선적인 것을 그려내는 데 있어 일본어가 가진 독특한 개성이 작용하여 속박을 당하게 되는데, 이로부터 자유로워지기 위한 노력을 지속해 나가야 한다는 것이다. 그리고 또 이전의 지배자의 언어로 재일조선인이 문학을 해야 한다는 본질적인 문제가 윤리적으로 납득하기 어려운 면이 있다는 것인데, 이러한 논리를 갖추고 있는 김석범의 입장에서 본다면 김달수의 단순한 '수단'으로서의 일본어글쓰기는 그의 조선어 능력의 유무를 떠나 문제의 본질을 등한시하고 있다고 생각했던 것으로 보인다.

그렇다면 <제주4·3사건>을 소재로 다룬 『火山島』를 일본어로 집필한 김석범은 과연 자신이 제시한 문제점을 해결한 것일까. 그의 저서 『국경을 초월하는 것-「재일」의 문학과 정치』[47]에서는 일본어의 개별성을 일본어 안에 내재하는 보편성으로 초월하여 국경을 넘을 수 있다는 주장을 한다.

> 그것은 간단히 말하면 상상력입니다. 상상력을 통해서 일본어가 가지고 있는 개별적인 것을 보편화해 가는 조작이 이루어지는 것입니다.[48]

일본어가 가진 개별적인 것이란, 각 단어와 문장이 갖는 일본의 독특한 정서나 감각을 말하는 것으로 생각된다. 그렇지만 대부분의 단어는 보편적인 면을 더 많이 가지고 있기 마련이므로 이러한 면을 살려서 조선적인 것을 그려낼 수 있다는 말을 하고 있다. 이와 같은 노력의

---

47) 앞의 책, 『国境を越えるもの-「在日」の文学と政治』.
48) 같은 책, 『国境を越えるもの-「在日」の文学と政治』, 203-205쪽.

일환으로 집필된『火山島』는 작가 자신의 확신에 찬 반문처럼 "일본어로 쓴 것이지만 과연 일본문학이라 할 수 있는"작품은 아니다. 제주도 사람들의 토속적인 일상생활을 배경으로 전개되는 해방 직후의 혼란한 상황을 그려낸 작품 속에 일본적인 색채는 거의 찾아볼 수 없다는 것이 필자의 견해이다.

일본어에 의해 조선적인 것을 담아내려는 김석범의 노력은 1970년에 발표한『万徳幽霊奇譚』에서도 잘 나타나있다. 이 작품은 재일조선인인 자신이 일본어로 글을 쓴다는 것에 대한 오랜 갈등의 세월을 보낸 후에 발표한 것인데, 내용 중에 주인공 '만덕'이 제주도에 전해 내려오는 '오누이의 전설'을 떠올리는 장면이 묘사된 곳이 있어 소개한다.

어느 날 멀리 있는 언덕 기슭의 밭으로 나갔던 두 사람은 돌아오는 길에 소나기를 만났다. (중략) 그래서, 지게를 짊어진 채 짚신 끈을 동여매느라 지체된 남동생이 뒤에서 누나를 따라가게 되었다. (중략) 남동생은 감옷이라 불리는 삼베옷에 감물을 들인 작업복을 입고 있었는데, 누나는 그날따라 시원하게 얇은 삼베저고리를 걸치고 있었다. 젖은 삼베옷이 찰싹 달라붙은 살결이 비쳐보였다. 그리고 젖은 치마도 허리에 달라붙어 몸의 선으로 움직이는 것이었다.

(ある日遠い丘の麓の畑へ出かけていた二人は帰る途中ではげしい驟雨にであった。(中略)で、支械(チゲ)を背負い濡れた草靴(わらじ)の紐をしっかりくくり直すのに手間どった弟は、後から姉を追うことになった。弟は柿衣と呼ばれる麻布を柿汁で染めた労働服を着けていたが、姉はその日に限って涼しい薄い麻の上衣(チョゴリ)を着けていた。濡れた麻の布地をぴったり吸いとった濡れた肌が透けて見えた。そして濡れた裳も腰の部分にへばりついて軀の線が動くのである。)[49]

삼베옷을 입은 채 비를 맞은 두 남매의 모습, 누나의 얇은 치마저고리가 몸에 달라붙은 모습과 지게를 짊어지고 그 뒤를 따르는 남동생의 모습이 그림처럼 머릿속에 그려진다. 일본어로 쓰인 이 글에서 일본어로 인한 한계가 느껴지는 묘사를 찾아보기가 힘들다.

『火山島』는 <제주4·3사건>이라는 주제를 다룬 일본어 소설이지만 제주도의 정취가 물씬 풍기는 장면의 묘사가 많다. 그런데 이 작품이 일본어로 쓰였음에도 불구하고 마치 한국어로 된 소설을 읽는 느낌을 주는 것은, 이와 같은 조선적인 정경의 묘사와 더불어 한국적인 일본어 표현을 적절히 조화시킨 문장의 덕분이라고 할 수 있다.

> "부엌아—!" 부친의 목소리는 취기를 띤 채 격해져 있었다.
> "예—" (중략) 선옥이 불룩한 배를 흔들며 급하게 이쪽으로 왔다.
> "아이고, 주인마님……" 부엌이가 외쳤다.
> (「ブオガー！」父の聲は、酔いをおびて激していた。
> 「イェー」（中略）仙玉が大きな腹を搖らし、急ぎ足でこちらへやって来た。
> 「アイゴ、奧樣……」ブオギが叫んだ。)50)

위의 인용문에서 알 수 있듯이 '부엌이'라는 호칭은 물론이거니와 '예'나 '아이고'와 같은 대답과 감탄의 말을 모두 가타카나를 사용하여 한국어 발음 그대로 표기하고 있다. 뿐만 아니라 '어머니'와 '오빠'처럼 인간관계를 나타내는 친근한 단어들 역시 'オモニ'와 'オッパ'와 같이 한국어 발음 그대로 표기하고 있다. 다만 해당 단어들이 처음 등장할 때에 한해서 괄호 안에 그 의미를 표기하고 있을 뿐이다.

---

49) 金石範, 『万德幽霊奇譚』, 筑摩書房, 1971, 93, 94쪽. 初出, 『人間として』 제4호, 1970.
50) 金石範, 『火山島 Ⅵ』, 文藝春秋, 1997, 494쪽.

그리고, 당시의 조선의 경찰서 취조실이라는 현장감을 살리기 위한 방편으로 '이 자식아'라는 한국어 표현을 'イ・チャシガ、きさま', '이 송사리새끼'를 'イ・ソンサリセッキ、この雑魚ども'[51]와 같이 가타카나로 한국어 발음을 표기한 뒤, 이에 해당하는 일본어 단어를 연이어 표기하는 방법도 사용된다.

또한 한국의 격언 등을 일본어로 바꾸어 문장의 표현을 풍부하고도 한국어적인 분위기로 연출하려는 노력도 엿보인다. 그 중 여러 차례 반복하여 등장하는 문구의 일부를 소개하면 다음과 같다.

- 설마가 사람 잡는다("まさか" が人を殺す)ー『火山島』
  제4권 493쪽
- 방귀 뀐 사람이 화를 낸다(屁をひったやつが腹を立てる) ー
  제5권 8쪽
- 발 없는 말이 천리를 간다(足のない言葉[52]が千里を走る) ー
  제6권 257쪽

이러한 격언이나 속담 중에는 일본에도 내용이 유사한 것이 있기는 하지만, 표현 자체는 한국의 것을 번역하고 있는 경우가 대부분이다. 그러므로 한국인 독자의 입장에서 본다면 문자만 일본어일 뿐이지 소설의 내용이나 분위기에서 이질감을 느끼는 일은 없다. 이는 언어의 열려있는 보편적인 측면을 살려서 일본어로 조선적인 것을 그려내려는 작가의 노력이 결실을 맺은 것이라 하겠다.

1957년에 일본어로 쓴 「까마귀의 죽음」을 통해 <제주4·3사건>

---

51) 金石範, 「豚の夢」, 『すばる』, 2005년 7월호, 120쪽.
52) 원문에는 「足のない馬(マル)が千里を走る」와 같이 말을 동물의 말(馬)로 표기했으나, 이는 말(言葉)의 잘못으로 생각됨.

의 형상화를 시도했던 김석범은, 1960대에 들어서면서부터는 일본어 글쓰기를 중단하고 한글 창작에 매달렸다. 그러나 독자층 확보의 어려움과 조직의 지나친 관여53)로 이를 중단하고 일본어글쓰기에 대한 갈등의 시간을 보내다가 "일본어 글쓰기에 대한 자신이 생겨서 1970년대부터 일본어 글쓰기를 시작했다"54)고 한다. 이러한 노력의 성과는 『万德幽靈奇譚』에 잘 나타나 있으며, 제주민중의 역경과 투쟁을 그려낸 『火山島』에서 민족적 특성을 형상화하는 것으로 마무리된다. 이러한 작품들은 일본어로 쓰였다는 이유만으로 '일본문학'이 될 수 없으며, 문학의 귀속성을 결정하는 중요한 요인의 하나인 속문주의의 불합리함을 단적으로 보여주는 실례라 하겠다. 김석범의 문학은 '무엇을 위해 어떠한 내용을 썼는가'가 문학의 귀속성을 결정하는 실질적인 기준이 될 경우 '한국문학'의 범주에 포함되는 작품들이 대부분이며, 그 자신 민족문학을 실천해온 작가로 평가받아 마땅하다.

5. 맺음말

본고는 재일조선인 작가 김사량·김달수·김석범의 문학이 민족문학이라는 것을 입증하는데 목적이 있으므로 민족문학의 개념을 고찰함과 동시에, 민족문학은 민족주의를 문학적으로 뒷받침하고 있다는 입장에서 민족주의의 인류사적 가치를 검토하였다. 그 결과 안정된 근대국가의 형성을 위하여 민족의 통합을 추진하고 있는 나라들이 이

---

53) 宋惠媛,「金石範の朝鮮語作品について」,『金石範作品集Ⅰ』, 平凡社, 2005, 562쪽. ; 송혜원은 "조총련 조직에 속해서 창작활동을 한다는 것은, 단순히 조선어 창작에만 그치는 것이 아니라, 조총련 및 평양의 문예정책에 따라야 한다는 것을 의미한다."는 말로 당시의 상황을 설명한다.
54) 앞의 책,『国境を越えるもの-「在日」の文学と政治』, 205쪽.

를 효과적으로 추진하기 위한 민족주의는 그 필요성이 인정된다는 것인데, 이와 같은 이론적 토대를 바탕으로 한반도의 현실을 되돌아보면 민족주의에 바탕을 둔 조국과 민족의 통일을 도모해야 할 단계에 있으며, 이를 문학적으로 뒷받침하기 위한 민족문학의 역할이 적지 않다는 것을 알 수 있었다.

조국의 완전한 독립과 민족의 통일을 위한 문학이 민족문학이라면, 본고에서 연구의 대상으로 삼고 있는 재일조선인 작가 김사량·김달수·김석범의 문학은 대부분 이의 범주에 속하게 된다. 본고에서는 이들의 일본어 글쓰기를 통한 조선적인 것에 대한 구현노력을 고찰하였고, 이를 실증할 수 있는 작품의 일부를 확인해 보았다. 그러나 한국문학은 한국어로 쓴 문학이라는 통념에 의해 일본어로 쓴 재일조선인 작가들의 민족문학은 한국문학의 범주 안에서 논의되거나 제대로 평가 받기가 어려웠다. 이러한 문제점에 대해서도 국내외 연구자들의 주장과 견해의 고찰을 통하여 언어만으로 문학의 귀속문제를 결정하는 것은 더 이상 설득력을 가질 수 없다는 결론을 도출해 낼 수 있었다. 따라서 이제는 속문주의 영향에서 벗어나 적극적인 자세로 재일조선인 문학을 한국문학의 범주 안에서 논의하고 평가하려는 노력이 요구된다 하겠다.

본고에서는 이상과 같이 민족주의와 민족문학의 개념을 검토하여 이들의 용어가 보편타당한 가치를 내포하고 있음을 입증하고자 하였고, 언어만으로 문학의 귀속문제를 결정하려는 태도의 불합리성을 확인하였다. 그리고 재일조선인 작가들의 민족문학의 실천을 위한 노력과 그 실제적인 예로서의 작품을 검토하였다.

이와 같은 고찰의 목적은 재일조선인 작가들의 일본어에 의한 조선적인 것의 구현 노력이 바로 국내에서 정의하는 민족문학의 실천과 맥락을 같이하는 것이며, 이는 재일조선인 문학이 한국문학의 범주 안에서 논의되고 평가되어야 함을 입증하기 위한 것이다.

III. 식민지배하의 김사량 문학

金史良 문학과 內鮮一體
― 朝鮮民衆의 言語와 삶을 지키려한 苦肉之計의 문학을 중심으로 ―

1. 머리말

　김사량 문학을 연구하는데 있어 조심스러운 것은, 그의 문학을 민족주의 입장에서 일제에 항거한 문학이라 볼 것인지, 아니면 일제의 식민지배 정책에 영합해간 문학으로 볼 것인지 간단명료하게 정의를 내리기 어렵다는 점이다. 이는 김사량이 일제 식민지 말기의 극심한 탄압 속에서 마지못해 글쓰기를 했다 하더라도 이광수 등과 같이 적극적인 친일협력으로 돌아선 많은 문인들이 쏟아 낸 글들과는 그 목적과 내용을 달리하고 있기 때문이다. 그를 민족주의 문학가로 부각시키는데 큰 영향을 미치고 있다고 생각되는 중국으로의 탈출을 고려하지 않더라도 그의 문학에서 엿보이는 작가적 태도는 친일협력적 문학을 하였다고 단정 짓기는 어렵다.

김사량이 나름대로 자신의 사상에 토대를 둔 문제의식을 가지고 활발한 작품 활동을 했던 기간은 「빛 속으로」를 완성한 1939년 4월부터 사상범 예방 구금법에 의해 구금되기 이전의 1941년 12월 초까지로 2년 6개월 남짓한 시간에 불과하다. 본고에서는 이 시기를 '자발적 창작 전념기'로 부르고자 하는데, 이의 근거는 제2장에서 구체적으로 언급하기로 한다.

그런데 김사량이 활발히 작품 활동에 임했던 '자발적 창작 전념기'의 짧은 기간 역시 일제가 내선일체(內鮮一體) 사상에 의한 황국신민화(皇國臣民化) 정책에 박차를 가하고 있던 시점이었기에 그의 작품은 당시의 시대적 어두운 그림자를 고스란히 반영하고 있다. 그 내용들은 대부분 멸망해가는 조선의 현실에 대한 안타까움을 상징적으로 표현한 작품이거나, 일본에 거주하는 조선인들의 비참한 생활을 다룬 것이 많은데, 그 중에는 민족차별의 심각성을 본격적으로 그려냄으로써 일제의 내선일체 정책의 허구를 비판하는 작품도 있다.

이러한 내선일체 정책의 허구를 비판하는 작품의 대표적인 예로서 「빛 속으로(光の中に)」와 「광명(光冥)」을 들 수 있다. 그런데 「빛 속으로」와 관련하여 "내선일체의 기만성을 폭로한 작품으로 김사량이 문학적 좌절을 맞게 되는 내적 이유"[1]라는 정백수의 평가는 주목할 만하다. 그러나 「빛 속으로」 이후 채 2년이 지나기도 전에 발표된 「광명」의 경우에는 이러한 평가와는 다르게 내선일체에 대한 비판의식과 함께 이를 긍정하는 듯한 표현들이 동시에 엿보인다. 이와 같은 변화는 이들 두 작품과 발표시기가 비슷한 평론 「조선문학풍월록(朝鮮文學風月錄)」과 「조선문화통신(朝鮮文化通信)」에서도 확인된다.

---

1) 鄭百秀(1991.7) 「金史良 小說 硏究」 서울대 석사학위 논문, 34쪽.

본고에서는 김사량의 '자발적 창작 전념기' 작품 중에서 내선일체에 대한 저항과 수용과정을 파악할 수 있다고 생각되는 소설「빛 속으로」「광명」「향수(鄕愁)」와, 평론「조선문학풍월록」「조선문화통신」의 고찰을 통해 김사량 문학에 대한 평가의 객관성을 도모하고자 한다. 이러한 연구는 일제치하의 문학작품에 보이는 친일적 기술이 어떤 성격을 띠고 있는가에 대한 규명을 통하여 민족주의 작가로서의 위상을 재고하려는데 그 목적이 있다.

2. 김사량 문학과 민족주의적 저항

김사량의 작품 활동은 동경제국대학 재학 시절인 1936년에 동인지『제방(堤防)』을 만들고「토성랑(土城廊)」을 발표하면서 시작되었다고 할 수 있으나, 본격적인 작가생활을 시작한 것은 1939년『文芸首都』10월호에 발표한「빛 속으로(光の中に)」가 제10회 아쿠타가와(芥川)상 후보작으로 선정되면서부터이다. 이때부터 김사량은 많은 작품과 평론을 쏟아내기 시작한다.

이 시기의 대표적인 작품으로「기자림(箕子林)」(『文芸首都』1940.6),「천마(天馬)」(『文芸春秋』1940.6),「무성한 풀섶(草深し)」(『文芸』1940.7),「무궁일가(無窮一家)」(『改造』1940.9),「광명(光冥)」(『文学界』1941.2),「유치장에서 만난 사나이」(『문장』1941.2),「향수(鄕愁)」(『文芸春秋』1941.7),「벌레(蟲)」(『新潮』1941.7),「곰사왕초(親方コブセ)」(『新潮』1942.1) 등이 있고, 평론으로는「조선문학풍월록(朝鮮文學風月錄)」(『文芸首都』1939.6),「조선문화통신(朝鮮文化通信)」(『現地報告』1940.9) 등이 있다.

그런데 이러한 왕성한 작품 활동은 일제가 태평양전쟁을 일으킨 다음 날인 1941년 12월 9일 김사량이 사상범 예방 구금법에 의해 가마쿠라(鎌倉) 경찰서에 구금당함으로써 막을 내리게 된다.

뜻하지 않던 구금으로 고초를 겪던 김사량은 1942년 1월 29일 김달수를 비롯한 지인들의 도움으로 겨우 석방되자, 허겁지겁 조선으로 돌아와 폐간되고 얼마 남지 않은 친일 잡지나 신문 등에 마지못해 글을 실으며 중국탈출을 계획하고 있었다. 이때의 대표적인 작품으로는 『태백산맥(太白山脈)』(『國民文學』1943.2~10)과 『바다의 노래』(『매일신보』1943.12.14~1944.10월 초) 등이 있고, 르포로는 「해군행(海軍行)」(『매일신보』1943.10.10~10.23)이 있다.

이와 같은 김사량의 작품 활동 시기를 추석민은 '초기', '중기', '후기'[2]로 나누고 있는데, 「빛 속으로」를 발표하기 이전의 작가로서의 준비 단계가 '초기'에 해당하며, 1942년 1월 조선으로 돌아온 이후의 작품 활동 기간은 '후기'에 해당된다. 이러한 분류방법도 나름대로 의의는 있으나, '초기', '후기'의 활동이 '중기'에 비하여 미약하므로, 활발했던 창작기 '중기'를 '자발적 창작 전념기'로 부르는 것이 보다 효과적일 것으로 생각된다. 이러한 '자발적 창작 전념기'를 추석민은 다음과 같이 정의한다.

> 김사량이 민족주의 작가로서 명성을 얻은 것도 이 시기의 창작에 의한다. 즉, 김사량이 무엇보다 창작에 정열을 쏟고 있던 시기이고, 또 예술적인 완성도에 있어서도 가장 성공한 시기이다. 이 시기의 작품은 두 개의 작품 군으로 나눌 수 있다. 하나는 재일조선인과 그 사회를 그려낸 것과, 또 하나는 일제치하의 조선인과 그 사회를 그려낸 것이다.[3]

---

2) 秋錫敏(2001)『金史良文学の硏究』제이앤씨, 2쪽.
3) 위의 책, 『金史良文学の硏究』, 3쪽.

즉, 이 시기는 식민 지배 아래에서 신음하는 조선인과 재일조선인의 비참한 생활을 그려냄으로써, 일제의 식민 통치를 우회적으로 비판하는 작품이 대부분이라는 것이다.

또한 '자발적 창작 전념기' 이후의 작품 활동에 대하여 추석민은,

> 이 시기의 작품군도 크게 두 가지로 대별된다. 즉, 일본어로 쓴 것과 조선어로 쓰인 것이다. 특히 조선어 작품은 「썼다」라기 보다는 「쓰였다」라는 편이 옳을 정도로 절박한 상황 하에서 일제의 정책문학에 협력했던 것이다.[4]

라는 평가를 내리고 있다. 그러나 이러한 작품에도 "이 작가는 그가 풍기는 강한 로칼리즘(민족주의 성향)에 비해서 시국적 선동력은 미약한 작가였다"[5]고 친일문학 평론가 임종국이 언급하고 있듯이, 친일협력적 작품일 것이라는 선입감을 무색하게 만드는 민족의식을 담아내고 있는 것이 특징이다.

그런데 문제는 '자발적 창작 전념기'에 집필된 「광명」이나 「향수」와 같은 작품 속에도 내선일체 정책을 긍정하는 듯한 내용들이 포함되어 있다는 점이다. 물론 그 이면에는 조선민족에 대한 작가의 깊은 애정이 토대를 이루고 있는 경우가 대부분이지만, 김사량의 일부의 작품에서 보이는 이러한 모순이야말로 민족말살의 위기를 지켜보는 양심적인 지식인이 내포한 갈등구조의 단면이라 할 수 있을 것이다.

---

4) 같은 책, 『金史良文学の研究』, 3쪽.
5) 林鐘國(2002) 『親日文学論』 민족문제연구소, 207쪽.

3. 「빛 속으로(光の中に)」에 대한 재평가

일본어 소설 「빛 속으로」가 발표된 1939년은 일제가 중일전쟁을 일으키면서 조선의 인적 물적 자원을 수탈하기 위해 내선일체의 실시를 적극적으로 추진해 가던 시기였다. 1938년에는 이미 조선어교육을 폐지하고 일본어 상용(常用)을 강요하기 시작하였으므로 한국어로 작품을 쓰는 것도 점차 제한되기 시작하였을 무렵이다. 그러나 「빛 속으로」를 일본어로 쓴 것은 이러한 강압 때문만은 아니었다.

1939년 6월 『文芸首都』에 발표된 평론 「조선문학풍월록」에서 김사량은 일본어 글쓰기에 대해 다음과 같이 언급하고 있다.

> 내지어로 써야만 할 것인가? 물론 쓸 수 있는 사람은 써도 좋다. 그러나 일부러 모든 희생을 감수해가면서까지 내지어로 글을 써야 할 경우에는 그 당사자에게 매우 적극적인 동기가 있어야 한다고 생각한다. 조선의 문화와 생활과 사람을 좀 더 넓은 내지(일본)의 독자층에게 알린다고 하는 동기. 나아가서는 조선문화를 동양과 세계에 확산시키기 위해 그 중개자로서의 노고를 마다하지 않겠다는 동기. 이렇게 고귀한 생각이 없다면, 자신의 말로 전달해야 할 많은 독자를 가지고 있으면서 그것을 버리고 일부러 쓰기 힘든 내지어로 쓸 필요가 어디 있겠는가.[6]

실제로 '자발적 창작 전념기' 작품들의 대부분은 일본어로 된 작품인데, 이는 강압에 의한 것이라기보다 식민지 조선을 일본인들에 알리는데 그 목적이 있었던 것으로 보인다. 그리고 평론의 전체적인 맥락도 내선일체에 찬동하려는 모습은 보이지 않고, 오히려 조선을 일본과

---

6) 金史良「朝鮮文化風月錄」,『文芸首都』1939년 6月号,『金史良全集 Ⅳ』河出書房新社, 1973, 11쪽.

세계에 알릴 수 있는 세계적인 작가 출연의 필연성을 강조한다든지, 조선문학을 일본에 보급하기 위한 번역기관의 설립을 강력히 주장함으로써, 조선의 말과 문화가 일본의 그것에 흡수되지 않도록 하는 방안들을 힘차게 주장하고 있음을 알 수 있다. 그러나 이 모든 주장들은 이미 내선일체 정책의 본격적인 추진에 위기감을 느낀 저항의식의 표출이라고 할 수 있다.

어찌되었든 이러한 평론을 당당히 문예잡지에 발표할 수 있었던 것으로 보아 아직은 언론 통제에도 약간의 숨통은 트여 있었음을 알 수 있으며, 소설「빛 속으로」역시 이러한 시대적 배경 속에서 탄생한 작품인 것도 분명한 사실이다.

그런데 해방되어 조선으로 귀국한 김사량은 1945년 12월에 참석했던 어느 좌담회에서 이태준으로부터 "나는 같은 조선작가로 최후까지 조선어와 운명을 같이 하려 하지 않고 그렇게 쉽사리 일본말에 붓을 적시는 사람을 은근히 원망했습니다"[7]와 같이 일본어 글쓰기에 대한 비판을 받게 된다. 그러자 김사량은 다음과 같은 반론을 제기한다.

> 그러나 한 마디로 말하자면 문화인이란 최저의 저항선에서 二步 退却 一步前進하면서 싸우는 것이 임무라고 생각합니다. 무엇을 어떻게 썼느냐가 議題가 될 문제이지 좀 힘들어지니까 또 옷 밥이 나오는 일도 아니니까 쑥 들어가 팔짱을 끼고 앉았던 것이 드높은 문화인의 정신이었다고 생각하는 데는 나는 반대입니다.[8]

이러한 김사량의 반론에 대하여 김윤식은 저서『한일문학의 관련양

---

7) 「문학자의 자기비판」≪우리문학≫1946. 창간호 45쪽. 김윤식(1974)『한일문학의 관련양상』一志社, 48쪽.
8) 위의 책,『한일문학의 관련양상』, 50쪽.

상』에서 냉정한 자세로 평가한다.

> 우리는 김사량의 敘上의 자기변명이 타당하다고는 인정할 수 없다. 즉 문화인의 임무가 자기주장대로 "최저의 저항선에서 二步退却 一步前進하면서도 싸우는 것"이라면, 그리하여 "무엇을 위해서 썼느냐가 논의될 문제"라고 한다면, 한국문학이란 것이 消滅한 자리에서의 이야기다. (중략)
> 아마도 김사량의 延安行은 그 최저 저항선이 끝내 불가능했기 때문이 아니겠는가. 그렇다면 이 자기 변명은 일종의 모순이 아닐 수 없다. 9)

이러한 비판은 조선의 작가로서 일본어 글쓰기를 한 행위에 대한 본질적인 문제점을 제기하고 있다는 데는 의의가 있을 것이다. 그러나 김사량이 일본어를 좀 더 중요한 목적 달성을 위해 수단으로 사용하려 했다는 분명한 의사 표현을 하고 있음에 비추어 볼 때, 너무 원리원칙에 얽매여 극단적인 상황으로 논의를 이끌고 있는 감이 없지 않다. 김사량은 중국의 연안으로 탈출할 때까지 일본어로만 글을 쓴 것도 아니고, 일본어로 쓰면 저항선이 지켜진다는 확신을 갖고 있었던 것도 아닐 것이다. 즉 최저의 저항선이라는 말은 '절대적으로 지켜낼 수 있는 자신 있는 상황'이 아니라 '싸울 수 있을 때까지'라는 의미로 받아들이는 것이 자연스럽다. 처해진 입장에서 최선을 다하다가 더 이상 작가적 양심의 가책을 견디기 힘든 상황이 되자 연안 탈출을 시도한 것으로 보아야 할 것이다. 전술한 평론「조선문화 풍월록」에서 김사량이 조선어의 중요성에 대해 언급한 내용만 보더라도 논리만을 앞세운 경직된 가늠자로 그의 문학을 논하는 것에는 한계가 있음을 알 수 있다.

---

9) 같은 책, 『한일문학의 관련양상』, 50, 51쪽.

「빛 속으로」는 1939년 하반기 제10회 아쿠타가와(芥川)상 후보작으로 선정되어 김사량 자신은 물론이고 조선민족이 당면한 고통을 일본에 널리 알리는 계기가 되었다. 당시의 아쿠타가와상 심사위원의 한 사람이었던 가와바타 야스나리(川端康成)의 선평(選評)을 보면 「빛 속으로」를 둘러싼 관심이 어느 정도였는지 알 수 있다.

> 「密猟者」와 「流刑囚의 妻」를 쓴 사무가와 고타로(寒川光太郞)씨나, 「빛 속으로」를 쓴 金史良씨를 뽑고 싶었던 것은 나 역시 다른 위원들과 마찬가지였다. 나는 「빛 속으로」를 수상에서 제외시킨다는 것은 왠지 서운했다. (중략)
> 김사량씨는 좋은 작품을 썼다. 민족의 감정이라는 커다란 문제를 다룸으로써 앞으로 성장이 크게 기대된다. 문장도 좋다. (하략)10)

가와바타 이외에 당시의 심사에 참여했던 저명한 작가 9인의 선평도 모두 극찬으로 일관하고 있다. 이에 자극받은 김사량은 작품 창작에 온 힘을 기울여 '자발적 창작 전념기'를 맞이하게 된다.

이렇게 유명해진 「빛 속으로」에 대한 평가는 그동안 많은 연구자들에 의해 이루어져 왔는데, 그 중 대표적인 것으로 재일문학자 임전혜의 연구를 들 수 있다.

> 일본 문단의 호의적인 평가의 대부분은 조선인 작가 스스로가 민족의 문제를 제기하고 있다는데 집중되고 있다. 그러나 『빛 속으로』는 일본제국주의의 식민지 정책인 「내선일체」사상을 '조화되지 못하는 이원적인 것'으로 파악함으로써 '내선일체' 정책에 대한 대담한 비판을 표명한 작품이었기 때문에 이후의 김사량의 작가적 행보가 험난할 것임을 암시하는 것이기도 했다.11)

---

10) 『芥川賞全集 第二卷』 文芸春秋社, 1982, 397쪽.

임전혜의「빛 속으로」에 대한 평가는 연구자들의 거의 공통된 견해라 할 수 있는데, 그 중에서도 "'내선일체' 정책에 대한 대담한 비판을 표명한 작품"이라는 견해는 주목할 만한 것이다.

「빛 속으로」를 이와 같이 일제에 의한 내선일체 정책의 허구를 폭로하려는 작품으로 접근하려는 연구의 흐름과 맥락을 같이하면서 '내선일체의 기만성의 폭로'라는 보다 명쾌한 논리로 김사량의 작품 분석을 시도한 연구로 정백수의 논문을 들 수 있다.

> 김사량의 소설이 '내선일체의 기만성'을 가장 선명히 드러내고 있다는 사실은 식민지 기간의 한국과 일본의 문학을 통틀어 김사량 문학이 가지는 독보적인 영역으로 보인다. 또한 이 점은 내선일체라는 시대적 과제를 다루고 있는 한국인 일본어 작가의 대부분이 내선일체의 사상에 함몰되어 간 데 반해, 김사량의 문학은 내선일체에 대한 고민과 좌절을 드러내고 있고 그것이 불가능해지자 결국 연안으로 탈출하게 되는 문학내적인 이유이다. 12)

그런데 문제는 김사량의「빛 속으로」와 같이 내선일체에 대한 저항의식을 내포하고 있다고 평가 받고 있는 작품 속에 한편으로는 이를 긍정하려는 듯한 내용 역시 포함되어 나타나고 있다는 점이다. '내선일체의 기만성'을 폭로하는 한편, 이의 해소를 위한 방편으로써 조선민족에 대한 차별해소가 그 이면에 작용하고 있기 때문이다. 이는 제대로 된 내선일체의 실시를 주장하는 것으로 받아들여질 수 있었기에, 지배국인 일본인들에게 감동을 주어 아쿠타가와상 후보에까지 오를 수 있었던 것이다.

---

11) 任展慧(1973)「「光の中に」解題」『金史良全集Ⅰ』河出書房新社, 377쪽.
12) 앞의 논문,「金史良 小說 硏究」, 45쪽.

조선의 작가라는 뚜렷한 의식과 목적을 가지고 일본어로 글쓰기를 한 경우에는 이를 문제 삼을 것이 아니라 오히려 장려해야 되겠지만, 작품 속에 내선일체를 긍정하는 듯한 전개를 보였다면 이것이야말로 작가의 정체성에 커다란 혼란을 야기하고 있었던 것으로 간주해야 할 것이다. '자발적 창작 전념기'의 작품 중에서 「빛 속으로」만이 이러한 개연성을 가지고 있다면, '내선일체의 기만성'을 폭로하려는 창작을 했다는 기존의 김사량의 평가에 큰 문제가 없을 수도 있다.

그러나 「빛 속으로」보다 일 년 반가량 늦게 발표된 「광명」 역시 조선인과 일본인으로 맺어진 가정이 겪는 불행과 갈등을 그려낸 작품인데, 여기에서는 내선일체를 긍정하고 옹호하여 가정의 화목을 도모하려는 시도가 엿보이고 있다. 그러므로 자연히 '내선일체의 기만성'을 폭로하는 것으로 일관하려 했다는 기존의 김사량에 대한 평가는 설득력을 잃게 된다. 따라서 「광명」과 마찬가지로 조선인과 일본인이 결합한 가정의 불행을 다룬 「빛 속으로」 역시 '내선일체의 기만성'에 대한 폭로라는 기존의 단편적인 관점에서 벗어나 복합적인 요인을 고려한 재평가가 요구된다 하겠다.

4. 「광명(光冥)」과 내선일체

1940년 9월 『現地報告』에 발표한 평론 「조선문화통신」의 내용은 1939년 6월에 발표된 평론 「조선문학풍월록」의 그것과 본질적인 면에서 크게 다르지 않다. 그러나 「조선문학풍월록」에서 엿보이던 조선 민족으로서의 독립적인 언어와 문화생활의 확보라는 당당한 주장은 많이 사라지고, 어떻게든 그것을 잔존시켜야한다는 절박한 심정에서 비롯된 애원에 가까운 호소문이라 하는 편이 차라리 옳을 것이다. 김사량 스스로가 내선일체라는 용어를 세 번씩이나 사용하며 자신의 주장을 펼치고 있는 데에는 그만큼 시대적 상황이 급박해졌음을 말해주는 것이기도 하지만 민족독립에 대한 확신이 그 만큼 약화되었다는 반증이기도 하다.

> 그러나 조선어로 저술하는 것이 비애국적이라는 식의 주장을 하는 일파에 대해서 우리는 결코 묵과할 수 없다. 현재 시국논객으로서 중요한 역할을 하고 있는 印貞植씨도「내선일체의 이념」(人文評論)이라는 논문에서 확실하게 결론짓고 있다. 즉, "조선내의 문학자가 아무리 시국에 눈을 뜨고 내선일체의 이념 아래에서 움직이려 해도 실제로 조선인의 대부분이 읽지 못하는 내지어(일본어)로 쓴다고 한다면 그야말로 피리를 불어도 춤추지 않는 것과 마찬가지가 될 것이다"라고. ―이러한 생각은 나 역시 매우 중요한 것으로 여기고 있다.13)

인용한 내용은 결국 조선인들에게 내선일체를 유도하기 위해서는 잘 모르는 일본어보다도 조선어를 사용하는 것이 훨씬 효과적이니 조선어 사용을 폐지해서는 안 된다는 뜻으로 하고 있는 말이다. 이러한 주장의 이면에는 기왕에 내선일체를 막을 수 없는 바에야 조선어와 문화만이라도 지켜야한다는 절박함이 숨겨져 있음을 쉽게 짐작할 수 있다.

이런 절박함 속에서도 조선어 글쓰기에 대한 정당성에 대해서는 「조선문학풍월록」의 그것보다 훨씬 구체적으로 호소하고 있다.

> 둘째로, 조선의 사회나 환경과 관련된 동기와 정열이 고조됨으

---

13) 金史良「朝鮮文化通信」『現地報告』文芸春秋社, 1940. 9,『金史良全集Ⅳ』河出書房新社, 1973, 26쪽.

해서 포착한 내용을 형상화 할 경우, 그것을 조선어가 아닌 내지어로 쓰려고 할 때, 작품은 아무래도 일본적인 감정과 감각에 해를 입기 쉬운 것이다. (중략)

어쨌든, 내지어로 쓰는 것은 작가 개인과 관련된 것으로, 조선문학이 조선어로 쓰이지 않으면 안 된다는 것은 엄연한 진리인 것이다. (중략)

셋째로, 가장 근본적인 문제는 내지어로 쓰라고 해도 실제에 있어서 내지어를 써서 예술적으로 형상화 할 수 있는 사람은 불과 몇 명에 지나지 않는다는 사실이다.14)

조선어 글쓰기의 타당성을 역설하면서 일본어와의 문화교류 촉진을 위한 방안으로 번역기관의 필요성에 대해서도 강조하는데, 여기에 또 다시 내선일체에 동조하는 언급이 반복된다.

내지어(사용)의 철저화 방침도 점차 강화되고 있고, 조만간 의무교육까지 실시된다면 훨씬 넓은 범위로 내지어가 보급될 것이다. 또 이것은 내선의 융합일체를 위해서도 꼭 필요한 것이다. (중략)

정신적인 진정한 내선일체도 문학을 통해서만 원활히 이루어지는 것이다. 다만 경계하지 않으면 안 될 것은, 내지어로만 써야한다는 사고방식이다.15)

당시의 내선일체에 의한 황국신민화의 추진상황은 인용문에서 김사량이 언급하고 있듯이, 1940년 2월부터 창씨개명이 본격적으로 추진되고 있었고, 강압적인 일본어 사용의 압력이 날이 갈수록 거세지면서 조선어교육의 폐지를 앞두고 있던 시기였다. 김사량의 이러한 내선일체를 옹호하는 듯한 발언은 힘없는 일개의 문필가로서 할 수 있는

---

14) 위의 책, 『金史良全集 Ⅳ』 27쪽.
15) 같은 책, 『金史良全集 Ⅳ』 28, 29쪽.

일, 즉 언론을 통한 조선어 폐지에 대한 반론제기와 호소를 위한 전제 하에서 이루어진 것으로 보인다. 즉, 이미 돌이킬 수 없는 대세로서 추진되고 있는 황국신민화를 위한 내선일체라면, 조선민족의 마지막 보루라 할 수 있는 언어와 문화만이라도 지켜내야겠다는 생각으로 이와 같은 발언을 한 것으로 보인다.

어쨌든 「조선문화통신」에서 볼 수 있는 내선일체 정책에 대한 협조적인 태도는 이와 거의 같은 시기에 쓰인 소설 「광명」에 그대로 반영되고 있다.

「광명」은 1941년 2월 『文学界』에 발표된 작품으로, 조선인 대학생으로 등장하는 주인공인 '나(私)'가 누나 부부와 조카, 당국에 비판적인 작가인 문군(君), 그리고 조선인 식모와 마찰을 빚는 일본인 아내를 둔 조선인 남편의 가정인 시미즈(清水) 집안 식구들 사이에 벌어지는 일들을 함께 겪으면서 느끼는 갈등과 이의 해결노력을 다루고 있다.

이 작품이 「빛 속으로」와 다른 점이 있다면 조선인 부인인 貞順이 겪어야 했던 인간적 존재가치의 부정은 어느 정도 해소되었으며, 가족의 구성도 조선인 남편이 일본인 아내를 두어 남편으로서의 가정적 권위는 인정되고 있다는데 있다. 그러나 사회제도적인 차원에서는 여전히 극심한 차별이 존재함으로써 가장인 清水를 비롯한 가족의 구성원들이 직면한 인간성 파괴와 더불어 주변에 미치는 부정적인 영향이 강조되고 있다. 특히 이 작품에서는 정신적 갈등으로 가장 큰 고통을 겪고 있는 등장인물을 일본인 여성인 清水 부인으로 설정함으로써 '내선일체의 기만성'이 일본인에게도 직접적인 피해를 입히고 있다는 점을 강조하고 있는 점이 눈에 띤다. 그러나 한편으로 이러한 작품구성은 좀 더 현실적이고 이상적인 내선일체의 실현을 강조하는 면이 있음을 부정하기 어렵다.

다음에 인용하는 대목은 清水집안에서 일하는 조선인 식모가 심한 학대를 견디다 못해 가출하자, 清水부인은 문군의 사주가 있었을 것이라는 의심을 품고 경찰에 신고하여 문군을 구속시켰는데, 이 일을 해결하기 위해 주인공인 '나'가 清水의 집에 찾아가서 대화를 나누는 장면이다.

> 그런데 나는 그때 심한 자기혐오의 기분에 빠져들어 말이 나오지 않았다. 나는 그저 이런 의미의 말을 하고 싶었던 것이다. 지금 당신은 내선융화(內鮮融和)라는 말을 했습니다. 바로 지금 그 문제를 온몸으로 통절하게 생각하며 괴로워하지 않는 사람은 한사람도 없을 것입니다. 그러나 당신은 당신의 집안에 있는 식모에 대한 그런 식의 태도가 진정한 내선융화를 모색하고 있다고 생각하는가라고.16)

식모를 보호하고 문군을 석방시키기 위해서 내선융화라는 말까지 동원하고 있는 자신이 우스꽝스럽다고 전제함으로써 자신의 말이 진심이 아님을 우회적으로 표현하고 있음을 짐작할 수 있다. 그러나 이 말은 결국 진정한 내선융화를 위해서는 식모를 학대해서는 안 된다는 말을 하고 있는 것이기 때문에, 내선융화 즉 내선일체를 합리화하고 옹호하는 입장을 표현하고 있는 것으로 해석될 수 있는 여지를 내포하고 있다. 그리고 이러한 내선일체 정책에 의해 왜곡되어 나타나는 사회현상에 대해 달관하여 체념한 듯한 표현으로 아우르려하고 있다.

> 우리들이 내선결혼의 가정을 긍정할 수밖에 없는 상황아래에서는 그들 부부(清水 - 필자)야말로 그 선구적인 슬픔과 고통과 곤란을 도맡아 겪고 있는 것이라고 생각해야만 할 것이다.17)

---

16) 金史良「光冥」『文学界』1941. 2,『金史良全集 Ⅱ』河出書房新社, 1973, 42쪽.

이와 같이 비슷한 환경설정에 의해 같은 주제를 다루고 있는 「빛 속으로」에서는 전혀 찾아 볼 수 없던 내선일체의 융합과 옹호에 관한 내용들을 담고 있는 「광명」은, 평론 「조선문학풍월록」이 시대적 상황변화에 맞게 내선일체 사상을 수용한 「조선문화통신」으로 다시 발표된 것과 마찬가지로, 시대의 흐름을 반영하여 내선일체 정책에 협력적 제스처를 취한 것으로 보아야 한다. 그렇지 않으면 바로 뒤를 이어 발표된 소설 「향수」도 설명할 길이 없어지고 만다.

5. 「향수(鄕愁)」와 대동아공영

「향수」는 1941년 7월 『文藝春秋』에 발표된 작품으로, 김사량이 1939년 봄 중국을 여행하고 느낀 체험담을 소재로 한 작품이다. 작가 자신의 분신이기도 한 주인공 이현(李絃)이 체험한 중국은, 일제의 식민지배에 투쟁하다 도피해온 누나와 자형을 비롯한 독립투사들이 비참한 생활을 하고 있는 곳으로 묘사되고 있다. 특히 누나는 생계를 꾸려나가기 위해 마약을 제조하여 판매하는 것으로 설정되어 있다.

그런데 이 작품에서는 '내선일체'라든가 '대동아공영'과 같이 일제가 식민지배와 침략전쟁을 미화를 위해 만들어 낸 말들을 사용하며 일제의 정책을 긍정하는 듯한 표현이 여러 곳에 보이고 있다.

> 지금 이 광야에는 철도가 놓이고 만주국도 건실한 발전을 이루고 있고, 나 또한 하나의 완전한 일본국민으로서 북경에 대한 상상의 나래를 펼치면서 이 만주국을 횡단하고 있는 것이다. 북중국은 이미 황군의 위력으로 평정되고 북경성은 명도되었다.[18]

---

17) 위의 책, 『金史良全集 Ⅱ』, 48쪽.
18) 金史良 「鄕愁」『文芸春秋』1941. 7, 『金史良全集 Ⅱ』, 133쪽.

나는 이 표로 돌아간다. 내 몸속에도 이 가치 만큼의 중국인의 피가 녹아들어오는 것이다. 이리하여 나는 훌륭한 동아(東亞)의 한사람, 세계의 한사람이 되는 것이다. 그렇다. 다시 한 번 누나와 자형을 위해 찾아 와야겠다. 다음에는 누나와 자형의 차례인 것이다.[19]

위의 인용문에는 여러 가지로 거슬리는 내용을 많이 담고 있다. 일제의「대동아공영」이란 명목으로 아시아 대륙을 침략해가는 정책을 옹호하고 있을 뿐만 아니라, 독립 투쟁으로 고통스런 시간을 보내고 있는 누나와 자형마저도 자신과 같이 대동아공영을 위한 침략 전쟁을 이해하고 동참하도록 해야겠다는 각오로 작품을 끝맺고 있는 것이다.

그런데 이러한 표면적인 친일협력적 내용의 이면에는 역시 조선민족에 대한 고뇌가 짙게 깔려 있다. 특히 누나의 고통을 베이징의 골동품가게에서 우연히 발견한 고려의 자기로 비유하여 그려낸 대목은 매우 인상적이다.

과연 송대(宋代)와 명대(明代)의 도자기 사이에서 두 점만이 비명 같은 소리로 속삭였다. 저를 구해주세요. 저도 저도요. ……아ㅡㅡ물론이지 물론이고 말고, 라고 그는 마음속으로 외치면서 도자기를 집어 올렸다. 너희들은 역시 조선의 것이다, 고향 사람들의 위안과 사랑을 갈구하는 조선의 것이다. (중략) 그 도자기들은 쇠처럼 단단하여 손가락 끝으로 한 번 두드리자, 일종의 비통한 울림을 담은 소리를 냈다. 그 소리 속에 그는 죽음과 같은 누나의 신음소리를 들은 것처럼 느꼈다. 아아, 누나가 구원을 요청하는 소리구나, 도움을 요청하는 소리 아닌가, 라고 외쳤다.[20]

---

19) 위의 책,『金史良全集 Ⅱ』, 158쪽.
20) 같은 책,『金史良全集 Ⅱ』, 149쪽.

그리운 고향의 품으로 돌아갈 수 없는 조선민중의 안타까운 상황을 해소하고 싶다는, 결국 대동아공영을 옹호하는 듯한 표현의 이면에는 이와 같은 한민족의 고난에 대한 애닲은 응시와 결부되어 있음을 짐작할 수 있는 대목이다.

그러나 여기에는 전술한 정백수 등이 주장하고 있는 바와 같은 '내선일체의 기만성'을 폭로하기 위한 투쟁 등은 보이지 않는다. 이와 같은 추상적인 용어가 김사량의 본질을 이해하는데 도움이 될 수 있다 하더라도, 당시의 절박한 상황을 살아가는 양심적인 작가의 고뇌를 구체적으로 정리하는 데는 부족한 감이 없지 않다. 작가 스스로가 자신의 친일적 작품행위가 무엇을 의미하는지 훤히 내다보고 있으면서도, 조선의 언어와 민중의 삶을 확보해야 한다는 절박한 심정으로 마음에 내키지 않는 창작을 할 수밖에 없었던 작가의 양심을, 한 두 마디의 학문적 용어만으로 규정하기란 용이한 일이 아니다.

한마디로 말하면 '자발적 창작 전념기'의 작품 평가에 있어서 획일적인 용어의 하나인 '내선일체의 기만성의 폭로'만 가지고 김사량의 작품을 일괄 평가하는 것이 불가능함을 입증하고 있다 하겠다. 즉, 김사량의 문학을 이해하기 위한 새로운 접근 방식이 필요한 것이다.

6. 조선말과 민중을 위한 협력적 제스처

지금까지 고찰해 온 바와 같이 작품 속에 내선일체 정책을 긍정하는 듯한 내용을 담고 있는 작품으로는 「광명」을 들 수 있으며, 대동아공영이라는 명목 아래 벌인 대륙침략을 옹호하는 것으로 평가될 수 있는 작품으로는 「향수」를 들 수 있다.

이 두 작품은 본래 「빛 속으로」와 마찬가지로 조선민중이 겪는 고난에 대한 안타까움과 민족애를 담아내려 했던 것으로 보이지만, 「빛속으로」 집필 당시와 같이 내선일체 정책을 반영하지 않고도 작품을 발표할 수 있는 상황은 아니었던 것으로 생각된다. 평론 「조선문화통신」에서 보이는 내선일체 운운하는 것도 같은 맥락으로 이해할 수 있다. 내선일체 정책의 강력한 시행은 김사량의 힘으로 어쩔 수 없다 하더라도, 조선어 글쓰기까지 못쓰게 하여 조선문화를 말살시키려는 시도에는 도저히 침묵할 수 없었기 때문일 것이다.

이런 자신의 주장을 공개적으로 펼치기 위해서는 일제의 기본정책에 협력하는 모습을 보이지 않으면 안 되었을 것인데, 조선민중의 인간다운 삶을 보장하고 문화와 언어를 지키기 위해서는 자신이 친일협력자로 낙인찍힌다 하더라도 이를 실천하지 않을 수 없었던 것으로 보인다.

이러한 김사량의 입장을 확인해 보는 것은 그리 어려운 일이 아니다. 조선민중이 일본인과 함께 생활하면서 차별받는 장면을 묘사한 작품이거나 조선어와 문화를 보존하기 위한 평론 이외의 경우에는 공공연히 일제의 침략정책을 선전하거나 찬동한 바가 없기 때문이다. 바꿔 말하면, 조선민중의 고난을 보다 못한 경우와 조선어와 문화를 지켜내기 위한 경우가 아니면 '내선일체'니 '대동아공영'이니 하는 말은 찾아 볼 수 없다는 것이다. 이 점이 다른 많은 자발적 친일 행태를 보인 작가들과 뚜렷이 구별되는 점이라 할 수 있을 것이다.

필자의 이러한 생각을 우회적으로나마 뒷받침할 수 있는 자료로 김사량의 소설집 『고향(故鄕)』의 발문(跋文)이 있다.

> 「벌레(虫)」에 나오는 지기미 노인이나, 고물 수집을 하는 화가나, 또 「향수」에 나오는 누나 가야(伽倻)나 이현(李絃)이나, 「광명」에 나

오는 고학생하며 가난한 소녀들, 그리고 「유치장에서 만난 사나이」
에 나오는 반 실성한 주인공하며, 그 밖의 모든 것들이 나의 영혼 속
에서 조용히 읊조리고 있는 친구의 목소리이고, 또한 같은 고민을 안
고 있는 모습들이다. 각각 그들이 서로 멀리 고향을 떠나서 일본 내
지(內地) 혹은 북중국에서 고난의 생활을 하고 있다 할지라도. (하
략)21)

인용한 발문을 통해서 느껴지는 것은 김사량의 한없는 약자로서의
조선민중에 대한 사랑이다. 이렇게 조선민중의 언어와 문화 및 삶을
지켜내기 위한 방편으로 협력적 제스처를 보이는 김사량의 문학을 '내
선일체의 기만성'에 대한 폭로로 일괄하여 평가하기에는 무리가 있다.
그런데 생전의 김사량과 친분이 있었으며 재일한국인 문학 제1세대
를 대표하는 김달수는 「광명」과 「향수」에 대하여 다음과 같이 언급하
고 있다.

> 김사량의 작품 중에 나중에 검토할 「향수」와 함께 당시의 시국이
> 라는 것을 고려한, 혹은 고려하지 않으면 안 되었던 약한 면이 보이
> 고 있다. 이에 대해서는 나중에 다시 언급하겠지만, 어렵고 힘든 시
> 대였다. (「광명」해제)22)

> 당시의 우리들 조선인에게는 '조국'이라든가 '고국'과 같은 말은
> 거의 금지되어 있었다. 기껏해야 '고향'이라는 말 정도가 허락되었
> 다. (중략) 그러므로 김사량이 여기에 쓰고 있는 '고향'이라는 것은
> '고국' 혹은 '조국'을 말하는 것이다. (「향수」해제)23)

---

21) 『金史良全集Ⅳ』, 68쪽.
22) 金達寿「「光冥」解題」『金史良全集Ⅱ』, 381쪽.
23) 金達寿「「郷愁」解題」『金史良全集Ⅱ』, 385쪽.

김달수도「광명」과「향수」가 안고 있는 문제점에 대해서 깊이 인식하고 있으나 말을 삼가고 있음을 알 수 있다. 그러면서도 "힘들고 어려운 시기"였다는 말과 함께 오히려 김사량을 두둔하기에 여념이 없다. 평생을 민족의 진정한 해방과 재일조선인의 권익보호를 위해 투쟁해 온 작가 김달수의 이러한 자세는 말로 설명하기 어려운 김사량의 이면 세계를 동병상련으로 납득하고 있기에 가능한 것이었다. 왜냐하면 김사량이『國民文學』과『每日新報』등의 친일기관지에 글을 연재하고 있을 때, 그 역시 친일기관지인『京城日報』에서 사회부 기자를 하고 있었기 때문이다. 김사량과는 같은 동인지의 일원이기도 했으며, 한국 전쟁 중에 그가 행방불명되었다는 소식이 전해지자 1954년에 그를 추모하는 의미로『金史良 作品集』을 펴내기도 했던 김달수의 위와 같은 평가는, 비록 짧긴 하지만 무엇보다 신뢰할 수 있는 근거를 가지고 있다고 해야 할 것이다.

김사량은 스스로를 파멸의 구렁텅이로 내몰 수도 있는 일제의 정책에 부응하는 듯한 내용을 작품 속에 굳이 담아 내지 않고도 얼마든지 글을 쓸 수 있는 작가였다. 비슷한 시기에 집필된 작품으로 이러한 일제의 황국신민화 정책에 영합하지 않은 것들도 많이 있기 때문이다. 1943년이라는 언론탄압이 극에 달하던 시절에 친일문학 잡지『國民文學』에 연재했던『太白山脈』이야말로 김사량의 이러한 자세를 잘 보여주는 작품이라 할 수 있을 것이다.

『太白山脈』에서는 갑신정변 당시의 일본의 태도를 약간의 호의적인 모습으로 그려내고 있다는 것 말고는,「광명」이나「향수」에서 보이는 친일협력적 내용은 거의 찾아 볼 수가 없다. 오히려 어두운 시대를 살아가는 민족의 아픔을 심도 있게 담아내고 있다는 것이 일반적인 평가이다.

그러므로 김사량 자신이 그 누구보다도 깊게 상처받고 있었던 내선일체 정책 및 대동아공영과 같은 용어를 사용해 가며 친일적 작품으로 오해받기 쉬운 글쓰기를 했던 이유는 분명해진다. 민족해방혁명을 몸으로 실천하려는 독립투사도 아닌 일개의 문필가로서 정치적이고 물리적인 힘을 앞세워 추진되는 황국신민화 정책을 막아낼 수 없는 상황이라면, 그러한 정책 안에서 조선민중이 차별당하고 학대 받는 일이라도 없도록 해야겠다는 생각을 갖고 있었던 것이다. 즉 '조선말과 민중을 위한 협력적 제스처'라는 측면에서 그의 작품은 이해되어야 한다.

이런 입장에서「빛 속으로」,「광명」,「향수」를 고찰하면, 해방 이전의 다른 작품들에 대한 평가도 자연스럽게 객관성을 확보하게 된다. 작가 스스로가 "멸망해가는 것에 대한 애수(滅ぶものへの哀愁)"[24]를 담고 있다고 밝힌 작품으로는「토성랑(土城廊)」,「기자림(箕子林)」등이 있으며, "식민지 근성에 의해 굳어진 인간의 추악한 비인간성을 전형적으로 그려내고 있다"[25]는 평가를 받고 있는 작품으로「천마(天馬)」가 있다. 이 외의 작품들은 조선적인 정경을 듬뿍 담아내며 식민통치 아래에서 신음하는 민중과 일본거주 노동자들의 열악한 삶을 그려내는 소설이 압도적으로 많다.

그리고 1943년과 1944년에 걸쳐 발표한 한글작품으로 르포「해군행」과 장편『바다의 노래』가 있는데, 이 두 작품이야말로 김사량의 작가적 양심이 스스로를 더 이상 조선에 머물 수 없도록 만든 작품이었다.

특히『바다의 노래』에서는 조선민중이 '국어(國語)'와 '우리나라(わが国)'라는 말을 상용하는 대신에, 조선이나 조선어라는 말은 아예 자

---

24)「小説集跋文」『金史良全集Ⅳ』, 67쪽.
25) 任展慧「「天馬」解題」『金史良全集Ⅰ』, 382쪽.

취를 감추게 된다. 물론 여기에서 '국어'는 일본어를 뜻하는 것이고, '우리나라'는 일본제국을 지칭하는 것으로 사용된다. 결국 김사량 자신이 조선어의 존재를 부정하는 작품을 집필함으로써 조선의 언어와 문화를 지키기 위해 문필가의 양심을 걸고 투쟁하려던 사명의식도 그 명맥을 다하게 된 것이다. 이제 조선에 체류하고 있는 김사량에게 민족을 위해서 할 수 있는 일은 더 이상 남아 있지 않았다. 마침내 그는 중국의 항일 투쟁근거지로 탈출하는데 성공하여 그들의 투쟁을 독려하는 글쓰기를 시작하게 된다.

그러나 이러한 작품 『바다의 노래』마저도 시국적 선동력은 미약한 상태에 머물고 있으며, 오히려 민족의 한 맺힌 정서가 애잔한 느낌으로 다가오는 작품이라 할 수 있다.

7. 맺음말

친일문학 연구자 임종국은 김사량의 작품을 평가하는데 있어서 "경박한 친일정신의 선전은 찾아보기 힘든 작가"[26]라 하였다. 이러한 임종국의 평가를 뒷받침 할 수 있는 예를 드는 것은 그다지 어려운 일이 아니다. 해군지원병모집을 위한 글을 쓰게 할 목적으로 김사량을 포함한 작가들로 하여금 여러 해군시설을 둘러보게 한 일이 있는데, 이때 쓴 「해군행」마저도 "일본해군은 아름답고 우람하다"라는 식의 정경묘사에만 치중하고 있을 뿐, 조선의 청년들로 하여금 일본제국해군에 지원하게 하려는 당위성 따위의 언급은 찾아 볼 수가 없다. 어쨌든 김사량은 이러한 눈 가리고 아옹 하는 식의 친일적인 문장이라도 쓴 덕분에 '재중국조선출신학도병위문단'의 일원으로 중국으로 건너가 독

---

26) 앞의 책, 『親日文学論』, 207쪽.

립군 부대로 탈출할 수 있었던 것이다.

　김사량은 무장투쟁에 참가할 만한 체력도 없었지만 모든 것을 희생하면서까지 독립투쟁에 몰두할 만큼 냉철하고 강인한 정신의 소유자도 아니었다. 그렇지만 피지배민족의 지식계층으로서 일제에 의한 식민지배에 대한 근본적인 모순은 이미 깊이 깨닫고 있었으며, 그의 시선은 항상 차별당하고 학대받는 불우한 조선민중을 응시하고 있었으므로, 그의 모든 작품은 이러한 시대적 모순과 지배 받는 민중의 아픔을 부각시키는 관점에서 집필되었다고 할 수 있다.

　그런데 이러한 김사량의 작품과 관련하여 여러 연구자들은 식민통치하에서 신음하는 조선민중을 그려내고 있으며, 내선일체 정책의 허구를 폭로하는데 초점을 맞추고 있다는 평가로 일관하고 있었다. 그러다보니 내선일체 정책에 대한 비판과 동시에 긍정적인 자세를 내포하고 있다고 판단되는「광명」이나「향수」와 같은 작품은 연구자들의 작품론에서 제외되는 경우가 많았다. 이 두 작품을 다루다보면 지금까지 김사량의 작품을 평가하는 기준이 잘 맞지 않기 때문이다.

　그렇다하더라도 김사량은 조선민중을 시야에 두고 민족적 양심에 따라 충실히 글을 썼던 작가라는 것은 의심의 여지가 없다. 그래서 때로는 내선일체라는 용어를 도입하면서까지 조선의 말과 문화를 지켜내려 했으며, 밑바닥 생활을 하고 있는 민중들의 영혼을 구원해 보고자 했던 것이다. 바로 이러한 작품이「빛 속으로」이며 시대상황의 변화에 따라「광명」과「향수」로 이어졌던 것이고, 평론에서도「조선문학풍월록」에서「조선문화평론」으로 이어지고 있는 것이다. 이는 한마디로 '조선말과 민중을 위한 협력적 제스처'라는 말로 표현 될 수 있는 김사량의 글쓰기였던 것이다.

　그러나 결국 이러한 암담함 속에서의 몸부림도 통하지 않게 되자,

심장병이라는 지병을 안은 채 중국으로 탈출하는데 성공하여 조선 독립군 부대와 함께 생사고락을 같이 하게 되는 것이다.

金史良의『太白山脈』과 민족독립의 꿈
― 조선민중의 혼을 담아내기 위한 글쓰기를 중심으로 ―

1. 머리말

김사량이 나름대로 자신의 사상에 토대를 둔 문제의식을 가지고 활발한 작품 활동을 했던 기간은「빛 속으로(光の中に)」를 완성한 1939년 4월부터 사상범 예방법에 의해 구금되기 이전의 1941년 12월 초까지로 2년 6개월 남짓한 시간에 불과하다. 이렇게 짧은 활동기간 역시 일제가 내선일체(內鮮一體) 정책에 의한 황국신민화(皇國臣民化)에 박차를 가하고 있던 시점이었기에 그의 작품은 당시의 시대적 어두운 그림자를 고스란히 반영하고 있다. 이 시기의 작품들은 대부분 멸망해가는 조선의 현실에 대한 안타까움을 상징적으로 표현한 것이거나, 일본에 거주하는 조선인들의 비참한 생활을 다룬 것이 많은데, 그 중에는「빛 속으로」와 같이 민족차별의 심각성을 본격적으로 그려냄으로써 일제의 내선일체 정책의 허구를 비판하는 작품도 있다.

그런데 뜻하지 않던 구금으로 고초를 겪던 김사량은 1942년 1월 29일 김달수를 비롯한 지인들의 도움으로 겨우 석방되자, 허겁지겁 조선으로 돌아와 폐간되고 얼마 남지 않은 친일 잡지나 신문 등에 마지못해 글을 실으며 중국탈출을 계획하고 있었다. 이때의 대표적인 작품으로는 『太白山脈』(『國民文學』, 1943. 2 − 10)과 『바다의 노래』(『每日新報』, 1943. 12. 14 − 1944. 10월 초) 등이 있고, 르포로는 『海軍行』(『每日新報』, 1943. 10.10 − 10. 23)이 있다.

김사량이 친일잡지인 『國民文學』에 장편 『太白山脈』을 연재하던 1943년은 조선까지도 전시체제에 돌입하여 총력전을 펼치고 있던 시기였다. 따라서 통폐합되어 몇 개 남지 않은 잡지에 글을 싣는다는 것은 총독부의 철저한 검열을 전제로 한 것이었는데, 이를 통과하기 위해서는 일제의 침략전쟁을 미화하고 승리로 이끌기 위한 조선민족의 적극적인 참여를 이끌어 내는 내용을 담고 있어야 한다는 것은 지극히 당연한 일이었다.

그러나 『太白山脈』에 대한 연구자들의 평가는 한마디로 "일본을 옹호하거나 찬양하려는 작품이 아니다"[1)]는 것으로 집약된다고 할 수 있다. 필자 역시 이러한 평가에 동감하고 있을 뿐만 아니라 오히려 '인간의 진정한 자유와 민족의 독립을 갈구한 지식인의 고뇌가 흠뻑 배어나오는 작품'이라는 내용을 덧붙이는 것이 김사량의 작가적 고뇌를 보다 효과적으로 나타낼 수 있는 표현으로 생각하고 있다.

그렇다면 당시의 시대상황 속에서 친일협력의 선봉에 서있던 잡지 『國民文學』에 어떻게 이러한 작품을 연재할 수 있었을까하는 것이 의문으로 남는다. 본고에서는 이러한 의문점을 추구함과 동시에, '조선민중의 혼을 담아내기 위한 글쓰기'의 실천을 위한 작가적 고뇌에 대해서도 고찰해보고자 하였다.

---

1) 秋錫敏(2001) 『金史良文學의硏究』 <「太白山脈」에 대하여>, 제이엔씨, 303쪽.

2.『太白山脈』집필 과정

김사량의 많은 작품 중에서 역사적 사실에 가탁하여 쓴 작품은『太白山脈』과『바다의 노래』뿐이다. 이러한 시도는 1943년과 1944년의 패색이 짙어가는 전쟁을 치러내고 있던 일제의 엄격한 언론 통제 하에서 "쑥 들어가 팔짱을 끼고 있는"[2] 문인들을 바람직한 것으로 생각지 않고, "二步後退 一步前進하면서 싸워야 한다"[3]는 생각을 실천하기 위한 돌파구의 하나였던 것으로 보인다. 이와 같은 김사량의 태도는 '내선일체'와 '대동아공영'이라는 일제의 선전 문구를 도입하면서까지 '조선민중의 언어와 삶'을 지키려한 苦肉之計의 문학이라 평가를 할 수 있는 작품「광명(光冥)」과「향수(鄕愁)」에서도 엿볼 수 있다.

이와 같이 뚜렷한 목적의식을 바탕에 두고 민족주의 작가임을 웅변하듯 집필 된『太白山脈』은 아무런 준비 없이 갑자기 탄생한 작품이 아니었다. 김사량이 활발한 창작 활동을 하던 1939년부터 1941까지의 작품 속에 그려낸 번민과 애수를 망라하여 반영하고 있다고 해야 할 것이다. 그 중에서도 직접적인 영향을 미치고 있다고 생각되는 작품으로는「무성한 풀섶(草深し)」(『文藝』1940.7)과 기행문「화전지대를 가다(火田地帶を行く)」(『文芸首都』, 1941.3-5)[4]가 있다. 김사량은 자신의 친형이 강원도 홍천의 군수로 재직한 적이 있었기 때문에 여러 차례 산간지대를 찾아 들어갔었는데, 이때의 경험을 바탕으로 쓴 작품

---

2)「文學者의 自己批判」『우리문학』1946. 창간호. 46쪽. 김윤식(1974)『한일문학의 관련양상』一志社 50쪽 재인용.
3) 위의 책,『한일문학의 관련양상』, 50쪽 재인용.
4)『화전지대를 가다(火田地帶を行く)』(『文芸首都』1941, 3~5)는 국내 잡지『삼천리(三千里)』에 1940년 10월「산가 세 시간(山家三時間)」이라는 제목으로 발표한 작품을 김사량 스스로가 일본어로 번역한 것이다.

이「무성한 풀섶」과「화전지대를 가다」이다.「화전지대를 가다」에는 이러한 자신의 행적과 관련하여 다음과 같이 기록하고 있다.

> 실은 이 산간지대에 사는 사람들의 생활을 조사하려고 우리는 9월 초에 서울을 출발했었다. 마지막 목적지는 홍천군 두촌면의 가마연봉에 산재해 있는 화전민 부락이었는데, 우리들은 지금까지와는 다른 관점에서, 방화라는 그들의 원시적인 범죄적 측면보다도 오히려 그들 화전민의 개척자적인 면을 조사해보려는 의도에서였다.5)

화전민에 대한 긍정적인 평가를 엿볼 수 있는 대목인데, 그의 작품 속에 등장하는 화전민들은 험난한 세상을 등질 수밖에 없는 가련한 운명의 소유자들이 대부분이다. 또한 여기에는 작가 자신이 경험한 것을 작품으로 남기겠다는 각오를 피력하고 있기도 하다.

> 또한 화전민의 생활 및 그와 관련된 문제에 대해서는 이번 여행의 목적지인 홍천군 두촌면 가마연봉내의 산민을 실록 같은 소설의 형태로 엮어서 전하고 싶다.6)

이러한 스스로의 다짐은 결국 장편『太白山脈』으로 그 결실을 맺었다. 그런데 이보다 3년가량 먼저 발표된「무성한 풀섶」은 사소설(私小說)적 요소와 허구를 겸비한 작품으로, 이 역시 강원도 산중의 화전민 부락이 배경을 이루고 있다. 작품 속의 주인공인 박인식(朴仁植)은 화전민의 실태를 알아보기 위해 숙부가 군수로 재직 중인 강원도의 산속으로 들어간다. 그리고는 그곳에서 사교도(邪敎徒)들을 만난다.

---

5) 金史良(1973)「火山地帯を行く」『金史良全集Ⅳ』河出書房新社, 79쪽.
6) 위의 책,「火山地帯を行く」, 87쪽.

仁植은 이러한 산간에는 여러 사교(邪敎)가 창궐하여 무지한 산민들의 비참한 생활에 빌붙어 살고 있다는 것을 알고 있었다. 이 자들도 틀림없이 그런 자들일 것이라는 생각을 하자, 仁植은 왠지 불길한 기분으로 얼굴이 굳어져서는 가만히 남자 쪽을 지켜보았다.7)

그로부터 얼마 지나지 않은 어느 날 仁植은 서울에서 배달된 잡지에서 여태껏 그 예를 볼 수 없을 만큼 잔학하기 그지없는 백백교(白白敎-동학 계통의 교파의 하나)의 공판기록을 읽으며 전신에 소름이 끼치는 오한을 느꼈다. 그것은 그 마교의 간부들이 불쌍한 농민과 산민들을 속여서 피와 땀으로 이룬 그들의 재산과 양식을 약탈했을 뿐만 아니라, 그들의 아내와 딸까지도 겁탈하고, 마침내는 자신들을 따르지 않는 자 314명을 살해했다는 것이다.8)

인용한 내용과 같은 동학을 사칭한 사교 백백교(白白敎)도들에 의한 화전민들의 심각한 피해는 『太白山脈』의 내용 전개에 있어 중요한 소재로 사용된다.

이와 같이 『太白山脈』은 작가의 면밀한 현장 답사에 토대를 둔 화전민들의 생활을 생생하게 그려내고 있음을 알 수 있는데, 이러한 준비 작업은 역사적인 사실에 가탁하여 '二步後退 一步前進'하면서 싸우려 한 작가의 노력을 엿볼 수 있는 한 단면이기도 하다. 결국 작품의 줄거리는 갑신정변과 임오군란이라는 역사적 사실 속으로 뛰어들어 활약하던 주인공 윤천일(尹天一)의 통한의 삶이 화전민들의 생활에 녹아들면서 조선의 전통적인 것과 한 덩어리가 되어 움직여가는 것으로 전개되는 것이다.

---

7) 金史良(1973)「草深し」『金史良全集Ⅰ』河出書房新社, 166쪽.
8) 위의 책, 「草深し」, 168쪽.

3. 민족의 혼과 함께하는 주인공 윤천일

『太白山脈』의 배경을 이루는 사건은 임오군란(壬午軍亂)과 갑신정변(甲申政變)이다. 조선이 혼란한 틈을 타 청나라와 일본 등의 외세가 개입하여 조선의 사직이 점차 위기에 직면하고 있을 때, 나라를 구하기로 결심한 윤천일(尹天一)은 일본의 입헌군주제와 같은 형태의 근대국가를 꿈꾸던 김옥균 일파에 가담하여 맹렬한 활약을 펼친다. 그러나 거듭된 혁명의 실패로 장성한 두 아들과 함께 천신만고의 위기를 헤치며 <태백산맥> 산중의 화전민 마을로 몸을 피한다. 얼마 지나지 않아 화전민 부락의 지도자가 된 그는 주민들이 새로운 인간다운 삶을 영위할 수 있는 낙토(樂土)를 찾아오라며 두 아들을 떠나보낸다. 그러나 귀향이 예정보다도 많이 늦어지는 아들 형제를 기다리는 동안에 윤천일과 부락민들은 많은 사건을 겪게 된다.

작가는 이러한 작품의 전개과정에서 윤천일의 조국독립에 대한 꿈과 버림받은 조선민중들의 고난에 찬 삶을 통해 민족의 혼과 풍습을 담아내기 위해 많은 노력을 기울이고 있다. 글은 일본어로 쓰였으되 도저히 일본문학이라 할 수 없는 완벽한 조선적인 것을 담고 있는 것이다.

윤천일에게 닥쳐오는 수많은 고난은 풍파에 표류하는 일엽편주와 같은 조선의 사직과 그 아래 신음하는 민중들의 고통을 한 몸에 짊어지고 있는데서 기인된다.

> 이제는 그 자신조차도 아들 형제의 귀환을 기대하지 않게 되었다. 절망! 그것은 그가 서울을 떠나올 때보다도 더한층 어찌할 도리가 없는 절망이었다. 그는 갑자기 철없는 소년처럼 격렬히 흐느껴 울기 시

작했다. 무릎 위를 감싸 안은 그의 등이 파도처럼 물결치고 있었다. 믿고 있던 두 아들이 돌아오지 않는 것은 어차피 산속에서 희생된 때문이겠지만, 그것이 슬픈 것은 아니었다. 십오 호 육십구 명의 영혼들에 대한 책임과 그 앞날에 대한 걱정으로 인한 절망만도 아니었다. 한 때는 기울어 가는 사직의 운명과 도탄의 늪에서 허덕이는 백성들의 생활을 한 몸에 짊어진 듯 싸웠던 자신이, 실은 이 산속의 얼마 안 되는 영혼들조차 구하지 못하는 빈약하고 저주 받은 존재라는 것을 조금도 모르고 있었다는 원통함이 그의 가슴을 몹시 흔들어 놓고 있었다.(210)[9]

낙토(樂土)를 찾아 남쪽으로 떠난 두 아들 일동(日童)과 월동(月童)의 귀향을 더 이상 기대할 수 없다는 생각을 하고는, 아직 자신의 곁을 떠나지 않고 남아 있는 화전민들을 이끌고 새로운 정착지를 찾아 떠날 결심을 굳히는 절망적인 심정을 그려낸 장면이다. 작품의 도처에 이와 같은 윤천일의 조국과 민족의 슬픈 운명에 대한 애끊는 탄식이 담겨져 있는데, 이는 바로 조국을 잃은 작가 자신의 심정을 읊고 있는 것이라 볼 수 있다.

그런데 두 아들 일동과 월동은 부친이 짊어진 고통과 갈등을 고스란히 이어받아 고난을 함께 짊어지고 가게 되지만 그 생각과 투쟁 방향은 서로 다르다. 형인 일동은 어린 시절부터 부친의 고난 가득한 투쟁을 지켜보았으며 자신 역시 그러한 싸움에 전력을 다해온 만큼 좌절도 컸다.

「내 생각을 말하자면 너는 아직 젊다. 젊음의 무모함 때문에 이상적인 것에 대해서 지나치게 마음을 열어놓기 쉽단다. 지금의 현실은

---

[9] 본고의 제3, 4장에서는 <김사량著・김학동譯(2006) 『태백산맥(太白山脈)』 노트북>을 텍스트로 삼았으며, ( ) 안의 숫자는 텍스트의 쪽수를 가리킨다. 이하 같음.

빼도 박도 못하는 지경에까지 이르러, 역사의 양상은 급변해가고 있는 것이다. 월동아, 잘 생각해보는 것이 좋을 것이다. 나 역시 어릴 적부터 혼탁한 웅덩이에 처박힌 세상의 둑을 무너뜨리고 썩은 내 물씬 풍기는 역사를 흘려보낸 다음, 보다 나은 나라의 정치와 백성들의 삶을 실현시킨다는 목표로 오랜 세월 동지들과 함께 열심히 토론을 하였다. 결사도 만들었고 목숨 건 투쟁도 벌였다. 또 때로는 서실에 처박힌 채 몸부림치며 울기도 하였다. 그러나 결국은 역사도 시대도 현실도 바동대는 우리들의 머리 위를 아득히 멀리 앞질러서 스스로의 길을 가고 있는 것이었다. 아니 이미 갈 때까지 가 있었던 것이다. 우리들의 힘만으로는 아무것도 할 수 없다. 그것은 이미 당랑거철(螳螂拒轍)에 지나지 않는 것이야.」(152,153)

이에 비해 동생인 월동은 진취적인 투쟁으로 난국을 헤쳐 나가겠다는 의지로 불탄다.

「그러니까 더더욱 나라를 생각하고 세상을 염려하는 지사들은 모두 다 떨쳐 일어나야 되는 거잖아.」 흥분된 월동의 목소리가 들렸다.
「누가 이처럼 기울어져가는 사직의 운명과 메말라가는 백성들의 생활을 구제해줄 수 있겠어. 그러나 또한 어떻게 이런 상황을 되어가는 대로 내버려 둘 수 있느냐 말이야. 우리는 용기를 불러일으켜 추하고 더러운 것들을 때려 부수고 그곳에서 새로운 국가의 생명을 만들어 내지 않으면 안 돼. 그리고 또 지금까지의 아버님과 형님의 투쟁이 이 세상에 아무런 영향을 미치지 못했다고 말할 수 있을까? 아니, 그렇다 해도 상관없어. 비록 하나의 돌멩이나 화살에 불과하다 해도 괜찮아. 형님은 역사와 시대, 그리고 현실의 운행이란 것이 인간의 노력을 초월한다고 말했어. 그러나 인간의 힘이란 역사적 상황을 변화시킬 수도 있고 시대의 운행을 빨리 할 수도 있으며 궤도에서 이탈시킬 수도 있는 것이잖아.」(154)

일동과 월동 두 형제의 대화는 일제의 식민치하에서 희미해져만 가는 조국독립의 꿈을, 자신과 민족의 정신세계를 가다듬어 어떻게든 투쟁의 대열로 나아가야 한다는 작가 자신의 갈등을 표출하고 있는 것으로 볼 수 있다. 이러한 두 마음의 갈등은 결국 형제들에게 낙토로 가는 길을 알려준 월정사의 노승에 의해 하나로 통합된다.

「직접 중원으로 나가 말을 달려 싸우는 것도 사내다운 용맹한 태도이겠지만, 조용히 산속에 묻혀서 난민들을 구제하여 인도하겠다는 포부 또한 고매한 이상이라 해야 할 것이네. 이렇게 안팎으로 노력하는 자세가 있다면 우리의 강토는 희망을 되찾을 수 있을 것이야.」
(175)

그런데 사교도들과 외로운 싸움을 벌이다 깊은 계곡으로 떨어진 윤천일은 낙토를 찾아낸 기쁨으로 길을 재촉하던 두 형제에 의해 구사일생으로 목숨을 건진다. 그리고는 화전민들을 이끌고 낙토에 도착하여 남은 사람들의 평안과 번성을 산신께 기도하며 숨을 거둔다. 월동은 새로운 투쟁의 각오를 다지며 애인인 봉이와 함께 서울로 떠나고, 낙토에서의 재기는 일동을 중심으로 이루어질 것임을 예고하며 막을 내린다.

이 작품의 주인공 윤천일에 대해 추석민은 다음과 같은 평가를 내리고 있다.

김사량의 『태백산맥』은 역사적 사실에 가탁(假託)하여 화전민과 민족을 위해 목숨을 아끼지 않고 싸우는 윤천일이라는 민중의 지도자를 만들어 내고 있다. 이러한 윤천일의 민중을 염려하는 마음과 투쟁, 좌절, 패배, 죽음 등은 민족주의 작가로서의 길을 걸어온 김사량

의 발자취와 거의 일치한다. 말하자면, 윤천일은 김사량의 분신이자 자화상인 것이다.[10]

『太白山脈』은 조국이 독립을 맞이하지 못한다면 차라리 현실을 초월한 이상향의 세계(낙토)라도 발견하여 도피하고 싶다는 심정을 너무나도 생생하게 그려내고 있다. 또한 투쟁을 위한 현실참여에 대한 욕구와, 차라리 이상세계로라도 도피함으로써 현실을 떠나고 싶다는 작가의 두 마음이 형제간의 갈등을 통해 잘 묘사되고 있다. 한마디로 인간의 진정한 자유와 민족의 독립을 갈구한 지식인의 고뇌가 당시의 암담한 현실 속에서 진하게 배어나오는 작품이라 하지 않을 수 없다.

4. 조선의 역사와 풍속에 관한 묘사

4.1. 조선의 역사적인 사실에 관한 묘사

김사량의『太白山脈』은 모든 것이 완벽하게 조선적인 것들로 구성되어 있어서 일일이 그 예를 든다는 것은 불가능하다. 물론 그러한 것들을 그려낼 목적으로 과거의 역사에 가탁하여 집필된 작품이고 보면 당연한 것이기도 하다. 작품의 토대를 이루고 있는 것은 조선의 독자적인 역사와 관련된 내용들인데, 임오군란과 갑신정변이라는 주요 소재를 제외하고도 조선의 역사를 물신 풍기게 하는 내용 중 몇 가지 예를 들면 다음과 같다.

(함경도 사람들은) 남이장군으로 하여금, 백두산의 돌은 칼을 갈아 다 없애고 두만강의 물은 말을 먹여 다 없앤다고 말하게 한 조선

---

10) 텍스트의 뒤표지.

북쪽의 용감한 고려의 백성들이었다.(158)

　　고구려의 전투적인 성격과 신라의 진취적 정신, 그리고 백제의 보수적인 특징들이 피를 통하여 혼연일체가 되었을 때 비로소 조선인과 그 역사도 빛나는 장래가 보장될 수 있는 것이다.(49)

　　(화전민 청장년 남자들을 생각하며) 그들의 몸에 무장을 시킨 뒤 정의를 향한 투지로 불타는 숭고한 화랑정신을 고취시키자.(100)

　　소승이 하나의 불제자로서 그저 몇 가지 당부하고 싶은 것이 있다면, 그것은 다름 아닌 우리들이 우러러 존경해마지않는 신라의 원광국사의 세속오계 일세. (중략) 넷째, 싸움에 임해서는 물러서지 마라, (중략) 과연 훌륭한 말씀이 아닌가. 그중에서도 특히 넷째를 가슴에 새겨주기 바라네.(175)

　　계림의 나라의 아둔한 신 윤천일은 이 산위에서 이백의 영혼과 함께 삼가 그대 신을 받들어 모시겠나이다.(264)

　　지금부터 약 육십년 전인 갑오년 경주군에서 태어난 교조 최제우는, 당시의 세태가 어지러워 미신이 창궐하고 관리는 가렴주구에 여념이 없음을 한탄하여, 중년기에 구세제민(救世濟民)의 큰 뜻을 세우고 용담에서 수행을 하고 있었다. 그때 갑자기 천령(天靈)이 그의 몸에 강림하여 대도(大道)를 전수받게 되었다. (중략) 그 교지는 무엇보다 천주(天主)의 조화(造花)를 숭경하고, 천도(天道)의 일정한 법칙에 따라 천명(天命)을 받들며, 천리(天理)에 합치되지 않으면 안 되는 것이었다.(94)

　　그러나 한편으로 무뢰배들은 이러한 교리를 악용하여 산간이나 농촌으로 파고들어 우매한 민중을 농락하고 참혹하리만큼 그 생활

을 유린하고 있었다.(94)

　인용문 중에는 역사적인 사실에 가탁한 기술이라고는 하지만 검열 당국의 의심을 사기에 충분한 내용을 담고 있는 경우도 많이 있다. 민족의 정기가 담긴 조선 역사의 독자성을 강조함으로써 독립의식을 고취시키려는 이러한 시도는 일제에 대한 항거이며 도전이라 할 수 있는 것이었다.

4.2 토속적인 민간신앙과 생활 풍속에 관한 묘사

　날실과 씨실이 피륙을 완성해가는 것처럼 『太白山脈』의 줄거리를 엮어가는 것들은 그야말로 조선 민중의 삶과 직결된 정서와 풍습으로 가득 채워져 있다. 작품의 주요 활동 무대인 <배나무골·범바위골>[11]의 지명만 하더라도 그렇고, 수많은 등장인물의 이름 '봉이·이쁜이·보비·득보·길녀·칠성녀·금순이·곱실이·삼룡이·허 서방·현초시 등>만 보아도 무대가 조선이며 등장인물이 조선 사람이라는 것을 완벽하리만큼 드러내고 있는 것이다.
　그리고 조선민중의 민간신앙으로서 중요한 위치를 차지하고 있던 '산신령'과 '성황당'에 대한 기술도 곳곳에 보이고 있다.

　　　　마을 바로 뒤편에 소나무 숲으로 우거진 작은 고개가 있었는데,
　　　　그 꼭대기 언저리에 아담한 성황당이 자리 잡고 있었어.(122)
　　　　성황님은 이 고개를 넘는 사람들이 원망스럽게 부르는 아리랑노
　　　　래가 들리지 않나요. 성황님이야말로 아리랑고개의 은혜 많은 신이
　　　　시라구 믿구 있는데요.(124)

---

11) 원작에는 <梨木洞·虎岩洞>이라는 한자로 표기한 뒤, <배나무골·범바위골>로 읽는다는 표기를 해 놓았다.

훈련 도중에 산과 숲에서 잡은 사냥감을 짊어지고 계곡으로 돌아오면 반드시 산신령 앞에 바치고 소원을 빌었다. 그럴 때의 천일은 마치 신처럼 숭고해 보였다. (중략) 산신령님은 이 강토를 다스리시는 최고의 주재자이시니 어찌 이 불쌍한 중생들에게 불행을 내리실 수 있으시겠습니까. 바라옵건대 굽어 살피시어, 여기 우리 부락에 은혜를 내리심으로 산신령님의 기적과 함께 축복의 증거를 세우시옵소서.(44,45)

한 많은 아리랑고개에 대한 이야기도 곳곳에 등장한다.

동경은 현실을 넘어 저편에 꽃을 피우고 훈풍을 불게 하는, 희망이 산다는 아리랑고개, 그곳이야말로 고향사람들이면 누구나가 꿈꾸는, 그중에서도 탄식이 많은 그녀들이 마음을 실어 행복을 꿈꾸던 천국으로 통하는 문이었다.(120)

아리랑고개는 말두 안 되는 엉터리! 엉터리야! 우리 오빠두 부역으루 서울에 끌려간 채 돌아오질 않았어.(127)

조선 처녀들의 모습과 정서에 대한 묘사 역시 작품 전체를 꿰뚫는 흐름을 유지하고 있다.

오늘도 검은 변발을 길게 늘어뜨린 머리를 제비처럼 모아놓고 보니, 헤어짐이라는 애달픈 슬픔은 흥건히 가슴속에 차올랐다. (중략) 어릴 적에는 그래도 연둣빛 저고리에 연분홍빛 치마 하나쯤은 몸에 걸치고 빨간 댕기를 휘날리면서 그네타기를 즐기던 아름다운 추억도 있었다. 설날의 즐거운 모임 때는 쿵덕쿵덕 신나게 널뛰기를 하고, 달 밝은 여름밤에는 냇가의 갯버들 그늘에서 친구와 물바가지를 가지고 놀았으며, 귀뚜라미가 떼를 지어 우는 가을밤에는 사방등 밑

에서 옛날이야기를 주고받으며 베개 마구리에 댈 자수로 밤이 깊어
가는 줄도 몰랐었다.(119)

일동과 월동 두 형제가 도중에서 의기투합한 차랑생이라는 인물이
수십 마리의 이리떼의 습격을 받고 싸우는 장면은 참으로 흥미진진한
데, 이 또한 당시의 조선 산하의 특징에 대한 묘사라 할 수 있다.

> 해가 뉘엿거리는 저녁 무렵에 이리들이 미쳐 날뛰듯이 사방으로
> 움직이자 불꽃으로 빛나는 눈동자들이 반딧불처럼 사방으로 날아다
> 녔다. 캥캥거리며 울부짖는 소리는 귀가 먹먹해질 정도로 사납게 들
> 렸다. 이 나라의 산속에는 많은 이리들이 자주 삼십이나 오십으로 떼
> 를 지어서는 하늘을 향해 울부짖으며 산등성이를 따라 진군하는 것
> 이었다.(181)

『太白山脈』은 전편에 걸쳐서 비교적 많은 양의 각설이타령과 조선
팔도의 아리랑으로 수놓아져 있다. 이는 조선의 전통적인 음률문화 속
에 민중의 혼을 담은 현실의 암담함을 애절하게 호소함과 동시에, 우
회적으로 일제를 비난하는 내용을 담아내는데 효과적으로 작용하고
있다.

> 놈들 코를 베다가 해금쟁이를 만나서 해금통으로 팔아두 몇푼인가
> 되겠지
> 품바 품바 품품바(57)
> 저기저기 저달속에 초가삼간 집을짓고 양친부모 모셔다가 천년만년
> 살고지고
> 천년만년 살고지고(81)

키가 큰 삼나무는 궁궐의 기둥으로 들일하던 남자는 서울로 부역가고
아리랑 아리랑 아라리요 아리랑고개는 하아- 한숨의 고개(127)

바보인 봉수의 입을 통해 나오는 각설이 타령의 첫 구절은 '놈들 코를 베다가'와 같이 '놈들(野郎)'이라는 말이 항상 첫 머리에 오고 있는데, 이는 우회적인 표현으로 일제를 비난하려는 의도가 있음을 엿 볼 수 있다. 그리고 월동의 애인인 봉이를 비롯한 화전민 부락 처녀들이 부르는 아리랑도 시대를 비판하는 내용을 담고 있는 경우가 많다.

이상으로 개략적이나마『太白山脈』을 통해 조선민족의 역사와 혼을 담아내려한 작가의 노력과 그 결실에 대해 살펴보았는데, 이러한 작품의 이면에는 조선민족의 단결을 통한 저항을 호소하려는 의도가 숨겨져 있음을 부정하기 어렵다.

그런데『太白山脈』에는 동학의 폐해와 관련된 내용을 전개하던 도중에 갑자기 "이에 관해 작가는 제2부에서 동학란을 중심으로 차분히 그려나갈 생각이다"(202)라는 작가 자신의 말을 삽입하여,『태백산맥』의 속편을 집필하겠다는 생각을 피력하고 있다.

과연 1943년 12월부터 1944년 10월까지『每日新報』에 연재한『바다의 노래』는 이의 속편이라 할 수 있는 작품인데, 주인공으로 등장하는 용왕(龍王-申泰周)은『太白山脈』의 윤천일을 연상시키는 인물이다. 그러나 용왕으로 불리는 신태주가 병인·신미양요 등을 거치면서 조국의 산하와 바다를 지켜내기 위해 싸우는 모습은 윤천일과 비슷하지만, 그의 후손들이 점차 일제의 대륙 침략 정책에 융합해 가는 과정을 그려낸 후반부는 많은 차이를 보이고 있다. 동학에 관한 기술에서도 같은 동족인 조선인이 일본군과 힘을 합하여 동학세력을 진압해야 하는 상황을 안타깝게 그려내고 있을 뿐, 예고 한 바와 같은 동학의 사

상이나 그 폐해에 대해서는 다루고 있지 않다.

　결국『바다의 노래』의 마지막 부분은 조선 청년들의 일본군에 대한 지원을 마지못해 옹호하는 내용으로 막을 내리고 있어서, 이 작품을 실질적인『太白山脈』의 속편으로 보기에는 무리가 있다. 그리고 이때부터 김사량의 중국 탈출 계획은 보다 적극성을 띠게 된다.

5. 친일잡지『國民文學』과『太白山脈』

　일제 말기 조선총독부의 기관지 역할을 담당했던 문예잡지『國民文學』에 대해서 가와무라 겐지(川村硏二)는 다음과 같이 정리하고 있다.

> 『國民文學』의 창간에 이르는 과정을 살펴보면 그것은 바로 조선인 작가에 대한 언론 탄압의 과정과 일치하게 된다. 거듭되는 압수와 지면삭제 끝에 1940년 8월『每日新報』를 제외한 조선어 신문의 발행이 금지되고, 1941년 5월에는 잡지 통제에 의해 수많은 조선어 잡지가 폐간된다.[12]

　김사량이 이러한『國民文學』에『太白山脈』을 연재하기 시작한 1943년부터의 행적에는 친일적 행위로 볼 수밖에 없는 여러 가지 여지를 남기고 있었던 것도 사실이다. 김사량을 존경하는 선배작가로 생각하고 있던 재일한국인 문학의 제1세대를 대표한다고 할 수 있는 김달수는 자신이 직접 편집 출판한『김사량 작품집』의 편집자해설에서 당시의 김사량에 대한 자신의 생각을 밝힌다.

> 김사량은 조선에서 약간의 작품 활동을 계속하고 있었는데 경성

---
12) 川村硏二(1992.9)「朝鮮と『国民文学』」『昭和文学研究第25集』, 26쪽.

에서 발행되고 있던『國民文學』이라는 일본어 잡지에 역사소설 같
은『太白山脈』이라는 장편을 연재하는가 싶더니, 얼마 지나지 않아
『京城日報』와 함께 유일한 총독부의 기관지로 남아있던 조선어신문
인『每日新報』에『바다의 노래(海への歌)』라는 것을 쓰기 시작했
다. 나는 둘 다 읽지 않았다.
 왜 읽지 않았는가.―내가 훌륭해서 그런 것이 아니라, 김사량이 그
러한 잡지나 신문에 작품을 발표하는 것이 결코 기분 좋은 일이 아닌
것만은 확실했다. 왠지 비참한 기분이 들었다. 나는 당시에『京城日
報』기자를 하고 있었는데, 김사량 역시「더러움(よごれ)」에 물들
어 가고 마는가라는 생각을 했다.13)

 작가 김달수는 식민지 시대 말기에 짧은 기간이나마 자신이 총독부
의 기관지『京城日報』의 기자로 일했던 것에 대해 평생을 떳떳치 못한
생각으로 지냈는데, 위의 인용문을 보면 기자 생활을 하던 당시에도
상당한 죄의식을 가지고 있었음을 알 수 있다. 그런데 존경하는 선배
작가인 김사량마저도『國民文學』이나『每日新報』등에 글을 실어 자신
과 같이 떳떳하지 못한 길을 가는 것인가 하고 실망을 했다는 것이다.
 그러나 김사량의『太白山脈』에 대한 김달수의 이러한 선입감과 관
련하여 安宇植은『評伝金史良』을 통해 다음과 같이 언급하고 있다.

> 『太白山脈』과『물오리 섬』은 통치 권력의 어용문예지『國民文學』
> 에 연재되었다는 사실 말고는 내용면에서는 결코 김달수가 생각하
> 는 바와 같은 더러움에 물들어 간 작품은 아니었다. 이들 작품으로
> 오히려 김사량의 위장협력 사실을 입증할 수 있을지언정, 이에 의해
> 통치 권력에 대한 김사량의 굴종을 짐작하기란 절대 불가능한 일이
> 다. 특히『太白山脈』은 김사량이「朝鮮文化通信」에서 언급한 바와
> 같이 조선민족의 장래에 대한 그의「전망」즉, 조선의 현 실상을 역

---

13) 編者金達寿(1954)『金史良作品集』理論社, 323쪽.

> 사적 사실에 假託하여 작품화하고 있는 점에서 큰 의의가 있다 할 것
> 이다.14)

안우식의 주장처럼 식민통치 말기의 『國民文學』이나 『每日新報』 등에 연재된 그의 작품들을 분석하거나, 이후에 그 자신이 중국의 연안으로 탈출하는 것을 보면, 김사량의 당시의 행적은 혹독한 조선인 작가에 대한 탄압 속에서 그 나름의 계획적인 저항의 일환으로 이루어졌다는 것을 알 수 있다.

『太白山脈』은 이와 같이 조선민족의 실체를 적극적으로 부각시키고 있을 뿐만 아니라, 독립정신을 고취시키고 있다고 생각될 만큼 역사적 사실 등을 매개로 민족의 단결을 호소하고 있다. 그렇다면 당시의 극심한 언론탄압 속에서 어떻게 이런 작품을 친일 잡지인 『國民文學』에 연재할 수 있었을까하는 것이 커다란 의문으로 남는다. 이러한 김사량의 글쓰기와 관련하여 김재용은 다음과 같이 언급하고 있다.

> 「천마」의 분석에서 명확히 들어나듯이 김사량은 기본적으로 우회적 글쓰기의 방식으로 당대의 식민주의에 협력하지 않고 저항하였다. 하지만 이것도 전선이 확대되고 날로 격화되면서 일제의 검열과 억압이 일정한 한도를 넘어서게 되자 어려워졌다. (중략) 그렇기 때문에 당대의 현실을 다루는 방법 대신에 지나간 역사에서 소재를 끄집어내어 일종의 역사소설을 꾀하였다. 『태백산맥』은 이러한 노력의 산물이었다.15)

우회적인 글쓰기가 어려워지자 소재를 역사적인 것에서 찾아내려 했으며, 이러한 노력의 산물이 『太白山脈』이라는 주장을 하고 있다.

---

14) 安宇植(1983) 『評伝金史良』 草風館, 132쪽.
15) 김재용(2004) 「우회적 글쓰기의 궁지」 『협력과 저항』, 소명출판. 260, 261쪽.

역사적인 소재를 이용하여 현실을 그려내고 있다면 이것 또한 '우회적인 글쓰기'의 한 방편이라 할 수 있지만,『태백산맥』은 한 인물을 풍자적으로 그려내어 비판하는 방법을 취하고 있는 중편「天馬」와는 달리 보다 복합적인 요소를 치밀하게 구성하여 전개하고 있는 작품이라 할 수 있다. 역사적인 소재라고 해서 검열을 통과 할 수 있는 것도 아닐 것이고 보면, 역시 작품 속에서는 그에 합당한 구성과 내용이 필요했을 것이다.

식민지 말기인 1940년대에 들어서면서부터는 "누구든지 간에 당시 조선의 잡지나 신문에서는, 그 요구하는 방향에서 벗어난 작품을 쓴다는 것은 있을 수 없는 일이었다"16)라는 김달수의 말처럼, 일제의 황국신민화 정책에 부응하는 작품이외에는 쓸 수가 없었다. 이런 상황 아래에서 친일 잡지인『國民文學』에 자신이 원하는 바인 조선민족의 한을 작품 속에 그려내기 위해서는 우선 표면적으로나마 친일적인 작품으로서의 분위기를 연출하지 않으면 안 되었을 것이다. 즉, 친일협력자로 위장하기 위한 글쓰기를 시도하게 되었던 것이다.

> 어찌되었든 농사꾼이란 것이 자연의 혜택을 바탕에 두고 경작해서 먹고 사는 것이라고 한다면, 그들은 농사꾼은커녕 그야말로 하늘에 활을 겨누고 땅에 칼을 꽂는 반역의 무리나 다름없었다.(11)

화전민이 산에 불을 놓아 행하는 농법은 자연환경을 파괴하는 정도에 비해 효율도 낮아 근대화와 함께 사라져간 매우 원시적인 것이었다. 총독부로서도 전국의 깊은 산속에서 이루어지는 이러한 화전민들의 행위에 골머리를 앓고 있었을 것이므로, 위에 인용한 내용과 같이

---

16) 앞의 책,『金史良作品集』, 323쪽.

화전민의 농법에 대한 비판적인 묘사는 당국의 정책 방향과도 맞아 떨어지는 것이었다.

> 이른바 우정국 낙성연의 습격을 횃불로 삼아 단숨에 혁신정치의 결행을 기도했던 급진당에 가맹하여, 그 무렵의 암울했던 정치를 멋대로 주무르고 있던 청나라의 괴뢰정권인 사대당 일파의 살해에 가담, 포효하는 사자처럼 활약하여 공훈을 세운 대장부였던 것이다.(13)

위의 인용은 개화당이 일으킨 갑신정변(甲申政變) 때 주인공인 尹天一이 맹활약을 하여 공훈을 세웠다는 내용이다. 하지만 "갑신정변은 민중의 지지를 얻으려는 노력도 없이 일본의 힘에 의존한 위로부터의 개혁이라는 한계를 안고 있다"[17]고 역사학자들은 평가하고 있다. 그렇다하더라도 청나라로부터의 완전한 독립을 목표로 했을 뿐만 아니라 양반중심의 지배체제를 청산하고 근대적 국민국가를 지향한 최초의 정치개혁 운동이었다는 점은 높이 평가받고 있는 것도 사실이다. 이러한 관점에서 볼 때, 개혁파를 지원한 당시의 일본은 많은 희생을 감수하면서도 조선의 근대화에 진력한 좋은 이웃나라였다는 관계가 성립될 수도 있어서, 총독부로서는 이러한 소재를 바탕으로 쓰인『太白山脈』에 대하여 트집 잡을 하등의 이유가 없었을 것이다.

> 무엇보다 청나라와의 전통적인 주종관계를 타파하고, 신흥 일본과 함께 앞날을 개척해 가는 것만이 국가의 미래에 여명이 비칠 수 있다는 것을 깨달았기 때문이었다. 그것은 그의 새로운 탄생을 의미하는 것이었다. 이 나라는 아직 자립할 수 있는 힘이 없다.(28)

---

17) 邊太燮(2003)『韓國史通論』三英社刊, 390쪽.

이 대목은 이른바 임오군란 당시에 奸臣權門을 참살하고 국정의 개혁을 부르짖으며 군중의 선두로 뛰어나와 칼을 휘두르던 尹天一의 말이다. 당시의 그로서는 생각지도 못했던 청군 삼천의 출동으로 혁명이 진압되고, 그 와중에 청군의 습격을 받은 자신의 집에서 장남인 일동의 아내가 폭행 참살되는 고통을 겪어야 했으므로, 그의 이러한 생각이 더욱 확고히 자리 잡게 되는 것으로 그려내고 있다. 당시의 일본이야 말로 그의 이러한 혁명의지를 뒷받침 해 줄 수 있는 세력으로 묘사함으로써 일제말기의 당국을 만족시키고 있지만, 천박한 친일협력적 내용을 담고 있다고 보기는 어려운 문맥의 문장이라 해야 할 것이다.

6. 불가피한 친일협력의 흔적

'조선민중의 혼을 담아내기 위한 글쓰기'를 통하여 민족작가로서의 양심을 지키려는 노력을 게을리 하지 않았던 김사량이었지만, 『太白山脈』의 『國民文學』 연재가 끝날 무렵인 1943년 말부터는 이마저 불가능하게 되었다. 이 시기와 관련하여 추석민은,

> 이 해의 10월에는 민족주의 작가로서 일관해 온 김사량의 일생에 최대의 오점을 남기는 사건이 발생한다. 그것은 다름 아닌 「해군 견학단」의 일원으로 참가했다 돌아오자마자 르포 「해군행」을 『每日新報』에 연재하였던 것이다. 이로서 마침내 김사량도 정책적 문학에 대해 떳떳할 수 없게 되었다.[18]

라고 언급하고 있는데, 이에 대해서는 좀 더 신중한 접근이 필요할 것으로 보인다. 친일문학 평론가 임종국은 이에 대해서 상당히 관대한

---
18) 앞의 책, 『金史良文學의 硏究』, 303쪽.

견해를 밝히고 있다.

> 43년 8월 28일 이후 총력연맹(總力聯盟) 파견 해군견학단의 일원으로 사세보(佐世保) 해군병학교 기타를 견학하고 와서 쓴 참관기 「海軍行」과, 해군특별지원병제 실시에 따르는 반도 민중에의 해군사상보급이라는 견지에서 집필된 장편『바다의 노래』등이 있으나 이 작가는 그가 풍기는 강한 로칼리즘에 비해서 시국적 선동력은 미약한 작가였다.19)

한마디로 말하면, 친일협력적인 것처럼 보이는 작품이라 할지라도 시국적 선동은 거의 하지 않고 있는 작가라는 것이다. 더불어 "시국적 설교와 어릿광대 같은 일본정신의 선전에 급급하던 작가 일파들이 본받았어야 할 작가가 김사량이었다"20)고 결론짓고 있다.

김달수도 결국은 김사량의 진심을 깨닫게 되는데,『김사량 작품집』의 편집자 해설에서 그 과정을 다음과 같이 기술하고 있다.

> 누구든지 간에 당시 조선의 잡지나 신문에서는, 그 요구하는 방향에서 벗어난 작품을 쓴다는 것은 있을 수 없는 일이었다. (중략)
> 김사량은『바다의 노래』와 같은 선전소설을 써 보임으로 해서 朝鮮軍의 報道班員이 될 수 있었고, '皇軍의 慰問'이라는 이름으로 중국대륙으로 건너가는 데 성공했던 것이다.21)

필자 또한 김사량이 중국으로의 탈출 통로로 생각했던 '재중국조선출신학도병위문단'에 합류하기 위해서는 친일협력의 제스처가 필요

---

19) 임종국(2002)『친일문학론』민족문제연구소, 207쪽.
20) 위의 책,『친일문학론』, 203쪽.
21) 앞의 책,『金史良作品集』, 323쪽.

했던 것으로 보고 있으며, 실제로 이렇게 해서 연안에 있는 독립군 부대로 탈출할 수 있었던 것이다. 탈출을 위한 불가피한 차원에서의 협력이었으므로 그의 글에서는 황국신민화와 전쟁협력을 위한 선동을 볼 수 없는 것이다.

7. 맺음말

김사량의 『太白山脈』은 일제식민지 말기에 조선총독부의 기관지 역할을 했던 문예잡지『國民文學』에 연재되었다.『國民文學』의 창간 목적이 조선민중의 황국신민화와 침략전쟁에 동원하기 위한 선전에 있었던 만큼, 이에 실린 작품은 모두 일제의 정책에 영합하여 협력한 것으로 간주되었던 것이 사실이다.

그러나 김사량의 『太白山脈』은 결코 '황국신민화 정책에 협력했던 작품이 아니었다'는 것이 일반적인 평가이며, 필자 역시 식민지로 전락한 암담한 조선의 현실을 기조로 하면서도 주체하기 어려운 조선민족으로서의 긍지와 민족독립에 대한 희망을 치밀한 계획 아래 그려낸 작품으로 생각하고 있다.

작가 김사량은 일제의 검열을 통과하기 위하여 일본의 협력으로 전개된 갑신정변이라는 역사적 사실을 배경으로 삼은 작품을 쓴 것으로 보인다. 그리고 이러한 내용을 전개해가는 과정에서 조선의 전통적인 풍습과 정서를 가득 담아내어 민족적인 것을 추구하려는 노력을 기울였다.

결국『太白山脈』의 '조선민중의 혼을 담아내기 위한 글쓰기'는 일본의 탄압을 피하면서도 민족독립의 꿈을 그려내기에 적합한 소재를 찾아내려는 노력의 결실이라 할 수 있다. 이 과정에서 김사량은 주인공 윤천일을 통해 조국과 민족의 독립에 대한 자신의 염원을 담아내고 있으며, 현실에 대한 좌절과 함께 새로운 희망으로 자신을 위로하려는 노력을 우회적인 표현으로 애절하게 드러내고 있는 것이다.

　본고에서는 『太白山脈』을 통해 표출되는 작가의 민족독립에 대한 꿈과, 이의 실현을 위한 노력에 대해 고찰해 가는 것을 주된 목적으로 삼았다.

Ⅳ. 해방 전후사와 김달수 문학

김달수 문학의 사상적 배경
― 「叛亂軍」을 중심으로 ―

1. 김사량과 김달수

재일조선인 문학의 효시는 김달수(金達壽, 1919～1997)라 할 수 있지만 선배격인 장혁주와 김사량을 포함시켜 논하는 경우가 많다. 실제로 재일조선인이라는 용어를 해방 이후에도 고국에 돌아가지 못하고 현지에 정착한 조선인으로 규정하는 경우, 이 두 작가를 포함시켜 논하는 것은 적절하지 못한 면이 있다. 그러나 근대 일본문단의 재일조선인 문학을 언급함에 있어 장혁주와 김사량을 제외시킨 채 김달수를 효시로 규정해버리는 것은 문학의 형성과 발전과정을 고려하지 않은 단편적인 시대구분에 지나지 않는다 하겠다.

장혁주(張赫宙)[1]는 일본의 문단에서 활약한 최초의 조선인 작가라

할 수 있다. 그는 1932년에「餓鬼道」를 일본의 문예잡지『改造』에 투고하여 2등(당시에 1등작은 없었음)으로 입선하면서 일본문단의 주목을 받기 시작하였다.「餓鬼道」는 "식민지 조선의 농민을 중층적으로 착취하는 지주계급과 일본제국주의를 정면에서 고발한 분노의 문학"[2]이라는 평가를 통해서도 알 수 있듯이, 일본인들에게 일본어로 식민지 민족의 비참하고도 부당한 실상을 고발하는 내용을 담고 있다. 이후에도「쫓기는 사람들(追われる人々)」「奮起하는 者(奮い起つ者)」와 같은 동반자적인 작품을 발표하여「餓鬼道」의 작품 성향을 이어가는 듯 보였다. 그러나 일제의 본격적인 중국침략과 태평양전쟁의 발발로 제국주의적 강압체제가 강화되자 장혁주는 결국 시국에 편승한 어용작가로 변절하고 만다. 이 시기의 대표적인 작품집으로는『이와모토 지원병(岩本志願兵)』(1944,1)을 들 수 있는데, 대부분 적극적인 친일협력적 작품을 수록하고 있다. 이와 같은 장혁주의 작가적 행적에 대하여 한국에서는 임종국이『친일문학론』(1966)을 통해 친일문학가로, 일본에서는 임전혜와 하야시 고지(林 浩治) 등이 시국에 영합하여 변절한 작가라는 비판을 하였다.

김사량(金史良)[3] 역시 일제말기에 친일적 색채를 풍기는 작품을 집필하기도 하였으나 이후의 항일독립운동부대에 합류하는 등의 행적으로 뒷받침 되듯이, 그의 작품에는 민족의 혼에 손상을 입히는 내용을 담고 있지 않다는 것이 특징이라 할 수 있다.

김사량이 자신의 민족의식을 바탕으로 활발한 작품 활동을 했던 기간은「빛 속으로(光の中に)」를 완성한 1939년 4월부터 사상범 예방법

---

1) 張赫宙 : 1905~1998, 일본명 ; 노구치 미노루(野口稔), 필명 ; 노구치 가쿠추(野口赫宙)
2) 任展慧『日本における朝鮮人の文学の歴史―1945年まで―』, 法政大学出版局, 1994, 202쪽.
3) 金史良 : 1914~1950년 실종, 본명 ; 金時昌

에 의해 구금되기 이전의 1941년 12월 초까지로 2년 6개월 남짓한 시간에 불과하다. 이렇게 짧은 활동기간 역시 일제가 내선일체 정책에 의한 황국신민화에 박차를 가하고 있던 시점이었기에 그의 작품은 당시의 시대적 어두운 그림자를 고스란히 반영하고 있다 하겠다. 이 시기의 작품들은 대부분 멸망해가는 조선의 현실에 대한 안타까움을 상징적으로 표현한 것이거나, 일본에 거주하는 조선인들의 비참한 생활을 다룬 것이 많은데, 그 중에는 「빛 속으로」와 같이 민족차별의 심각성을 그려냄으로써 일제의 내선일체 정책의 허구를 비판하는 작품도 있다.

  뜻하지 않던 구금으로 고초를 겪던 김사량은 1942년 1월 29일 김달수를 비롯한 지인들의 도움으로 겨우 석방되자, 허겁지겁 조선으로 돌아와 폐간되고 얼마 남지 않은 친일 잡지나 신문 등에 마지못해 글을 실으며 중국탈출을 계획하고 있었다. 이때의 대표적인 작품으로는 『太白山脈』(1943.2~10)과 『바다의 노래』(1943.12.14~1944.10월 초) 등이 있고, 르포로는 「海軍行」(1943.10.10~10.23)이 있다. 그러나 일부 친일협력의 색채를 띤 김사량의 문학에 대해서도 임종국은 "시국적 설교와 어릿광대 같은 일본정신의 선전에 급급하던 작가 일파들이 본받았어야 할 작가가 김사량이었다"[4]고 결론짓고, 친일협력적인 것처럼 보이는 작품이라 할지라도 시국적 선동은 거의 하지 않고 있는 작가라고 단정한다. 김달수도 "김사량은 『바다의 노래』와 같은 선전소설을 써 보임으로 해서 朝鮮軍의 報道班員이 될 수 있었고, '皇軍의 慰問'이라는 이름으로 중국대륙으로 건너가는 데 성공했던 것이다"[5] 라는 말로 김사량의 글쓰기가 위장 협력에 의한 것이었음을 강조하고

---

4) 林鐘國 『親日文學論』, 평화출판사, 1966. 기념본-민족문제연구소, 2002, 203쪽.
5) 金達寿 「金史良・人と作品」, 金達寿編 『金史良作品集』, 理論社 1954, 323쪽.

있다.

 이상과 같이 일본문단에서 일찍부터 활약했던 장혁주보다는 김사량의 문학에 대해 높게 평가하고 있는 것이 일반적이라 하겠다. 일본문단에 본격적으로 등단한 조선인 문인으로서 식민지 조선의 모습과 민족적 차별을 호소하여 주목을 받았다는 점에는 차이가 없으나, 식민지 말기에 제각기 일제에 대한 협력과 저항의 길로 그 행로를 달리하면서, 해방 이후의 민족문학으로 계승 발전되는 재일조선인 제1세대 문학의 정체성에 큰 영향을 미치게 된다. 재일조선인 문학의 효시로 불리는 김달수는 물론이고, 이보다 조금 늦게 <제주4·3사건>을 형상화하여 일본문단에 충격을 던져준 김석범(金石範)과 같이 재일조선인 문학의 중심을 이루는 작가는 모두 김사량의 영향을 크게 받았다고 할 수 있다. 그 중에서도 김달수의 경우는 김사량과 직접적인 친분관계를 가지고 있었으며 선배작가로서 존경의 마음을 지니고 있었다.

 김달수는 기회 있을 때마다 김사량에 대한 그리움을 담은 회고의 글을 써왔는데, 그 중에서도 비교적 소상히 두 작가의 관계를 밝히고 있는 것은 『新日本文学』(1952,12)에 실린「전사한 김사량(戦死した金史良)」과, 김사량을 추모하는 의미로 자신이 편집 출판한『金史良作品集』(1954)의 해설로 쓴「김사량·사람과 작품(金史良·人と作品)」이라 할 수 있다. 여기에서 그는 김사량의 작품 중에 호평을 받았던 작품「土城廊」「箕子林」등에 대해 "억눌린 조선의 최하층민의 신음소리가 바로 귓전을 때리듯이 묘사되었다"[6]며 극찬하고 있을 뿐만 아니라,「바다가 보인다」와 같이 부정적인 평가를 받고 있는 작품에 대해서도 '從軍記·記錄'의 형식으로 집필되었다는 점을 고려할 필요가 있으며, 일본의 입장에서 볼 때 "이면(裏面)인 조선 측에 입각하여 이

---

6) 위의 책,『金史良作品集』, 320쪽.

정도로 집필된 작품은 현재까지 없다"[7]는 말로 일방적인 비판에 경계의 목소리를 높인다. 그리고 인민군의 종군작가로 활동하던 김사량이 미군의 인천상륙으로 긴박한 후퇴를 거듭하던 와중에 심장병으로 낙오된 채 소식이 끊겼다[8]는 이야기를 전해 들었을 때의 충격을 회상한다. "나는 가슴이 막히고 눈두덩이 뜨거워져 벌떡 그 자리에서 일어났다", "참으로 비통한 심정을 억제할 수 없었다"[9]는 말로 김사량에 대한 신의의 감정을 표출한다. 그리고 "'호랑이는 죽어서 가죽을 남긴다'는 말이 있는데 김사량은 우리들에게 작품을 남겼다. 그런 의미에서 그의 생명은 영원히 살아있는 것이다"는 말로 김사량에 대한 존경의 마음과 함께 그의 문학에 대한 평가를 담아낸다.

김달수가 김사량을 처음 만난 것은 1941년 『文芸首都』의 동인 모임에 참석했을 때였지만, "김사량의 이름이 일본에 알려지기 시작한 이후 나는 줄곧 그의 동정을 지켜보고 있었다"[10]는 말에서 알 수 있듯이, 작가를 지망하던 김달수에게 김사량은 선망의 대상이었다. 이후에 여러 차례 친근한 만남이 지속되자 김사량은 김달수에게 "김 형이야말로 (일본거주 조선인의) 생활감정, 나아가 우리들의 생활감정을 훌륭한 소설로 써주시오. 김 형은 써낼 수 있습니다"[11]와 같은 격려의 서신을 보내기도 하였는데, 이것이 김달수에게 많은 용기와 희망을 주었다. 김달수가 문학에 관심을 가지고 나름의 글쓰기를 시작한 것은 김사량이 일본문단에 데뷔하기 이전인 1936년에 장두식과 함께 만든 동

---

7) 같은 책, 『金史良作品集』, 327쪽.
8) 강원도 원주 부근에 이르렀을 때 김사량은 심장병으로 온몸이 부어올라 한 발자국도 움직일 수 없게 되자, 가족에게 전해달라는 편지와 만년필을 지인에게 건네주고 낙오되었다 한다. (「再刊のよろこび」, 『金史良作品集』)
9) 金達寿「再刊のよろこび」, 金達寿編 『金史良作品集』, 理論社, 1954, 331쪽.
10) 金達寿 「戦死した金史良」, 『新日本文学』, 1952年 12月号, 48쪽.
11) 위의 책, 『新日本文学』, 51쪽.

사판 잡지 『오타케비(雄叫び)』를 통해서였다. 그러므로 김달수가 작가를 지망하게 된 것이 김사량의 영향으로 보기는 어렵지만, 최초의 단편 「位置」를 『芸術科』에 발표할 무렵인 1940년 8월경에는 이미 유명해진 김사량의 존재를 의식하고 그를 선망의 대상으로 여기고 있었던 것은 사실이라 하겠다.

그러나 같은 선배 작가라 하더라도 김사량보다 먼저 일본문단에 등단하여 맹활약을 펼치고 있던 장혁주에 대해서는 "그 轉落을 점차 확실히 보여주고 있던 장혁주도 집필을 계속하고 있었다"와 같이 본받아서는 안 될 작가의 한사람으로 평가하고 있다. 이와 같은 장혁주에 대한 입장은 김달수의 뒤를 이어 민족문학으로서의 재일조선인 문학을 이끌어 온 김석범과 이회성의 태도에서도 거의 대등하게 엿보인다. 김석범은 내선일체와 황민화의 압력 속에서도 민족적인 것을 지탱하며 끝까지 저항한 김사량이야말로 "실로 조선적인 작가"[12]였다고 단정하고, 민족적인 것을 잃어가는 재일조선인 사회에 김사량을 대비시키는 것은 "그 자체가 재일조선인 작가에 대해서 하나의 빛을 비추는 것"[13]이 된다는 말로 김사량의 민족문학적 성과가 재일조선인 사회와 작가에게 미치는 영향의 지대함을 역설한다. 이회성 역시 "문학가로서의 김사량의 인간성은 그 작품 하나하나에 묻어나서는 사라질 줄 모른다. 작가는 죽어도 작품은 남아서 작가 김사량은 계속 살아 있다"[14]며 김사량의 작가로서의 삶에 깊은 존경을 표시한다. 그러나 장혁주의 문학에 대해서는 일체 언급하지 않는데, 본받아서는 안 될 작가로 인식하고 있음을 미루어 짐작할 수 있다.

---

12) 金石範「金史良について」『文学』, 1972. 2, vol.40, 75쪽.
13) 위의 책, 『文学』, 75쪽.
14) 李恢成「作家は生きつづける」『文芸』, 河出書房新社, 1971. 5, 184쪽.

이상의 고찰을 통해 확인해본 바와 같이, 재일조선인의 민족회복과 권익보호를 형상화한 김달수 문학의 사상적 토대야말로 식민지 말기에 민족적 저항을 문학으로 실천한 김사량의 영향을 크게 받아 형성되었다 하겠다. 따라서 두 작가 사이에 이루어졌던 신의 있는 교류는 김달수 문학의 근간을 이루고 있다고 해도 좋을 것이다.

2. 김달수의 작가적 여정과 「叛亂軍」

김달수는 1919년 경남 창원에서 몰락해가던 中農의 3남으로 태어났다. 작가의 나이 5세 되던 해에 집안의 가세가 더욱 기울자 양친은 장남 성수(声寿)와 장녀 명수를 데리고 일본으로 건너갔다. 이후 얼마 지나지 않아 둘째 형인 양수(良寿)가 죽었고 일본에 갔던 부친의 사망 소식도 전해졌다. 작가가 10세 되던 해 큰 형 성수를 따라 일본으로 건너 갈 때까지 할머니의 손에 자랐다. 이듬해인 11세 때 오이(大井)야간학교에 다니며 일본어 공부를 시작하였다. 낮에는 폐품 수집, 전구염색공장, 공중목욕탕 등의 일을 하면서도『少年俱樂部』를 빌려 탐독하였다. 16세 때에는 장두식을 만나 등사판 잡지『오타케비』를 만들기도 하였으며, 17세 되는 해부터는 고물상을 그만두고 폐품분류업자로 변신하여 경제적인 여유가 생기자 본격적인 공부를 시작했다. 19세에 日本大學 專門部 藝術科에 입학하였고, 20세가 되던 1940년에 처녀작이라 할 수 있는「位置」를『芸術科』에 발표하였다. 1941년에는『文芸首都』의 동인으로 김사량을 만나게 된다. 1942년에 가나가와(神奈川) 신문사의 기자로 취직하였다가, 이듬해인 1943년에 이를 그만두고 서울의 京城日報社에 입사하여 사회부기자로 일하게 된다. 1944년에는 京城日報社를 그만두고 일본으로 돌아와 다시 가나가와 신문사에 입사한 뒤『후예의 거리(後裔の街)』의 집필을 시작한다. 일본이 패전하자 바로 재일조선인 연맹(朝連)에 참가하여 왕성한 활동을 펼친다. 1946년에는 朝連의 후원으로『民主朝鮮』의 창간을 주도하여 스스로 편집을 맡게 되면서부터 본격적인 작품 활동에 들어간다.

이후의 김달수의 대표적인 작품으로는 식민지배 아래에서 신음하는 지식인의 갈등을 그린『후예의 거리』(『民主朝鮮』1946.4－1947.5), 조국해방의 꿈을 그린『玄海灘』(『新日本文学』1952.1－1953.11), 좌우분열과 외세의 개입이라는 상황 속에서 조국의 진정한 독립을 모색한 작품으로「박달의 재판(朴達の裁判)」(『新日本文学』1958.11－1959.4)과『太白山脈』(『文化評論』1964.9－1968.9) 등을 들 수 있다.

그런데 장기간에 걸친『太白山脈』의 집필을 종료하고부터는 소설 창작과 거리를 두게 된다. 1970년 이후에 집필된 장편소설은 귀화인의 후예로서 8세기에 민중불교를 외치던 승려 행기(行基)의 생애를 다룬『行基의 時代』1편만을 남기고 있는데, 이 소설 역시 이전의 조국의 현실적인 문제를 다루던 작품들과는 그 성격을 크게 달리한다. 그 대신『일본속의 조선문화유적』과 같이 고대 한반도와의 교류를 토대로 형성된 문화에 대한 답사와 역사자료에 입각한 많은 저서를 남겼다. 이러한 작가적 태도의 변화는 조국 통일의 주체세력으로 생각하고 있던 북한의 공산주의 정권에 대한 회의에서 비롯된 창작의욕의 약화와 교조주의적 태도로 작가를 압박하던 조총련과의 관계 악화에 그 원인이 있다 하겠다.[15]

그런데 해방 이후의 김달수 문학을 논하는데 있어『후예의 거리』를 그 출발점에 위치하는 작품으로 간주하는 경우가 많다. 재일조선인 문학 연구자인 이소가이 지로(磯貝治良) 역시『후예의 거리』가『玄海灘』

---

15) 金達寿外 4人「『朝鮮新報』の批判に答える」『三千里』10호, 1977.

의 전편에 해당되는 작품이며 재일조선인 문학의 출발점이 되었다는 주장16)을 하고 있지만 이는 사실과 거리가 있다. 특히『玄海灘』의 전편이라는 주장은『玄海灘』의 속편으로 집필된 것이 확실한『太白山脈』의 전편이라는 의미도 갖게 되어 김달수 문학의 원점에 위치하는 작품으로 자리매김하는 결과를 초래한다.

그러나『후예의 거리』는 집필 시기 및 작품 속에 담아내고 있는 내용과 사상에서『玄海灘』이나『太白山脈』의 그것과는 많은 차이를 보이고 있다 하겠다. 해방 이후의 김달수의 작품은 대부분 재일조선인의 정체성 확보와 북한의 공산정권이 중심이 된 민족의 통일이라는 두개의 목표를 선명히 하고 있는데 반해,『후예의 거리』에는 후자의 주장이 전혀 보이지 않고 있기 때문이다. 하야시 고지는『후예의 거리』와『玄海灘』에 대해 "일본제국주의에 의한 식민지배하의 조선의 독립운동을 배경으로 소시민적 출세와 민족운동과의 사이에서 방황하는 지식인 청년의 번민을 그려낸 수작"17)이라는 일반적인 평가를 내리면서도,『玄海灘』에 다시 주목하여 "김달수가 김일성을 확고하게 지지하고 있었다는 것은 이 소설을 읽어보면 알 수 있다"18)는 언급과 함께 작품 속에 등장하는 김일성 찬양 내용을 소개하고 있다. 하야시는 확실하게 비교하여 말하고 있는 것은 아니지만『玄海灘』이『후예의 거리』와 그 사상적 배경에서 서로 다르다는 것을 짐작하고 있었던 것으로 보인다.

이와 같은 변화를 좀 더 깊이 있게 연구하여 언급하고 있는 연구자로 최효선이 있다. 그는『후예의 거리』에 대해 "김달수는 주인공 고창

---

16) 이소가이 지로(磯貝治良)『<在日>文学論』, 新幹社, 2004, 115쪽.
17) 辛基秀編著『金達寿ルネサンス』, 解放出版社, 2002, 39쪽.
18) 위의 책,『金達寿ルネサンス』, 43쪽.

린을 민족의식에 눈을 떠가는 청년으로 묘사하고 있지만 그는 공산주의자는 아니었다"19)면서, 작품의 다른 등장인물 중에서도 공산주의의 색채를 띠고 있는 사람은 없다는 말을 한다.

> 그러나『후예의 거리』이후 8년 뒤에 발표된『玄海灘』에서 김달수는 주인공 백성오를 특고계 형사 이승원에 의해 공산당원으로 교육받는 인물로 그려냈다. 속편인『太白山脈』에서는 스토리의 전개에 있어서 사상적으로 명확하게 방향이 설정된다. 즉, 민족의식에 눈 떠가는 주인공들로 하여금 조국인 조선이 나아갈 길은 공산주의라는 것을 믿게 만들고 사상관념이 투철한 공산주의자로 묘사하고 있다. 틀림없이 김달수는 공산주의자가 되어 있었다. 20)

최효선은 김달수가 민족주의자에서 공산주의자로 변신한 것은 1949년 5, 6월경이고, 이를 반영한 첫 작품이 1949년 8월에 발표한 「叛亂軍」이라는 견해를 밝힌다.21) 최효선의 언급처럼 김달수가 완전한 공산주의자로 변신했다는 주장에는 전적으로 동의하기 어렵지만, 그의 작품 성향이「叛亂軍」에서부터 이전과는 사뭇 다르게 변해갔다는 것은 인정하지 않을 수 없다. 하야시가『玄海灘』을 평가하면서 김일성에 대한 찬양이 뚜렷이 드러난 작품이라 말한 것도 최효선이 주장하는 내용을 뒷받침하는 것으로 볼 수 있다. 그러나『후예의 거리』는『玄海灘』과 마찬가지로 식민지배하의 조선을 그려냈다 하더라도 공산주의적 색채를 전혀 띠지 않고 있을 뿐만 아니라, 작품을 통해 전달하고자하는 내용에도 많은 차이가 있는 것이 사실이다.

따라서 1950년대부터 1960년대까지 집필된『玄海灘』「박달의 재판」

---

19) 崔孝先『海峽に立つ人』, 批評社, 1998, 34쪽.
20) 위의 책,『海峽に立つ人』, 35쪽.
21) 같은 책,『海峽に立つ人』, 36쪽.

『太白山脈』을 비롯한 많은 작품들은 정도의 차이는 있을지언정「叛亂軍」에서 엿보이는 사회주의 사상을 반영하고 있다고 할 수 있다. 이런 점에서『후예의 거리』는 김달수의 처녀작은 될 수 있어도 모태가 될 수 있는 작품은 아니며,「叛亂軍」이야말로 이들의 원점에 있는 작품으로 보아야 할 것이다.

3.「叛亂軍」과 민족통일 이념의 형상화

3.1. 작품의 사상적 배경

「叛亂軍」은 작품의 두 주인공 추훈(秋薰)과 인규(仁奎)가 남한에서 발생한 <여수・순천 사건>의 투쟁 현장에 합류해 가는 과정을 그려내고 있는데, 집필 당시의 작가가 처해 있던 상황과 자라온 성장과정을 거의 사실대로 반영하고 있는 사소설적 작품이라 하겠다. 김달수 문학의 사상적 토대는「叛亂軍」의 작품분석을 통해서도 검토되겠지만, 자전적 저서인『나의 문학과 생활(我が文学と生活)』등을 참고로 그 개략을 정리하면 다음과 같다.

첫째로, 어려운 환경 속에서 소년 시절을 보낸 작가의 성장배경과 무관하지 않다는 점이다. 작가의 부친은 친일적 지주들과 일본인 악덕 고리대금업자에게 조상 대대로 물려온 토지를 모두 빼앗기고 일본으로 건너갔다가 힘든 노동을 견뎌내지 못하고 이내 사망하게 된다. 이런 상황 속에서 일본으로 건너온 나이 어린 김달수의 생활은 살아남기 위한 투쟁의 연속이었다. 가혹한 환경 속에서도 나름대로 적응하며 공부를 게을리 하지 않던 김달수의 마음속에는 부당한 식민지배를 지속해온 일본제국주의에 대한 반발과, 조선민중의 노예적인 생활을 조장하고 일제에 협력한 친일 지주계층에 대한 분노가 자리하고 있었다.

둘째로, 조선이 비록 독립되었다고는 하지만 지배의 주체가 일본에서 미국으로 바뀌었을 뿐, 그 수법은 더욱 교묘해졌다는 인식을 가지고 있었다. 따라서 1948년 8월에 성립된 <대한민국>의 이승만 정권 역시 이러한 미국의 영향력 아래 있는 정권으로 인식하고 있었다.

셋째로, 김달수는 자신이 식민치하 말기에 총독부의 기관지 역할을 하던 京城日報의 사회부 기자로 일했던 것에 대해 죄책감을 지니고 있었는데, 이를 덜기 위한 방편으로 더욱 철저한 민족주의적인 작품활동에 몰두했던 것으로 보인다.

넷째로, 공산주의 사상을 신뢰하지는 않았지만 순수한 조선민족의 정권으로 생각한 북한의 공산주의체제에 대한 기대를 품고 있었다는 점이다. 재일조선인 사회는 8·15해방을 맞이하고 얼마 안 있어 재일조선인 연맹(朝連)을 발족시켰는데, 이 조직은 자연스럽게 북한의 공산주의정권과 깊은 관계를 맺게 되었으며, 김달수도 조직의 일에 적극적으로 관여하였다. 그가 이 조직에 몸담고 있었던 것은 사상적인 문제를 떠나서 미국의 사주를 받아 친일파를 용인한 남한의 정권을 타도하기 위해서라는 보다 현실적인 문제가 그 이면에 작용하고 있었다 하겠다.

「叛亂軍」 집필 당시의 작가의 마음속에는 이상과 같은 생각으로 가득 차 있었기 때문에 작품의 주인공 추훈과 인규는 <여수·순천 사건>의 투쟁현장으로 떠날 수밖에 없었던 것이다.

3.2. 작가적 체험의 문학적 형상화

「叛亂軍」은 1949년 『潮流』 8, 9월호에 발표되었다. 이 작품은 미국의 사진잡지『라이프』가 특집으로 보도한 <여수·순천 사건>을 접한 재일조선인 청년들의 갈등을 중심으로 전개된다.

작품은 주인공인 추훈과 인규가 독립된 조국건설을 목표로 혁명투쟁을 실천하고 있는 지리산의 게릴라와 합류를 위해 떠난다는 것을 예고하면서 마무리 짓고 있다. 작가는 이 작품을 통해 조국의 혁명전선에 참여하고 싶다는 욕망과 갈등을 사소설적인 형식을 빌려 그려내고 있다. 추훈과 인규라는 두 주인공을 매개로 작가의 심리적 갈등과 당시의 시대정황을 잘 묘사해 내고 있는데, 이 두 주인공이 작가 자신과 그의 실존하는 친구를 모델로 삼고 있다는 점도 흥미롭다.

> 추훈은 우연하게 인규와 같은 남조선 경상남도, 게다가 군(郡)까지도 같은 고향에서 그는 열 살을 두해 넘겨 일본으로 건너왔기 때문에 소학교도 야간과 주간 등을 대략 2년 정도밖에 다니지 못하고, (285, 286)[22]
>
> (김달수 자작 연보)[23]
> 1919년 11월 27일(舊曆) 경상남도 창원군 출생.
> 1930년 (10세) 데리러 온 형 성수를 따라 일본으로 도항.
> 1931년 (11세) 낫토(納豆)팔이, 폐품 수집 등을 하면서 오이(大井)야간 소학교에 다님. 처음으로 일본어를 배움.

인용한 연보는 자작연보에서 필요한 부분만 발췌한 것인데, 두 사람의 주인공 중에서도 '추훈'을 작가 자신의 분신으로 그려내고 있음을 알 수 있다. 태어난 고향을 비롯하여 일본으로 건너온 시기[24], 그리고

---

22) 텍스트는「叛亂軍」『金達壽小説全集 一』, 筑摩書房, 1980. 을 사용했음. 인용문 뒤 ( )안의 숫자는 텍스트 쪽 수임. 이하 같음.
23) 김달수는 자작연보를 남겼는데, 본고에서 인용하는 연보는 김달수의 자작연보를 보다 충실하게 보완한 崔孝先의『海峽に立つ人—金達壽の文学と生涯』(批評社, 1998)를 참고로 하였음. 이하의 인용에서는 '연보'라 함.

형편이 어려운 가운데 소학교에 다닌 점 등은 작가 자신의 실제 체험을, 물론 창작 과정에서 조금씩 바뀌어 있는 경우도 있지만, 거의 그대로 투영시키고 있다. 이러한 시도는 앞으로 전개될 주인공의 행동과 그것을 뒷받침하는 사고방식 역시 작가 자신이 실제 경험했던 일을 반영하게 될 것임을 말해준다 하겠다.

그런데 또 한 사람의 주인공인 '인규'도 실존했던 인물인지 아니면 작품 속의 가공인물인지 관심을 끈다. 김달수의 자전적 작품『나의 문학과 생활』의 내용 중에는 이를 뒷받침할 만한 확실한 기록을 남겨놓고 있다.

> 장두식 역시 나와 같은 경로를 밟아왔다. 나보다 세 살 나이가 많았던 그는, 소학교 무렵부터 신문배달이나 토목일 같은 것을 하면서 부모들과 함께 이곳저곳을 전전하였는데, 고물상, 그 중에서도 폐품을 분류하는 일은 처음인 것 같았다. 나는 나중에 장두식과 그 일가에 대해서「잡초와 같이」라는 단편에 쓰기도 하고, 그에 대해서는 다른 작품「거짓말하는 여자」,「叛亂軍」등에도 형태를 바꾸어 등장시켰다. 25)

작가 스스로가 장두식을「叛亂軍」에 등장시켰다고 확실히 언급하고 있으므로 추훈과 인규는 김달수 자신과 장두식임에 틀림이 없다.

이상과 같이 작품내용과 자작연보 등의 비교를 통해 추훈과 인규의 관계가 명확해졌을 뿐만 아니라, 이들이 가난한 생활을 꾸려가면서도 조선인으로서 받고 있던 차별로부터 탈피하기 위한 노력을 게을리 하지 않았음을 확인해 볼 수 있다. 그 노력이라는 것은 공부를 통해 차별

---

24) 자작 연보에는 10세 때로 되어있는데, 작품 속에서는 12세 때로 나옴.
25) 金達壽『我が文学と生活』, 青丘文化社, 1998년, 55쪽.

이라는 어두운 터널에서 빠져나가야 한다는 것을 깨닫고 실천하는 것이었는데, 대학에 들어가야겠다고 마음을 먹은 추훈은 학력을 위조[26] 해가면서까지 그 목표를 달성하는 강인한 의지를 보여주기도 한다.

그런데 이러한 고학의 과정을 통해서 얻을 수 있었던 것은, 현실의 모순, 즉 나라를 잃은 피압박민족으로서 당하는 차별의 부당성을 근본적인 문제부터 해결해가야 한다는 깨달음이었으며, 이의 성취를 위해 행동으로 옮겨야 한다는 투쟁의식의 성립이었다. 작품 속에서도 그 실천을 위한 행동이 묘사되어 있다.

> 8·15 해방과 함께 떨쳐 일어난 추훈의 모습은 늠름하기 그지없었다. 조선인 연맹의 창립과 조직운동을 불러일으키고, (중략) 동포의 징용공들, 軍夫들에게 그들의 임금과 합당한 수당을 받게 하여 귀국시킨다는 투쟁도 벌였다. (292)

이 대목과 관련하여 김달수는 실제로 자신이 朝連에서 "게이힌(京浜) 공업지대와 요코스카(橫須賀)의 군수공장에 동원되었던 귀국 징용노동자들에게 수당과 위로금을 받아 주는 일 같은 것"[27]을 하고 있었다는 기록을 남겨 놓고 있다.

그런데「叛亂軍」에서는 주인공들이 조국의 완전한 해방과 통일을 위한 투쟁에 참여하기 위해 지리산으로 떠나는 장면으로 마무리 짓고 있지만, 현실에서의 작가 자신은 이를 실천할 수 없었으므로, 작품 속에는 이에 대한 안타까움이 곳곳에 담겨있다. 해방 직후 재일조선인 사회의 권익보호에 관한 업무로 매우 바쁜 나날을 보내고 있던 작가가 <여수·순천 사건>이 발생했다는 것을 알게 된다.

---

26) 위의 책,『我が文学と生活』, 74쪽.
27) 위의 책,『我が文学と生活』, 146쪽.

> (추훈이 朝連을 그만둔) 11월에는, 그들의 운동이 결국은, 그것과 결부되어 있는 남조선에 있어서는 10월 말, 전라도의 여수와 순천에서 이른바 국군의 반란이라는 큰 사건이 발생하여, 그들이 목표로 하는 조국의 혁명과 독립에 중요하고 새로운 단계를 보여주고 있을 때였다. (중략)(조선은 8·15로 해방을 맞이했으나) 바로 미국과 소련 두 나라의 군대에 점령당함으로써 파국을 맞았다. (293)

인용한 내용을 통해 알 수 있는 것은 추훈이 남한에서 일어난 <여수·순천 사건>을 통하여 조국통일의 꿈이 실현되었으면 좋겠다는 간절한 바람을 안고 있었다는 점이다. 그리고 이 사건에 대하여 "조국에 있어서의 혁명과 독립을 위한 이와 같은 정세가 일본에 있는 그들에게 직접적인 영향을 미치지 않을 리가 없었다"(294)는 표현에서 알 수 있듯이 일본에 거주하고 있는 추훈 역시 조국의 현실에 민감하게 반응하고 있었음을 나타내고 있다. 이로써 추훈과 인규가 <여수·순천 사건>의 현장으로 달려가 남한의 혁명군과 함께 싸움을 전개시켜 가는 이유도 쉽게 짐작 할 수 있다.

1949년「叛亂軍」집필 당시의 작가는 공산주의 노선에 입각한 한반도의 통일을 생각하고 있었으므로 朝連의 일에 열성적으로 참여하고 있었지만, 현실과의 괴리에 괴로워하는 모습이 작품에 투영되기도 한다.

> 인규가 시의 지부에서 현(縣)본부의 상임이 되었을 때, 추훈은 현본부에서 다음 중앙위원회를 기다렸다가, 중앙 총본부의 일을 하게 될 전국에서 뽑힌 몇 안 되는 사람 중의 하나로 예정되어 있었다. (중략) 그런데 추훈은 그 해 4월에 학교·교육문제를 강도 높게 비판하고부터는, (중략) 4년에 걸쳐 힘든 싸움을 지속해온 朝連을 그만두고 말았다. (293)

이때 이미 김달수는 북한 공산주의 정권의 일본 거점으로 재일조선인들에게 막대한 영향력을 행사하던 조직[28]과 마찰을 일으키고 있었음을 엿 볼 수 있다. 실제로 김달수는 25년간이나 조직과의 관계를 지속해 오면서 여러 차례에 걸쳐 그들의 강한 비판에 직면하였다. 결국은 1970년대에 들어서면서부터는 조직에서 완전히 이탈하게 되는데, 조직의 심한 비판에도 불구하고 관계를 지속해온 것에 대해 "조직은 재일조선인에 있어 조국과도 같은 것"[29]이었기 때문이라고 말한 바 있다. 이 말은 1949년 당시 작가가 조직과 연결된 북한의 공산주의 정권을 조국과 같은 것으로 느끼고 있었다는 뜻으로도 해석할 수 있다. 따라서 북한 공산정권의 주도에 의한 통일을 인정하고 있었던 것으로 보이지만, 그렇다고 공산주의 사상 자체에 몰입되어 갔다고 단정할 수는 없다. 추훈과 인규가 조국의 혁명투쟁에 동참하기 위해 지리산으로 떠나는 것도 '민족적 처녀성의 회복'이라는 당위성에 바탕을 두고 있을 뿐이다.

> 우리 조선에 있어서 노동자와 농민 이외의 사람들은 민족으로서 즉 조선인으로서 민족적인 처녀성을 잃어버렸다는 것이다. 그리고 그것이 누구란 말인가. 그게 바로 우리들이다. (중략) 38도선에 의한 분할이라는 이 현실에 의해서 우리들에게는 투쟁이 주어졌다. 희생이다. 우리들은 새로운 우리의 민족을 위해 희생함으로 해서 점차 잃어버린 민족적 처녀성을 되찾게 될 수 있을지도 모른다. (중략) 우리들이 우리들의 조선으로 지금 돌아간다고 한다면 그것은 지리산이외에는 없지 않겠는가. (316)

---

28) 재일조선인 조직은 조련(朝連＝在日朝鮮人連盟, 1945년 10월 결성)으로 출발하여, 민전(民戰＝在日朝鮮民主主義統一戰線, 1951년 1월 결성)을 거쳐, 조총련(朝総連＝在日本朝鮮人総連合会, 1955년 5월 결성)에 이르고 있다.
29) 앞의 책, 『海峽に立つ人』, 111쪽.

인용문에서 특히 눈에 띄는 곳은 '우리들은 처녀성을 잃어버렸다' 라는 대목이다. 노동자와 농민 이외에는 모두가 그렇다고 말하고 있는데, 그것은 일제치하의 지식인들이 일제에 협력하는 원죄를 지은 것에 대한 반성을 촉구함과 동시에, 민족적인 것을 지켜내기 위해 억압에 맞서 싸웠던 민중이야말로 진정한 조선인이라는 것을 강조하고 있다 하겠다. 작가 스스로를 자책하는 마음이 생생하게 전해져오는 대목이라 하지 않을 수 없다.

작가는 이와 같이 조선의 현실을 방관하고 있는 자신을 자책하면서도, 현재 일본에서 추진하고 있는 일에 정당성을 부여하는 것으로 스스로의 존재가치를 찾고자 노력한다.

> 현재 일본에서 벌이고 있는 투쟁이 본질적으로는 하나로 연결되는 것이지만, (중략) 그것은 매일 매일이 생활권에서 이루어지는 직접적인 싸움과, 그리고 또 하나는 앞으로 새로운 조국에 호응해서 사람들을 그 새로운 민족・인간으로 바꿔나가는 것이었다. 그리고 자기 자신도 바꿔가는 것이었다. 그리고 또 그들은 일본에 있는, 그 조국에 대한 인간의 의무로서, 그들은 그들에게 그 숙명의 적인 일본이라는 나라가 그들의 조국과 마찬가지로 새롭게 태어남으로 해서, 그 적이 되지 않기 위해 싸우는 인민들에 자진해서 가담하여 투쟁을 전개해 나가지 않으면 안 되었다. (298)

인용문은 작가가 당시의 상황 속에서 무엇을 해야만 하는가에 대한 스스로의 결론과 각오를 정리해 놓은 대목이라 할 수 있다. 그리고 일본의 의식 있는 민중들과 힘을 합쳐 함께 투쟁해 가야 한다는 인식도 내포되어 있다. 이는 김달수가 1946년 10월에 일본의 프로문학을 대표하는 나카노 시게하루(中野重治)와 평론가 오다기리 히데오(小田切

秀雄)의 추천으로『新日本文学会』의 회원이 된 뒤, 1949년 5월에는 일본공산당에 입당한 것과 무관하지 않다.「叛亂軍」은 그가 일본공산당에 입당하고 얼마 지나지 않아 발표되었기 때문이다.

그런데 김달수가 북한공산정권의 일본 거점조직이라 할 수 있는 조직과의 관계를 지속해 온 것은 '재일조선인에 있어 조국과도 같은 것'으로 생각하고 있었기 때문이라는 것은 전술하였는데, 조직과의 관계를 적극적으로 유지해 가려는 심적 동기를「叛亂軍」에서는 다음과 같이 묘사하고 있다.

「그런데 인규, 내가 그렇게 열심히 싸우게 된 것은 언제부터지?」
「그건 8·15부터지」
「그거야, 그거란 말이야, 인규, 문제는. 그리고 그때까지 나는 무얼 하고 있었던 거야. 그때까지는 도대체 나는 무얼 하고 있었단 말인가!」(313)

인규는 이틀 전 밤에 추훈이 했던 말에 대해 생각했다. (추훈은) 그렇게 말하지만, 그렇다고 지금까지 싸워온 것을 포기해야 하는 것은 아니라고 생각했다. 오히려 자신들이 그러한 죄책감에 얽매여 있을수록 일본에서는 유일한 자신들의 조직이고 투쟁 기관인 朝連에 참가해서 적극적으로 이 싸움을 추진해가야 하지 않겠는가. (314)

인용문에는 재일조선인 제1세대를 대표하는 민족주의 작가 김달수로 하여금 평생을 떳떳하지 못한 마음으로 살게 했던 심적 갈등이 등장인물을 통해 잘 묘사되어 있다. '죄책감'이니 '8·15까지 무엇을 했는가'와 같이 반문하는 말들 속에는 해방 이전의 행적에 대한 자성과 질책의 목소리라 할 수 있다. 이러한 자책감은 조선총독부의 기관지

京城日報의 사회부 기자로 일했던 행적에서 비롯된 것이라 하겠는데, 민족주의 작가로서 알려지기 시작한 그에게는 커다란 부담이 되었던 것으로 보인다. 이와 관련된 작가 자신의 갈등 양상을 심도 있게 그려내고 있는 소설이 『玄海灘』과 『太白山脈』이라 할 수 있는데, 이 두 작품에는 작가의 분신인 西敬泰라는 『京城日報』 기자를 등장시켜 조국의 독립운동에 역행되는 일을 하고 있는 자화상을 잘 묘사 하고 있다.

이러한 자책감에 시달리던 김달수는 해방을 맞이하자 그 속박으로부터 벗어나려는 듯이 재일조선인 조직의 일에 온 힘을 기울이게 된다. 또한 자신의 친일행적을 청산이라도 하려는 듯이 친일파를 용인하여 권력을 창출한 이승만 정권에 대해 강한 반감을 드러내는 작품으로 일관하게 된다. 「叛亂軍」의 주인공 추훈과 인규로 하여금 지리산으로 들어가 조국혁명과 독립투쟁에 나서게 만드는 것 또한 과거의 친일행적에 대한 죄책감을 떨쳐내기 위한 방편으로 볼 수 있다.

그러나 1970년대에 들어서면서부터는 최효선의 언급처럼 "자유의 사에 의한 심경의 변화"[30]를 일으켜 당시의 조총련 조직으로부터 완전히 이탈하게 된다. 이후에는 소설 창작을 거의 하지 않고 「일본 속의 조선문화」 연구로 방향을 선회하여 활동을 재개하게 된다. 김달수의 이러한 변화는 「叛亂軍」의 주인공 추훈을 통해서 투영되던 좌절과 이를 극복하기 위한 투쟁의 정열이 한계에 부딪혔음을 말해주고 있다 하겠으나, 스스로가 밝힌 바 없어 정확히는 알 수가 없다. 그러나 공산주의 체제에 대한 좌절과 조총련의 권위주의적인 조직체계에 염증을 느끼고 있었음을 짐작하기란 어렵지 않다.

이상과 같이 「叛亂軍」의 분석과정에서 원작의 내용과 작가의 연보를 비교 검토한 것은, 조국의 혁명투쟁 대열에 참여하고자 하는 주인

---

30) 앞의 책, 『海峽に立つ人』, 49쪽.

공들의 몸부림이 크면 클수록 그 주인공들의 본체인 작가 자신의 내면세계도 같이 몸부림치고 있었다는 것을 고찰하기 위함이었다. 바꿔 말하면, 「叛亂軍」을 집필하고 있던 김달수의 내면 깊숙한 곳에는 작가로서 나아가야 할 행보가 이미 결정되어 있었던 것이다. 이와 같은 배경에서 집필된 「叛亂軍」은 김일성과 연계된 조국광복회 멤버들의 독립투쟁을 그려낸 『玄海灘』을 비롯하여, 남북한 이데올로기의 첨예한 대립 속에서 반미제국주의자로 변신해가는 민중을 그려낸 「박달의 재판」, 그리고 미군정하에서 재기를 노리는 친일파의 움직임을 그려낸 『太白山脈』과 같은 작품으로 그 사상적 토대가 계승되고 있다 하겠다.

4. 맺음말

김달수는 자신의 처녀작인 『후예의 거리』를 해방 후인 1947년 무렵에 발표하고부터 작가로서 세상에 알려지게 되었으며, 1950, 60년대에 발표한 『玄海灘』「박달의 재판」『太白山脈』등은 그의 대표작이라 하겠다.

그런데 『후예의 거리』와 1950년대 들어서면서 발표한 작품들과는 그 성격을 달리한다. 『후예의 거리』는 식민지 조선의 지식인들이 고뇌 속에서 민족의 해방을 갈구하고는 있지만 조직적이고 적극적인 투쟁의 전개에는 이르지 못한다. 그러나 1952년에 집필을 시작한 『玄海灘』에서는 『후예의 거리』와 마찬가지로 식민지 조선을 그려내면서도, 김일성을 배후에 둔 좌익이념이 적극적인 독립투쟁을 선도하는 것으로 그려내고 있다. 즉 작품 속에 좌우이념의 대립과 투쟁을 도입하고, 남한의 이승만 정권보다는 북한의 공산주의 정권에 정당성을 두려는 작품성향을 보이기 시작한 것이다. 이는 김달수가 공산주의 이념에 몰입해간 결과라기보다, 이승만 정권이 친일파들을 용인하여 권력의 발판으로 삼으려 한 것에 대한 반발이라 할 수 있으며, 이러한 작품 경향은 『太白山脈』의 집필을 마치는 1960년대 후반까지 계속된다.

이와 같은 좌익성향을 가진 최초의 작품은 1949년에 발표된 「叛亂軍」이라 할 수 있다. 이 작품은 주인공들이 <여수·순천 사건>에 합류하여 투쟁을 전개해간다는 내용을 그려냄으로써, 미국과 이승만 정부에 대해 본격적으로 대항하려는 의지를 표출하고 있으며, 작가 자신의 친일적 행적에 대한 번뇌와 함께 이를 정당화하려는 노력도 엿보이고 있는데, 이후의 김달수를 대표하는 대부분의 작품에서도 중요한 소재로 활용되고 있다 하겠다.

「叛亂軍」은 이와 같이 1950, 60년대 재일조선인 문학의 주요 집필 동기로 작용했던 사상적 이념들, 즉 친일파를 척결하고 미국을 등에 업은 이승만 정권을 타도하여 자주적인 민족통일을 이룩해야 한다는 의지를 담아낸 김달수 문학의 原點에 위치하는 작품이라 하겠다.

김달수의 『太白山脈』과 민족의식

1. 머리말

　김달수(金達壽, 1919～1997)는 재일조선인 문학을 대표하는 작가이다. 그는 생전에 '살아있는 재일조선 문학사'라는 호칭으로 불리기도 했으며, 재일조선인 문학가들로부터 '문학적 원천'이라는 찬사를 받을 만큼 재일조선인 문학에서 차지하는 비중이 크다. 그는 1997년 일본 ETV의 특집방송[1]에서 역사와 민족에 대해 "특히 在日의 경우, 자기를 회복하기 위해서는 민족을 회복하지 않으면 안 된다. 문학은 인간회복을 위한 학문인데, 자기를 회복하기 위해서는 먼저 역사를 보지 않으면 안 된다"는 말을 했다. 이 말은 오랜 역사를 통해서 형성된 민족의 특성을 파악하는 것으로 자아의 확립을 꾀하고, 이를 토대로 한 민족의 발전이야말로 바람직한 인류의 존재 형식이라는 작가의 신

---

[1] ETV특집, ≪김달수・해협에서의 외침(金達壽・海峡からの問いかけ)≫, NHK教育TV, 1997년 7월 30일 방영. ; (원문 인용) 特に在日はそうなんだが、自己を回復するためには民族を回復しなくてはならない。文学とは人間回復の学問なんだけれども、自己を回復するためにはまず歴史を見なくてはならない。

념이었다 하겠다. 그의 이러한 신념은 소설 창작을 통해 지속적으로 형상화되었는데, 1953년에 집필을 완료한『玄海灘』과, 이의 속편으로 1964년부터 1968년 사이에 집필된『太白山脈』이야말로 김달수의 작가적 자세를 반영한 대표적 작품이라 할 수 있다.

『玄海灘』은 식민지 말기 조선 청년들의 민족적 자각의 과정과 조국의 독립을 위한 투쟁을 그려내고 있으며,『太白山脈』은 해방 직후의 혼란한 상황 속에서 친일파를 비롯한 각 계층 및 정파 간의 갈등과 대립을 형상화한 소설이다. 특히『太白山脈』에서는 민족의 완전한 독립과 자주적 통일의 완성에 방해로 작용하고 있는 요소를 적나라하게 파헤침과 동시에 이를 극복하기 위한 방안을 제시하려 한다. 이데올로기의 대립에 편승하여 정권을 잡으려는 지도층과, 과거의 친일 행적을 반공이라는 방패막이를 통해 미화시켜 새로운 권력을 추구하려는 세력 및 기회주의적인 친일재벌들의 행태를 고발함으로써, 왜곡된 역사를 바로잡고 민족의 통일에 한 발짝 가까이 다가가려는 노력을 기울이고 있는 것이다.

본고에서는 작품을 통해 표출되는 작가의 해방 전후사에 대한 인식을 규명하고, 해방된 조선민족에게 또다시 불행을 초래하려는 세력과 민족의 자주적인 통일을 위해 헌신하는 인물들에 대한 분석을 통해서 작가의 민족회복 정신을 고찰하고자 한다.

2.『太白山脈』과 민족의식

『太白山脈』은 각각의 정치적 입장을 대변하는 등장인물들의 대사를 중심으로 서로 다른 입장을 표출시키고 투쟁으로 이어가는 경우가 많지만, 해설의 형태로 사건의 전개를 선도해가는 작가의 개입이 두드러진다는 특징을 보이기도 한다. 그리고 이와 같은 등장인물의 대사와 작가의 해설을 통해서 자연스럽게 스스로의 민족에 대한 입장을 피력하게 되는데, 본 장에서는 등장인물들의 대화내용에 엿보이는 작가의 민족적 색채를 확인해보고자 한다.

> "그러나 자네들은 제멋대로 이 나라에 들어와서 제멋대로 자기 재산을 만들었네. 결코 이 나라의 법률을 지킨 것은 아니야. 그러니 자네들이 조선정부로부터 보호받을 권리가 있겠나?"(上, 52)[2]

이 대사는 『京城日報』 사회부장으로 근무하던 네기시 겐이치(根岸虔一)가 조선에서 철수를 앞두고 오랜 시간과 돈을 들여 완성한 자신의 집을 걱정하자, 그것을 듣고 있던 오키나와(沖繩) 출신의 오미치 시코(大道嗣光)의 말이다. 작가가 생각하고 있는 민족 차별 문제를 좀 더 체계적이고 다각적인 시각에서 접근하기 위해 조선인과 마찬가지로 탄압 받아온 오키나와 출신을 등장시킨 것으로 보인다. 즉 인용문과 같은 오미치의 대사를 통해서 작품 전반에 흐르는 좌・우익의 사상적 대립에서 벗어난 객관적인 조선민족의 입장을 밝히려는 의도가 있음을 짐작할 수 있으며, 한반도 안에 형성된 일본인의 재산에 대한 명쾌한 정의를 내리고 있다 하겠다.

이와 같이 일제의 조선에 대한 식민지배를 비판하는 입장에 있는 오미치이지만, 과거에는 오키나와 출신이라는 열등의식에 사로잡혀 왜곡된 삶을 살아왔음을 고백한다.

> "(나는) 조선으로 왔어요. 말하자면 나도 당당한 일본인으로서 누

---

[2] 본고의 제2장에서는 <김달수 지음/임규찬 옮김, 『태백산맥 上・下』, 연구사, 1988>를 텍스트로 삼았으며, ( ) 안의 숫자는 텍스트의 쪽수를 가리킨다. 이하 같음.

군가를 멸시하면서 살고 싶었던 겁니다. (중략) 결국 우리들이 서로 상대방에 대해 갖고 있는 차별의식도 역시 혁명에 의하지 않고서는 극복될 수 없다, 적어도 그 밖의 방법은 없다고 생각하게 되었어요. (중략) 그리고 난 당신들과 함께 조선의 독립과 혁명을 위해 싸움으로써 일본의 그런 체제를 뒤엎자고 생각한 겁니다."(下, 201, 202)

오미치의 경우는 다행이도 식민지배에 허덕이는 조선인들의 불행한 처지를 직시하고 자신의 왜곡된 사고방식 역시 일제의 민족 차별에 의한 것임을 깨닫게 된다. 그리고 조선인을 멸시하면서 살고 싶다는 충동에서 벗어나 오히려 조선인들과 힘을 합쳐 투쟁을 벌이다 투옥되기도 하였다.

작가가 같은 피지배민족의 일원인 오미치라는 인물의 형상화를 통해 말하고자 하는 것은 두 가지로 요약해볼 수 있다. 하나는 민족의 차별에 의해서 파괴된 인간성은 어떤 사회현상으로 나타나는가 하는 문제이고, 둘째는 인간의 존엄성을 짓밟는 제국주의는 차별받는 민중의 힘으로 타도해야 한다는 당위성을 강조하고 있다고 볼 수 있다. 한마디로, 강압적인 민족의 말살은 자연스런 인간사회의 큰 틀을 파괴하여 그 구성원의 인격을 송두리째 앗아가 버리는 만행이라는 것으로 요약할 수 있을 것이다.

또한 작가는 일제의 식민지배에 저항했던 독립투사들의 투쟁이 지극히 당연한 것이었음에도 불구하고 일제의 잔혹한 탄압으로 희생될 수밖에 없었던 모순에 대해서도 형상화를 시도한다. 주인공인 백성오(白省五)는 그가 감옥에 있을 때 독립투사로 투옥되었던 권창욱이 일본인들에 의해 처형된 일을 기억해 내고는 "도대체 자기 조국의 독립과 혁명을 위해서 싸운 사람을 어떻게 다른 나라 사람인 그들이 '합법적'으로 죽일 수 있단 말인가"(上, 92, 93)라는 말로 자신의 괴로운 심경을 서경태(西敬泰)에게 토로한다. 이는 조선민족의 독립 투쟁이 일제의 법에 의해 탄압을 받는 것을 합법적인 것이라 할 수 있는가라는 근본적인 문제점을 제기한 것으로, 비단 일제의 조선지배에만 국한되는 것이 아니라, 무력으로 약소민족을 지배해온 세계 여러 제국주의에 대한 비판을 시도하고 있는 것으로 생각된다. 작가의 역사의식과 인류의 존재방식에 대한 폭넓은 인식을 확인해볼 수 있는 대목이라 하겠다.

한편 작가의 이와 같은 역사인식은 '정한론(征韓論)'으로 커다란 논쟁을 불러일으켰던 일본 개화기 지식인들에 대한 비판에서도 확인된다.

> "솔직히 말하면 나는 지금까지 이 '정한론'이라는 것이 그것을 앞장서서 부르짖었던 사이고 다카모리(西鄕隆盛)라든가 이타가키 다이스케(板垣退助) 같은 놈들의 단순한 정복욕이나 자만이라고 생각해왔는데 결코 그런 게 아니었습니다. 여기 일본인 자신들이 쓴 것을 보더라도 이런 '정한사상'은 사이고나 이타가키만이 아니라 사토 노부히로(佐藤信淵)나 요시다 쇼인(吉田松陰), 기도 다카요시(木戶孝允) 등 이른바 막부말기의 지사라 불리던 자들도 모두 공통적으로 가지고 있었던 생각이 분명합니다.
> 명치 신사상의 선각자니 뭐니 해가며 그 시대를 통틀어 최고의 문화인으로 추앙받던 후쿠자와 유키치(福沢諭吉)도 '정한사상'을 갖고 있었습니다."(上, 168)

메이지(明治) 유신 직후 있었던 "정한론(征韓論)"의 논란은 조선을 침략할 시기를 문제 삼고 있었을 뿐이지, 당시 일본의 지사라는 사람들은 모두 조선침략을 수긍하고 있었다는 사실은 역사학자라면 누구나 인정하는 내용이다. 그리고 대다수 일본인들도 살육을 동반한 침략

전쟁으로 다른 민족을 말살하고 있다는 양심의 가책보다는 일제의 영토가 확대되고 부강해진다는 자부심에 들떠 있었다는 사실을 부인하기 어렵다.

따라서 작가는 일부 지식인들에게 엿보이는 자비와 동정심 뒤에 자리 잡고 있는 제국주의적 야욕에 대한 특별한 관심과 경계의 필요성을 역설하는 한편으로, 아무리 선량한 이웃나라가 존재한다고 가정하더라도 결국은 자국의 이익을 위해 움직인다는 역사적 사실을 확인함으로써, 어떤 민족이든 자신들의 안위는 스스로의 힘으로 지켜야 한다는 것을 강조하고 있는 것이다.

그런데 『太白山脈』은 좌·우 이데올로기에 의한 민족의 대립과 친일파들의 활동 양상을 중심으로 그려내면서도, 민족의 전통문화에 대한 작가의 관심을 확인해볼 수 있는 내용들도 많이 포함되어 있다.

> "일본인들이 좋아하는 그 다도(茶道)라는 것도 원래는 조선의 찻잔, 도기에서 유래한 것이야. (중략) 조선 사람들은 도자기의 아름다움을 이해하지 못한다는 식으로 떠들어대기 시작했어. 주객이 전도됐다는 것은 바로 이런 경우를 두고 말하는 것이야. (중략) 요컨대 우리는 도자기에 대해 말하고 싶어 하지 않는다는 점이야. 어쩌면 그걸 직접 만들었기 때문인지도 몰라. 만들어진 도자기에 모든 이야기를 다 집어넣었으니 할 말이 없는 것도 당연하지 않겠나?"(下, 102)

서경태의 연인인 김분녀(金分女)의 부친 김리원(金利元)은 역사 선생으로, 조선의 전통적인 도자기와 장식품들에 깊은 관심을 가진 인물로 묘사된다. 말하자면 뚜렷한 민족적 역사의식을 가진 인텔리 조선 민중의 상징인 셈이다. 인용한 그의 말에는 다도라는 것과 그 도구인 찻잔에 대한 조선의 생활로서의 미의식에 대한 찬미가 깃들어 있으며,

일본의 섬세하고 세련된 다도에 굴하지 않는 조선인으로서의 주체의
식을 느낄 수 있다. 김달수는 1970년대에 들어서면서부터 일본에 남
아 있는 조선 문화에 대한 깊이 있는 연구를 시작하였는데, 작가의 내
면에는 이미 『太白山脈』의 집필 당시부터 조선의 전통적인 예술품에
대한 관심과 한일 간의 문화교류에 대한 연구 의욕이 존재하고 있었음
을 알 수 있다.

그리고 한반도 남부의 새로운 점령자로 등장한 미국에 대해서도 신
랄한 비판을 서슴지 않는다.

> "아실지 모르겠습니다만 조선 속담에 '병 주고 약 준다'는 말이
> 있습니다. 바로 미국이 요즘 하는 짓이 그렇습니다. 그래서 우린 앞
> 으로 더욱더 힘들어지지 않을까 걱정입니다. 그런 의미에서 과거 일
> 본제국주의는 오히려 단순했다고 할 수 있습니다. 누가 보더라도 분
> 명했으니까요."(下, 205)

일본제국주의보다도 미국제국주의가 훨씬 교묘한 방법으로 한민족
에 대한 지배를 시도하고 있으며, 앞으로의 민족의 운명은 지금보다도
훨씬 힘들어 질 것이라는 작가의 주장과 안목이 주목을 끈다. 미국과
소련의 이데올로기 대립의 희생양이 되어 남북으로 갈라진 채 통일의
날을 기약할 수도 없는 반목을 거듭하고 있는 작금의 민족의 운명을
생각할 때, 인용문과 같은 작가의 언급은 당시의 상황에 대한 냉철한
분석에 의한 민족의 장래를 예측한 것으로, 인류의 역사에 대한 작가
의 식견과 통찰력을 느낄 수 있게 한다.

따라서 『太白山脈』에서는 한민족을 끊임없는 불행으로 몰아가고
있는 주된 세력으로서의 일본과 미국, 그리고 소련제국주의에 대한 반
감을 강하게 표출하고 있으며, 같은 한민족이면서도 스스로가 속한 민

족을 생각하기에 앞서 이들 제국주의의 주구가 되어 자신의 영달과 권력추구에 혈안이 된 인간들을 강력히 비판하고 있는 것이다.

　이상으로 등장인물들의 대화를 통해 전달되는 작가의 민족주의적 색채를 고찰해 보았다. 작품에서는 일본의 선각자들이 취해온 위선적인 행태를 비판하고 강압에 의해 다른 민족을 지배하는 것에 대한 부당성을 제기하였으며, 민족차별에 의한 인간성 파괴의 심각성을 부각시키려는 노력을 기울이고 있음이 확인되었다. 그리고 조선(한국)의 문화가 일본문화에 종속되어 있다는 일부 지식인들의 인식이 왜곡된 것임을 밝히고, 조선 문화의 전통과 독창성을 강조한 작가의 주장을 통해서도 강한 민족의식을 느낄 수 있었다. 이와 같은 작가의 민족의식은 제국주의의 야욕에 기생하며 민족의 장래보다는 자신의 권익을 쫓는 기회주의적인 인간들에 대한 비판적인 형상화를 시도한『太白山脈』에 그대로 반영되고 있다 하겠다.

3. 해방 직후의 민족적 갈등과『太白山脈』

　김달수의『太白山脈』은『현해탄(玄海灘)』의 속편으로 1969년 5월에 단행본으로 간행되었다.『太白山脈』에는『玄海灘』과 거의 같은 인물들이 등장하지만, 그 역할에 있어서는 상당히 제한된 상태로 묘사된다. 이는 속편인『太白山脈』의 집필 목적이 해방 직후의 격동하는 조선의 상황을 역사적 사실에 토대를 두고 그려내려 했던 것에 그 원인이 있는 것으로 보인다. 그 결과『玄海灘』의 등장인물들이『太白山脈』에서는 작가의 목적하는 바인 역사적 사건의 서술과 이를 뒷받침하기 위한 사상적 전개의 소도구적 역할로 전락했음을 부정하기 어렵다. 즉『玄海灘』이 식민지 조선 청년의 인간회복과 독립을 그려내고 있는데 비해,『太白山脈』은 역사적 사실들의 전개를 위한 뒷받침으로서의 인물배치라는 특징을 지니고 있다.

뿐만 아니라, 이러한 등장인물들의 배치만으로는 작가가 의도했던 만큼의 충분한 효과를 거둘 수 없다고 판단했던 것인지, 많은 정치적 사건의 기술에 있어서 작가 자신이 해설자로서 직접 등장하기도 한다. 그리고『太白山脈』이『玄海灘』과 비교하여 두드러지게 차이가 나는 점은 공산주의와 김일성에 대한 일방적인 편들기가 매우 완화되어 나타나고 있다는 점이다.

본고에서는 이상과 같은 내용을 효과적으로 형상화하기 위한 작가적 노력을 확인해보기 위하여『太白山脈』의 구성을 네 가지 유형으로 나누어 고찰을 시도하였다. 먼저, 좌·우익 계열 인물들의 사상과 이를 실천하기 위한 활동의 묘사라는 이분법적 구조를 확인해보고자 한다. 또한 독립된 조국의 이상적인 국가건설을 꿈꾸며 투쟁하는 민족주의 세력과, 강력한 제국주의적 조국건설을 꿈꾸는 젊은 군인 세력에 대한 고찰도 병행하고자 한다.

3.1. 친일적인 우익세력에 대한 작가의 인식

『太白山脈』에 묘사되는 우익세력은 크게 세 가지 유형으로 분류할 수 있다. 이승만(李承晩)의 측근으로 그의 주변을 맴도는 S·김 같은 권력의 핵심 그룹과, 백성오(白省五)의 부친 백세필(白世弼) 및 특고형사 이승원(李承元) 같은 친일파 그룹, 정정호(丁正浩)와 같이 일본군 장교 출신으로 강력한 군사 국가를 꿈꾸는 그룹으로 나눌 수 있다. 물론 정정호와 같은 인물도 친일파로 분류되지만 작품 속의 행적에는 많은 차이를 보이고 있으므로 이를 분류하여 고찰하기로 한다.

3.1.1. 李承晩과 그의 측근 세력에 대한 묘사

이승만과 그의 밑에서 암약하는 S·김 등은 친일적 행위와는 관계 없는 인물들이다. 오히려 이승만의 경우는 해방을 맞이할 때까지 미국에 머물며 오랫동안 조국의 독립을 위해 헌신한 공로로 조선인의 추앙을 받고 있었다. S·김 역시 미국에서 건너온 인물로 묘사하고 있는데, 이들이 독립된 조국에 새로운 국가를 건설함에 있어서 세계의 초강국 미국과 같은 형태의 자본주의 국가를 목표로 했을 것이라고 짐작하기란 어렵지 않다.

그러나 해방 직후의 한반도 정세는 친일파 척결과 토지개혁을 주장하고 이를 실천하려는 공산주의 세력에 의해 거의 장악되어 있었다. 소련의 점령 아래 있던 북한은 이미 공산주의 체제가 굳어져 가고 있었고, 미군이 진주하고 있던 남한에서도 전반적인 분위기는 공산주의 세력이 주도하고 있었다. 소련과 심각한 이데올로기의 대립을 시작한 미국은 결국 친일세력을 이용하여 정권을 창출하려는 이승만을 지원하게 된다.

『太白山脈』에 등장하는 우익세력은 이와 같은 정치적 혼란 속에서 미국의 힘을 빌려 정권을 창출하고자 노력하는 것으로 묘사된다. 그리고 과거의 친일행적을 문제 삼지 않겠다는 이승만의 휘하에 일제시대의 경찰을 비롯한 많은 관료들이 운집하게 된다.

> "한국은 지금, 우리 자신의 사정으로 인하여 공산당을 원치 않는다는 것을 세계 각국에 선언하였습니다. (중략) 우리나라는 지금까지 4천여 년의 오랜 역사를 가져왔습니다만 우리 모두가 잘못한 죄 때문에 죽을 위기에 빠졌다가 지금 간신히 되살아나서 다시 그 발을 대지에 딛고 일어서려고 애쓰고 있습니다."(上, 217)

이승만은 계속 '민족의 대동단결'을 고집하며「내 밑에 모이는 사람은 지난 날 그 사람이 어떤 일을 했든 한 사람도 배척할 수 없다」고 주장했다.「한국인인 한 그들은 모두 나의 인민이다」라고 말하기도 했다.(上,221)

　위의 두 인용문은 각각 1945년 12월 16일에 방송된 이른바 이승만의「반공선언」과「신탁통치」문제로 공산당 서기장 박헌영(朴憲永)과 함께 한 회담 석상에서 한 발언이다. 발언의 핵심은 일제의 식민지배를 받은 것은 민족 구성원 모두의 책임이므로, 과거의 친일 행적과 관계없이 공산주의 세력을 물리치기 위해 자신을 중심으로 단결하자는 내용이다. 이와 관련하여 고등계 형사 출신의 작중인물 이승원은 다음과 같은 독백을 한다.

　　"누구의 죄이지도 않거니와 또 누구에게도 죄가 없다. 그것은 우리 모두의 잘못이고 죄이다"라고 모든 사람들이 공경해 마지않는 '국부' 이승만 박사가 말한 것이다.(上, 219)

　김달수는 친일파 척결 움직임에 가슴 졸이고 있던 이승원의 안도하는 모습을 통해서 민족 말살에 앞장섰던 특별 고등계 형사에게 면죄부를 줘 버린 이승만에 대한 분노를 담아내고 있음을 알 수 있다. 미국에서 귀국하여 특별한 정치적 지지 기반을 확보하지 못했던 이승만이 민족의 '대동단결'이라는 구호 아래 친일세력을 자신의 기반으로 삼으려는 작업에 착수했다고 인식하고 있는 것이다.

　　"설령 남쪽에서 공산당이 없어진다 해도 북쪽은 아직 그대로야. 이 점을 존 하지는 몰라. 그는 그걸 모를 뿐만 아니라 지금 자기 발등

> 에 불이 붙은 사실도 모르고 있어. 신문을 봐도 충분히 알 수 있어. 그가 추방했어야 할 공산당은 지금 인민, 노동자들을 선동해서 제네스트를 일으키겠다고 야단들이야. 이것도 다 하지가 말하는 그 연합군, 소련 러시아를 위해서 벌이는 수작들이야. 난 하루 빨리 정부를 조직해서 이 한국을 구해야 해."(下, 229)

작중 인물 이승만의 말인데, 작가는 매우 객관적인 입장에서 집필에 임하고 있음을 알 수 있는 대목이다. 당시의 미국은 신탁통치에 반대하는 이승만을 제외시키고 김규식(金奎植)・여운형(呂運亨)을 중심으로 하는 좌우합작을 지원하고 있었던 것이다.[3] 이에 자극을 받은 이승만은 1946년 12월에 혼자 미국으로 건너가 외교 교섭을 전개한다. 이듬해 4월까지 미국에 머물면서 '남한 단독정부 수립'을 촉구하였는데, 이 기간 동안에 "미국 정부 내부에서도 남한 단독정부 수립"[4]쪽으로 정책이 기울게 된다. 이때는 마침 트루만 대통령의 독트린과 마샬플랜의 발표로 촉발된 동서 냉전이 심각한 국면으로 치닫고 있던 시기로, 미국으로서도 신탁통치의 실시에 큰 의의를 갖지 못하게 되었기 때문이었다.

지금의 북한의 현실이나 공산주의 사회를 이끌던 소련의 붕괴를 지켜본 사람들은 결과적으로 현재의 한국을 있게 한 이승만을 비난하기 어렵다. 그러나 당시의 시대 상황 속에서 친일협력자들을 자신의 정권 창출에 이용한 행위가 정당화될 수 있는가 하는 문제에 대해서는 여전히 냉철한 비판의식이 요구된다 하겠다.

이승만의 최 측근 중의 한 사람인 S・김 역시 친일파 척결에 의한

---

3) 변태섭, 『한국사 통론』, 삼영사, 2003, 475쪽.
4) 김도현, 「이승만 노선의 재검토」, 『해방 전후사의 인식 1』, 한길사, 개정 제3판, 2006, 380쪽.

민족의 회복보다는 공산주의와의 대립 속에서 어떻게 이들을 몰아내고 정권을 창출할 수 있는가에 모든 역량을 동원한다.

> (S·김이 이승원에게)
> "당신은 결코 단순한 대일협력자나 민족반역자가 아니에요. 당신 말처럼 일본을 위해서 일해 온 사람도 아니고요. 설사 백보를 양보해서 그렇다고 해도 그것은 우연하게 결과적으로 그렇게 된 데 불과해요. 굳이 결과에 대해서 말한다면 내가 가 있던 미국도 공산주의 나라는 아니에요. 말하자면 반공국가이기 때문에 당신은 결과적으로 이 미국을 위해서도 일한 게 돼요."(下, 45)

> "공산주의자들에게는 애시당초 그런 조국이란 게 없어요. 그들은 오히려 조국을 파괴하는 파괴주의자에 지나지 않아요. 그렇기 때문에 바로 그들이야말로 진정한 의미에서 민족반역자라고 해야 합니다. '프롤레타리아에게 조국은 없다'……즉, 공산주의자에게 조국은 없다, 이 말은 그들이 하느님처럼 떠받들고 있는 마르크스가 한 말입니다."(下, 46)

S·김은 이상과 같은 감언이설로 고등계 형사 출신인 이승원을 끌어들여 자신들의 권력 창출에 이용하고자 노력한다. 내용면에서 이승만의 발언과 크게 다르지 않으며 보다 구체적인 언급을 하고 있을 뿐이다. S·김은 이승원과 같은 적극적인 친일행위자에 대해 "공산주의자들을 타도하기 위해서라면 과거의 일은 문제가 되지 않는다. 오히려 친일경찰이야말로 공산주의자들과 싸워온 애국자"라는 말도 서슴지 않는다.

약간은 과장된 느낌을 주는 설정이라는 생각은 들지만, 어쨌든 이승만과 그의 주변인물들이 이와 같은 언설로 친일세력을 끌어들였을 것이라는 작가적 인식은 역사적 사실에 토대를 두고 있다고 할 수 있을 것이다. 그리고 민족 반역자로서의 처벌을 기다리던 친일협력자들은 이승만 일파의 이와 같은 자세의 표명에 분골쇄신하는 충성을 맹세하고 멸공통일을 외치며 좌익세력과의 투쟁에 앞장섰다는 것 또한 부정할 수 없는 사실이다.

이처럼 김달수는 해방정국의 혼란한 와중에 자신의 권력창출을 위한 이승만의 행보와 그의 측근들의 언행을 그려냄으로써, 해방된 조국의 역사가 어떻게 왜곡되어 갔는지를 부각시키고자 노력한다. 그리고 이러한 노력은 민족 분단의 역사를 진지하게 되돌아보고 왜곡된 상흔의 치유를 통하여 민족의 통일을 달성해야한다는 작가적 염원에서 비롯된 것임을 짐작하기 어렵지 않다.

3.1.2. 친일협력자들의 기회주의적 처세술

작품에 등장하는 적극적인 친일협력자는 강원도지사를 역임하고 중추원 참의를 지내면서 막대한 토지를 축적한 백성오의 부친 백세필, 함경남도 혜산 경찰국의 사법주임으로서 항일 빨치산 토벌에 앞장섰던 경력을 지니고 있으며 현재는 경기도 경찰부장 보좌가 된 최령(崔領), 그리고 특별 고등계 형사로 백성오가 속해있던 '조국광복회' 조직원을 모조리 체포한 공적으로 경기도 경찰부 순사부장이 된 이승원 등이 있다.

이들은 일제의 패전으로 졸지에 민족의 반역자로 몰리는 곤경에 처하게 된다.

"네놈들에게는 돌아갈 조국이라도 있어. 조국으로 돌아가면 그것으로 끝일지 모르지만 이쪽은, 우리들은 이 조선 말고는 돌아갈 조국 같은 건 없어. 나는 아주 옛날에 그걸 네놈들에게 팔아 버렸어!"(上, 29)

조선의 독립이 현실로 다가오자 일본인 경찰부장이 황급히 떠나면서 남긴 인사말을 들은 이승원의 독백이다. 자신의 입신양명을 위해 일제 침략자들의 주구(走狗)가 되어 조선의 민중을 탄압하던 특별고등형사의 한심하고도 슬픈 말로를, 단 몇 마디의 문장으로 독자들의 눈앞에 생생하게 그려내고 있다. 그러나 이런 절망적인 입장에 처해 있던 친일협력자들은 이승만의 든든한 후원으로 다시 권력을 손에 넣을 수 있었고, 작품에서는 반공이라는 미명 아래 민중을 탄압하기 시작한 이들의 모습을 그려낸다.

"이보게, 우리들이 지난 날 일본인 밑에서 경찰관이 되어 일한 것은 지금 와서 생각해 보면 일종의 직업으로서 그런 거 아니었나? 그렇지만 지금은, 이제부터는 달라. 이제부터는 말이지, 우리 자신의 생명을 지키기 위해 싸워야 하네. 공산당이 일으키는 혁명이 우리들에게 무엇을 의미하는지 자네도 잘 알고 있을 걸세. 죽느냐 죽이느냐야. 방법은 그 두 가지 중 하나밖에 없어."(上, 240)

경기도 경찰부장 보좌가 된 최령이 이승원의 경찰 복귀를 촉구하며 건네는 이 말에는 기회주의적인 이들의 행태가 뚜렷이 드러나고 있다. 일제 치하에서 독립투사 체포에 앞장섰던 이들이 이제는 이승만을 위해 공산주의자 체포에 힘을 쏟아야한다는 결의를 다지고 있는 이들에게 민족이나 동포라는 것은 아무런 의미를 갖지 못한다. 자신들의 영달과 안위만이 삶의 목적이자 최고의 가치인 것이다.

많은 연구자들이 해방 정국을 주도한 이승만의 행적을 비판적인 시각으로 바라보는 이유는 반공을 표방했다는 점이 아니라, 조국이 분열되더라도 남한에 자신의 정권을 창출해야겠다는 야심을 실현시키기 위해, 민족의 이름으로 척결되었어야 할 반민족 행위자들에게 다시 권력을 안겨주고 민중을 탄압하게 만들었다는 점에 있을 것이다. 이러한 이승만의 행위는 근대의 민족국가를 지향하는 데 있어 무엇이 정의이고 무엇이 불의인지 그 사고의 기준을 송두리째 흔들어 놓는 결과를 초래하였기 때문이다.

그러므로 작가는 작품을 통해서 이승만 독재 정권이 북한의 공산정권을 경계하기 위한 반공이라기보다는, 권력을 쥐고 있던 친일파들이 자신들을 비판하는 세력을 탄압하기 위한 도구로써 이용하고 있었다는 것을 말하고 있음은 두말할 나위가 없다.

그런데 이러한 친일파들은 자신들의 행적과 관련하여 나름의 상황논리를 전개하며 당시로서는 어쩔 수 없는 선택이었고, 열심히 살아온 결과라는 주장을 펼치기도 한다.

「내게는 또 나 나름대로 어려움이 있었다는 것이다. 나는 너와는 달리 조상대대로 내려온 이 집과 토지를 지켜야만 했다. (중략) 일본 총독부가 실시한 '토지조사'라는 게 어떤 건지 너는 아마 상상도 못 할 것이다. 그것은 조선인이 소유한 토지를 무조건 강제로 빼앗는 것이었다. (중략) 그때로서는 권모술수를 써서라도, 아니 자진해서라도 그들에게 협력할 수밖에 없었던 상황이었다. (중략) 그렇게 해서 나는 강원도 지사가 되고, 중추원 참의가 된 것이다. 이것 때문에 지금 너희들에게 민족반역자니 뭐니 하는 말을 듣고 있지만, 나 한사람만이 그랬던 것은 결코 아니다. 모두들 그렇게 했고 또 당시는 누구나 다 그렇게 살고 싶어 했다. 그러나 자기가 원한다고 해서 누구나 다 그렇게 될 수도 없는 실정이었다.」(上, 161, 162)

이 말은 백세필이 아들 성호를 향해 자신을 변명하듯 늘어놓고 있는 말이다. 작가는 이에 대해 "지금까지 수많은 조선의 아버지들이 해온 말, 그 말을 지금 백세필이 하고 있는 것이다."(上, 162)와 같은 자신의 말을 작품 속에 삽입하여 기회주의적인 친일파들의 행태에 대한 반감을 토로한다. 백세필은 마치 일제에 대항할 경제적 힘을 기르기 위하여 그들에 협력했으며, 식민지배하에서 신음하는 동포를 구하기 위해 고위관리가 되었다는 말로 스스로의 친일행위를 정당화하고 있다. 그러나 이러한 백세필의 행적은 조선인을 전면에 내세워 식민지배에 대한 저항을 약화시키려는 일제의 속셈에 놀아나고 있었을 뿐이며, 그들의 강제적 조선합병을 합리화시켜주는 방패 역할을 하고 있었다는 사실을 알아채지 못한 우매한 것이라 하지 않을 수 없다.

그리고 김달수가 이상과 같은 적극 친일협력자들의 해방 이후의 기회주의적 행태를 그려낸 또 다른 목적은 이승만과 주변 권력자들의 비위를 맞추며 그 정권을 지탱해주는 대가로 받아 챙기는 각종 특혜와 이권을 장악하는 무리들이 바로 이들이며, 민중들은 이들의 조직적인 착취에 허덕이게 된다는 점을 강조하려는 데 있다 하겠다. 또한 이와 같은 적극 친일협력자들에게는 민족의 통일이야말로 자신들의 멸망을 의미하는 것이기에, 남북한의 대립을 조장하려는 그들의 행태가 지속될 것임을 작가는 날카롭게 꿰뚫고 있는 것이다.

3.2. 일본군 장교 출신들의 역할과 군국주의에 대한 향수

우익이라 하더라도 이승만을 중심으로 하는 정치세력과는 다르게, 과거의 일본 제국주의와 같이 절대적 군사력을 갖춘 국가건설을 꿈꾸는 일련의 장교들과 이를 따르는 청년들이 작품 속에서 활약하고 있다. 일본제국주의 만주국군 대위 출신의 정정호와 그를 따르는 청년 김상녕(金相寧)이 이를 대표하는 인물로 묘사되고 있다.

이중에 정정호라는 인물은 특고 경찰 출신의 이승원과 마찬가지로 일본제국주의의 '앞잡이'라는 말로 표현될 수 있는 인물이지만, 군대라는 특수조직 안에서 활동하는 관계로 그 활동범위는 제한되어 있다. 따라서 강력한 군국주의 국가를 만드는 것만이 외세의 침략으로부터 민족을 보호하는 길이고 자신의 입신양명과도 직결된다고 확신하는 인물이다.

이들은 일단 자신들의 과거 행적을 미화할 필요가 있었으며, 이를 위해서는 누가 권력의 핵심에 가까이 있는가를 파악하여 이를 군사적으로 뒷받침함으로써 자신들의 입지를 굳히려 노력한다. 작품 속에서는 그들의 이러한 움직임을 세밀하게 묘사하고 있다.

> 정면에 앉아 있는 서른네댓 살쯤 되어 보이는 사내가 국가치안단에서 온, 전 '만주국'군 대위 정정호였는데 그 혼자만이 흰 한복을 입고 있었다.(上, 70)

> 우리들이 왜 만주군과 일본군의 장교가 되었나? 그것은 근대적인 군사기술을 습득하기 위해서였다. 그것이 우리의 목적이었다. 그리고 그것을 우리 조선의 것으로 만들기 위해서였다. (중략)
> 그래서 우리는 이번 전쟁이 끝나자마자 곧바로 만주군과 일본군에서 이탈하여 서울로 모였다. 그리고 김석원(金錫源), 이응준(李應俊), 백홍석(白弘錫) 등 세분 대좌를 고문으로 모시고 경기고등여학교를 임시본부로 삼아 박승훈(朴承薰) 대좌를 단장으로 한 국가치안단을 창설한 것이다.(上, 72, 73)

김상녕을 비롯한 건국준비위원회(建國準備委員會)의 치안대원 6, 7

명이 함량길(咸良吉)의 집에 모여 국가치안단(國歌治安團)에서 나온 정정호의 이야기를 듣고 있는 장면으로, 강원도지사를 역임한 백세필과 마찬가지로 일제에 협력할 수밖에 없었던 사정을 궁색한 변명으로 늘어놓는다.

　조선인으로서 일본군 또는 만주국군의 장교가 된다는 것은 징병으로 끌려가 일본군대에 편입된 병사들과는 전혀 사정이 다르다고 할 수 있다. 침략제국의 장교가 된 그들에게 있어 조선이라는 나라는 이미 존재하지도 않으며 앞으로 독립되리라는 생각을 갖고 있지 않았음은 부인하기 어렵기 때문이다. 즉 새로운 조국 일본국에 충성하기 위해 어려운 난관을 돌파하여 황군의 장교가 되었던 것이다. 작가는 이런 부류의 사람들이 독립된 조국의 새로운 권력자로 등장하는 왜곡된 역사의 모습을 생생한 사실주의적 표현으로 그려내고 있다.

> 그렇지만 그 '출세'에 관해서라면 김상녕은 궁금한 점이 한두 가지가 아니었다. 예컨대 국가치안단 시절부터 그가 직속상관으로 받들어 왔던 전 '만주국'군 대위 정정호만 해도 그랬다. 사관학교의 전신인 군사영어학교를 나오자마자 원래 계급인 대위로 복귀한 그는 상녕이 사관학교를 졸업할 때쯤 해서는 소령으로 진급하더니, 이제는 사관학교교장으로 취임할지도 모른다는 소문이 파다했다.(下, 209)

　민간인 신분의 친일파들이 능란한 처세술을 발휘하여 자신들의 입지를 굳혀간 것과 마찬가지로, 일본 황군 출신의 조선인 장교들도 매우 발 빠르게 독립된 조국 군대의 주역으로 자리를 잡아갔다. 이승만 역시 이들의 도움이 절대적으로 필요했던 것도 사실이다.

　그런데 정정호를 따르던 젊은 청년 김상녕은 일제의 만주국군의 장교가 해방된 조국의 군대에서 또 다시 고속으로 출세하는 현상에 대해 의아심을 버리지 못하면서도, 조국을 침략자들로부터 지켜내기 위해서는 강력한 군대조직을 이끌 수 있는 인재가 필요하다는 생각으로 정정호를 적극적으로 부정하지는 못한다.

> 김상녕은 정정호의 이야기를 듣고 있다가 완전히 감동해 버린 것이다. 왜냐하면 자신이 해온 생각과 똑같은 이야기를 정이 했기 때문이었다. '강력한 근대적 국방군의 건설', '강력한 군사국가를 만드는 것'은 김상녕이 생각해온 것과 완전히 똑같은 것이었다. 상녕은 거기서 비로소 백성오 등과는 다른, 자기를 이해해 주고 동시에 자기 또한 이해할 수 있는 사람을 만났다고 생각했다.(上, 74)

작품 속에서 김상녕은 "동기야 어떻든 그들은 지금 그 군사기술을 습득하고 있다는 사실이다"(上, 74)와 같은 혼잣말을 중얼거리는데, 젊은 청년인 그는 조국을 강력한 군사국가로 만드는 것에 최고의 가치 기준을 두고 있었다는 설정을 하고 있다. 식민지배를 경험한 순수하고 혈기 왕성한 조선 청년이라면 당연히 그와 같은 생각을 가지는 것이 오히려 자연스럽다고 할 수 있겠지만, 많은 청년들의 왜곡된 사고와 행동은 조국을 또 다른 불행으로 몰고 갈지도 모를 위험성을 지니고 있는 것이다.

따라서 작가는 김상녕과 같은 사고방식의 청년이 지닌 위험성을 주인공인 백성호와의 대화를 통해 암시한다.

> (김상녕이 백성오에게 하는 말) 그리고 또 지금까지 저질러온 일본제국주의의 만행에 대해선데요, 이 경우에도 한 민족이 다른 민족을 지배한다는 것은 확실히 도덕적으로 잘못된 것임에는 틀림없지만 저는 그렇게 지배당한다는 것, 이 또한 똑같이 잘못된 게 아닌가

생각해요. 그렇기 때문에 어느 쪽이 나쁘고 어느 쪽이 좋다는 그런 도덕적인 문제는 아니라고 봐요. 일본은 강했기 때문에 지배한 것이고 조선은 약했기 때문에 지배당했어요. 그뿐입니다.(上, 111)

일본제국주의의 침략 행위에 대한 옹호적 입장을 취하고 있는 김상녕의 사고의 형태를 구체적으로 묘사하고 있다. 그러나 이것은 약육강식이라는 원초적인 동물의 사회를 인정하고, 보다 이성적인 인간사회에 대한 기대를 갖지 못하게 된 식민지 청년의 왜곡된 인간상이라 할 수 있다.

이러한 김상녕의 생각에 대해 백성오는 다음과 같은 우려를 나타낸다.

<그러나>하고 백성오는 고쳐 생각했다. 따지고 보면 김상녕은 그 자신이 가장 두려워하고 싫어하는 식민지 조선이 남긴 부산물이었다. 노예가 주인을 흉내 내고 싶어 하는 것처럼 그의 눈에는 아직, 과거 자신을 억누르던 그 야만적인 '힘'이 가진 위력밖에 보이지 않는 것이다.(上, 115)

김상녕과 같은 청년이 갖게 된 왜곡된 생각의 배경에 대해 매우 적확하게 지적하고 있는 내용이라 할 수 있다. 폭력의 희생자가 또 다른 폭력으로 이에 대한 복수를 다짐하는 것, 그리고 이로 인한 끝없는 살육의 전쟁, 이것이야말로 인류 역사의 가장 큰 불행이라 하지 않을 수 없을 것이다. 그러나 이미 일제의 식민지배로 조선인들의 의식과 생각은 상당히 왜곡되어 있으며, 오로지 강력한 군대조직만이 조국이 살길이라는 생각을 가진 청년이 양산되어 있는 조국의 미래는 밝지 못하다는 우려를 작가는 작품을 통해 암시하고 있는 것이다.

그런데 특이한 점은 위와 같은 왜곡된 사고방식을 가진 김상녕을 통해서 표현한 내용이라 하더라도 소련에 대한 비판을 하고 있다는 것이다.

> 김상녕의 경우도 이 조선의 많은 청소년들처럼 처음에는 항일빨치산을 이끄는 '김일성'5)장군의 이름을 가슴속 깊이 새겨왔다. 그는 남몰래 김일성의 이름을 가슴속에 새겨둠으로써 그 어둡던 시대를 한 가닥 희망을 품고 살아올 수가 있었다.(중략)
> 그런데 그런 그가 지금 도대체 어떻게 된 영문인가? 이 또한 그의 비뚤어진 내셔널리즘 때문이라고밖에 할 수 없다. 어쨌든 8·15 '해방'을 계기로 그는 완전히 변해 버린 것이다. 그는 전설과도 같은 그 김일성 장군이 공산주의자였다는 사실조차도 모르고 있었다. 김상녕이 생각하기에는 공산주의만은 도저히 찬성할 수가 없었다. 거기에 대해서는 분명히 반대였다.
> 이유도 분명했다. 김상녕의 눈에 비친 공산주의는 지나치게 윤리적이고 도덕적이었다. 인간 존립의 기초조건인 경제의 평등과 함께 인간 자체도 계급 없이 평등하게 된다는 것까지는 좋았다. 하지만 그가 보기에 그런 일은 결코 있을 수 없는 꿈같은 이야기였다. (上, 211)

등장인물인 김상녕의 캐릭터를 묘사하고 있는 내용으로, '그의 비뚤어진 내셔널리즘 때문'이라는 전제를 달고 있다 하더라도 공산주의에 대한 상당한 비판의식을 느낄 수 있다. 민족의 독립투쟁에 헌신해온 김일성 장군은 존경하지만, 공산주의자로서의 김일성은 반대한다는 확실한 입장표명과 함께 그 핵심적인 문제점을 날카롭게 지적하고 있

---

5) 김달수의 『태백산맥』 우리말 번역본에는 '김일성'이라는 이름이 모두 빠진 상태로 출판되었다. 번역본 출판 당시에 이적물 논란이 있었는데 그 영향으로 보인다. 그러나 내용으로 볼 때는 김일성을 찬양하기 위한 것이 아니라는 것을 알 수 있다. 본고의 인용문에서는 이를 모두 복원하여 인용하였다.

다. 만일 김상녕의 말을 비판하기 위한 목적으로 쓴 내용이라면 위의 인용문과 같은 근본적인 문제에 대한 지적을 뒤집어 반박할 수 있는 탁월한 공산주의 우월이론이 준비되어 있어야 할 터인데, 어디에도 그러한 반박의 내용은 보이지 않는다. 작가는 군국주의 국가 건설의 꿈을 꾸고 있는 김상녕의 미숙함을 빗대어 공산주의를 비판하고 있는 것이다.

이와 같은 김상녕을 통한 김일성에 대한 비판은 작가인 김달수와 재일조선인 조직인 조총련(朝總聯)과의 관계에서 비롯된 것이라 할 수 있다. 김달수는 해방 이후 줄곧 조국의 완전한 해방과 통일을 위한다는 생각에서 북한정권과 깊은 연대를 맺고 있는 재일조선인 조직(朝蓮)에 몸담아 왔으나, 그 조직이 점차 "정치성을 띠면서 교조주의화(教條主義化) 되어 감에 따라 눈에 가시였던 김달수는 퇴출"[6]당하고 말았던 것이다. 김달수가 『太白山脈』을 집필하고 있던 당시에는 자주 조직과의 마찰을 빚고 있었는데, 공산주의와 김일성에 대한 환상이 깨지기 시작한 작가의 심정이 작품에 반영된 것으로 보인다.

한편, 정정호의 공작으로 이승만의 저택 경비를 맡게 된 김상녕은 "조선말도 변변히 못하는 비실비실한 늙은이를 경비하는 일이 도대체 무슨 의미가 있겠느냐"(下, 220)며 푸념을 늘어 놓는다. '국부(國父)'라 불리는 이승만의 특별경호를 맡는다는 것을 무엇을 의미하는지 알지 못하는 김상녕은 이승만의 인상에 대해 푸념하듯 혼잣말을 중얼거리는데, 정치라는 생리를 모르고 오로지 강력한 군사대국만을 꿈꾸는 순수한 청년의 모습으로 그려낸다.

그런데 정정호는 자신에게 다가온 기회를 놓치지 않는 치밀하고 적

---

[6] 崔孝先(1998) 『해협에 선 사람(海峽に立つ人) - 김달수의 문학과 생애』, 批評社, 48쪽.

극적인 행동을 보인다.

> 그때였다. 남조선 경비사관학교 부교장이 된 정정호가 무장한 생도 1개 소대를 거느리고 온 것은……. 그리고 정정호는 오자마자 김상녕의 부하들과 함께 문 안을 경비하도록 그들을 배치시켰다.(下, 287)

데모대의 행진이 이승만의 저택인 돈암동 근처에까지 이르자, 이승만의 눈에 들어보려는 정정호가 일부러 생도들을 인솔하여 왔던 것이다. 정정호의 권력에 대한 야망을 그의 행동을 통해 자연스럽게 그려내고 있다.

이상으로 해방 정국에서 정권의 향배에 촉각을 곤두세우고 발 빠르게 움직이는 일본제국군 장교 출신의 언행과 이에 동조하고 따르는 젊은 청년의 모습에 대하여 고찰해보았다. 황군의 장교 출신들은 김상녕이 "만주국군과 일본군의 장교가 된 까닭을 근대적 군사기술을 습득해서 조선의 것으로 만들려 했다는 말은 믿어지지 않았다"(上, 74)와 같은 독백을 통해 토로하고 있는 것처럼, 과거의 적극적인 친일행위를 정당화하기 위한 변명으로 일관하며 해방된 조국의 주역으로 자리 잡는다. 이들은 특고 형사 이승원과 마찬가지로 반공을 국시로 삼아 정권창출을 꾀하는 이승만에 협력함으로써, 지난날의 행적을 미화시키고 강력한 권력의 소유자로 변신해간 것이다.

그런데 김달수가 김상녕의 생각을 통해서 공산주의에 대한 비판을 시도하고 있다는 점은 매우 이례적인 일이라 하지 않을 수 없다.『太白山脈』집필 당시의 작가는 아직 '조총련'과의 관계를 완전히 청산한 것은 아니었으므로, 이러한 표현은 조직과의 마찰을 더욱 심화시켰을 것으로 생각되는데, 조직과의 관계가 악화되더라도 작가적 양심을 숨길 수 없다는 의지를 보여주고 있다 하겠다. 이와 같은 작가의 심정적 배경이 작용한 탓인지『태백산맥』에는『현해탄』과 같은 맹목적인 김일성 찬양의 내용을 전혀 찾아볼 수 없다는 특징을 지니고 있다.

3.3. 민족주의적 지식인의 투쟁과 고뇌

『太白山脈』에 등장하는 좌익계열의 공산주의자는 건국준비위원회(인민공화국)의 선전부에서 일하는 임우재(林宇載)와 인쇄출판노동조합 부위원장을 지내고 있는 박정출(朴定出)을 제외하고는 그다지 특별한 인물이 설정되어 있지 않다. 게다가 이 두 사람은 작품 속에서의 영향력이 크지 않으므로 좌익계열에 대한 호의적인 입장에서 집필된 것이 아님을 쉽게 짐작할 수 있다.

주인공으로 등장하는 백성오(白省五)와 서경태(西敬泰)는 좌익성향을 띠고 있는 것처럼 묘사되고 있지만, 실제로는 공산주의사회의 건설을 목표로 하고 있는 것은 아니다. 봉건적 계급사회 아래에서 신음하는 민중의 해방과 조국의 완전한 독립을 위해 투쟁해가는 도중에, 조직적인 힘을 가진 공산주의자들로부터 도움을 받고 있다고 하는 편이 옳을 것이다. 그러므로 이들은 시대가 요구하는 진정한 지식인의 모습이라 할 수 있다. 그러나 사회개혁을 꿈꾸는 이들의 목표가 공산주의자들과는 다르다 할지라도, 투쟁해가는 과정이 닮아있기 때문에 자주 공산주의자 취급을 받곤 한다.

서경태는『玄海灘』에서와 마찬가지로 작가의 분신으로 등장하고, 백성오는 민족적 성향이 짙은 이상적인 지식인으로서 서경태가 존경하는 인물이다. 즉 작가가 생각하는 이상적인 민중의 지도자로서의 모습이라 할 수 있다.

　백성오는 식민치하에서 강원도지사를 역임하고 중추원 참의를 지냈던 대표적 친일협력자인 백세필(白世弼)의 외동아들로서 부친의 반민족적 행위에 대해 괴로워하며 이의 보상에 고심한다. 따라서 부친의 친일적 행위에 의해 축적된 광대한 토지를 소작인들에게 무상 분배함으로써 민중의 해방을 위한 그 나름의 혁명을 실천하려 한다. 그러나 그러한 은혜를 베푸는 식의 분배로는 한반도 전체의 혁명으로 이어가기는 어렵다는 것을 깨닫고, 농민의 사회개혁 혁명에 자신도 참여하여 자신의 의지를 펼쳐보이고자 한다. 그러나 대구농민혁명투쟁의 현장에서 이내 체포되고 만다.

　이와 같이 서서히 사회혁명투쟁의 한 가운데로 나아가는 백성오를 지켜보던 서경태는 여러 구실을 찾아내어 혁명투쟁의 일선에서 뒤로 물러나 앉으려는 스스로의 행동에 무력함을 느낀다. 그러나 종국에는 『玄海灘』에서와 마찬가지로 백성오의 뒤를 따라 자신도 혁명투쟁의 전면에 나서기로 결심하면서 막을 내린다.

　이러한 줄거리의 전개 속에서 서경태는 작가의 분신답게 시종일관 스스로의 정체성을 추구하는데 여념이 없다. 그러므로 서경태와 관련된 묘사에는 작가의 사소설적 감각이 반영되고 있음을 부정하기 어려우나, 시대적 배경이 되는 해방 직후의 작가는 조선이 아니라 일본에 있었기 때문에, 서경태는 작가의 심정적 분신이라 하는 편이 옳을 것이다.

3.3.1. 백성오의 사회개혁 의지

　주인공 백성오는 친일 지주인 부친 백세필과의 마찰을 통해서 일차적인 투쟁의지를 확인하게 된다.

> 제 생각으로는 그렇게 해서 아버지께서 물려받은 이 집을 지킬 수 있었는지는 모르지만, 인간으로서의 아버님 자신과 아버님의 민족은 지키시지 못했다고 봅니다. (上, 66)

> 어쩌면 아버지는 나라와 민족을 팔아 일제의 백작이나 자작이라도 된 집안의 사람을 원하시는지 모르겠습니다만, 그녀의 아버지는 그런 인간들과는 정반대로 조선을 되찾기 위해 독립운동을 하다가 비통하게 옥사하신 분입니다. 아버지가 옥사했기 때문에 그녀도 우리 집에 식모로 와 있었던 것입니다. (上, 67)

첫 번째 인용문은 백성오가 부친의 "나는 그동안 친일파라는 소리를 들었고 또 이제부터는 민족반역자라는 소리를 듣게 되겠지만 나로서는 어떻게 해서라도 선조들로부터 대물려온 이 집을 지켜내야 했다"(上,65)는 변명의 말을 듣고 이를 반박하는 내용이다. 한마디로 말해서 민족과 스스로의 양심을 팔아 자신과 가족만의 영달을 꾀한 것이 과연 드러내놓고 자랑스러워할 수 있는 것이냐는 말을 하고 있다. 부친에 대한 노골적인 비판을 하는 것으로 백성오는 스스로의 투쟁 의지를 다지고 있는 것이다.

그리고 두 번째 인용문은 식모인 류연숙(劉連淑)을 백성오의 아내로 삼는 것, 즉 백세필이 그녀를 자신의 며느리로 맞아들이는 것에 대해 노골적인 불쾌감을 드러내자, 아들인 성호는 친일파로 기회주의자인 부친과 민족의 독립을 위해 자신과 가족을 희생한 연숙의 부친 중에 도대체 누가 더 훌륭한 것이냐면서 정면으로 반박하고 있는 장면이다.

백성오의 이러한 발언은 그의 투쟁적 실천의지를 뒷받침하고 있는 사상적 토대에서 비롯되고 있다고 할 수 있겠는데, 이는 작가가 생각하고 있는 조국의 집권세력에 대한 불신에서 비롯된 것으로 보인다.

> "잘 알았습니다. 처음에 너의 시대가 시작되었다고 말씀하셨을 때는 소련군이 이 서울까지 들어오리라고 짐작하셨거나, 아니면 미군이 단독으로 남조선을 점령하더라도 그때는 이 조선에 혁명이 일어날 거라고 생각하셨기 때문이겠지요. 그래서 형무소에서 갓 나온 정치·사상범인 제게 부랴부랴……."(上, 165)

적극적인 친일협력자였던 백세필은 일본제국주의의 멸망과 함께 자신의 영달이 종말을 고했다는 위기의식에서 집안의 결정권을 아들인 성오에게 넘겼다. 물론 백세필의 속마음은 조국의 독립과 혁명운동을 위해 싸우다가 투옥된 아들을 내세워 자신의 친일적 행위에 대한 처벌로부터 벗어나고자 했던 것이다.

그런데 미국에서 귀국한 이승만의 덕택으로 처벌은커녕 일본인의 비위를 맞추며 살아야 했던 식민치하에서보다도 훨씬 당당하게 권력을 휘두르며 살 수 있는 세상을 맞이하게 된 것이다. 이와 같이 급변하는 정세를 지켜보고 있던 백세필은 집안의 전권을 넘겨주겠다던 아들에 대한 약속을 번복했다. 친일파들의 전형적인 기회주의적 행태를 적나라하게 그려낸 것이라 할 것이다.

백성오는 돌변한 부친의 태도에 맞서 행동에 나선다.

> "(강원도 춘천에서 소작인들에게) 내 아버지도 그 중 한사람입니다. 친일파, 즉 민족반역자란 과거 일본제국주의에 빌붙어서 지사가 되거나 중추원 참의 따위를 해먹던 지주나 자본가, 그리고 일본의 앞잡이였던 악덕관리, 경찰의 특고형사 등을 가리킵니다. 그러니 여기

있는 백씨집의 토지도 당연히 이를 몰수해 실제로 땅을 경작하고 있
는 여러분의 소유로 만드는 겁니다. 그런 부재지주는 앞으로 우리 조
선에서 사라져야 마땅합니다."(上, 153)

 대표적인 친일파의 후손인 자신이 부친의 막대한 토지를 실제의 경
작자들인 소작인에게 분배함으로써, 부친의 죄를 대신 속죄하겠다는
의미의 말을 하고 있다. 설혹 소작인들이 자신의 진심을 이해하지 못
한다하더라도 부친의 인간회복과 왜곡된 민족의 역사를 바로잡기 위
해서는 실행해야 하는 과제라는 신념을 가지고 있는 것이다.
 이러한 백성오의 모습은 작가의 분신인 서경태가 조선의 지식인이
갖추어야 할 이상적인 모습으로 생각하고 있는 전형을 그려내고 있는
것이라 할 수 있다. 현실로서는 자신의 혈족이 설령 친일적인 행위를
했다 하더라도 이를 드러내놓고 비판할 수 없는 것이 인지상정일 것이
다. 더구나 유교의 전통을 철저하게 지켜온 조선사회에서는 더 말할
나위가 없는 일이다. 그렇지만 작품에서는 주인공 백성오로 하여금 굳
이 그러한 인륜을 저버리는 것으로 보이는 행위를 하도록 설정하고 있
다. 이는 친일파 일소야말로 민족의 완전한 독립을 위해서 해결해야
할 선결문제로 인식하고 있음을 말해주는 것이며, 올바른 인간의 존재
방식을 위한 정의의 확립을 촉구하고 있음에 다름 아닌 것이다.

3.3.2. 서경태의 민족회복 의지

 김달수의 해방 전후사에 대한 인식은 『太白山脈』에 등장하는 백성
오, 이승만, 이승원, 백세필과 같은 각각의 입장을 대변하는 인물의 설
정을 통해 복합적으로 반영되고 있다. 그런데 서경태라는 인물에 대해
서는 주로 그가 조선인으로서의 정체성을 추구해가는 과정에 초점을

맞추어 묘사하고 있는 것으로 보인다.

> 서경태가 일본에서 서울로 돌아와서 京城日報社에 취직을 한지도 만 2년이 조금 지났다. 결코 오랜 세월이라고 할 수는 없었다. 그러나 그 사이에 얼마나 많은 일이 있었던가!
> 한마디로 말하면 그것은 그의 눈앞에 펼쳐진 식민지 조선의 현실이었는데 그중에서도 가장 인상적이었던 것은 신문기자로서 그가 다루어야 했던 소위 '학도출진(學徒出陣)'이라는 것이었다. 그리고 그 다음은 그가 '반(半)일본인'으로서 총독부의 기관지인 京城日報의 기자가 되었을 때 그것을 노골적으로 경멸했던 백성오의 일이었다. 대지주의 외아들로서 고대광실 같은 집에서 허구한 날 일 없이 잠이나 자고 있다고 생각해 왔던 백성오가 독립운동을 하다 체포된 일이었다.
> 그리고 나서 얼마 뒤 서경태 자신도 체포되었고, 마침내 지난 18일 혼마치(本町)경찰서 유치장에서 '돌아온' 것이다.(上, 35, 36)

인용문의 긴 설명은『玄海灘』의 핵심적인 줄거리를 요약해 놓은 것이라 할 수 있는데, 서경태와 관계된 내용만 잘 정리되어 있다.『玄海灘』에서 서경태는 총독부의 기관지『京城日報』의 기자로 일해 온 친일적 행위를 괴로워하던 중에 백성오의 뒤를 따르듯이 자신도 투옥된다.『京城日報』의 신문기자로서 일했던 친일적 행위에 대해 속죄하려는 마음이 반영된 것이라 할 수 있다.

그런데 실제로 작가 김달수는 1943년 무렵에『京城日報』의 사회부 기자로 일한 적이 있으며, 인용문에서 말하는 '학도출진'과 조선청년의 황군에의 입대를 독려하는 기사를 작성하기도 하였다. 그러므로 백성오를 통해 서경태가 느끼고 있는 자책은 바로 작가 자신의 심중을 반영한 것이라 할 수 있을 것이다.

그리고 '半일본인' 의식에 사로잡힌 서경태는 자신의 민족적 정체성을 추구하려는 노력을 기울이며 지난날의 친일적 행위에 대한 양심의 가책으로부터 벗어나려는 시도를 한다.

> 그는 지금까지 쓰러져 간 수천수만의 희생자들을 확인하고부터, 그리고 고통에 가득 찬 조선의 피어런 저항의 역사를 알고부터 비로소 자신을 한 사람의 조선인으로서 인식하기 시작한 것이다. 그리고 나서야 그는 자신이 태어난 집과 자기 자신을 그 역사 속에 비추어 볼 수가 있었다. (上, 282)

서경태는 조선의 역사 공부를 통해서 민족의 형성에서부터 현재에 이르기까지의 고난을 폭넓게 체득하고, 자신의 조상 중에 누군가는 늘 그 역사의 현장에 서 있었다는 것을 자각함으로써, 조선역사의 한 복판에 서 있는 자신이야말로 그들의 후손 중 한 사람임을 깊이 깨닫는 것으로 스스로의 정체성을 확보할 수 있게 된 것이다.

> (경성일보사의 동료였던 허영균과의 대화)
> 허영균 : 요즘처럼 계급투쟁이 치열한 때 도대체 자네는 이런 데서 뭘 하고 있나? (중략) 이 따위 「이토 히로부미전」이니 하는 책이나 한가하게 보고 있으니 대관절 어쩌자는 건가? (上, 295)

> 서경태 : 지금 우리들에게는 무엇보다 잃어버린 민족적 주체를 회복하는 일, 그것을 확립하는 일도 매우 중요하다는 걸세. (중략)
> 허영균 : 민족적 주체니 뭐니 하는데 그게 도대체 어떻다는 건가?
> 서경태 : 조선인이 조선인답게 살기 위한 노력일세. 자네는 어떨지 모르겠지만 나 같은 사람에게는 그게 꼭 필요하다고 생각하네. (上, 297)

투쟁의 현장으로 나가지 않고 책상머리에 앉아 책이나 보고 있을 상황이 아니라는 허영균의 질책에 서경태는 자신이 글을 쓰는 목적을 민족의 회복을 위한 노력이라고 분명히 밝히고 있다. 이렇게 자신이 추구하는 바를 확실히 밝혀놓는 것은 작품 속 인물 서경태의 존재근거를 마련하는 일이기도 하지만, 공산주의식 투쟁을 강요하던 당시의 '조총련' 조직의 압력으로부터 스스로의 작가의식을 지켜내려는 의지의 표현으로도 볼 수 있다. 그리고 이러한 노력을 통해서 비록 일본에 살고 있지만, 자신은 한민족의 후예라는 확고한 정체성을 확립을 이루어낼 수 있었던 것으로 생각된다.

이상과 같이 작가의 심정적 분신인 서경태에 의해 표출되는 조선민족으로서의 정체성에 대한 추구와 이를 통해 확보된 민족적 자각은 김달수가 조선의 역사에 대한 연구를 거듭하여 1958년에 출판한 『조선 - 민족・역사・문화』를 전후로 해서 달성된 것으로 보인다.

그리고 김달수는 평생을 "민족의 회복에 의해 인간을 회복할 수 있다"[7]는 신념으로 집필 활동을 이어갔으며, 분단된 조국을 애통한 심정으로 지켜보고 있었던 것이다.

4. 집필되지 못한 『太白山脈』 속편

김달수는 『玄海灘』 및 『太白山脈』과 관련하여 "나는 조만간 이번에는 『太白山脈』의 속편이라고 할 수 있는 것을 써야겠다는 생각을 하고 있다"[8]며 자신의 심중을 밝힌 바 있다. 그런데 그 후 11년이 지나도록 이것이 실현되지 못하고 있음을 안타까워한 재일조선인 작가 김석

---

7) 앞의 NHK 방송, ≪김달수・해협에서의 외침(金達寿・海峡からの問いかけ)≫.
8) 『金達寿小説全集 七』, 筑摩書房, 1980, 506쪽.

범은 1980년에 다음과 같이 언급한다.

> 김달수의 내부에는 해방 이후 그가 우여곡절을 겪으면서도 계속 걸어온 사상적인 일관성이 있는데,『太白山脈』의 속편 완성에 대한 의지 또한 이러한 일관성에 의해 굳건히 뒷받침되고 있다. 그런 의미에서도『太白山脈』속편의 취재를 위한 여행을 실현시켜야만 한다.9)

『太白山脈』의 속편을 집필하기 위해서는 고국을 방문하여 필요한 취재를 성사시켜야 함에도 불구하고, 이를 실현하지 못하는 고통으로 괴로워하는 김달수를 지켜보다 못한 김석범의 글이다. 그런데 뜻밖에도 김달수를 비롯한 잡지『三千里』의 편집위원 등 일행이 1981년 3월 한국방문을 실현시킨다. 같은 잡지의 편집위원이었던 김석범이 '군사독재 정권의 공식초청에 의한 방한'은 그들에게 이용당하는 결과를 초래할 뿐이라는 이유로 강력히 반대10)하였지만 김달수는 한국 방문을 강행하였다. 어렵게 한국방문을 성사시킨 김달수 일행은 지리산 자락에 있는 화엄사와 순천을 거쳐 고향인 창원 방면으로 향하던 중 화엄사 부근에서 잠시 머물렀는데, 이 때 떠올렸던 생각을 기행문 형식의 작품『고국까지(故国まで)』에 적고 있다.

> 내가 이 사건(여수・순천사건)에 대해 알게 된 것은 조선에서 들려오는 입소문 외에, 당시 우연히 찾아간 다카미 준 씨 집에서 보게 된 미국의 사진잡지『라이프』에 의해서였다. 그 때의『라이프』잡지에는 <여수・순천사건>을 특집으로 다루고 있었는데, 어느 사진이나 시체가 겹겹이 쌓여있다는 말이 무색할 정도였고, 잡혀서 줄줄

---

9) 金石範,「『大白山脈』の續編を」,『金達寿小説全集 七』, 月報2, 1980年 5月.
10) 金石範,『国境を超えるもの』, 文芸春秋, 2004, 88쪽.

이 묶여 있는 사람들을 담은 것이었다. (중략) 나는 다카미 준 씨가 가지고 있던 그 『라이프』 잡지를 본 뒤, 1949년에 「叛亂軍」이라는 중편을 쓰고, 그리고 또 남조선의 게릴라를 주제로 한 「대한민국에서 온 남자」라는 작품을 썼다. 두 작품 모두 관념이 앞선 실패작인 셈이다. 내가 훗날에 장편 『太白山脈』을 쓰기 시작한 것도 <여수・순천사건>과 연루되어 지리산 등의 게릴라가 된 사람들의 운명과, 그 묘비명을 쓰고 싶다는 생각에서 비롯된 것이었다.

언젠가는 그 속편을 쓰겠다는 생각으로 나는 지금도 그 자료들을 모으고 있는데, 좀 전에 찾았던 지리산의 산세를 눈여겨 본 것도 다 그 때문이었다.[11]

이상과 같은 김달수의 회상을 통해서 크게 두 가지로 나누어 정리해 볼 수 있다. 먼저, 주로 서울을 무대로 전개되는 『太白山脈』의 속편이 집필되었다면 <여수・순천사건>을 소재로 펼쳐졌을 것이라는 점이고, 그 둘째는, 미국의 사진잡지 『라이프』에 실린 <여수・순천사건>의 특집을 보고 「叛亂軍」과 「대한민국에서 온 남자(大韓民國から来た男)」를 썼다는 것이다. 그런데 이 두 작품에 대해서는 사건현장을 배경으로 한 것이 아닌 관념적인 소설이어서 실패작이라고 작가 스스로가 폄하하고 있지만, 작품을 면밀히 분석해보면 그렇지 않다는 것을 이내 알 수 있다.

「대한민국에서 온 남자」의 경우는 「叛亂軍」의 집필을 끝내자마자 다시 쓰기 시작한 작품으로, 경상북도에서 게릴라 활동을 하다 일본으로 도망쳐온 남자를 통해 남한의 정세를 파악하고 그의 도움으로 주인공이 남한으로 들어간다는 내용이다. 그런데 작품의 배경에서 <여수・순천사건>으로 상징되는 투쟁에 합류하기 위해 주인공들이 지

---

11) 金達壽, 『故国まで』, 河出書房新社, 1982년, 139, 140쪽.

리산으로 잠입하는 「叛亂軍」과는 다를 뿐만 아니라, 내용 전개에 있어서도 긴장감이 많이 떨어지는 느낌을 준다.

김달수는 이 두 작품을 동일선상에 놓고 혹평하지만, 「叛亂軍」의 경우는 민족의 난제였던 <여수·순천사건>을 긴장감 있게 다루고 있는 최초의 작품이라는 것과, 뒤에 이어지는 작품들의 모태가 되고 있다는 점에 큰 의의가 있다고 해야 할 것이다.

이렇게 자연발생적으로 시도된 작품을 더욱 완성도 높게 끌어 올리는 과정에서 『玄海灘』과 『太白山脈』이 집필되었다고 볼 수 있으며, 언젠가는 「叛亂軍」에서 시도했던 바를 완성시키는 작품으로서의 『太白山脈』 속편이 기약되어 있었던 것이다.

그러나 김달수는 끝내 『太白山脈』 속편 집필의 염원을 이루지 못한 채 1997년 작고하고 말았다.

5. 맺음말

해방 이후에 김사량의 일본어 글쓰기에 의한 민족문학으로서의 성과를 계승 발전시킨 것은 재일조선인 문학 제1세대로 분류되는 김달수와 김석범이라 할 수 있다. 해방 직후부터 1960년대 초반까지의 두 사람은 친일파 세력을 용인한 이승만 정부에 대한 반발로써 조총련 조직과 관계된 일이나 작품 활동을 하였다. 그러나 교조주의적 독재체제의 풍토를 견디지 못하고 모두 이탈하기에 이른다. 이후의 김달수는 소설 창작과는 거리를 두고 '일본 속의 조선 문화'와 관련된 연구와 집필에 전념하게 된다.

김달수가 창작에 몰두하던 해방 직후부터 1960년대 말까지의 작품과 행적에서 엿보이는 민족적 정체성은 매우 선명하게 부각된다. 그것은 먼저, 조선을 식민지배한 일본제국주의에 대한 적개심으로 나타났으며, 패전 이후의 일본사회의 변혁을 갈구했다. 둘째로, 해방된 조국이 미국과 소련에 의해 다시 분할되는 위기에 봉착했을 때, 소련의 지원을 받아 친일파를 일소하고 공산주의 사회건설을 추진하는 북한의 정권에 정당성을 부여했다. 이는 공산주의 사회에 대한 확신에 바탕을 둔 것이라기보다는 미국의 강력한 지원에 힘입은 이승만이 친일파를 주축으로 한 괴뢰정권을 세웠다는 것에 대한 반발을 억제하기 힘들었기 때문이다. 그리고 마지막으로, 해방 직후 조직된 재일조선인 연맹(朝連)에서 헌신적인 노력을 기울였다. 朝連은 조국의 독립에 관여했던 사람들을 우대하는 분위기 속에서 조선인의 권익보호를 위해 여러 가지 일을 추진하였는데, 친일행적이 있는 사람들은 접근하기 어려웠다. 김달수의 경우는 일제 총독부의 기관지『京城日報』의 사회부 기자를 하였다는 죄책감 때문에 더욱 적극적인 자세로 朝連의 일에 매달렸던 것으로 보인다.

이 시기의 뚜렷한 문학적 성과는 1964년부터 1968년 사이에 집필된『太白山脈』이라 하겠는데, 해방 직후의 혼란한 상황 속에서 민족의 미래상에 대한 작가의 진지한 고민이 엿보이는 작품이다. 이와 같은 성향을 가진 첫 작품은 1949년에 발표된「叛亂軍」이라 할 수 있으며, 이 작품에서는 <여수・순천사건>에 합류하여 투쟁을 전개해간다는 내용을 그려냄으로써 미국과 이승만 정부에 대해 본격적으로 대항하려는 의지를 담고 있다. 또한 작가 자신의 과거의 친일적 행적에 대한 번뇌와 함께 이를 정당화하려는 노력도 엿보이고 있어서, 이후의 작품들에서 다루는 중요한 소재들을 대부분 내포하고 있다 하겠다.

김달수의『太白山脈』은 해방 직후의 혼란한 상황을 배경으로 이승만과 측근들의 사고와 행동, 그리고 친일파들의 움직임을 白省五와 西

敬泰라는 민중적 지식인의 시선을 통해 리얼하고 생동감 있게 그려내고 있다. 민족의 회복과 민중 해방을 염원하는 작가의 의지는 주인공 白省五의 투쟁을 통해 자연스럽게 표출되고 있으며, 등장인물들의 타당성 있는 주장과 행동은 인류사의 보편적 진실과도 맥락을 같이 하는 것이라 하겠다.

V. 김석범 문학과 <제주4·3사건>

김석범(金石範) 문학과 <제주4·3사건>

1. 김석범 문학의 개관

1925년 오사카(大阪)에서 태어난 김석범은 평생에 걸쳐서 <제주4·3사건>과 관련된 작품 집필에 힘을 쏟아왔다. 그의 나이 32세 때인 1957년 8월에 「간수 박 서방(看守朴書房)」, 12월에는 「까마귀의 죽음(鴉の死)」을 『문예수도(文芸首都)』에 발표하였는데, 이 중에 「까마귀의 죽음」이 문단의 주목을 받게 되면서 김석범 문학은 본격적으로 시작되었다.

이 두 작품에 이어 「관덕정(観德亭)」(1961), 한글 『화산도』(1965－1967), 『만덕유령기담(万德幽霊奇譚)』(1970) 등은 모두 <제주4·3사건>을 소재로 삼고 있는 작품이다. 이후 1976년 2월부터 『문학계(文學界)』에 「해소(海嘯)」라는 제목으로 발표하기 시작한 것이 대작 『火山島』[1]

를 향한 첫걸음이었으며, 1995년 9월에 일단 집필을 종료하고, 1997년 9월에 전7권의 출간을 마쳤다.

이외에도「남겨진 기억(遺された記憶)」(1975),「속박의 세월(金縛りの歳月)」(1984),「빛의 동굴(光の洞窟)」(1994),『바다 속에서, 땅 속에서(海の底から,地の底から)』(1999),『만월(満月)』(2001)등의 작품도 <제주4·3사건>을 소재로 삼고 있다. 김석범의 모든 작품이 <제주4·3사건>을 소재로 삼고 있는 것은 아니지만 많은 작품들이 직간접적으로 관계를 맺고 있다고 해야 할 것이다.

김석범 문학이 <제주4·3사건>을 주요 소재로 삼고 있는 것은 그의 민족적 자각으로 조국과 동포에 대한 열정이 한창 고조되어 있을 무렵, 정신적인 고향으로 생각하고 있는 제주도의 주민들이 무참히 살해당한 충격을 지울 수 없었기 때문이다. 오사카에서 태어난 그가 민족적 자각을 느끼기 시작한 것은 14살 때 어머니의 고향인 제주도를 찾게 되면서부터라고 하는데, 이때 그는 "작은 민족주의자가 되었다"[2]고 스스로 밝히고 있다. 이후 해방을 전후하여 20세의 청년이 되었을 무렵에는 서울에 드나들며 새로운 조국 건설에 동참하려는 의지를 보이기도 하였다. 그러나 여러 가지 사정으로 일본에 정착하게 된 그가 제주도를 탈출해온 사람들로부터 듣게 된 <제주4·3사건>의 처참한 양민 학살 소식은 젊은 피를 끓게 만들었고, 결국 고통스런 마음 속 갈등을 소설이라는 매개체를 통해 해소시키려는 노력을 기울이게 된다. 이것이 김석범 문학의 출발이라 할 수 있는데, "당시의 나는「까마귀의 죽음」에 의해 구제되었다"[3]고 스스로가 밝히고 있듯이, 조국에

---

1) 김석범의 작품 중에 일본어로 쓴 장편『火山島』와, 한글로 쓰다 중단한『화산도』가 있다. 필자는 이 두 작품을 구별하기 위하여 일본어로 쓴 작품명은 한자로 표기하고자 한다.
2) 김석범,『고국행(故国行)』, 岩波書店, 1990, 179쪽.

대한 깊은 관심과 애정에서 비롯된 가슴의 응어리는 작품의 집필을 통해서 비로소 해소되기 시작한 것이다.

이와 같이 「까마귀의 죽음」으로 출발한 김석범 문학은 『火山島』 전 7권의 발행으로 일단락을 짓게 되는데, 두 작품의 중간에 한글 『화산도』가 자리하고 있다. 한글 『화산도』는 비록 중도에 집필을 그만두었지만, 제주 빨치산과 민중의 항쟁을 직접적으로 그려낸 「까마귀의 죽음」, 『火山島』와 함께 작품의 배경과 등장인물에서 많은 유사점을 지니고 있다.

본고 '김석범 문학과 <제주4·3사건>'에서는 작가 김석범이 민족주의자로 성장하여 <제주4·3사건>을 문학작품으로 형상화시키는 과정을 검토하고, 이 사건을 소재로 삼은 최초의 글인 「1949년 무렵의 일지에서(1949年頃の日誌より)」를 고찰하고자 한다. 또한 <제주4·3사건>의 복원이라는 적극적인 의지를 담고 있는 세 작품 「까마귀의 죽음」, 한글『화산도』, 『火山島』의 주제·등장인물·공간적 배경 등의 변천과정을 고찰하고, 「까마귀의 죽음」과 한글『화산도』의 작품세계를 논하고자 한다. 이들 작품은 『火山島』에 등장하는 인물이나 사건 배경의 일부를 도입하는 데 그친 다른 작품들과는 달리 일직선으로 연결되는 발전단계를 보여주고 있기 때문이다.

그리고 『火山島』의 작품론에서는 정치·사회적 배경에 대한 고찰을 통하여 <제주4·3사건>과 관련되어 나타나는 작가의 민족의식을 확인하고, 제주 민중의 전통적인 생활양식 및 풍속 등과 어우러지는 고유한 정서의 묘사에 엿보이는 작가의 조선민족에 대한 애착을 확인해보고자 한다.

---

3) 김석범, 『입 있는 자는 이야기 하라(口あるものは語れ)』, 筑摩書房, 1975, 223쪽.

2. 김석범 문학의 원천으로서의 <제주4·3사건>

김석범은 1925년 오사카에서 태어난 관계로 재일조선인 2세로 분류되는 경향이 있다. 그를 임신한 어머니가 오사카로 건너온 뒤 2, 3개월 만에 태어났기 때문인데, 김석범은 "나는 자신이 일본 태생이라는 것에, 그것이 내 탓도 아니지만 일종의 열등감을 느껴왔다"[4]며 자신은 이러한 분류에 대해 그다지 탐탁지 않은 반응을 보이곤 하였다.

이와 같은 언급을 통해서 작가 자신의 조국이며 고향으로 생각하는 제주도에서 태어났기를 바라는 간절한 소망을 엿볼 수 있으나, 김석범이 평생에 걸쳐 조국에서 지낸 기간[5]은 2년 남짓한 세월에 불과하다. 그렇지만 철이 들기 시작한 14세 때에 제주도에서 보낸 몇 개월의 시간이 그에게 절대적인 영향을 끼쳤으며, "(14세 때의) 제주도 생활이 나에게 미친 영향은 자신이 '일본국민', '황국신민'이 아니고, 조선인, 제주도 사람이라는 민족적 자각이었다"[6]고 회상한다.

18세 때인 1943년에는 다시 제주도로 건너가 채 일 년이 안 되는 기간이었지만 한라산 관음사(觀音寺) 등에 머물며 한글 공부도 하고 의기투합한 청년들과 함께 조선의 독립에 대한 이야기도 나누었다. 20세가 되던 1945년 3월에는 중국으로 탈출하여 임시정부를 찾아간다는 계획을 세운 뒤 조국에서 징병검사를 받겠다는 명목으로 조선으로 들어와 서울의 선학원(禪學院)에 머문다. 그러나 발진티푸스에 걸려 죽을 고비를 넘긴 김석범은 해방이 임박했음을 알아차리지 못하고 초췌해진 몸을 이끌고 오사카로 돌아간다.

---

4) 앞의 책, 『고국행(故国行)』, 180쪽.
5) 주로 제주도와 서울에서 체류.
6) 앞의 책, 『고국행(故国行)』, 179쪽.

1945년 8월, 고국이 해방을 맞이하자 조국건설에 참여하겠다는 포부를 안고 같은 해 11월에 다시 서울로 찾아와, 이듬해인 1946년에는 국문학자 정인보(鄭寅普) 선생이 설립한 국학전문학교(國學專門學校) 국문과에 입학하였다. 그런데 같은 해 여름에 학비를 마련한다는 명목으로 오사카로 밀항한 뒤 다시 고국인 조선으로 돌아오지 않았다. 그 이유를 확실히 밝히고 있지는 않지만 여러 차례 밀항을 한다는 것이 쉬운 일이 아닐뿐더러 서울에서의 생활비를 포함한 막대한 자금을 마련하기가 쉽지 않았던 것으로 보인다. 어찌 되었든 이로써 김석범은 1988년 한국을 다시 찾을 때까지 40년이 넘는 세월 동안 고국 땅을 밟지 못했다.

　김석범이 <제주4·3사건>에 대해 적극적인 관심을 갖기 시작한 것은 제주도에서 밀항해 온 먼 친척 아저씨로부터 제주 민중들이 겪어야 했던 참혹한 학살 소식을 접하면서부터이다. 그리고 이듬해인 1949년 이른 봄에는 제주도에서 학살을 피하여 쓰시마(対馬)로 밀항해온 친척 아주머니 일행을 데리고 오기 위해 갔다가, 동행한 젊은 여인이 유방을 도려내는 고문을 당해서 유방이 없다는 말을 듣고 심한 충격에 휩싸인다.[7]

　김석범은 직접적인 <제주4·3사건> 체험자는 아니었지만, 권력자들에 의한 대규모의 양민 학살과 철저하게 은폐되어 잊혀져가는 이 사건을 파헤쳐 문학으로 형상화하는데 일생을 바쳤다. 이는 소년시절에 뿌리 내린 '작은 민족주의자'로서의 자신의 정체성을 추구하는 하나의 방법이었으며, "고향 땅에서 발생한 학살과 투쟁의 사실은 나의 자기 확인을 역시 제주도에서, 그것도 4·3사건 그 자체와 관계하는

---

[7] 김석범, 「유방이 없는 여자(乳房のない女)」, 『文学的立場』, 1981, 제3호에 발표. 『金石範作品集Ⅱ』, 2005, 313쪽.

것으로 이루어져야 한다고 결정했다"8)는 회상을 통해 작가의 문학적 동기를 엿볼 수 있다.

이와 같이 김석범 자신의 민족적 정체성을 확인하기 위한 작업의 일환이기도 했던 <제주4・3사건> 관련 문학 활동에 대하여 그는 기회 있을 때마다 "4・3은 나의 문학의 원천"9)이라 언급하여 자신의 문학의 뿌리를 분명히 밝히고 있다. 그리고『火山島』로 집약되는 자신의 문학을 다음과 같이 정의한다.

> 나의 4・3을 배경으로 한 소설은 그 역사의 부재(不在) 위에서 탄생했다.『火山島』는 없었던 것으로 하려는 4・3을 둘러싼 현실의 부정에서 시작된 역사의 의지 표출이다. 기억의 살육과 기억의 자살을 동시에 받아들여 거의 죽음에 가깝게 침몰한 망각으로부터의 소생, 그것이 역사에 대한 의지이고 4・3사건의 "50주년의 발언을 할 수 있게 된 것은 완전히 죽음에 이르지 않았던 기억의 승리이다. 살아남은 자들에 의한 망각으로부터의 탈출, 한 두 사람 씩 어둠 속의 증언을 위한 등장이 빙하에 갇혀있던 죽은 자들의 목소리를 되살려낸다. 첫걸음이긴 하지만 기억의 승리는 역사와 인간의 재생과 해방을 의미한다. ……"10)

인용문은 1998년 8월 <제주4・3사건> 50주년을 기념하여 제주도에서 개최되었던 '국제 심포지엄'11)의 초청인사로서 인사말로 준비했

---

8) 김석범,「왜<제주도>를 쓰는가(なぜ<済州島>を書くか)」,『월간이코노미스트(月刊エコノミスト)』, 1974, 12월호 발표. 김석범,『신편「재일」의 사상(新編「在日」の思想)』, 講談社 文芸文庫, 2001, 220쪽.
9) 김석범,「너무나 어려운 한국행(かくも難しき韓国行)」『群像』, 1998, 12월호 발표. 김석범,『虛日』, 講談社, 2002, 75쪽.
10) 김석범,「되살아나는<죽은 자들의 목소리>(よみがえる<死者たちの声>)」, 매일(毎日)신문, 1998. 3. 31. 주(9),『虛日』, 74, 75쪽.
11) 1998년 8월 21일부터 24일까지 3박4일의 일정으로 <제주4・3사건> 50주년을 기념

던 내용의 일부이다. 찬조연설의 내용은 외부의 억압과 그로 인한 공포로 인해 잃어버린 기억인 <제주4·3사건>을 되살리는 것이야말로 인간의 재생과 해방, 그리고 자유로 향하는 길이라는 것으로 요약할 수 있다. 그러면서 이 행사와 자신의 문학 활동과의 관련성에 대해서도 언급한다.

> 한국의 과거, 8·15해방 이후의 역사를 재조명함에 있어서도 4·3사건 50주년 기념의 의의는 크다. 재일(조선인)인 나는 제주도의 참극의 현장에서 멀리 떨어져있었지만, 4·3사건을 배경으로 한 소설「까마귀의 죽음」(1957년)으로부터 40년, 그리고 20여년이 걸린『火山島』완결의 해(작년 9월 - 1997년)에 50주년이 거의 겹치게 되었는데, 그것은 나의 문학행동과 함께 해 온 세월이었다.12)

김석범이 1957년 일본문단에 공식적으로 등장하는 계기가 된 소설「까마귀의 죽음」으로부터 1997년에 완성한 400자 원고지 1만1천매의 대작『火山島』13)에 이르기까지 40년이라는 세월을 흘렸다는 것이며, 이러한 자신의 문학 활동의 세월은 잊혀진 기억으로서의 <제주4·3사건>이 50주년 기념 국제 심포지엄과 더불어 역사적 사실로 복원되기 시작한 것과 행적을 같이 하고 있음을 강조하고 있다. 그러면서 자신의 문학을 통한 4·3관련 투쟁은 해방 이후의 역사를 재조명하려는 노력과도 맥락을 같이 한다는 것이다. 이러한 스스로의 문학과

하는 <제2회 동아시아 평화와 인권 국제 심포지엄>이 제주도에서 열렸다. 오키나와를 포함한 일본 110명, 대만 60명, 한국 130명이 참석했다.
12) 앞의 책,『虛日』, 67, 68쪽.
13) 200자 원고지로 환산하면 약 3만매에 달하며, 적어도 15권 이상의 분량이라고 한다 - 김석범『국경을 초월하는 것(国境を越えるもの) -「재일」의 문학과 정치(「在日」の文学と政治)』, 文芸春秋, 2004, 160쪽의 설명.

관련된 인식은 작가로서의 정체성을 보다 구체적으로 표출하고 있는 것으로 볼 수 있다.

이상으로 작가의 출생에서부터 1998년 <제주4·3사건> 50주년을 맞이할 때까지의 김석범의 인생과 문학 활동에 대해 고찰해보았는데, 소년시절에 제주도를 찾은 것이 계기가 되어 민족주의자가 되어버린 작가는 <제주4·3사건>을 접하면서 겪게 된 번민의 고통을 해소하기 위한 방편으로 문학가로서의 길을 걷게 되었음을 확인해보았다. 이후의 김석범은 줄기차게 <제주4·3사건>을 형상화하기 위한 집필 활동을 지속해왔는데, 이는 억압에 의해 잊혀진 사실을 복원하고 해방 이후의 역사를 재조명함으로써, 민족의 회복과 완전한 독립을 이루고자 하는 작가의 염원과 의지가 반영된 것이라 하겠다.

3. 민족문학으로서의 '망명문학'

김석범은 1988년에 다시 고국을 찾을 때까지 한국정부의 회유와 압박으로 많은 좌절과 괴로움을 겪었다. 그가 비록 1960년대 말부터는 조총련 조직과 거리를 두기 시작하면서도 "북한과 일본이 국교정상화를 이룰 경우, (중략) 나는 북한의 국적을 취득하지 않을 겁니다. '조선'적 그대로 있을 겁니다. 한국적도 취득하지 않을 겁니다. 일본국적도 취득하지 않습니다"[14]라는 신념을 밝히며, 결코 국적을 한국으로 바꾸려는 태도를 보이지 않았기 때문이다.

한편 김석범은 "'재일' 전체에 대한 남·북 공통의 '준통일국적(準

---

14) 김석범, 「문화는 어떻게 국경을 초월하는가(文化はいかに国境を越えるか)」『릿쿄아메리카스타디즈)立教アメリカ・スタディーズ』, 1999, 제21호 수록. 주(13),『국경을 초월하는 것(国境を越えるもの)-「재일」의 문학과 정치(「在日」の文学と政治)』, 198쪽.

統一國籍)'의 제정을 남북정부가 협상해야 할 것이라고 나는 생각한다"15)는 주장을 통해서 '준통일국적'의 필요성을 강조한다. 또한 자신의 이러한 인식의 근거를 '재일조선인의 창조적 위치'라는 적극적인 개념을 도입하여 구체적으로 설명한다.

> 창조적인 성격이라는 것은 조국분단의 상황 아래에서 '재일'이라는 위치 - 장(場)에서 통일을 위한 어떤 힘이나 비약을 위한 동기가될 수 있는 성격을 말한다. 바꿔 말하면 남에서도 북에서도 할 수 없는 일을 해낼 수 있을 뿐만 아니라, 남북을 총체적으로, 혹은 객관적으로 볼 수 있는 장소에 있기 때문에, 이러한 독자성이 남북의 통일을 위해 긍정적으로 작동하지 않으면 안 된다.16)

이와 같은 신념으로 작품 활동을 지속해온 김석범은 그러므로 "내가 한국적을 취득하지 않는 것은 '남'과 '북' 모두 깨어진 한조각의 '나라'이라서, 조각난 '국적'일 뿐으로, 남·북의 통일체가 나의 조국"17)이라는 입장을 취한다. 그의 작품 활동 또한 궁극적으로는 이와 같은 민족의 통일을 향한 염원이 항상 저변에 깔려있음은 두말 할 나위가 없다.

그러나 김석범의 이러한 작가적 자세는 이데올로기의 대립으로 긴장감이 높아만 가던 시기인 1960, 70년대에는 물론이고, 1988년 42년만의 고국방문길에 오를 때에도 커다란 장해요인으로 작용하였다. 뿐

---

15) 김석범, 「<재일>의 <국적>에 대하여(<在日>にとっての<国籍>について)」,『世界』, 1999, 5월호 수록. 주(8),『신편「재일」의 사상(新編「在日」の思想)』, 116쪽.
16) 김석범, 「<재일>이란 무엇인가(<在日>とはなにか)」,『季刊三千里』, 1979년 여름, 제18호 수록. 주(8),『신편「재일」의 사상(新編「在日」の思想)』, 81, 82쪽.
17) 김석범, 「고난이 끝난 한국행(苦難の終りの韓国行)」,『文学界』, 2001, 11월호 수록. 앞의 책,『虛日』, 310쪽.

만 아니라 고국방문을 실현시킨 이후에도 국적 바꾸기를 거부한 탓으로 한국방문은 여전히 높은 장벽으로 가로막혀 있었다.

또한 「까마귀의 죽음」이 1988년 5월에, 『火山島』의 일부가 6월에 각각 번역 출판되었으나, 한국정부로부터 국가보안법을 위반한 '좌익서적'이라는 혐의로 고발되어 판매금지 조치를 당했다.18) 그 이유는 이들 책이 <제주4·3사건>을 민중항쟁으로 미화하고 반미적인 서적이라는 것이었다. 판매금지 조치는 이내 해제되었으나 올림픽 기간 중의 한국방문은 곤란하다며 난색을 표하는 바람에 같은 해 6월의 출판기념회를 겸한 한국방문 계획은 무산되고 말았다. 결국 11월이 되어서야 '민족문학작가회의'의 초청이라는 명목으로 한국을 방문하여 제주도를 다시 찾게 되었다.

그런데 김석범은 자신의 문학 창작활동에 대한 한국정부의 부정적인 반응과 관련하여 스스로의 작품을 '망명문학'이라 규정하며 그 역할의 중요성을 강조한다.

> 정치는 이런 식으로 나의 작품의 '망명문학성'을 강조하게 된다. 나는 4·3사건 당시 일본으로 밀항(지금으로 말하면 난민, 망명이 될 것이다) 해 온 것이 아니다. 피 식민지인으로 조국상실자, 일본으로 간 유민(流民)의 자손이다.
> 그러나 「까마귀의 죽음」에서 『火山島』에 이르기까지의 나의 작품은 내가 '재일'이 아니고 '재한(在韓)'이었다면 쓸 수 없었던 '망명문학'으로서 성립된 것이다. 나는 내 작품을 망명문학이라고 부른 적도 없고, 그것을 좋아하지 않지만, 작품의 현실은 망명문학에 다름이 아니다.(하략)19)

---

18) 앞의 책, 『고국행(故国行)』, 195쪽 내용 요약.
19) 앞의 책, 『虛日』, 75, 76쪽.

이상과 같이 자신의 문학을 '망명문학'으로 규정하는 이유는 제주도를 고향으로 생각하고 조국의 진정한 통일과 미래를 위한 문학 활동 때문에 한국정부로부터 입국을 거부당하고 있다는 인식에서 비롯된 것이라 할 수 있다. 비록 김석범 자신은 사람들 입에 자주 오르내리는 난민이나 망명자와 직접적으로 관계는 없지만, 그러한 조상을 둔 한민족의 후손으로서의 충정을 담아낸 자신의 문학이 조국으로부터 배척당한다면 그것은 바로 망명자의 문학인 '망명문학'이 아니고 무엇이겠는가라는 주장을 하고 있는 것이다. 김석범의 말처럼 그가 한국에 살고 있었다면 대표적인 소설「까마귀의 죽음」과『火山島』같은 작품은 발표될 수 없었을 것이기 때문에 이들 작품이 '망명문학'의 좋은 증거가 된다는 것은 부정하기 어렵다.

이상으로 김석범의 작품 활동과 관련된 사상적 토대를 이루고 있는 내용에 관해서 주로 그의 평론을 통해 고찰해 보았다. 그의 평론적 저서들의 특징은 관념적인 사고의 틀을 현실에 적용시키고자 하는데 있으며, 이는 스스로의 철저한 검증을 거쳐서 외부로 표출된다고 할 수 있다. 따라서 평론의 내용들은 이러한 관념적 사고가 보편적 사고의 틀 속에 존재한다는 것을 입증하는 것들이 대부분이다. 작품 속의 등장인물 역시 철저한 관념적 사고와 이의 실천을 통해 그들의 성격을 표출하게 되는데, 흥미 위주의 소설이라는 범주를 넘어 서고 있는 것은 이러한 관념적인 사고가 소설의 곳곳에 내재되어 있기 때문이다.

김석범 문학의 토대를 이루며 원동력이 되고 있는 용어들로 이미 예를 든 '작은 민족주의자', '(재일조선인의)창조적 위치', '준통일국적', '망명문학' 등이 있는데, 어려운 관념적 사고를 필요로 하는 것은 아니지만 실천으로 옮기기 위해서는 보편적으로 납득할 수 있는 사고의 정립이 필요한 용어들이다. 이러한 용어들은 김석범의 작품세계를 가늠해 볼 수 있는 척도가 될 뿐만 아니라, 그가 치열하게 작품 활동을 해온 목적과 가치의 존재 영역을 확연히 드러내고 있다 해야 할 것이다.

김석범의 한글 『화산도』
― 한글 『화산도』의 집필배경과 「까마귀의 죽음」 및 『火山島』와의 관계를 중심으로 ―

1. 머리말

　김석범(金石範)은 1957년에 <제주4·3사건>을 소재로 다룬 「까마귀의 죽음(鴉の死)」을 발표하여 세간에 알려지기 시작하였는데, 이후에도 같은 주제로 집필을 계속하여 1997년에는 4백자 원고지 1만 1천매에 달하는 『火山島』 전7권을 완성하였다. <제주4·3사건>의 문학적 형상화는 해방 직후의 혼란한 좌절의 시대를 살았던 조선의 민중, 그 중에서도 정당하지 못한 권력에 희생된 채 역사 속에 스러져간 제주민중의 투쟁에 대한 진정성의 회복에 그 목적을 두고 있다. 『火山島』는 이러한 진정성 회복의 과정을 통해서 분단된 조국과 민족의 상흔을 치유하려는 노력을 기울임과 동시에, 미래지향적인 화합을 도모하려는 집념의 소산이라 하겠다.
　이와 같이 『火山島』로 대표되는 김석범의 문학은 20대 초반에 접했던 <제주4·3사건>에 대한 충격을 생생하게 담고 있는 「1949년 무렵의 일지에서」를 그 출발로 볼 수 있다. 그리고 한글『화산도』는 「까마귀의 죽음」에서『火山島』1)로 구조적 틀을 확대해 가는 중계적 위치에 있는 작품이라 할 수 있다. 또한 「까마귀의 죽음」, 한글『화산도』, 『火山島』로 이어지는 주인공들의 인물특성을 비교 고찰해보면, 투쟁에 적극 가담하려는 인물에서 실천적 허무주의자로 그 설정이 변화되고 있음을 알 수 있는데, 이는 민족통일을 실현하지 못하는 현실에 대한 작가의 안타까운 심정이 반영된 것이라 하겠다.

그런데 김석범이 한글『화산도』를 집필하게 된 것은 재일조선인 작가로서 일본어글쓰기를 한다는 것에 대한 회의에서 비롯된 것이라 할 수 있다. 일본어에 의한 창작 활동은 1962년에 발표한 「관덕정(觀德亭)」을 끝으로 중지되었다가, 1969년의 「허몽담(虛夢談)」을 다시 발표할 때까지 7년에 걸친 공백기에 들어간다. 이 시기에 김석범은 조총련 조직과 연계되어 조선어로 발행되던 신문『조선신보(朝鮮新報)』와 문학잡지『문학예술(文学芸術)』에서 비교적 적극적인 활동을 하고 있었다.

한글『화산도』는 이 시기에 집필된 작품으로『문학예술』에 1965년 5월부터 1967년 8월호까지 9회에 걸쳐 연재되었다. 그런데 9회로 작품이 완성된 것이 아니라 줄거리 전개를 위한 등장인물들의 배치가 끝났다고 생각되는 시점에서 중단되고 말았다.

본고에서는 「1949년 무렵의 일지에서」를 시작으로『火山島』로 일단락 짓는 일련의 과정 중에서 한글『화산도』의 집필이 시도되기까지의 배경을 고찰하고, 한글『화산도』가 중단된 배경에 대한 검토를 통하여 작가로서의 고뇌와 일본어글쓰기에 대한 자신감의 회복과정을

---

1) 일본어로 쓴『火山島』와 한글로 쓴『화산도』를 구분하기 위하여 일본어 작품은 한자로 표기하고, 한글로 쓴 작품은 '한글『화산도』'로 표기하였음. 이하 같음.

확인하고자 한다. 또한 「까마귀의 죽음」이 『火山島』로 확대 발전해 가는 과정에서 한글 『화산도』가 갖는 역할 및 의의에 대한 고찰도 병행하고자 한다.

2. 김석범 문학의 태동

김석범의 본격적인 작품 활동은 1957년의 「간수 박서방」[2]과 「까마귀의 죽음」[3]을 발표하면서부터라고 할 수 있는데, 이들 작품이 바로 <제주4·3사건>을 소재로 삼은 작품으로, 이 중에서도 「까마귀의 죽음」은 『火山島』의 原形이라 하겠다.

그런데 김석범이 26세 때인 1951년 12월, 『朝鮮評論』 창간호에 「1949년 무렵의 일지에서 - 「죽음의 산」의 일절에서(1949年頃の日誌より-「死の山」の一節より-)」[4]라는 글을 박통(朴桶)이란 이름으로 싣고 있는데, 이 글이 <제주4·3사건>과 관련된 그의 최초의 글이라 할 수 있다. 그러나 "방관자적인 시점에서 제주도의 학살을 담담히 그려냈다"[5]는 송혜원의 단편적인 견해가 있을 뿐, 이에 대한 연구자들의 적극적인 평가는 찾아보기 어렵다.

그러므로 「까마귀의 죽음」을 『火山島』로 확대 재생산해가는 과정에서 가교적 역할을 하고 있는 한글 『화산도』에 대한 고찰에 앞서, 「1949년 무렵의 일지에서」와 「까마귀의 죽음」에 대한 개략적인 검토를 통하여 이들 작품의 상관관계를 정립해보고자 한다.

---

2) 『文芸首都』, 1957, 8월호.
3) 『文芸首都』, 1957, 12월호.
4) 金石範(朴桶), 「1949年頃の日誌より-「死の山」の一節より-」, 『金石範作品集 Ⅰ』, 平凡社, 2005, 551-559쪽. 본고에서는 「1949년 무렵의 일지에서」로 약칭하고자 한다.
5) 위의 책, 『金石範作品集Ⅰ』, 561쪽.

2.1. 「1949년 무렵의 일지에서」

잡지 『朝鮮評論』은 1951년 大阪朝鮮人文化協會의 기관지로 출발하였는데, 「1949년 무렵의 일지에서」를 게재한 창간호와 제2호의 편집 겸 발행인은 김석범 자신이었다.

「1949년 무렵의 일지에서」는 기행문 형식의 감상문으로, 이후의 김석범 문학에서 엿보이는 사상적 배경과 여러 소도구들이 많이 등장하고 있으며, 글의 끝부분에 묘사된 모녀의 살해 장면은 소설의 한 장면을 연상시키듯 깊은 인상을 남긴다.

이 작품은 관찰자인 '나(私)'가 밀무역을 하는 작은 배에 선원을 포함한 다른 몇 사람과 동승하여 부산에서 고향인 제주도로 들어가게 된다는 설정으로 시작된다. 그리고 제주읍의 알코올(주정)공장, 기상대, 북소학교, 우편국, 관덕정(觀德亭), 가톨릭교회 등의 정경이 묘사되고, 제주민을 무차별 학살하는 악역으로 '서북청년백골부대'도 등장한다. 또한 "─제군들도 잘 알고 있듯이 우리의 거룩하신 이승만 대통령각하께서 방송하시기를, 제주도민은 모두 빨갱이니 다 죽여야한다고 말씀하셨다─"라는 내용의 읍내를 울리는 스피커 소리를 통해 이승만 정권에 대한 적개심을 드러내기도 한다. 그리고 "앞으로 이곳 사람들은 어떻게 되는 것인가. 이들이 죽어서는 안 된다. 반드시 살아남지 않으면 안 된다."는 '나'의 독백으로 글은 끝을 맺는다. 뿐만 아니라 까마귀 떼와 관련된 여러 관념적인 문장 역시 이후의 김석범 문학의 큰 특징이라 할 수 있는 비유와 상상력이 한데 어우러진 고차원적인 작품세계에 대한 가능성을 일찍이 보여준 것이라 할 수 있다.

그런데 「1949년 무렵의 일지에서」는 작가의 실제 체험을 쓴 것이 아니라, 제주도로부터 학살을 피해 일본으로 밀항해온 사람들의 증언을 토대로 상상력을 동원하여 쓴 감상문 형식의 글이다. 따라서 자신의 고향이라 여기고 있는 곳에서 <제주4·3사건>이라는 전대미문의 대참극을 접한 '나'는 도대체 무엇이 어떻게 된 것인지, 자신은 앞으로 무엇을 어떻게 해야 할 것인지 분간하기 어려운 상황 속에서 놀라움과 분노의 심정만을 곳곳에 표출하고 있을 뿐이다. 그러나 까마귀 떼를 비롯한 여러 소도구들과 이승만 정권에 대한 반감 등이 노골적으로 표출되고 있어서, 「1949년 무렵의 일지에서」야말로 작가의 출세작이라 할 수 있는 「까마귀의 죽음」의 예고편이라 해도 무리가 없을 것이다.

2.2. 『火山島』의 모태가 된 「까마귀의 죽음」

「까마귀의 죽음」이 『火山島』의 모태가 되었다는 것은 김석범의 언급을 통해서도 확인된다.

> 한마디로 말하면 「까마귀의 죽음」이 나의 그 후의 창작을 결정지어 거의 무의식중에 이끌어 왔으며, 그 정점에 『火山島』가 있다고 할 수 있다. 「까마귀의 죽음」의 모태 없이 『火山島』는 탄생할 수 없었다.[6]

이와 같은 「까마귀의 죽음」은 「1949년 무렵의 일지에서」 이후 6년이란 세월이 흐른 뒤인 1957년에 발표되었는데, 다음의 인용문은 이 두 작품 사이의 세월이 작가 김석범에 있어 무엇을 의미하는 것인지 말해준다 하겠다.

---

6) 金石範, 「「鴉の死」と『火山島』」, 『IN·POCKET』, 1985년 6월호. 金石範, 『新編「在日」の思想』, 講談社文芸文庫, 2001, 261, 262쪽.

> 「까마귀의 죽음」을 내게 쓰게 한 것은, 말하자면 제주도4·3사건
> (1948년)의 충격이었다. 물론 그것은 외적요인으로서 찾아 온 것이
> 지만, 동시에 내 안에 있는 허무주의를 자극했다. (중략) 당시의 나는
> 「까마귀의 죽음」에 의해 구제되었다고 할 수 있다.[7]

 작가는 「1949년 무렵의 일지에서」를 통해 엿보이던 <제주4·3사건>에 대한 분노가 허무주의로 치닫는 고통을 겪었으나 「까마귀의 죽음」을 통해 이를 형상화하는 것으로 허무와 좌절로부터 탈출할 수 있게 되었다는 고백을 하고 있다. 즉 두 작품 사이에 가로놓여 있는 6년이라는 세월은 무참히 살해된 채 잊혀가던 제주도 민중들의 투쟁을 자신의 손으로 그려내 복원하려는 노력을 경주한 고통의 시간이었다고 할 수 있다. 그리고 이러한 노력의 결과로 얻어진 「까마귀의 죽음」은 작가로 하여금 제주 민중의 항쟁을 대변할 수 있게 되었다는 쓰라린 자부심을 갖게 만들었으며, 허무주의로부터 탈출할 수 있는 계기로 작용했던 것이다.

 「까마귀의 죽음」은 조국의 해방과 함께 일본에서 제주도로 돌아와 미군정청 통역으로 일하는 정기준이 주인공으로 등장하는데, 친구 장용석의 공작으로 군정청의 각종 정보를 남로당에 제공하는 비밀당원으로도 활동한다. 정기준과 사랑하는 사이인 장용석의 여동생 양순은 그의 이중적인 신분을 눈치채지 못하고 미군정청 통역을 그만두지 않는다는 이유로 관계를 끊어버린다.

 장양순과 양부모는 오빠 용석 대신 체포되어 집단처형을 당하게 되었다. 미군의 대표로 참석한 정기준은 참혹한 심정으로 이를 지켜볼 뿐 어찌할 방도를 찾지 못한다.

---

[7] 金石範, 『口あるものは語れ』, 筑摩書房, 1975, 222, 223쪽.

경찰서 현관 앞의 벚꽃나무 밑에 학살된 채 놓여 있는 시체 대여섯 구 중에는 가슴을 드러낸 십칠팔 세가량의 소녀가 있었고, 이를 노리는 까마귀를 본 기준은 자신도 모르게 권총을 꺼내들고 방아쇠를 당긴다. 소녀의 시체 위에 양순의 모습이 겹쳐진 때문이었다. 주위에 경찰관들이 몰려들자 그는 다시 불쌍한 소녀의 시체를 향해 연거푸 세 번 방아쇠를 당긴다. 그는 "모든 것이 끝나고 모든 것이 새로 시작되었다"는 생각을 한다.

이상으로 고찰한 「까마귀의 죽음」의 전개를 통해 확인되는 주제는 한마디로 '혁명 투쟁의 절대성에 대한 새로운 인식'에 있음을 알 수 있다. 이와 같은 주제의 고찰을 통해서 확인되는 1950년대 중반의 작가적 입장은 제주민중에 대한 학살의 역사를 어떻게든 복원시켜야 한다는 것이었다. 그리고 이를 위해서는 독재정권과의 투쟁도 마다하지 않겠다는 것으로 요약된다. 또한 역사적 사실에 대한 복원이라는 의미에서 뿐만 아니라, 고차원적인 비유와 상징성을 갖추고 인간존재의 근원적인 의미를 추구하고 있다는 점에서 문학적으로도 높게 평가 받아 마땅하다 하겠다.

그런데 이러한 「까마귀의 죽음」의 세계는 6년 전에 집필된 기행문 형식의 감상문 「1949년 무렵의 일지에서」에 드러난 분노와 좌절, 그리고 투쟁의지를 문학작품으로 형상화했다는 것을 각종의 소도구와 주제를 통해 쉽게 엿볼 수 있다. 양순과 그녀의 부모가 처형당하는 장면도 「1949년 무렵의 일지에서」의 모녀살해 장면을 떠올리게 하고, 정기준이 "모든 것이 끝나고 모든 것이 새로 시작되었다"는 말로 투쟁을 결심하며 막을 내리는 장면 역시 "이들이 죽어서는 안 된다. 반드시 살아남지 않으면 안 된다"라는 「1949년 무렵의 일지에서」의 마지막 장면의 독백을 계승 발전시킨 것으로 볼 수 있다.

그리고 「까마귀의 죽음」이 『火山島』로 확대 발전되어 가는 과정에는 10여년의 공백 기간이 존재하는데, 이때는 한글 창작으로 <제주 4·3사건>의 형상화를 시도하던 시기와 중첩된다. 그러므로 일본어에 의한 창작은 공백이 발생했다 할지라도 한글 창작에 의한 연속성은 유지되고 있었는데, 이를 실증적으로 대변할 수 있는 작품이 한글『화산도』의 존재라 하겠다.

3. 한글『화산도』의 특징과 중단 배경

3.1. 한글『화산도』의 전개

김석범의 일본어에 의한 본격적인 창작 활동은 1957년 「간수 박 서방」과 「까마귀의 죽음」으로 문단에 등장하면서 시작되었으나, 1962년에 발표한 「관덕정(觀德亭)」을 끝으로 일시적으로 중단되었다. 그 뒤 1969년에 『허몽담(虛夢談)』으로 일본어 창작을 재개 할 때까지 7년간에 걸친 공백기에 들어간다.

그런데 이 시기에 김석범은 조총련 조직과 연계된 신문『朝鮮新報』와 문학잡지『文學藝術』에서 활발한 활동을 하고 있었는데, 이들은 모두 조선어로 발행된 신문과 잡지였다. 이 시기의 김석범의 활동과 관련하여 宋惠媛은 다음과 같이 정리한다.

> (7년간의 공백 기간 중에 - 필자) 김석범은 조총련 기관지인『조선신보』문예란의 편집위원으로 일하면서, 1959년 6월에 결성된 재일본조선문학예술가동맹(文芸同)의 맹원(盟員)으로서 오로지 조선어로만 문학 활동을 하고 있었다. (중략) 한편, 공화국으로의 귀국운동이 활발해진 것에 힘입어 세력을 과시하던 조총련에서는 문예동

의 조직과 그 기관지『문학예술』의 발간 등, 재일조선인들의 조선어
에 의한 본격적인 문학 활동의 기반을 1960무렵까지 정비해 놓고 있
었다. 이와 같은 움직임이 김석범의 조선어에 의한 창작활동의 전제
가 되었던 것은 당연하다.8)

 김석범이 한글 창작에 전념하던 기간에 쓴 작품 중에서 최초의 소설
은「꿩 사냥」(『朝鮮新報』1961, 12)으로 <제주4·3사건>을 배경으
로 삼고 있으며, 두 번째 소설로「혼백」(『文學藝術』1962, 10)이 있고,
세 번째 작품으로는「어느 한 부두에서」(『文學藝術』1964, 9)가 있
다.9)
 이상의 세편의 한글 소설을 뒤이은 작품이 장편으로 계획된 한글 소
설『화산도』라 할 수 있는데, 그 전개는 다음과 같다.10)
 한밤중에 삐라뭉치를 소지하고 다니다가 체포되어 K봉 기슭에서
집단 처형되었으나 팔뚝에 총상을 입은 채 기적적으로 살아난 장명순
은 천신만고 끝에 집으로 돌아온다. 크게 놀란 어머니 강 씨는 명순을
사람들 눈에 띄지 않게 골방에 눕히고 애처로운 '이어도' 노래를 부르
며 극진히 보살핀다. 명순은 이런 상황 속에서도 정기준을 생각하고
있는 자신에 놀란다.
 이런 상황을 눈치 채지 못한 명순의 오빠 용석은 농촌 청년으로 변
장을 하고 보리 자루를 짊어진 채 성내(城內-제주읍) 조직의 책임자
이자 소학교 교사인 량성규를 만나기 위해 성내로 들어온다. 우연히
제주 신문사에서 일하는 친구 김동진을 만나지만 조직의 일을 위해 이

---

8) 宋惠媛,「金石範の朝鮮語作品について」,『金石範作品集Ⅰ』, 562쪽.
9)『金石範作品集Ⅰ』, 562, 563쪽. 송혜원의 원글에는 간단한 작품의 설명도 덧붙어 있다.
10) 한글『화산도』의 내용에 대해서는 아직까지 국내에 소개된 바가 없으므로, 그 핵심적인
  전개를 간략히 소개하고자 하였다.

내 헤어진다.

량성규의 하숙집을 찾아간 장용석은 우연히 량성규와 그의 죽은 아내, 자신과 여동생 명순, 그리고 그 뒤에 정기준이 함께한 사진을 보면서 정기준과 동생 명순의 관계를 떠올린다. 미 군정청 통역으로 일하는 정기준은 지금 용석 자신과만 연락을 취하는 비밀당원이었다. 량성규를 만난 장용석은 자동차회사 화물부에서 트럭 운전을 하는 청년(이름이 나와 있지 않음)을 산으로 파견해달라는 부탁과 함께, 동생 명순을 구출하기 위해 가능한 빨리 모든 조치를 취하자는 대화를 나눈다.

얼굴이 네모지고 커서 두장백이라 불리는 신 약국의 뒤뜰에서는 죽창 만드는 일이 한창이었는데, 죽창 만들기의 명인인 박 서방의 활약이 대단했다.

오빠 용석을 만난 명순은 정기준을 만나게 해달라는 부탁을 한다. 마지막으로 설득을 해보고 그래도 안 되면 연분을 끊겠다는 것이다. 그런데 갑자기 명순이 구토를 시작한다. 신 약국과 어머니 강 씨는 명순이 임신했음을 눈치 챈다. 강 씨는 앞으로의 일을 크게 걱정한다.

정기준은 일주일간의 서울 출장을 마치고 돌아와 주정공장 사장 리병희의 연락을 받고 공장으로 찾아간다. 리병희는 자신의 큰 아들 상근이 서울의 대학에서 철학과를 다니다가 중퇴하고 내려와 술로 지내며 미군에게 행패를 부리는 등 방탕한 생활 때문에 골치가 아프다고 했다. 정기준을 부른 것은 그의 둘째 아들인 윤근의 영어 가정교사를 부탁하기 위해서였다.

장용석은 한라산 중턱에 자리 잡은 관음사(觀音寺)와 산천단(山泉壇)에 올라가 일을 보다가 날을 잡아 정기준과 라성규를 만나러 내려오려는 마음을 먹는다. 그리고 돌아가는 길에 집에 들러 어머니와 명순을 만나보면 된다는 생각을 한다.

며칠 후 박 서방이 우물에 엎드려 물을 마시고 있던 경관의 권총을 빼앗아 달아나는 바람에 정기준은 경찰들과 함께 미군을 따라 명순네 마을로 들어왔다. 경찰들이 폭력으로 명순의 집안을 수색하려는 것을 기준이 제지하자, 간단한 집안 수색을 끝낸 뒤 강 씨만을 데리고 돌아갔다.

그런데 기준의 귓전에는 "남의 딸 망쳐먹구서두 아직 부족해 이제 날 잡아먹으려는 판이냐"며 자신을 향해 고함치던 명순의 어머니 강 씨의 말이 맴돌았다. '체포되었던 명순이 죽었단 말인가?' 정기준은 당혹감을 감추지 못한다.

이상이 한글『화산도』의 작품 전개라 할 수 있는데, 장편의 집필을 위한 등장인물과 사건전개의 초기구성단계에서 중단되었음을 알 수 있다. 따라서「까마귀의 죽음」과는 달리 훨씬 넓은 무대배경과 복잡한 등장인물을 배치하여『火山島』에 보다 가까이 접근된 구성요소를 갖추고 있다. 그런데 앞으로 전개될 사건이 어떤 것인지, 또한 등장인물들의 구체적인 역할 등이 정착되지 못한 단계에서 중단된 것이 아쉽다. 그러나 장편으로서 시도된 한글『화산도』의 구성과 전개될 내용이 정착되지 못한 단계에서 집필을 중단한 것은 당시의 작가가 처해있던 입장을 반영하는 것이라고도 할 수 있다.

3.2. 한글『화산도』의 집필이 중단된 배경

한글『화산도』는 在日本朝鮮文学芸術家同盟의 隔月로 발행된 기관지『文學藝術』에 1965년 5월의 13호부터 1967년 8월의 22호까지 9회에 걸쳐 연재되었다. 그런데 이야기를 엮어 나갈 전체적인 구성과 등장인물들의 배치가 끝났다고 생각되는 시점에서 집필을 중단하고 말았는데, 당시의 상황과 관련하여 김석범은 다음과 같이 적고 있다.

> 1967년 가을부터 겨울에 걸쳐서 나는 위 절개 수술로 약 3개월간 입원해 있었는데, 이를 고비로 조직의 일을 떠나게 되었다. 이미 그 무렵에는 내가 소속되어 있던 문학관계의 조직을 중심으로 해서 모처럼 활성화되고 있던 조선어 창작에 의한 기운조차도 말살하려는 분위기가 조성되어 있었다. 그래서 나는 몸이 안 좋기도 했지만『文學藝術』이라는 기관지에 연재 중이던 장편을 4백장(4백자 원고-필자) 남짓 쓴 채로 중단하고 말았다.11)

이 글은 1974년에 쓴 것으로, 일본어 창작의 공백기에 대해서도 언급하고 있을 뿐만 아니라, 한글 창작의 일환으로 계속하고 있던『화산도』의 집필을 중단하게 된 경위에 대해서도 밝히고 있다. 위 절개 수술로 인해서 중단된 것도 사실이지만 "조선어 창작에 의한 기운조차도 말살하려는 분위기가 조성되어 있었다"는 작가의 말에서도 알 수 있듯이 그의 한글에 의한 창작 활동과 관련하여 조직과 마찰이 있었음을 시사하고 있다. 당시의 김석범이 처해 있던 입장에 대해서는 송혜원이 그 사정을 언급한 바 있다.

> 조총련 조직에 속해서 창작 활동을 한다는 것은, 단순히 조선어 창작에만 그치는 것이 아니라, 조총련 및 평양의 문예정책에 따라야 한다는 것을 의미했다. 김석범이 속해있던 1960년대의 문예동(文芸同) 및 공화국의 조선작가동맹(1961년 3월에 조선문학예술총동맹으로 조직이 개편됨)의 문예정책이라는 것은 사회주의 리얼리즘의 수법을 도입할 것, 공화국의 정책을 인민들에게 침투시킬 수 있는 작품

---

11) 金石範,「『鴉の死』が世に出るまで)」,『部落解放』, 1974년 3월호 수록. 앞의 책,『口あるものは語れ』, 221쪽.

을 쓸 것, 미제국주의 및 대한민국, 그리고 일본의 반동세력과의 투
쟁에 독자를 끌어들일 수 있는 계몽적인 작품을 쓸 것 등과 같은 것
이었다.12)

　조총련 산하에서의 창작 활동이 위와 같은 제약을 수반하는 것이었
다면「까마귀의 죽음」을 통해 이미 김석범의 작품 성향을 고찰해 본
것처럼 조직에 소속되어 오랫동안 집필을 계속하기는 어려운 일이었
다. 김석범의 창작 기법에는 사실주의적 기술과는 차원이 다른 상상력
에 의한 비유 및 대비, 그리고 관념적인 정신세계를 다루려는 특징이
강하기 때문이다.

　그리고 김석범은 2006년 10월에 한국일어일문학회 추계국제학술
대회에 참석하여「디아스포라 문학과『火山島』」라는 제목으로 강연
을 하고 열띤 토론에도 참석하였는데, 이때 한글『화산도』의 집필 중
단 이유에 대한 질문에 다음과 같이 답했다.

> 「까마귀의 죽음」을 출판할 때부터 조직과의 마찰이 있었다. 조직
> 의 허가를 받지 않고 출판했다는 것이 문제가 되었다. 이후『文學藝
> 術』에 한글 작품을 게재할 때에도 마찰은 계속되었다. 그리고 아무
> 리 자신의 이상을 실천하고 싶다 해도 독자가 없으면 무슨 소용이 있
> 겠는가. 당시에 한글로 글을 써보았자 거의 읽어주는 독자도 없었으
> 니 생활도 매우 곤란했다.13)

　글을 쓴다 해도 조직의 기관지인『文學藝術』에 이를 싣지 못한다는

---

12)『金石範作品集Ⅰ』, 562쪽.
13) 2006년 10월 14일 명지대학교에서 개최된 한국일어일문학회 추계국제학술대회에 참
석한 김석범이 '한글『화산도』의 중단 이유'를 묻는 질문에 답한 내용의 일부를 필자의
임의로 인용하였다.

것은 한글 집필이 더 이상 그 의미를 갖지 못하게 되었음을 뜻한다. 이리하여 김석범은 다시 '일본어글쓰기'로 조선적인 것을 표현하기 위한 노력을 기울인다. 그 결과로 얻어진 일본어글쓰기에 대한 자신감을 많은 기고문 등을 통해 밝혔는데, 이를 모아 수록한 것이 1972년에 출간된 『말(언어)의 속박(ことばの呪縛)』이라는 평론집이었으며, 이를 계기로 <제주4·3사건>의 형상화를 재차 시도하게 된다.

이후에 20여 년간 지속된 『火山島』의 집필은 일본어글쓰기의 공백기에 시도된 한글 『화산도』의 연장선상에서 이루어졌다고 보는 것이 타당하다 하겠다.

4. 한글 『화산도』의 위상

한글로 쓴 『화산도』는 장편으로서 구상되었으나 앞으로 전개될 상황이 어떤 것인지 알 수 없는 단계에서 집필을 멈추었기 때문에 작품을 논하기에는 무리가 있다. 그러나 「까마귀의 죽음」과 『火山島』를 분석해 보면, 한글 『화산도』가 「까마귀의 죽음」을 『火山島』로 확대 발전시켜가는 중간 단계에 있는 작품이라는 것을 이내 알 수 있다. 『火山島』는 김석범의 다른 많은 작품들과도 다양한 연관성을 가지고 집필된 것이 사실이지만, 시대 및 공간적 배경과 등장인물의 구성, 그리고 사건의 전개를 고찰의 대상으로 삼을 때, 이들을 일직선상에서 논할 수 있는 작품은 「까마귀의 죽음」과 한글 『화산도』라 할 수 있다.

한글 『화산도』에 관한 연구는 나카무라 후쿠지(中村福治)의 『金石範과 「火山島」』[14]에서 처음 시도된 바 있다. 그러나 이 저작은 일본의 독자에 대한 배려를 우선하여 작품의 내용과 역사적인 사실의 비교에

---

14) 中村福治, 『金石範と「火山島」』, 同時代社, 2001.

만 치중하고 있다는 지적을 받을 수 있다. 그리고「까마귀의 죽음」과 한글『화산도』, 한글『화산도』와『火山島』의 비교를 시도하고 있는데, 각각 10개 항목 정도의 기술로 전체를 아우르려다 보니 이것저것 두서없이 나열하고 있다는 느낌을 떨치기 어렵다. 게다가 나카무라는 한글『화산도』의 결정적인 장면을 오독15)하는 바람에 자신의 혼란스런 기분을 비판으로 장황하게 기술하는 등, 내용의 전개에 있어 난맥상을 초래하는 근본적인 문제점을 안고 있다 하겠다.

그러므로 본 장에서는 이들 세 작품의 보다 효과적인 비교고찰을 위해 시대와 공간적 배경을 먼저 검토한 뒤, 각 작품의 주요 등장인물을 표로 만들어 정리하였다. 등장인물의 비교는 각 작품의 연관성과 함께 변화의 정도를 동시에 확인시켜주는 중요한 자료라는 판단 아래 미묘한 차이를 나타낼 수 있도록 세심한 주의를 기울였다.

4.1. 작품의 시대적 배경

· 「까마귀의 죽음」— <제주4·3사건>의 진압 작전이 한창이던 1949년 초의 아직은 추운 겨울.
· 한글『화산도』— <제주4·3사건>이 일어나기 전인 1948년 3월경.
· 『火山島』— <제주4·3사건>이 일어나기 전인 1948년 2월 말부

---

15) 오독한 내용 : "무엇도 모르고 기준은 하리스 손에서 서류를 받아 왔지마는 사고자 명단 중에 차마 명순이가 들어 있는 줄은 알 리가 없었던 것이다. 가슴이 갈기갈기 찢어질 순간에 림박한 기준은 흡사 폭탄의 기폭 장치를 만져보는 장님과도 같았다." (김석범,「화산도(제7회)」,『文學藝術』20호, 在日朝鮮文學藝術家同盟, 1966. 7, 73쪽) ; 나카무라는 이 문장을 '사고자(처형자) 명단을 건네받은 기준이 그 속에 명순의 이름을 발견하고 심한 충격을 받았다'는 식으로 해석하고 있어서, 뒤에 이어지는 내용의 전개를 이해하지 못하고 있다. 그러나 '처형자 명단을 건네받고 충격을 받은 기준을 그려낸 것이지, 명순이 명단 안에 포함되어 있음을 확인하고 놀란 것이 아니라는 것'을 앞뒤로 이어지는 내용을 통해 쉽게 확인할 수 있다.

터 완전히 진압되는 1949년 6월에 이르기까지의 1년 4개월 정도의 기간.

「까마귀의 죽음」에서는 1948년 8월 15일 대한민국의 성립과 함께 그 역할을 마친 미 군정청이 존재하여 주인공인 정기준이 통역으로 근무한다는 잘못된 설정이 있었고, 한글『화산도』에서는 <제주4·3사건>이 일어나기 전인 1948년 3월의 시점에서 대대적인 양민학살에 의한 진압작전이 펼쳐지는 듯한 오류가 있었다.『火山島』에서는 이러한 오류가 모두 시정되어 시대적 배경과 적절히 조화를 이루는 전개를 보이고 있다.

4.2. 작품의 공간적 배경

· 「까마귀의 죽음」- 제주도 읍내와 학살 사건이 발생하는 마을, 그리고 집단 수용소 처형장이 무대로 그려진다.
· 한글『화산도』-「까마귀의 죽음」과 큰 차이는 없지만,『火山島』에서 중요한 무대가 되는 관음사(觀音寺)와 산천단(山泉壇)이 비로소 등장하고, 정기준이 서울로 출장을 가는 장면과 함께 서울사람들의 동정이 화제에 오른다. 그리고『火山島』에서 빨치산 집단 포로수용소로 사용되는 주정공장의 정경이 자세히 묘사된다.
·『火山島』-「까마귀의 죽음」과 한글『화산도』의 장소적 배경이 모두 망라되는 것은 물론이고, 주인공들의 활동무대가 서울과 부산, 목포, 그리고 일본에까지 확대된다. 그리고 밀항선을 타고 일본으로 건너가는 장면은 압권이다.

4.3. 주요 등장인물의 구성

비교 고찰의 대상인「까마귀의 죽음」, 한글『화산도』,『火山島』중에 두 작품 이상에 걸쳐 비슷한 역할로 등장하는 인물을 표로 만들어 비교하면 다음과 같다.

<주요 등장인물의 비교>

작품명 인물특징	까마귀의 죽음 『(鴉の死)』	한글『화산도』	『火山島』
미군정 통역	정기준 - 23세, 주인공	정기준 - 24세, 주인공인지 확실치 않음	양준오 - 27세, 주인공은 아니지만 혁명의 필요성은 인정하는 지식인
여주인공	장양순 - 정기준의 애인	장명순 - 정기준의 애인	이유원 - 22세, 이방근의 여동생
빨치산과 읍내조직의 연락책	장용석 - 장양순의 오빠이며 정기준의 친구	장용석 - 장명순의 오빠이며 정기준의 친구	남승지 - 23세, 주인공. 어머니와 여동생은 일본에 거주. 이유원과 사랑에 빠짐
허무주의자	이상근 - 권세가 집안의 아들. 별다른 역할이 없음.	리상근 - 26세, 리병회라는 권세가의 장남. 별다른 역할이 없음.	이방근 - 33세, 주인공. 권세가 이태수의 차남.
부스럼 영감	부스럼 영감 - 종기 환자의 고름을 빨아 연명. 정기준과의 특별한 관계는 성립되지 않음.	등장하지 않음	부스럼 영감 - 종기 환자의 고름을 빨아 연명하다가 이방근을 따라 제주도로 옴.
성내지구 조직 책임자		량성규 - 27,8세. 북소학교 6학년 주임교사.	유달현 - 33세. 이방근의 소학교 동급생. 중학교 3학년 주임.
제주의 권세가		리병회 - 리상근의 부친. 주정공장 사장. 국회의원 선거에 관심을 가짐.	이태수 - 이방근의 부친. 제주식산은행과 남해자동차를 경영하는 실업가.

제주신문기자		김동진 — 장용석의 친구	김동진 — 한라신문기자. 남로당원으로 후에 빨치산으로 입산.
트럭운전수		무명(無名)의 청년 — 라성규와 연결된 조직원. 자동차회사 트럭운전수.	박산봉 — 남로당원. 남해자동차 트럭운전수.
죽창의 명인		박서방	손서방
시골 약방 주인		신 약국 — 얼굴이 매우 큼. 빨치산 투쟁에 적극협력.	송진산 한방의 — 얼굴이 매우 큰 50대. 빨치산 투쟁에 적극 협력.

한글『화산도』는 시대적 배경에 있어서 <제주4·3사건>을 소재로 삼고 있다는 점에서「까마귀의 죽음」을 크게 벗어나지 못하고 있는데 이는 어쩌면 당연한 일일 것이다. 그렇지만 공간적 배경은 상당히 확대되어 있으며, '주요 등장인물의 비교'를 통해 알 수 있듯이 장편의 집필을 위한 인물들의 설정 역시 상당히 그 폭을 넓히고 있음을 알 수 있다.

위의 세 작품의 발전 과정에서 특징으로 부각되는 것은 주인공이 바뀌어 갔다는데 있다.「까마귀의 죽음」에서는 정기준이 확연히 들어나는 주인공으로 혁명의 투쟁의지를 불태우는 장면으로 끝내고 있다. 그런데 한글『화산도』의 정기준은 구성의 초기 단계이긴 하지만 투쟁을 불태우는 적극적인 인물로 묘사되고 있지 않으며, 주인공인지도 확실치 않다. 그러던 것이『火山島』에서는 이전의 두 작품에서 제3의 인물로 등장하던 허무주의자 이상근이 이방근으로 이름을 바꾸어 주인공으로 등장한다. 혁명의지를 불태우는 남승지라는 젊은 주인공이 또 있지만, 그는 이방근을 부각시키는 중요한 역할을 맡고 있을 뿐이다.

　이러한 주인공 설정의 변화를 통해 엿볼 수 있는 것은 초기의 작품 「까마귀의 죽음」에서 약간의 가능성만 제시하고 있던 허무주의의 태동이 『火山島』에서는 작품 전반을 지배하는 주제로 발전되어 있다는 점이다. 그리고 이러한 현상은 김석범의 혁명투쟁에 대한 그동안의 의식 변화를 반영한 것으로도 볼 수 있다. 1967년에 한글『화산도』를 중단한 것은 위 절개 수술을 받기도 하는 등 자신의 여건이 허락하지 않은 것도 사실이지만, 조총련 측에서 김석범의 문학태도에 대해 자주 비판을 해왔기 때문이라는 것은 전술[16]한 바와 같다. 이러한 상황으로 인해 한글『화산도』에서 정기준이라는 인물을 애매모호하게 설정하고 있는 점으로도 알 수 있는 것처럼 장편소설의 집필 초기 단계부터 작품의 확실한 방향 설정이 어려웠던 것으로 보인다. 그렇지만 이러한 주인공 설정과 역할에 대한 고뇌 역시 김석범 문학의 역사를 엿볼 수 있는 소중한 단면이라는 것에는 변함이 없다.

　이상의 고찰을 통해서 1976년부터 다시 집필하기 시작한 『火山島』는 「까마귀의 죽음」과 한글『화산도』라는 단계적 발전과정을 거치면서 완성된 작품이라는 것을 확인해 보았다. 이러한 과정을 통해서 탄생한 『火山島』는 시대·공간적 배경은 물론이요, 등장인물들의 성격에 이르기까지 제주 민중의 처절하고 불행했던 한 시기를 생생하게 복원해낸 작품이라 평가받아 마땅한데, 이는 과거의 역사인식에 대한 확신과 일본어글쓰기로 이를 표현해낼 수 있다는 자신감이 뒷받침된 결과라 하겠다.

---

16) 앞의 책, 『口あるものは語れ』, 221쪽. 『金石範作品集Ⅰ』, 562쪽.

5. 맺음말

본고에서는 김석범 문학의 토대를 이루는 사상적 배경과 『火山島』가 집필되기 이전의 발전적 단계에 있는 작품들의 검토에 목적을 두었는데, 그 중에서도 한글『화산도』의 위치와 역할에 대한 고찰에 중점을 두었다.

소년 시절부터 민족주의적 의식이 강했던 작가가 <제주4·3사건>을 접하면서 겪은 심적 갈등은 1957년에「까마귀의 죽음」을 집필하면서 해소되었고, 이를 계기로 시작된 김석범의 문학은 『火山島』로 일단락을 지었다고 할 수 있다. 그런데 <제주4·3사건>을 소재로 삼은 최초의 글은 기행문의 형식을 빌린 감상문「1949년 무렵의 일지에서」라고 할 수 있으며,「까마귀의 죽음」과『火山島』의 사이에는 두 작품의 중계적 역할을 하고 있는 한글『화산도』가 자리하고 있음을 확인하였다.

20대 초반의 작가가 접했던 <제주4·3사건>에 대한 충격을 생생하게 담아내고 있는「1949년 무렵의 일지에서」를 통해서는 김석범 문학의 출발을 엿볼 수 있었으며, 한글『화산도』의 고찰에서는「까마귀의 죽음」을『火山島』로 구조적 틀을 확대하려는 노력의 과정을 확인할 수 있었다. 그리고「까마귀의 죽음」, 한글『화산도』,『火山島』로 이어지는 주요 등장인물들의 비교 고찰을 통하여, 적극적인 혁명투쟁에서 실천적 허무주의자로 변해가는 주인공을 확인할 수 있었는데, 이는 작가의 조국을 응시하는 상황인식의 변화에서 비롯된 것이라 하겠다. 또한 한글『화산도』의 집필 동기 및 이의 중단 배경에 대한 고찰을 통해서 엿볼 수 있었던 작가의 일본어글쓰기에 대한 고뇌 및 조직과의 갈등 역시 작가의 투쟁적 혁명의지에 허무주의적 성향을 가미하게 만드는 계기로 작용했다고 할 수 있다.

한글『화산도』는 본고의 고찰을 통해 확인된 바와 같이 여러 정황으로 인해 집필이 중단되었음에도 불구하고, 일본어글쓰기를 그만두고 조국의 언어로 창작을 하겠다는 의지를 실천한 작품이라는 점에서 높이 평가되어야 한다. 그리고 「까마귀의 죽음」에서 시도된 <제주4·3사건>의 형상화는 한글『화산도』에 의해 장편으로서의 가능성이 시도되었으며, 결국 대장편『火山島』로 결실을 맺게 되었다는 점에서도, 한글『화산도』의 존재가치는 적지 않다 하겠다.

金石範의 『火山島』

― 친일파와 공산주의자에 대한 인식을 중심으로 ―

1. 머리말

1925년 오사카(大阪)에서 태어난 김석범은 평생에 걸쳐서 <제주 4·3사건>과 관련된 작품 집필에 힘을 쏟아왔다. 그의 나이 32세 때인 1957년 8월에 「看守朴書房」, 12월에는 「까마귀의 죽음(鴉の死)」을 『文芸首都』에 발표하였는데, 「까마귀의 죽음」이 문단의 주목을 받게 되면서 본격적인 문학 활동이 시작되었다. 이 두 작품에 이어 집필된 「観德亭」(1961), 한글 『화산도』(1965~1967), 『万德幽霊奇譚』(1970) 등도 <제주4·3사건>을 소재로 삼고 있는 작품이다. 이후 1976년 2월부터 『文學界』에 「해소(海嘯)」라는 제목으로 발표를 시작한 것이 대작 『火山島』[1]의 첫걸음이었으며, 1995년 9월에 일단 집필을 종료하고, 1997년 9월에 전7권의 출간을 마쳤다. 이외에도 「남겨진 기억(遺された記憶)」(1975), 「속박의 세월(金縛りの歳月)」(1984), 「빛의

---

[1] 김석범의 작품 중에 일본어로 쓴 장편 『火山島』와 한글로 쓰다 중단한 『화산도』가 있다. 일본어 작품은 원전의 제목 그대로 『火山島』로, 한글 작품은 『화산도』로 표기한다.

동굴(光の洞窟)』(1994), 『바다 속에서, 땅 속에서(海の底から,地の底から)』(1999), 『満月』(2001) 등의 작품도 <제주4·3사건>을 소재로 삼고 있다. 김석범의 모든 작품이 <제주4·3사건>을 소재로 삼고 있는 것은 아니지만, 많은 작품들이 직·간접적으로 관련되어 있다 하겠다.

그런데 김석범은 최근까지도『火山島』의 속편 집필을 계속하고 있다. 2005년 7월부터 2006년 7월까지『스바루(すばる)』에 5차례에 걸쳐 연재한 내용을『땅속의 태양(地底の太陽)』(2006.11)이라는 제목으로 출간하였으며,『땅 속의 태양』제2부를 집필하고 싶다는 생각을 밝히기도 하였다.[2]

이처럼 김석범의 문학을 대표하는『火山島』는 "4·3은 나의 문학의 원천"[3]이라는 작가의 말이 상징하듯이 1948년의 <제주4·3사건>을 주요 배경으로 삼고 있다. 또한 "없었던 것으로 하려는 4·3을 둘러싼 현실의 부정에서 시작된 역사의 의지 표출"[4]로 작가 스스로 규정하고 있는 것처럼, 해방 이후의 역사를 복원하려는 의지는 정치적인 사건과 맞물리며 전개되던 당시의 혼란한 시대 상황을 재현하는데 초점이 맞춰져 있다. 따라서 당시의 좌·우익과 중도세력에 대한 묘사에는 작가의 민족주의적 시각이 반영되어 있다 하겠다.

김석범 문학에 대한 연구[5]는 한·일 양국에서 활발히 진행되고 있

---

2) 金石範,「あとがき」,『地底の太陽』, 集英社, 2006, 317쪽.
3) 金石範,「かくも難しき韓国行」,『虛日』, 講談社, 2002, 75쪽.
4) 위의 책,『虛日』, 74쪽.
5) ① 일본에서의 연구 : 쓰부라야 신고(圓谷真護)의『빛나는 거울－김석범의 세계(光る鏡－金石範の世界)』(論創社, 2005)가 대표적인 연구서라 할 수 있는데, 김석범의 거의 모든 작품에 걸쳐서 작가론과 작품론을 통합한 형태로 논하고 있다. 이 외에도 오노 데이지로(小野悌次郎)의『존재의 원기 김석범 문학(存在の原基 金石範文学)』(新幹社, 1998)과, 나카무라 후쿠지(中村福治)의『김석범과 「화산도」－제주4·

는데, 본고에서는『火山島』를 통해 표출되는 친일파와 공산주의자에 대한 비판적인 내용을 검토하여 작가의 민족의식을 확인해보고자 한다.

2.『火山島』와 정치적 이데올로기 비판

2.1. 작품의 시대・공간적 배경

『火山島』는 <제주4・3사건>이 발생하기 직전인 1948년 2월 말부터 이듬해인 1949년 6월 제주 빨치산들의 무장봉기가 완전히 진압될 때까지를 시대적 배경으로 한다. 그러나 등장인물들의 일제치하에서의 행적을 소상히 그려내고 있을 뿐만 아니라, 해방 직후의 미국과 소련의 동향 및 김구와 이승만 같은 국내 정치인들의 움직임도 작품의 배경으로 작용한다. 그러므로『火山島』의 시대적 배경은 일제의 식민통치 기간과 해방직후의 혼란한 정국을 포괄한다고 할 수 있다.

특히 작가가 심혈을 기울여 형상화하고 있는 것은 일제의 식민통치 기간을 거치면서 황국신민화에 협력하였고, 해방 이후에는 조국의 비극적인 운명을 초래하는데 결정적인 역할을 한 친일파 군상들의 모습

3사건과 재일조선인 문학(金石範と「火山島」-済洲4・3事件と在日朝鮮人文学)』(同時代社, 2001) 등이 있다. 이들의 대부분은 작품의 배경으로 그려진 한민족의 풍속과 정치적 사건들이 실제의 그것과 어떤 차이를 보이고 있는가에 대한 고찰을 시도하고 있다는 특징을 지닌다.

② 한국에서의 연구 : 유숙자의「1945년 이후 在日한국인 소설에 나타난 민족적 정체성 연구」(고려대 박사학위논문, 1998)에서 김석범 문학을 다루고 있으나『火山島』이전의 문학을 주요 고찰대상으로 삼고 있으며, 정대성은「作家 金石範의 人生歷程, 作品世界, 思想과 行動-序論的인 素描로서-」(韓日民族問題硏究, 제9호, 2005. 12)을 통해 김석범의 작가적 인생과 작품에 대한 종합적인 고찰을 시도하고 있다.

이라 할 수 있다. 따라서 이들의 식민치하에서의 행적 역시 작품의 흐름에 많은 영향을 미치게 된다.

등장인물들의 활동무대는 제주도가 중심을 이루고 있으나, 오사카와 교토(京都) 및 도쿄(東京), 국내에서는 목포와 서울이 비중 있는 배경으로 등장한다. 등장인물의 활동무대가 일본으로 옮겨지는 것은 빨치산의 무장투쟁 자금을 마련하기 위한 것인데, 이를 통하여 그곳에 살고 있는 재일동포들의 실상 및 일본공산당과의 관계 등을 그려내려는 목적도 있었던 것으로 보인다. 오사카에는 주인공인 남승지의 어머니와 여동생이 어렵게 살고 있으며, 교토에서는 그의 사촌형이 고무공장을 경영하고 있다. 도쿄는 주인공 이방근의 친형 용근이 일본인으로 귀화하여 사는 곳이며, 장차 여동생 유원이 밀항하여 유학생활을 보낼 곳이기도 하다.

서울은 중앙일간지의 영업부장인 이방근의 당숙이 살고 있는 곳으로, 음악전문학교에 다니고 있는 여동생 이유원이 함께 기거하고 있으며, 이방근도 서울에 오면 꽤 오랜 시간을 머물다 가곤 한다. 목포는 서울과 제주도를 왕래하기 위해서는 반드시 거쳐 가야 하는 곳이므로 목포역과 항구, 그리고 주변 풍경 등을 그려내고 있다. 그리고 이러한 공간적 배경과는 약간 성격을 달리하는 것이지만 밀항선에 의한 위험한 항해와 선박에 승선한 밀항자들의 모습 또한 매우 섬세하고 사실적인 필치로 그려내고 있다.

그런데 이러한 공간적 배경의 공통점이라고 한다면, 작가 자신이 해방을 전후한 시기에 체류하였거나 왕래하면서 직접 눈으로 확인한 장소라는 점이다.

2.2. <제주4·3사건>과 친일파

「까마귀의 죽음」의 이상근은 암시적으로 어떤 가능성만 제기했을 뿐 특별한 역할이 강조되지 않았던 인물이었으나, 『火山島』에서는 이방근으로 이름이 바뀌어 주인공으로 등장한다. 이방근은 소파에 앉아 끊임없이 사고하는데 그 범위는 현실을 벗어나 허무를 넘나든다. 그의 허무는 독립운동으로 구속되었다가 전향을 약속하고 병보석으로 출옥한 것에 기인된 것이지만, 정의라는 것이 사라진 듯한 현실에 대한 좌절감도 큰 영향을 미치고 있다.

일본군으로 징용되어 싱가폴 전선으로 갔다가 포로로 잡히는 바람에 1948년이 돼서야 돌아온 한대용은 이방근에게 다음과 같이 말한다.

> 이 선배와 같이, 당연한 일이지만 일제시대부터의 애국자가 중요한 역할을 하고 있을 것이라 생각했어요. 그런데 이번 1월에 8년 만에 돌아왔더니 말이죠……(중략) 누구 할 것 없이 일제협력자 뿐이지 않겠습니까! 도대체가 이 나라의 일제협력자의 천국이란 말입니다.[6]

고향 후배인 한대용은 이방근을 존경하고 따랐으며 후에는 살아남은 제주의 빨치산을 일본으로 밀항시키는 일에 적극 협력한다. 그만큼 서로 생각하는 바가 같았는데, 이방근과 한대용만이 아니라 당시의 많은 제주민들이 공감하고 있던 내용을 그려내고자 한 것으로 보인다.

또한 작가는 이방근이 신생 대한민국의 요직에 앉아 있는 사람들을 상대로 협력과 투쟁을 벌여나가는 것으로 묘사하고 있는데, 대부분 그

---

6) 金石範, 『火山島 Ⅲ』, 文藝春秋, 1983, 439쪽.

들의 친일행적을 강조하려는 목적을 지니고 있다 하겠다. 이러한 우익적 인물 중에는 좌익세력 척결에 절대적인 존재로 군림하는 서북청년회 중앙총본부 사무국장 고영상도 포함되어 있다.

> 고영상은 자신이 일찍이 고등경찰이었던 것을 당당하게 말했는데, 그 과거의 경력이 현재의 반공투쟁에서 매우 귀중한 무기가 되어 있다는 것에 명분을 찾고 있을 뿐만 아니라, 반공의 국시에 충실한 애국자로서의 자부심도 엿보이고 있었다.[7]

일제치하에서 민족말살에 앞장섰던 친일파들이 반공의 기치를 내걸고 독립된 조국의 새로운 주역으로 등장한 현실에 이방근은 절망한다. 그런데 간신히 국회를 통과한 반민족행위자 처벌법에 의해 수도경찰청 간부인 盧日培가 체포되자 대통령인 이승만은 "공산당 사냥에 뛰어난 기술자"[8]를 처단하는 것은 공산당이나 하는 짓이라는 내용을 담은 담화를 발표하여 이방근을 분노하게 만든다. 또한 친일파들을 대거 기용하여 자신의 권력의 기반으로 삼으려 했던 이승만의 배후에 있는 미국의 실체를 미리 알아보지 못했다며 한탄하기도 한다.

> 항복문서의 조항 또는 미합중국 태평양방면 육군총사령관의 권한 아래 발포된 모든 포고와 명령 및 지시를 위반하는 자, 혹은 미국이나 미국 동맹국의 인민의 재산, 생명의 안전 또는 보존에 저촉되는 행위를 하는 자, 혹은 질서를 문란케 하거나, 사법 행정을 방해하거나, 연합군에 대하여 고의로 적대행위를 하는 자는 군사점령법정의 재판에 의하여 사형 혹은 그 법정이 결정하는 기타의 처벌을 당한다.[9]

---

[7] 『火山島 Ⅲ』, 427쪽.
[8] 金石範, 『火山島 Ⅶ』, 文藝春秋, 1997, 416쪽.

이방근은 2년 반이나 지난 시점에서 다시 미 점령군의 포고문 제2호를 읽어본 뒤, 미국은 남한을 소련과 대치하기 위한 전초기지로 활용하는데 알맞은 정권을 세우고자 하였으며, 이승만은 이의 꼭두각시로 자신의 지지 세력을 만들기 위해 친일파를 대거 기용하여 권력을 주었다는 것을 깨닫는다. 그의 허무는 해방이 되었음에도 불구하고 거대한 외세의 개입에 의해 조선민족의 의지와는 상관없이 또다시 불행한 역사가 시작되고 있으며, 친일파들의 이기주의적 행태로 조국통일의 희망이 멀어지고 있다는 인식에서 비롯된 것이라 할 수 있다.

일본의 침략에 의한 민족말살의 위기에서 겨우 벗어나자, 이데올로기 대립의 전초기지로 삼으려는 미국과 소련의 야욕으로 수많은 조선 민중이 희생되어 간다. 이방근은 현실에 대한 어쩔 수 없는 허무감 속에서도 친일파로서 또 다시 제주민중을 배반한 유달현과 정세용을 제거하기 위해 소파에서 몸을 일으킨다.

> 이방근은 시류에 편승한 유달현의 생활방식을 경멸했다. 일본의 지배체제가 그대로 유지되었다면, 유달현은 아마 조선총독부 기관 내에서 충실하고 유능한 관리가 되어있었을 것이다. 그걸 생각하면 소름이 끼칠 때가 있었다. 그런 유달현이 해방 후에는 애국전선 쪽에 붙어서 활동하고 있었다.10)

> 정세용은 한마디로 말해서 권력 자체는 영원하다고 생각하는 인간이었다. (중략) 그는 이미 일제시대에 본토의 목포 경찰서에서 순사부장을 하고 있었다. 도쿄에서 고학을 하던 무렵 조선인 학우를 팔아서 그 지위를 얻었다는 소문도 있었지만, 사실인지 어떤지는 모른

---

9) 김석범著, 이철호·김석희譯,『火山島 1』, 실천문학사, 1988, 293, 294쪽.; 1988년에 『火山島』제1부 3권이 한글 번역본 전5권으로 출간되었다.
10)『火山島 1』, 147, 148쪽.

다. 그러나 그러한 과거가, 일본이 패망한 해방 직후는 어찌되었든, 그 후 경찰에서의 그의 입장에 유리하게 작용했다고도 할 수 있으리라.11)

유달현과 정세용, 친일행적이 뚜렷했던 두 인물이 해방된 조국에서도 자신들의 영달을 위해 또 다시 민중을 탄압한다. 유달현은 제주읍내 지하조직의 구성원 명단을 정세용에 넘겨주고 일본으로 밀항하려다 잡혔고, 정세용은 토벌대와 빨치산의 평화협상을 파괴한 장본인이었다. 이방근은 이들에 대한 보복의 당위성에 대해 "나 개인은 보복의 단순한 수단일 뿐이고, 보복의 의지는 제주도민 전원의 것이다. 제주도이건 세계이건 간에 나를 넘어서는 보편적인 것이다"12)라는 논리를 전개한다. 그리고 자신의 친일파에 대한 분노에 대해 다음과 같이 자문한다.

> 친일파를 토대로 성립된 '신생독립국'의 추악한 면모. 나의 반일사상은 무엇인가. 친일파만을 용서할 수 없는 나의 사상적 근거는 무엇인가.13)

일제의 식민지배하에서 독립된 신생국가라면 임시정부를 세워 친일파를 제거하는 것이 선결문제였고, 이후에 자본주의든 민족주의든 총의에 의한 새로운 정권을 만들어 갔어야 한다는 것이 인용문을 통해 전달하고자 하는 이방근의 생각이라 하겠다.

마침내 이방근은 친척이고 친구 사이였던 정세용과 유달현을 처단

---

11) 『火山島 1』, 174쪽.
12) 『火山島 Ⅶ』, 205쪽.
13) 『火山島 Ⅶ』, 508쪽.

했다. 그리고는 그가 그렇게 갈망하던 자유를 잃었다. '진정으로 자유로운 인간은 타인을 죽이기 전에 자살한다'[14])는 자신의 소신을 깨뜨린 것이었다. 내면의 자유를 잃게 된 그는 자살을 선택했다. 그러나 그것은 현실의 허무로부터의 탈피를 의미하는 것이기도 했다.

2.3. 공산혁명투쟁의 한계

이방근은 파렴치한 친일파 집단들이 권력을 장악한 남한의 현실에 대한 강도 높은 비판과 함께, 북한의 공산주의 정권에 대해서도 깊은 의구심을 가진다. 공산당을 맹신하며 인간의 자유로운 사고를 부정하는 자들이 인민의 낙원 운운하며 민중을 선동하고 있지만, 실상은 인간을 혁명의 도구 정도로 생각하고 있음을 꿰뚫어 보고 있었던 것이다. 유달현은 그러한 부류의 선동적인 인물로 등장한다.

> 해방 직후, 좌익만능의 상황 속에서 입으로만 '혁명'을 외칠 뿐 아무것도 생각하지 않으려 하고, '혁명' 앞에 '反'자를 붙이는 것만으로 상대방을 단죄하고 자신의 입장을 절대화하려는 의식구조 자체를 이방근은 경멸했다. 그가 보기에도 유달현은 그런 부류의 한 사람이었다.[15])

그러나 이방근은 좌익세력인 빨치산이 중심이 되어 일어난 무장봉기의 타당성을 인정하고 이에 대한 지원에 나선다. 그는 이 싸움에서 빨치산이 이길 것이라는 생각을 한 것도 아니고, 공산혁명에 호감을 가지고 있었던 것도 아니다. 다만 조선 땅 제주에 사는 한 사람의 주민

---

14) 『火山島 Ⅶ』, 371쪽.
15) 『火山島 1』, 148쪽.

으로서 미국이라는 새로운 점령군을 등에 업은 친일파 세력과 서북청년단의 잔혹한 탄압에 저항하려는 민중의 편에 서고자 했던 것이다. 당시의 상황으로는 북한의 공산주의 세력 말고는 친일파 정권과 대적할 만한 존재가 없었기 때문에16), 근본적인 잘못을 수정하기 위해서는 좌파세력이 하는 일을 적극적으로 반대하지는 못했지만 새로운 국가의 미래를 짊어질 수 있는 세력으로는 생각하지 않았던 것이다. 그렇기 때문에 작품에서는 여러 등장인물을 통해 공산주의자들을 비판한다.

> (이방근의 독백) 혁명가니 활동가니 하는 자들의 어수룩한 낙천주의. 그 속에 숨어있는 자기 과시와 영웅주의. '노동자・농민'을, 그 관념을 신의 위치로 떠받들어 올리는 인텔리들의 관념주의. 물론 반공이 아니면 애국이 아니라는 서청과 나란히 놓을 수는 없지만, 공산당이 아니면 애국이 아니라는, 아니 인간이 아니라는 주장은 서청과 비슷하지 않은 것도 아니다.17)

> 양준오는 공산당원이 아닌 자는 인간이 아니라는 독선적인 권위주의와 낙천적인 敎條性, 그리고 당원은 애국자라는, 즉 당원인 것이 일종의 악세사리로 통용되는 풍조에 넌더리를 내고 있었다. 그가 유달현 같은 인간을 좋아하지 않는 것은 이방근과 마찬가지였다. 해방 직전까지 '天皇歸一' '皇國臣民' '內鮮一體' 따위를 부르짖던 추악한 조선 놈이 해방 후 공산당원으로 탈바꿈하여 위세 좋게 날뛰는 것을 차가운 눈으로 보고 있었다.18)

이유원이 다니던 음악학교의 교수인 하동명은 이상과 같은 정치적

---

16) 金石範, 『火山島 Ⅵ』, 文藝春秋, 1997, 96쪽.
17) 『火山島 3』, 284쪽.
18) 『火山島 4』, 286쪽.

인 비판과는 달리 "예술성의 주장은 당의 위에 예술을 놓는 반동사상이고 예술주의라는 비판과 함께 매도된다"[19]며 공산주의자들의 예술정책에 대해 강한 불만을 토로한다. 그는 또 "예술에 대한 정치적 통제는 죽음을 선고하는 것"[20]이라는 말로 예술을 혁명의 수단 정도로 생각하는 공산주의자에 대한 불안감을 감추지 못한다.

『火山島』에는 빨치산의 보복성 양민살해에 대한 이방근의 분노가 곳곳에 표출된다. 무장봉기에 대한 당위성은 인정하던 그였지만, 인민을 위한 혁명이라는 공산주의 이론을 맹목적으로 추종하려는 세력에 의한 만행은 견디기 어려운 고통이었던 것이다.

> 반란군과 행동을 함께하는 좌익단체가 많은 주민을 뜻에 따르지 않는다고 해서 살해한다. 혁명세력이 말이다. (중략) 이곳 제주도에서도 빨치산이 주민을 살해한다. 용서 없는 탄압과 학살의 공포는 제주도민들로 하여금 빨치산을 떠나게 한다. [21]

이방근은 또 제주 빨치산들의 무계획적이고 무모한 혁명의 실천에 대해 "빨치산 사령관들의 탈출에서 알 수 있듯이 뒷수습을 하지 않는 무책임한 투쟁"[22]이라는 비판을 가한다. 혁명이니 활동이니 하는 자들의 맹목적인 낙천주의가 수많은 민중을 희생시켰다는 것이다.

그런데 빨치산 투쟁이 궁지에 몰리게 되자, 도청에 근무하면서 비밀당원으로 활동하던 양준오에게 조직으로부터 입산 명령이 떨어진다. 이방근은 한사코 반대하며 차라리 일본으로 밀항하도록 권고한다. 그

---

19) 『火山島 Ⅵ』, 322쪽.
20) 『火山島 Ⅵ』, 322쪽.
21) 『火山島 Ⅶ』, 134쪽.
22) 『火山島 Ⅵ』, 425쪽.

러나 양준오는 사태가 불리하더라도 명령에 따르는 것이 조직원으로서의 임무라며 입산한다. 이후에 이방근은 입산한 양준오가 빨치산 지도부의 투쟁방침을 비판하다가 패배주의 분자로 낙인찍혀 사살되었다는 이야기를 듣게 된다. 이로써 이방근은 자신을 이해할 수 있었던 유일한 벗인 양준오마저도 허무하게 잃었다. 이때부터 이방근은 무슨 일이 있어도 남승지만은 살려야겠다는 생각을 굳히게 되었고, 결국은 그를 일본으로 밀항시키는 데 성공한다. 이러한 이방근의 행동은 빨치산의 맹목적인 투쟁방식으로부터 젊은 혁명투사를 보호하려는 최소한의 안전조치로서 강구된 마지막 투쟁이었던 것이다.

이상의 고찰을 통해 알 수 있는 것은 이방근이 친일파에 대한 강력한 척결의지를 표명하고 좌익세력의 도움으로 이를 실천에 옮기면서도, 교조주의적 공산주의 이론에 바탕을 두고 움직이는 빨치산의 투쟁에 대해 많은 비판을 가하고 있다는 점이다. 이는 이방근의 혁명투쟁에 대한 이해와 협조가 공산주의에 대한 긍정적인 입장을 반영한 것이 아니라, 새로운 조국 건설의 과정에서 권력을 움켜쥐고 민중을 탄압하는 친일파에 대한 저항의 일환으로 이루어졌다는 것을 의미한다 하겠다.

이로써 작가는 해방 직후 조국의 통일혁명을 위해 싸웠던 조선의 민중들이 이상주의적 사상에 현혹된 맹목성은 비판받을지언정, 친일파와 같은 추악한 모습에서 출발한 것이 아니었음을 강조하고 있다 하겠다. 그러므로 작품에서는 공산주의니 자본주의니 하는 이념적인 문제가 아니라, 친일파들이 자신들의 영달을 위해 어떻게 일본에 충성을 바쳤으며, 해방된 조국에서는 자신들의 생존과 권익을 위해 얼마나 많은 민중을 탄압했는가에 하나의 초점을 맞춰 그려내고 있는 것이다.

3. 『火山島』에 대한 비평적 고찰

『火山島』는 철저한 폭력적 탄압에 의해 역사에 기록되지 못한 채 사람들의 기억에서 사라져가던 <제주4·3사건>을 복원했다는 역사적 의의뿐만 아니라, 해방 정국의 혼란한 상황을 재조명하여 당시의 한민족이 처했던 난관을 되돌아보게 했다는 문학사적 의미도 크다 하겠다.

그러나 『火山島』의 존재가치가 크면 클수록 작품이 미친 영향력과 파급효과가 어떤 것인지 검토해 볼 필요가 있다. 작품 집필의 목적인 역사적 사실의 복원과 이의 문학적 형상화가 조국의 통일과 민족의 화합에 어떻게 작용하고 있는가 하는 문제인데, 이에 대해서는 몇 가지 지적해야 할 사항들이 있다.

『火山島』에서 부각되는 민중성은 대부분 제주의 좌익계열 주민들에 국한된다. 제주 민중을 대표한다는 빨치산과 경찰을 포함한 토벌대의 죽고 죽이는 살육전의 전개 과정은 거의 빨치산과 이방근을 중심으로 그려내고 있음을 알 수 있다. 이방근의 부친인 이태수와 친일파 경찰인 정세용, 그리고 서북 제주 지부장 함병호 등에 대해서도 자세히 그려내고 있지만, 그 목적에 있어서는 뚜렷한 차이를 보인다. 즉 빨치산이 등장하는 장면에서는 대부분 민중성을 부각시키려는 의도가 작용하고 있지만, 친일파 경찰이나 서북에 대한 묘사는 이승만정권의 부당성을 고발하기 위한 것이 많기 때문이다.

문제는 이러한 양측의 불균형적인 묘사로 인해 의도적인 감정의 대립을 조장하는 결과를 초래한다는 점에 있다. 빨치산 지도부와 그들을 따르는 제주 민중에 대해서는 자세히 묘사하면서, 경찰이나 토벌대, 그리고 서북에 소속된 민중들에 대해서는 전혀 묘사가 없다. 즉 이들이 어떠한 과정을 거쳐 경찰이나 토벌대, 그리고 서북청년단원이 되었으며, 빨치산과 좌익 활동을 바라보는 시각은 어떠하였는지에 대한 묘사를 찾아보기 어렵다. 그러므로 각자의 특수한 상황 아래에서 친일경찰이나 토벌대 지도부의 명령대로 움직일 수밖에 없었던 많은 민중들도 똑같이 비난받을 수밖에 없는 존재가 된다. 따라서 민족 전체를 포용하는 화합의 글쓰기를 했다는 평가를 받기에는 부족한 감이 없지 않다 하겠다.

민중성의 묘사는 빨치산을 따르던 제주민들 뿐만 아니라 경찰이 된 양민과 육지에서 건너온 일반 토벌대원들에게도 적용되어야 한다. 그리하여 그들이 어떻게 독재 권력의 지도부와 관계를 맺고 어떠한 심정으로 전투에 참여했는지를 함께 그려나갈 때, 양쪽 모두의 진정성을 작품 속에 반영하여 민족을 화합으로 이끄는 실질적인 역할을 했다고 평가 받을 수 있을 것이다.

이와 같이 편협된 민중성에 대한 묘사는 이방근과 사랑에 빠지는 문난설의 인물 설정을 통해서도 엿볼 수 있다. 평양에 살고 있던 문난설의 가족은 부친의 친일행적이 빌미가 되어 공산주의자들에 의해 처참하게 파괴되고 그녀만 간신히 서울로 빠져 나온다. 그런데 이러한 상황에 놓여 있는 그녀의 정체성에 대한 묘사를 비롯하여 이방근과 사랑에 빠지는 정황이 피상적이라는 느낌을 준다. 가족을 잃은 그녀의 슬픔과 공산주의자들에 대한 생각이 거의 묘사되지 않고 있을 뿐만 아니라, 그녀의 친척 오빠들이 서북청년단원의 간부가 되어 일하는 것에 대한 그녀의 반응도 찾아 볼 수가 없다.

서북청년단의 극단적인 반공 투쟁이 무엇을 의미하는지, 그리고 그들의 존재는 구체적으로 어떻게 형성되었으며, 그 배경에는 어떤 상황들이 작용하고 있는지가 보다 구체적으로 언급될 필요가 있었다 하겠다. 이러한 과정을 통해 그들 역시 격동하는 시대적 상황에 힘없이 휩쓸린 민중이라는 사실을 발견하게 될지도 모르기 때문이다. 서북청년단의 부정적인 측면을 강조하는 기술만으로는 그들에게 고초를 겪은 사람들의 공포스런 회상을 부각시킬 뿐이다. 문난설의 정체성에 대한 묘사의 결여는 민중으로서의 토벌대원과 하급경찰의 존재에 대한 무시와 일맥상통하는 면이 있으며, 주요 등장인물인 그녀의 역할이 이방근의 육체적 사랑의 대상만으로 한정되는 것은 작품의 완성도에 흠집을 내는 결과를 초래하고 있다 하겠다.

4. 맺음말

김석범은 1951년의 「1949년 무렵의 일지에서」라는 기행문 형식의 감상문을 시작으로, 2006년 『火山島』의 속편으로 출간한 『땅속의 태양』에 이르기까지, <제주4・3사건>의 참상을 소재로 삼지 않은 작품은 거의 없다. 이것은 그의 몸이 비록 일본에 있으나 마음은 언제나 조국과 함께 있었다는 반증이라 할 수 있을 것이다. 『火山島』는 이와 같은 작가적 여정을 집대성한 장편으로, 해방 전후의 복잡하게 전개되던 좌우 이데올로기 대립의 결과로 발생한 <제주4・3사건>의 전말을 민족주의적인 시각에서 다룬 작품이다.

본고에서는 김석범의 작가적 여정과, 『火山島』의 정치・사회적인 배경의 묘사를 통해 엿보이는 작가의 민족의식을 고찰하였다. 주인공 이방근의 4・3봉기에 대한 지원은 공산혁명을 꿈꾸는 인간들이 범하고 있는 사상적인 오류보다는, 조국을 팔아넘긴 친일파들이 해방된 조국을 또 다시 유린하고 있는 현상에 대한 분노와 적개심이 훨씬 큰 데서 비롯되었다고 할 수 있다.

이러한 작품의 전개는 한반도의 이데올로기 대립이 친일파들의 정권욕으로 더욱 격화되었다는 작가의 인식을 엿볼 수 있게 하는 것이며, 친일파 척결의 당위성을 천명하려는 목적으로 집필하였음을 말해주는 것인데, 작가의 확고부동한 민족의식을 대변하는 것이라 하겠다.

『火山島』와 이방근(李芳根)
― 주인공 이방근의 여성관계와 민족적 정서 ―

1. 이방근(李芳根)의 여성관계

『火山島』의 주인공 이방근은 20대 초반에 제주 유지의 딸과 결혼을 하였으나, 그가 독립운동과 관련된 좌익 활동 혐의 등으로 구속되자 아내 집안의 요구로 파혼하였다. 이 결혼은 이방근의 의사와는 관계없이 중매에 의한 제주의 권세 있는 집안 간의 일종의 상부상조의 개념을 가진 것이었다. 이후로 이방근은 부친인 이태수와 종친들의 집요한 재혼 요구에도 불구하고 결혼이라는 형식적인 제도 자체를 부정적으로 생각하며 응하지 않는다.

> 이방근은 '사랑의 성립'을 왠지 모르게 두려워하고 있었다. '결혼'이 마음에 걸렸다. 사랑에서 결혼으로, 거북하다, 이 도식이 너무 싫었다. 동거 자체가 결혼이면 그만이었다.[1]

이방근은 문난설(文蘭雪)의 자신에 대한 사랑을 확인함과 동시에 그

---

1) 金石範, 『火山島 Ⅶ』, 文藝春秋, 1997, 253쪽.

녀가 꺼낼지도 모를 결혼이야기에 대한 거부감을 이상과 같은 독백을 통해 드러낸다. 이방근 자신도 문난설을 사랑하고 있지만 사회의 규범으로 자리 잡은 결혼제도에 얽매이는 것을 싫어한 까닭에 서로 좋아하면 그냥 같이 살면 된다는 생각을 하고 있었다. 보통의 인간들이 당연시 여기며 모두가 따라가고 있는 현실적인 제도에 의문과 반감을 표시하는 그의 모습에서 『火山島』의 주인공으로서의 이방근의 단면을 엿볼 수 있다.

이방근이 문난설을 만나 사랑하기 전에는 집안의 식모였던 40세가량의 '부엌이'와 자주 정을 통하며 지냈다. 그리고 가끔은 제주 읍내에 기생을 두고 있는 두세 곳의 요정에도 들렀다. 그렇지만 여성편력이 있는 인물이라기보다는 허무주의에 빠진 독신생활자의 한 단면을 그려내고 있는 것으로 보인다. 이방근과 직접적으로 육체관계를 맺는 것은 부엌이와 문난설, 그리고 명선관(明仙館)의 명선(明仙) 정도이다. 그러나 그의 여성과 관련된 정신세계는 어머니와 여동생, 그리고 잠깐 사이에 강한 이성으로서의 감정을 느끼게 된 신영옥(辛英玉)과 같은 인물들과 중첩되어 나타나고 있어서 좀 더 복잡한 양상을 띠게 된다.

작품 속에서 이방근과 관계를 맺으며 등장하는 여성들은 이성으로서의 여성이면서 그의 내면세계를 거울처럼 비춰내는 하나의 도구로서의 역할을 한다. 그러므로 각각의 여성들은 서로 다른 의미를 부여받고 움직이며 조선의 전통적인 남녀 관계와 민족적인 삶의 색채를 폭넓게 조명하는 역할을 수행하게 된다

2. 제주 민중의 상징이며 생명의 근원인 '부엌이'

이방근이 '부엌이'와 육체관계를 갖는 것은 그녀를 이성적인 여성

으로 인식하고 이루어지는 것이 아니라, 허무주의에 빠진 그가 대지의 여신과 같은 생명의 근원에 대한 갈구와 귀의를 의미하는 것이다.

> 바보 같은 여자. 부엌이는 기계나 노예처럼 착해. 그래서 나를 지배하는 거야……이방근은 생각한다. 요구하면 언제라도 응하고, 요구하지 않으면 언제까지라도 기다린다. 이방근과의 사이에 아무 일도 없었던 것처럼. 그녀 쪽에서 보내는 신호는 두 사람 사이에 성립되지 않았다. 그런 부엌이가 일단 움직이면, 미묘하고 부드러워져, 더 이상 기계도 노예도 아닌 존재로 변해버린다. (중략)
> 여자의 숨결과 함께 청새치자반의 썩은 냄새가 풍겨온다. 그 냄새의 밑바닥에서, 활짝 열린 목구멍 깊숙이에서, 꽃가루를 으깬 듯한 냄새가 격렬한 기세로 솟구쳐 올라온다. 그것은 이방근의 입안에서 확실한 형태를 이루어 팽창한다. 그는 냄새의 심해(深海) 속으로 잠겨든다. 해초가 몸을 휘감는다. (중략)
> 몸집이 큰 편이긴 하지만, 기껏해야 60킬로 정도의 여체에 불과하다. 그러나 그 몸은 추상적인 냄새에 의해 확대되고, 하나의 여체를 넘어 자연의 공간 속으로 들어간다. 그리고 하나의 존재로서 냄새를 풍기기 시작한다.[2]

'스스로는 적극적으로 움직이는 것 같지 않으면서도 나를 지배한다'라는 표현에서는 부엌이가 일종의 거대한 자연의 품, 즉 여기에서는 제주도의 자연을 상징하고 있는 것으로 보인다. 그리고 '심해 속'이라든가 '청새치 자반의 썩은 냄새'에서는 원초적인 강렬한 생명의 근원을 표현하고 있으며, 그 속에서 '자신의 몸을 휘감는 해초'는 원초적인 생명력과 동화되어 '자연의 공간 속으로 들어가는' 이방근을 나타낸다.

---

[2] 김석범著, 이철호·김석희譯,『화산도(火山島) 1』, 실천문학사, 1988, 230쪽.

그러므로 부엌이는 이방근이라는 존재를 품어 안는 커다란 제주도의 자연과 대지의 생명력을 의미한다. 따라서 부엌이와의 육체관계는 남녀 간의 사랑을 확인하기 위한 행위가 아니라, 스스로의 고독한 허무를 달랠 수 있는 중요한 수단으로 작용하고 있는 것이다.

부엌이는 다른 한편으로 제주 민중의 상징으로서 묘사되기도 한다.

> 중년의 하녀, 인민의 발소리, 희미한 땅울림……부엌이. 곰처럼 둔한 시골여자. 나와 대등한 여자. 아니, 대등한 것은 아니다. 이 여자의 냄새에 의하여 퍼져가는 육체는 육체이면서도 육체가 아니다. 나로서는 어떻게 할 수 없는 자연의 공간, 관념이다. 남의 코에는 미치지 않을 지도 모르는 냄새, 나만이 맡을 수 있는 냄새, 그리고 희미한 불안과 전율을 불러일으키는 냄새는 이미 하나의 여체(女體)를 뛰어넘어 추상적인 자연의 공간 속으로 들어간다. 널따란 검은 치마 속, 바다의 밑. 왜 나는 전화를 받은 뒤 은근히 기다리고 있던 유달현, '무장봉기'가 임박했다고 말하는 유달현을 뒤에 남겨둔 채, 갑자기 부엌이의 냄새에 정신이 그림물감처럼 끈적끈적 얽혀드는 것을 느끼는가.[3]

부엌이는 자신과 대등한 것이 아니라 자신을 포괄하는 자연으로서 존재하고 있으며, 그녀와의 육체관계를 불러일으키는 동기는 부엌이의 치마 속에서 풍기는 청새치자반의 썩는 냄새이다. 그리고 '무장봉기'를 생각하자 부엌이의 이미지를 떠올리게 되는데, 이는 민중의 상징으로서의 부엌이가 무장봉기의 주역이 된다는 의식과 결부되어 나타난 것으로 생각할 수 있다.

만일 성내가 빨치산의 공격을 받아서 우리 집이 만일의 경우 습격

---

[3] 김석범著, 이철호・김석희譯, 『화산도(火山島) 3』, 실천문학사, 1988, 229, 230쪽.

당했을 때, 부엌이가 빨치산과 함께 들고 일어나, 저 장작을 패는 커
다란 도끼를 한껏 치켜 올리는 것을, 나는 온 몸에 전율을 느끼며 대
문 밖으로 밀려오는 환성과 함께 환각을 본다.4)

『火山島』에서는 이와 같은 부엌이의 형상화와 함께, 종기가 난 환
자의 고름을 빨아 연명하던 추한 모습의 '부스럼영감(でんぼう爺)'과
산천단(山川壇)에서 세상일에 무관심한 듯 동굴 생활을 하는 목탁영감
을 형상화함으로써, 자연인으로서의 제주민중을 그려내고 있다. 이러
한 묘사의 인과관계는 이방근의 "부스럼영감과 그리고 늘 마를 줄 모
르는 냄새를 간직한 부엌이가 자신의 내부에 겹쳐 존재함으로써 자신
의 어떤 안정감을 유지하고 있었다는 것을 알게 되었다"5)라는 독백을
통해서도 뒷받침된다.

이방근은 어머니 제사 때 찾아온 목탁영감과 다음과 같은 대화를 나
눈다.

"아니 난 방은 질색이야. 나는 원래 제사 때 배례도 하지 않는 인
간이고······."
"제사와는 관계없는 내 방으로 가는 겁니다."
"고맙지만 괜찮아. 아까 술 취한 분이 말했듯이, 나는 돌바닥 위에
서 자는 사람이야. 비가 내리기 시작했으니, 비도 피할 겸, 대문간이
나 창고 처마 밑에서 자도 충분하지만, 모처럼이니 하인방에라도 올
라갈까. 아니 하인방 앞의 툇마루라도 좋아. 부스럼 영감이 살았던
방이지. 아참, 부스럼영감이 내 동굴에서 이틀 밤 묵고 갔어." (중략)
머무를 줄을 모르고, 갈 곳밖에 없는······물이 흐르는 것과 마찬
가지라고······며칠 전 부스럼영감이 작별하러 왔을 때 한 말을 그는

---

4) 金石範, 『火山島 V』, 文藝春秋, 1996, 372쪽.
5) 金石範, 『火山島 III』, 文藝春秋, 1983, 496쪽.

기억하고 있었다. 난 돌아갈 곳이 없는 인간이니까 갈 곳밖에 없노라고 말했었지.6)

부엌이와 함께 순수한 자연인의 모습으로 부스럼영감과 목탁영감을 그려내고 있다. 목탁영감은 세상일에 일체 관여를 않고 산속 바위동굴에 살며 인근마을과 관음사(觀音寺)에서 허드렛일을 하며 살아간다. 이방근은 그를 달관의 경지에 이른 도인(道人)으로 생각한다. 부스럼영감은 이방근을 따라 육지에서 건너와 그의 집안 잡일을 하며 살다가 계모인 선옥(仙玉)에 의해 쫓겨난 뒤 제주의 이곳저곳을 떠돈다. 그러다 빨치산의 토벌이 절정에 달했을 때, 경찰에 고용되어 빨치산의 잘린 목을 바구니에 넣고 다니며 신분을 확인하는 일을 하고 있다는 소식을 이방근은 듣게 된다.

부스럼 영감은 자신이 흐르는 물처럼 머무를 줄 모르는 사람이라고 이방근에게 말한 것처럼, 자연의 섭리에 순응하며 살면 되는 사람이었다. 그가 나중에 경찰에 고용되어 일을 한 것은 순수한 자연인의 완전한 인간성의 파괴라는 측면에서의 고찰도 가능하지만, 경찰이고 빨치산이고 하는 것이 그에게는 특별한 의미를 갖지 못한다는 것을 의미하는 것으로도 생각할 수 있다.

그런데 이러한 목탁영감과 부스럼영감조차도 제주도의 자연 그 자체인 부엌이의 품속에 안겨 있다. 부엌이는 이들이 집으로 찾아오면 선옥의 눈치를 보면서도 어떻게든 따듯하게 대하고자 한다. 그들은 이곳저곳 떠돌다가 부엌이의 품 안에서 잠시 휴식을 취하고는 다시 떠나는 것이다. 빨치산을 돕는 연락책으로도 활동하는 부엌이는 이방근의 부친 이태수(李泰洙)를 비롯하여 계모인 선옥, 여동생 유원(有媛)은 물

---

6) 김석범著, 이철호·김석희譯, 『화산도(火山島) 2』, 실천문학사, 131, 132쪽.

론이고, 경찰과 서북을 제외한 모든 이들을 품어 안는 제주의 생명력 있는 자연 그 자체인 것이다.

3. 문난설(文蘭雪)과의 허망한 사랑이 지닌 상징성

이방근의 문난설에 대한 사랑은 부엌이와의 육체관계를 통해 표출하려는 상징적인 이미지와는 의미를 달리하는 현실적인 남녀 간의 사랑을 그려내고 있다. 이방근과 문난설은 서로를 이상형으로 생각하고 사랑에 빠지게 되는데, 이들의 비극적인 사랑 역시 허무와 연결시켜 또 다른 상징성을 가지고 묘사된다.

문난설은 일제치하에서 친일협력으로 부와 권세를 누렸던 집안의 딸로서 북한의 공산주의화와 함께 가족은 지리멸렬 죽거나 흩어져서 쫓기듯 혼자서 남으로 내려온 불운한 여성이다. 그녀의 출신성분도 그러하거니와 그녀의 외모 역시 인위적인 인상을 주며 매력적이긴 하나 어쩐지 영원한 생명력과는 거리가 있는, 문난설(文蘭雪)이라는 이름에서 풍기듯 허망한 느낌을 주는 여성이다.

> 팔을 내린 겨드랑이에서 차츰 잘록한 허리선을 따라 아래쪽으로 늘씬한 하반신의, 체모의 검은 융기가 깊은 바다의 해초더미에 얽혀, 이방근의 눈구멍 주위를 어질어질하게 만들었다. (중략) 거지나 굶주린 민중과는 거리가 먼 혈색을 하고 있는 문난설의 얼굴에 뭔가 그림자가 스쳐지나갔다.[7]

문난설을 통해 이방근이 갖는 느낌은 33세의 건장한 남성이 서너 살 아래의 매력적인 여성에게서 느끼는 성적인 감정 그 자체이다. 그러나

---

7) 金石範, 『火山島 Ⅳ』, 文藝春秋, 1996, 530쪽.

그녀는 현재의 혼란스런 해방정국의 와중에서 헐벗고 굶주린 민중과는 거리가 먼 모습을 하고 있다. 그리고 끈끈한 생명력으로 민중의 저력을 상징하는 부엌이와는 대조적인 인물로 묘사된다.

그런데 작가는 문난설을 통해 멸망해 가는 것에 대한 애수를 담아내려 하고 있는 것으로 생각된다.

> 희미해졌던 향수의 향기가 바람의 영향으로 얼굴을 스쳤다. 갑자기 격심한 고동이 불규칙하게 높이 뛰고, 그 충격으로 인한 것처럼 어떤 악취가, 진한 풀냄새가 가슴에서, 아니 누군가의 입에서 피어오르는 것을 느꼈다. ……이 붉은 노을 아래에서 이 여자를 안고 싶다. 머지않아 사라져버릴 석양을 영원히 붙잡아 놓고 이 여자를 안고 싶다…….[8]

이방근이 문난설을 처음 만났던 서북청년단 서울사무소의 바깥 풍경도 붉은 노을로 물들어 있었다. 그런데 위의 인용문처럼 다시 붉은 노을 아래에서 문난설을 안고 싶다는 강한 충동을 느끼는 것으로 그려내고 있다. 작가는 문난설을 석양으로 상징되는 사라져 가는 것에 대한 애수로 그려내고 있음을 알 수 있다. 그녀를 묘사하는데 있어서 근원적인 생명력을 연상시키는 표현은 찾아볼 수 없고, 인간이 만들어낸 사치와 허망한 개념들 속에 살고 있어서, 시대가 바뀌면 눈 녹듯이 사라질 운명을 짊어진 여자로 그려내고 있는 것이다. 그녀는 부친의 친구였다는 잘나가는 현직 국회의원의 비호 아래 '총경대우'라는 직함을 가지고 다니며, 온갖 문명의 이기와 문화풍조를 자신의 것으로 만들어 즐길 줄 아는 세련된 여인이지만, 언제 사라져버릴지 모르는 허망한 구름위에 버티고 서 있는 모습을 하고 있다. 이런 그녀를 사랑

---

[8] 『火山島 Ⅳ』, 535쪽.

하는 이방근 역시 멸망해 가는 자로서의 애수를 담고 있다고 해야 할 것이며, 그들이 서로 끌리는 근원적인 이유라고 할 수 있을 것이다.

그런데 문난설을 사랑하게 된 이방근은 매우 불쾌한 꿈을 꾸게 된다.

> 정세용(鄭世容)과 문난설이 어떻게 얽히게 되었는가, 분명히 정세용이 문난설의 나체위에 올라 타 있는 상황에서 잠이 깨었다.9)

생각지도 못한 꺼림칙한 꿈을 꾼 이방근은 그 의미를 이해하지 못한다. 그러나 이를 두 가지의 의미로 생각해볼 수 있다.

먼저, 기회주의자인 친일경찰 정세용의 제주도민에 대한 배신행위를 확인한 이방근은 그를 제거하고자 이미 마음을 굳히고 있었다. 그리고 이는 문난설에 대한 이방근의 사랑이 확고하게 자리 잡은 시점의 일이다. 정세용과 문난설은 현실적으로 서로 잘 아는 사이가 아니므로 육체관계를 맺을 정황은 아니다. 그렇지만 이방근이 사랑하는 여인의 알몸을 정세용이 올라타고 있는 꿈을 꾸었다는 것은, 그의 정세용에 대한 분노가 일종의 이와 유사한 침탈행위로 인식하고 있다는 것을 암시한다고 할 수 있을 것이다.

또 한편으로는, 이방근의 꿈속에서 문난설이 정세용의 행위를 거부하고 있었다는 느낌에 대한 표현은 보이지 않으므로, 문난설의 출신성분과 현재의 삶의 방식이 정세용과 통하는 점이 있다는 것을 암시하고 있다고도 할 수 있다. 정세용이 맞이할 비극적인 운명을 문난설 역시 겪어야 된다는 것을 의미하는 것으로 생각된다. 결과적으로 문난설은 이방근의 자살에 의해 허무하게 버려지는 여인이 되고 마는 것이다.

작품에서는 이방근의 꿈도 그렇지만 남승지가 꾸는 꿈에 대한 의미

---

9) 金石範, 『火山島 Ⅶ』, 文藝春秋, 1997, 400쪽.

도 설명되지 않는다. 그리고 그 꿈을 통해 또 다른 관념의 세계와 영적인 예지의 세계를 경험하게 되는데, 꿈을 꾼 사람도 그 의미를 모르는 경우가 대부분이다. 이는 인간이 꿈을 통해 생각하고 경험하는 것을 재현하고자 한 작가의 치밀한 구성을 통해서 가능했던 것으로, 현실세계의 인간이 스스로의 꿈을 정확히 이해하지 못하는 현상에 대한 사실적인 형상화라 할 수 있을 것이다. 이와 같이 『火山島』의 큰 특징 중의 하나가 바로 꿈이라는 영적인 세계를 통해 인간의 내면 심리의 심층적 구조를 그려내고 있다는 점이라 하겠다.

4. 꿈으로 표출되는 민족혼

이방근은 자주 근친상간의 망상에 시달린다. 어머니와 육체관계를 맺는 꿈을 꾼 것에 대해 자신 나름대로 여러 가지로 해석도 시도하고 의미부여도 해보려는 노력을 기울인다. 그러나 아무리 꿈속이라고는 하지만 인륜에 반하는 행위에 대한 스스로의 자괴감에서 자유롭지 못하다. 작품 속에서 여러 가지 형태로 표출되는 이러한 관념적인 요소는 상징성이 뛰어나고 복합적인 구성을 보이고 있어서 자칫 독자들로 하여금 난해한 작품으로 인식될 여지가 있음을 부정하기 어렵다.

끝이 없는, 하늘과 땅도 벗겨진 갈색의, 마치 이미 만들어져 있는 무대처럼 꿈속에 자주 나오는, 상하, 좌우 한없는 원구 속에 둥실 떠 있는 사막과 같은 공간. 그곳에 한 사람의 인간이 드러누워 있었다. (중략) 그곳에는 어머니가, 의상을 걸친 늙은 어머니가 반듯이 누워 있었다. 일전에 만났을 때와 같이 들판을 힘차게 걸으며, 아들에게 웃으면서 말을 걸어오는 오랜만에 밝은 모습의 어머니는 아니었다. 벌린 양다리를 이쪽으로 향한 채, 머리를 저쪽으로 누인 그것은 노추

(老醜)한 어머니이면서 안아야 할 대상으로서 누워있었다. 도대체 눈을 뜨고 있는 건지 감고 있는 것인지, 아니면 살아있는 것인지 죽어 있는 것인지 조차 분명치 않았다. 이는 분명히 어머니이지만 바싹 말라서 아무런 매력도 없는 늙은 여자와 잘 심산으로 왔는가 하며 약간 실망의 기분을 감추지 못하면서도 늙은 어머니를 안는 것에 주저함은 없었다. 과연 이렇게 늙은 여자와 성교가 가능한 것인가라는 생각을 하면서 여자를 안았다. 늙은 여자는 되살아나더니 젊은 여자가 되었다…….10)

꿈속의 배경이 되고 있는 광막한 사막은 제주도의 현실을 암시적으로 표현하고 있으며, 사막 저 멀리에 누워있는 늙은 어머니는 죽음의 구렁텅이에서 살려 내야 할 제주 민중을 상징하는 것으로 생각된다. 이는 이방근이 앞으로 가야 할 길을 꿈을 통해서 예시하고 있다는 것으로 생각할 수 있다. 황량한 사막과 늙은 어머니는 이성의 상대로서가 아니라, 이방근의 또 다른 모태라 할 수 있는 제주의 땅과 제주의 민중을 상징하는 것으로 보인다. 황량한 대지를 가로질러 죽음에 임박한 제주 민중을 품에 안아 살려내야 한다는 이방근의 운명을 예지시킨 꿈이라 할 수 있을 것이다.

그런데 이방근은 꿈이 예고한대로 불에 타고 피비린내가 진동하는 제주의 땅을 떠나지 않고 제주의 민중을 위해 헌신하게 되는데, 막상 그 자신은 꿈의 예고가 무엇인지 모른 채 근친상간이라는 망상에 시달리게 된다.

      이방근은 꿈속에서 어머니와 통한 적이 있었다. 설령 인간이 몇 번을 태어난다 해도 인생에 있을 수 없는 일이 어찌하여 꿈속에서 무

---

10)『火山島 Ⅳ』, 108, 109쪽.

서운 모습을 보이는 것일까. 그것이 어머니의 모습을 빌린 무언가 다른 것의 대리나 상징이라 하더라도, 꿈 속에서의 일은, 오디푸스처럼 스스로의 눈을 멀게 하지 않아도 되는가. (중략)

　여동생을 위한 것이기도 하지만, 나 스스로를 위해 그녀의 결혼을 방해하고 있는 것은 아닌가, 그 마음의 움직임을 타인이 알아채지 못하도록 들여다보았다. 여동생을 안고 싶은 것은 아니다. 그것은 있을 수 없는 일이면서, 그러나 어찌하여 유원을 놓아주지 못하는가…….11)

　인용문은 꿈 속에서 어머니와 관계를 가진 것이 무엇을 의미하는 것인지 제대로 이해하지 못한 이방근의 고민을 묘사하고, 또 현실로서 존재하는 여동생에 대한 자신의 감정에 당혹스러워하고 있다. 여동생에 대한 감정은 다른 장에서 좀 더 구체적으로 그려내고 있다.

　　순식간에 몸의 등짝을 태워버리는, 남승지(南承之)와 여동생에 대한 질투의 불쾌한 감정. 설마, 아니 설마가 아니야, 그것을 설마하고 부정하려는 무서운 격정. (중략) 바다 속을 알몸의 젊은 남녀가 공중제비를 하듯 헤엄을 치면서, 바다의 동물처럼 뒤엉켜있던 언젠가의 꿈 속에서 보았던, 분명히 유원과 남승지 두 사람.12)

　이방근은 여동생 유원에게 남승지와 만날 것을 강요하다시피해서 만나게 하였으며, 가능하면 그들 사이가 가까워지기를 바라고 있었다. 그리고 자신은 이미 자살을 생각한 상황에서 남승지를 일본으로 밀항시키게 되는데, 그 때도 일본에 이미 건너가 있는 여동생 유원을 만나도록 그녀의 주소를 적은 쪽지를 만나기 싫다는 남승지의 호주머니에

---

11) 金石範, 『火山島 Ⅵ』, 文藝春秋, 1997, 39, 40쪽.
12) 『火山島 Ⅵ』, 195쪽.

찔러준다.

그런 그가 유원과 남승지의 정사를 꿈꾸고 분노하는 이유는 무엇인가. 유원은 오빠인 이방근을 절대적으로 신뢰하고 따랐으며, 부친인 이태수보다도 오빠의 말에 더 무게를 두고 있었다. 이방근에게도 동생 유원의 존재는 그가 살아 있어야하는 이유이기도 했다. 유원의 말과 행동은 물론이고 외모까지도 이방근의 생각과 취향에 잘 어울리는 여동생이었다. 이러한 유원이 이방근의 꿈속에서 남승지와 알몸으로 부둥켜안고 있었다는 것은 이방근의 존재가치의 쇠락을 의미하는 것으로 볼 수 있다. 따라서 이방근의 분노는 어쩔 수 없는 것이었다 할지라도 아직은 자신의 존재에 대한 확인으로 연결되는 것이다. 자신의 존재가치의 확보를 위한 분노는 이방근으로 하여금 제주민중을 위한 행동에 나서게 하는 힘으로 나타난다.

그러나 이방근은 꺼림칙한 일련의 꿈들과 관련하여 여전히 괴로운 망상을 거듭한다.

>……언젠가의 꿈속에서 어머니와 통했던 일. 이른 새벽. 서로 간에 침묵을 지키며 아래쪽이 빨려들어 가는 느낌이었다. 자궁에 흡수되는, 되돌아가는 기쁨이었을지도. 꺼림칙한 꿈. 깨고 나서 참으로 두려웠던 꿈. 꿈속에서의 두려움의 결여. 그 어머니는 무엇이었을까. 무언가의 대리 혹은 상징인가. 여동생 유원의 일부일지도 모른다. '부권(父權)'에 대한 침해. 모자상간(母子相姦). 부친살해……13)

결국 이방근은 이러한 꿈들을 꾸게 되는 것은 유원의 일과 관련하여 자신이 아버지의 부권(父權)을 침해한 결과로 나타난 것이라는 생각을 하게 된다. 그러면서 오디푸스가 자신의 부친을 살해했듯이 자신도 그

---

13) 『火山島 VI』, 526쪽.

럴지 모른다는 망상에까지 빠져들게 된다.

그러나 작품에서는 꿈으로 번민하는 이방근의 내면세계를 그려내고 있는 것일 뿐, 이방근의 실제 행동을 의미하지는 않는다. 여기에서 꿈의 세계는 이방근이 생각하고 해석하는 것과는 다른 예지를 가지고 전개되기 때문에 복잡한 이중구조를 가지고 있는 것이다. 어찌되었든 꿈속에 보이는 근친상간의 장면들은 이방근이 애착을 가지고 보호하려는 주변의 인물들과 제주민중을 상징적인 기법으로 표현하고 있는 것으로 볼 수 있다.

5. 신영옥(辛英玉)과의 순간적인 사랑의 의미

신영옥은 해방 직후 성내지구 여성 민주동맹부위원장을 지내다가 입산한 여자빨치산으로, 대열에서 이탈하여 고모의 집으로 숨어드는데, 그 집이 바로 이방근이 부엌이 문제로 집을 나와 하숙하던 곳이었다. 그녀의 고모가 되는 하숙집 주인 부부는 자수시킬 생각으로 이방근과 상의한다. 이방근은 결국 그녀를 여동생 유원과 함께 일본으로 밀항시킨다. 잡히면 처형당할 위기에 처해있던 그녀를 구출해낸 것이다. 그런데 이방근의 그녀에 대한 감정은 짧은 시간의 만남에도 불구하고 급속도로 발전한다.

> (택시를 타고) 반시간 이상 달렸을 때, 거듭 덜커덕대던 직후였는데, 갑자기 그녀가 이방근의 가슴팍에 몸을 던지듯이 쓰러졌다. 아니, 덜컹거리는 탓도 있었지만 확실하게 상반신을 기대어 와서는 검은 머리의 향기와 함께 몸을 이방근에게 맡겼다. 어떻게든 해 주세요, 라는 듯이. 그리고 달라붙듯이 양손으로 이방근의 허리를 감았다.[14]

---

14) 『火山島 VII』, 185쪽.

제주를 떠난 밀항선에는 신영옥과 함께 이방근이 타고 있었으며, 성내의 빨치산 조직을 경찰인 정세용에게 몰래 팔아넘기고 일본으로 도망치려던 유달현(柳達鉉)도 타고 있었다. 이 배는 부산에서 유원을 태우고 일본으로 향할 참이었다. 부산으로 향하던 도중에 유달현은 이방근과 다른 밀항자들에 의해 살해된다.

밀항선이 부산에 도착하여 유원을 태운 뒤 다시 출항하려하자 이방근은 혼잣말을 중얼거린다.

> 무엇 때문에 부산까지 찾아왔는가. 헤어지는 것은, 일본으로 떠나 보내는 것은 여동생 유원만이라고 생각했는데, 신영옥이 겹쳐지고, 거기에 유달현의 죽음이 얽혔다. 영옥과의 이별이 괴로움을 동반한다.15)

신영옥은 자신이 빨치산 부대를 도망쳐 나왔다는 것에 대한 죄책감을 가지고 있었다. 그래서 그 속죄라도 하려는 듯이 경찰에 자수하려는 생각까지 했던 것이다. 그런데 이방근은 자신이 제주민중의 봉기의 정당성을 인정하고 막대한 자금 지원까지 마다않던 행동과는 반대로, 조직에서 이탈하여 도망치는 빨치산을 구해 일본으로 밀항시키는 일을 하고 있었다. 일견 모순되는 것처럼 보이는 그의 행동으로 빨치산 지도부와 마찰을 빚기도 하였다. 그러나 무장봉기의 정당성을 인정하여 지원하는 것과, 상황이 극도로 불리한데도 불구하고 어리석은 투쟁을 계속하여 아까운 목숨을 모조리 희생시키는 것은 별개의 문제라고 생각했던 것이다.

어쩌면 신영옥이야말로 남승지와 함께 이방근이 부러워하며 열등의식을 느끼던 인물에 속한다고 할 수 있다. 두 사람 모두 순수한 혁명

---

15) 『火山島 Ⅶ』, 225쪽.

의 의지로 투쟁에 참여하였고, 미국의 힘을 등에 업은 이승만정권에 패배하여 좌절에 늪에 빠져있다 할지라도 가장 떳떳한 인간의 모습으로 이방근은 믿고 있었던 것이다.

그리고 이방근에게 있어 신영옥은 동생 유원과 중첩되어 나타면서 애틋한 감정을 불러일으키고 있다고 할 수 있다. 동생 유원의 혁명투쟁에 대한 관심이 점차 증폭되어 종로경찰서에 구속되기까지 하자, 위기의식을 느낀 이방근은 그녀를 일본으로 유학 보내려는 결심을 굳히게 된다. 유원을 그냥 방치해 두었다면 남승지를 따라 입산하여 신영옥과 같은 여자 빨치산이 되었을지도 모른다. 따라서 또 다른 여동생을 살려내고자 하는 심정이 작용하여 신영옥을 구하려했던 것으로 보인다. 신영옥 또한 자신의 입장을 누구보다도 잘 이해하고 자신을 위해 헌신하는 이방근의 모습에서 고마움인지 사랑인지 구별할 수 없을 정도의 절대적인 신뢰가 작용하고 있었던 것이다. 그러므로 신영옥과의 사랑처럼 보이는 애틋한 감정의 밑바탕에는 여동생을 사랑하는 것과 같은 인간에 대한 애정이 짙게 깔려있었다 하겠다.

이상에서 고찰한 바와 같이 이방근의 여성관계는 각각의 상황과 처지에 따라 서로 다른 느낌으로 표출되고 있음을 알 수 있으며, 이성으로서의 남녀 간의 사랑은 문난설과의 관계가 유일하다고 할 수 있다. 부엌이와의 관계는 제주에 살고 있는 인간을 감싸 안는 대자연의 모습으로 이방근의 허무를 치유하고 채워주는 행위로서 존재하는 것이다. 그리고 꿈속에서 보이는 어머니나 유원과의 관계는 인륜이라는 인간의 기초적인 도덕을 허물어버릴 정도의 위력을 가지고 이방근을 괴롭히지만, 이것은 남녀 간의 관계이기 이전의 자신이 사랑하는 사람들과 제주 민중이 겪는 고통의 또 다른 표현이라 할 수 있으며, 고차원적인 영적 예지의 세계를 상징적으로 그려내고 있다 하겠다.

『火山島』와 제주도의 문학적 형상화

1. 서장(序章)의 제주

『火山島』에는 주 무대인 제주도의 자연과 역사, 그리고 풍속을 상세히 그려내고 있다. 제주도의 자연 지리적 여건과 인간이 정착하기 시작한 역사적 배경, 그리고 본토인 한반도와의 관계를 통해서 제주도와 제주인의 특성을 설정한다. 이러한 제주도와 제주인은 이야기의 전개에 따라 등장인물들의 실제적인 움직임과 더불어 상세히 묘사되는 경우가 많은데, 역사적인 배경의 경우는 등장인물들의 회상을 통해서 그려내는 경우도 있다.

작가는『火山島』의 서장(序章)에서 자신이 앞으로 전개해나갈 사건들의 중요한 무대가 되는 제주도의 자연과 역사에 대해 형상화를 시도하고 있으며, 여러 가지 암시적인 내용을 담고 있다.

먼저 제주도의 지리적 특성에 대해 그려낸다.

> 아득히 먼 몽고대륙에서 불어온 계절풍은 한반도 남단의 제주해협을 건너, 섬의 절벽과 산들에 부딪힌다. 바람은 백악의 등대가 서

> 있는 해발 수십 미터의 사라봉 절벽에 사납게 머리를 부딪치고는, 되돌아서서 바다를 가르며 사라봉 위를 빠져 달려간다. 바람은 밭을, 언덕을, 광야를 건너, 섬의 중앙에 우뚝 솟아 있는 한라산으로 향한다.[1]

빨치산인 남승지가 임무를 띠고 성내로 잠입하는 과정에서 바라본 제주의 모습을 그려낸 것으로, 먼저 계절은 몽고 대륙의 북풍이 불어오는 겨울이라는 것을 알려주고 있다. 그리고 사라봉 봉우리에는 하얀 등대가 서 있으며, 해안은 절벽이라는 것을 떠올리게 한다. 또한 "제주해협을 건너온 바람은 밭과 언덕, 그리고 광야를 건너 한라산으로 향한다"라는 표현에서는 제주도가 작은 섬이 아니라는 것을 연상시키고, 그 중심에 한라산이 있음을 알려주고 있다.

또한 사라봉에 얽힌 투쟁을 통해 제주의 역사를 전달하기도 한다.

> 이 섬을 최후의 거점으로 하여 몽고 침략군과 몽고에 굴복한 고려 관군을 맞아 싸웠던 삼별초군의 옛이야기도 그렇지만, 오름마다 있는 봉화대에 왜구를 발견했다는 연기나 봉화가 오르면, 한밤중에도 마을사람들이 손수 만든 무기를 들고 집에서 뛰쳐나왔다고 한다.[2]

'오름'이라 불리는 기생화산 중의 하나인 사라봉이 외적의 침입을 탐지하여 다른 오름에 봉화로 연락을 하는 전략적 요충지였으며, 이러한 외적의 침입에 맞서 스스로가 자신들의 안위를 지켜내야 했음을 말하고 있다.

그러나 이러한 제주의 독자적인 생존투쟁의 상징적인 존재이라 할

---

1) 김석범著, 이철호·김석희譯, 『화산도(火山島) 1』, 실천문학사, 1988, 7쪽.
2) 『화산도(火山島) 1』, 8쪽.

수 있는 사라봉이 당하고 있는 현재의 수난은 제주도와 그 주민들이 처해있는 운명을 상징적으로 나타내고 있다.

> 지금은 미국군대가 와 있지만, 그때는 왜놈군대가 이 좁은 섬에 10만이나 있었다오. 그놈들이 우리를 강제로 부려먹은 거라오. 사라봉에만도 하루 수백 명이 동원됐소. 음력 5, 6월이면 한창 바쁠 땐데, 자기 집 꼴 베기나 밭일은 제쳐두고, 꼭 개미떼처럼 사라봉 기슭에 모여서는, 잔디를 사각형으로, 하얀 뿌리를 듬뿍 붙인 채로 떠냈다오. (중략) 이것이 바로 아리랑 고개라는 거라. (중략) 그래서 비행장까지 갖고 갔다오. 잔디를 까는 것이 또 얼마나 힘들던지.[3]

버스 안에서 만난 농부가 자신이 겪은 일을 회상하는 내용으로, 일제의 침략에 의한 사라봉의 수난은 그대로 제주민의 고난으로 이어지고 있다는 것을 전달하고 있다. 자신의 영달만을 도모하려는 소수의 친일파들에 의한 황국신민화는 대다수의 민중들을 민족적 차별과 수탈이라는 노예의 상태로 몰아넣고 말았음을 암시하고 있다. 자신들의 상징인 사라봉의 잔디를 모조리 벗겨내서는 이를 운반하기 위해 피땀 흘리며 다시 그 고개를 넘어야 하는 제주민들의 운명, 이는 외적의 수탈에 신음하며 도망치거나 전장으로 가기 위해 넘어야 했던 수많은 조선인들의 한 많은 "아리랑 고개" 바로 그것이었음을 말하고 있다.

한편으로 살기 좋은 제주마을의 풍경도 그려낸다.

> 뭐, K리? 으음, 거긴 살기 좋은 곳이지. 물도 좋고, 모래밭이 또 뭐라고 말할 수 없을 만큼 새하얗고 깨끗하지. 그리고 그 곳 앞바다에서는 정어리가 많이 잡히는데, 정어리 떼가 바다를 은색으로 부풀리

---

3) 『화산도(火山島) 1』, 12-14쪽.

면서 올라올 때면 볼 만하지. 기름기가 오른 팔팔한 놈들이, 또 그것을 쫓아서 돌고래가 떼를 지어 몰려오지. 사람처럼 휘파람을 불면서…… 갈매기가 떼를 지어 울어대고, 정말 시끄러울 정도로…….
　농부는 자기의 성(姓)도 상대의 성도, 그리고 마을 이야기도 입 밖에 내지 않았다. 농부는 이 섬의 생활관습을 잊었는지도 모른다. (중략) 아니, 엄밀히 말한다면, 이 농부도 과연 어떤 인물인지 알 수 없는 요즘 세상이다. [4]

제주의 풍성하고 아름다운 자연을 그려내면서도, 급박하게 변해가는 정세 속에서는 그 의미가 없음을 말하고 있다. 제주민 사이의 인간관계는 예전의 가족과 같던 모습에서 서로가 경계를 해야 하는 처지로 변해 있음을 그려냄으로써 앞으로의 사건 전개에 대한 암시를 하고 있다.

2. 제주도민의 형성과 그 특성

『火山島』에는 제주도가 한반도의 역사로 포함되어 가는 단계와 제주도민의 형성과정이 실제적인 역사적 사실에 근거하여 기술되고 있다. 제주도민의 정체성 및 본토와의 관계를 제시하고자 한 것으로 보인다.

　상대(上代)에 독립국이었던 탐라(耽羅)는 백제, 통일신라에 종속되어, 고려조에 이르러서는 군현(郡縣)제의 일부로서 탐라군이 되었다. 고종(13세기) 시대에 제주로 개칭. 그 후, 원(元) - 몽고(蒙古) 백년의 지배를 받게 되어, 중국인과 몽고인의 유입으로 혼혈이 있었지만, 조선에 들어와 조선 본토에서 입도(入島)가 많아졌다. 지금의 제

---

4) 『화산도(火山島) 1』, 15쪽.

주 성씨의 대부분이 고려 말에서 조선에 걸쳐 유배된 사람들의 자손으로, 제주도는 당시의 정객들의 유배지였다.5)

제주민들의 형성과정을 상당히 객관적인 시각으로 기술하고 있는데, 몽고의 지배 하에서 중국과 몽고인의 피가 섞여 있다는 내용이 있다. 얼핏 자학적인 내용으로 비쳐질 수도 있지만, 중국과 몽고인의 피가 섞여있기는 정도의 차이는 있을지언정 본토인들도 마찬가지이다. 따라서 이방근이 말하는 제주민이 가진 본토사람에 대한 불만과 울분에는 외래 민족과의 혼혈로 인한 차별문제는 보이지 않는다.

> 이조시대 중앙의 정계에서 쫓겨나 낙향, 육로(陸路)천리, 해로(海路)천리의 끝에 있는 유배지······. 제주도 사람들은 거의 유배당한 양반들, 옛날의 정치범들의 자손이지요, 라고 문난설이 말했다. 이방근은 그렇다고 대답했다. 이곳은 옛날부터 중앙에서 멸시당하고 학대받아온 반항의 땅이지요······.6)

본토인과 다른 제주민의 특성으로 조선시대의 관리들 중에 유배당해온 사람들의 혼이 맥맥이 흐르고 있다는 점을 강조하고 있다. 실제로 본토에서 유배당해 건너온 사람들이 다른 제주민들에 미친 영향력은 매우 컸던 것으로 보인다. 유교를 통치철학으로 절대시하고 있던 조선시대에 유배당한 관리들을 지금의 시각으로 본다면, 오히려 경직된 통치체제에 저항한 절개 있는 모습으로 비쳐질 수도 있는데, 이러한 점이 제주민들의 자긍심으로 연결되고 있음을 알 수 있는 내용이다.

---

5) 金石範, 『火山島 Ⅴ』, 文藝春秋, 1996, 256쪽.
6) 『火山島 Ⅴ』, 64쪽.

이러한 제주민의 특성과 관련하여 『한국전쟁의 발발과 기원』의 저자 박명림은 다음과 같이 언급한다.

> 그들은 기실 조선시대 이래 중앙과 육지의 끊임없는 흡수 동화정책, 포섭시도에도 불구하고 끈질기게 자율적이고 독자적인 문화와 습속, 언어와 전통을 가지려 노력해왔고, 또 그에 성공하고 있었다. 그러나 이것은 육지 출신의 진압세력에게 동족으로서 같은 피가 흐르는 인간집단이라는 인식을 갖지 못하게 하는 요인이 되었다. 그들은 다만 공산주의에 물든 '섬 것들'일 뿐이었다.[7]

제주민인 이방근 스스로의 입을 통해 인정한 본토인에 의한 차별은, 박명림이 지적하는 무자비한 진압작전의 행동논리를 전개할 수 있는 토대가 되었으며, 김석범은 『火山島』를 통해서 이러한 비인간적인 행위를 비판하고자 하는 것이다.

3. 제주도의 풍습과 문화

『火山島』의 배경과 등장인물이 대부분 제주도와 그곳에 사는 사람들인 만큼, 이들을 묘사해내는 데 있어 그들이 가지고 있는 전통과 설화 같은 문화가 내포되는 것은 필연적인 것이고, 또한 작품의 의도가 여기에 있는 만큼 보다 주도면밀하게 형상화되기 마련인 것이다. 그런데 작품이 일본어로 쓰이고 일본에서 출판되어 일본인을 독자로 삼고 있음에도 불구하고, 깊이 있는 제주도의 풍습과 문화의 묘사로 일관하고 있다는 점에서 작품이 내포하고 있는 민족주의적 성격을 엿볼 수

---

7) 박명림, 「민주주의, 이성, 그리고 역사이해 : 제주 4·3과 한국현대사」, 『제주4·3연구』, 역사비평사, 1999년, 452쪽.

있게 한다.

3.1. 제주도의 설화

먼저 제주에 많은 고(高), 양(梁), 부(夫) 성씨의 기원을 담고 있는 삼성혈(三姓穴)에 관한 전설[8]이 소개된다. 이외에도 많은 설화가 등장하는데 대표적인 것은 다음과 같다.

> (영등할망)
> 영등할망이란, 봄을 질투하여 히스테리를 일으키는 심술궂은 바람의 신을 가리키는 말이다. 겨울이 지나가고 드디어 봄기운이 돌기 시작하는 2월 초순이면 갑자기 휘몰아치는 편서(偏西)의 세찬 북풍을 가리켜 사람들이 그렇게 부르고, 그녀가 지상에 있을 동안은 바다에 나가는 걸 금기로 여겼다.[9]

> (설문대할망의 전설)
> 설문대할망이라는 여신이 남해에 섬을 만들고 싶어져서, 한강(漢江)의 흙과 모래를 손에 한 줌 쥐어 바다 위를 날아 남해에 뿌렸더니, 곳곳에 섬이 생겼는데, 가장 큰 흙덩어리가 한라산이 되고, 작은 자갈이 흩어져 기생화산이 되었다는 이야기다. 설문대할망은 해안에 서서 한라산 꼭대기의 분화구인 백록담에 머리를 감았다니까, 그 키가 어느 정도였는지는 상상이 간다.[10]
> (조왕신 여산부인과 측간신 노일제대)
> 이방근은 서재 소파로 돌아왔다. 담배 한 대를 물고 천천히 성냥을 그어댔다. 조왕신과 측간신인 노일제대는 원수지간이라. 그건 그럴 테지. 변소와 부엌 사이가 좋을 리는 없지……이런 것들은 이 나

---

8) 『火山島 V』, 254쪽.
9) 김석범著, 이철호・김석희譯, 『화산도(火山島) 2』, 실천문학사, 1988, 277쪽.
10) 김석범著, 이철호・김석희譯, 『화산도(火山島) 3』, 실천문학사, 1988, 318쪽.

라의, 특히 이 섬의 샤머니즘, 즉 무속에서 나온 신앙이었다. 무가로 전해지는 신화적인 설화에서, 그것이 섬의, 특히 부녀자의 생활습관에 커다란 영향을 미쳐왔다. 조왕신 여산부인과 측간신 노일제대는 처첩의 관계였다.(하략)[11]

'조왕신'과 '측간신'의 관계를 처첩의 관계로 표현한 제주 부녀자들의 발상이 아주 독특하고 흥미롭다. 바다를 터전으로 살아가는 사람들의 바람을 경계하는 마음이 '영등할망'의 전설을, 제주의 땅을 본토의 왕이 살고 있는 한강의 모래로 만들어 같은 나라의 민족이라는 것을 강조하려는 마음이 '설문대할망'의 전설을 만들어 낸 것으로 생각된다. 이와 같이 전설과 설화는 그 땅에 살고 있는 사람들의 생활 정서를 담아내고 있는 것이 대부분인데, '영등할망'과 '설문대할망'의 이야기 역시 이와 같은 맥락에서 만들어 졌다고 볼 수 있다.

또한 전설의 섬 '이어도'에 대해서는 제주민의 애환을 담아내려는 도구로서 비교적 상세히 그려내고 있다.

"어쨌든 이어도란 일종의 가공의 섬인데, 그 노래에는 유래가 있다네. 물론 전설이니까, 사실이라고 말할 건 못되지. 어쨌든 그 섬은 아무도 가본 적이 없고 본 적도 없을 뿐 아니라, 거기에 다가간 사람은 다시는 돌아오지 않는 환상의 섬이라네······." (중략)

이어도 사나 이어도 사나 떼구름 들끓는 바다에 배가 가네 이어도 사나

이어도 사나 이어도 사나 내 사랑하는 님은 이어도에 갔나 이어도 사나

이어도 사나 이어도 사나 돛 올린 저 배는 이어도에 가는가 이어도 사나······[12]

---

[11] 김석범著, 이철호・김석희譯, 『화산도(火山島) 5』, 실천문학사, 1988, 52쪽.

제주의 부녀자들은 '이어도'의 민요를 삶의 깊은 애환을 달래기 위한 수단으로 노래한다. 또한 자살한 이방근의 친구는 자신의 허무를 '이어도'에 비유하여 슬픔을 노래하기도 한다. 즉 '이어도' 노래는 작품의 저변을 흐르는 애잔한 음악적 리듬으로 작용한다.

3.2. 유교적 전통과 제사의 모습

주인공 이방근의 자유주의 사상은 유교적 전통을 대표하는 부친 이태수와의 대결을 초래하여 그 긴장감은 작품세계를 관류하고 있다. 부친이 이방근에게 요구하는 것은 일본인으로 귀화한 형을 대신하여 집안의 대를 이어 갈 준비를 하라는 것으로 요약된다. 그것은 제주의 유지라는 부친의 사회적 지위에 걸 맞는 며느리를 맞이하는 것이며, 아들로 하여금 자신의 사업경영을 어어 받게 하는 것이었다. 그러나 부모의 중매로 결혼하였다가 이혼한 경력을 지니고 있는 이방근은 결혼으로 발생되는 구속을 싫어하여 자유연애에 의한 동거를 고집하고 있었다. 그리고 비교적 많은 유산을 남기고 사망한 모친의 덕택으로 경제적인 어려움 없이 생활하고 있는 그는 부친의 막대한 재산에 전혀 관심을 보이지 않는다.

이와 같은 상황의 전개는 부친 이태수와 이방근의 사이에 많은 마찰을 초래하게 되는데, 이 과정을 통해서 유교적인 사고방식에 의해 구속하려는 부친의 모습이 잘 묘사되고 있다. 즉 부친과 이방근의 대립관계는 조선의 유교적 전통의 특징을 그려내기 위한 방편으로 이용되고 있으며, 이를 통해서 한민족의 혼과 함께 하는 민족적인 정서를 세밀하게 묘사하고 있다.

---

12) 김석범著, 이철호·김석희譯, 『화산도(火山島) 4』, 실천문학사, 1988, 154-156쪽.

『火山島』는 이와 같은 두 사람의 관계 이외에도 유교적 전통과 관련된 내용을 많이 담아내고 있다. 그 중에 유교의 가르침으로 인한 폐단으로 소개하고 있는 것이 '칠거지악(七去之惡)'이다.

> 아내를 집에서 내쫓을 수 있는 7가지 이유를 말하는데, 먼저 시부모에 불순, 다음에 아들을 못 낳는 것, 음행(淫行), 질투, 나쁜 병, 수다, 그리고 절도가 있다.[13]

유교적 전통의 폐단의 하나인 '칠거지악'의 부작용으로서 존재하던 '씨받이'에 대해서도 소개하고 있다. 이러한 비판은 주로 음악전문학교에 재학 중인 이방근의 여동생 유원을 통해 전개된다.

형식을 강조하는 유교의 대표적 제도인 '제사'에 대해서는 50쪽에 달하는 분량을 할애하여 묘사함으로써, 작가의 이에 대한 관심의 정도를 짐작할 수 있게 한다.

다음은 이방근의 모친 제사 모습의 일부이다.

> 제상은 거실에 이어져 있는 가장 안쪽 방에 마련되었다. 제상을 둘러싸듯 삼면에 커다란 병풍이 쳐지고 돗자리가 깔린다. 거기에 제물을 놓을 높은 제탁(祭卓)을 세우고, 그 앞에는 향과 술잔을 올려놓을 탁자가 놓였다. (중략)
> 쇠고기와 돼지고기를 지져 꼬챙이에 꿴 산적, 옥돔구이, 전복찜, 고사리나 산채를 버무린 나물, 잡채, 강정과 산자, 팥을 섞은 커다란 시루떡, 반지르르 윤이 나는 송편, 버섯전과 두부전, 그밖에 온갖 음식들……이 모두가 집안사람이나 이웃여자들의 손으로 만들어진 것이었다. (중략)
> 청동 촛대가 제탁 좌우에 놓이고, 커다란 양초가 세워졌다. 이제

---

13) 『火山島 V』, 293쪽.

지방을 써서 제탁 안쪽에 안치되어 있는 검은 위패상자에 붙여 넣으면 된다. 그런데 그 지방은 역시 아버지가 써야한다. '亡室孺人……神位'라는 글귀를 자식이 쓰는 것은 아무래도 어색하다.(하략)14)

(손님 접대 등이 계속되다가 파제가 시작됨) 벌써 10시가 되어 있었다. 앞으로 30분만 지나면 파제를 시작해야 한다. 자시(子時)에 파제를 지내서 돌아가는 혼백을 전송하는 것이 원칙이지만, 그 시각을 앞당기기로 아버지가 동의했다. 파제를 끝내고 나서 '음복(飮福)'이라는 술자리가 다시 시작되는 것은 대개 1시가 지나서이다.(하략)15)

그런데 이렇게 장황하고 긴 '제사'의 설명에는 폐단이라는 의식은 거의 보이지 않고, 조선의 전통과 자부심이라는 면모가 훨씬 강조되고 있는 것이 특징이다. 여기에는 조상과 후손들의 인간으로서의 인연을 강조하고 지키려는 모습과, 망자에 대한 경의를 표하기 위해 찾아오는 손님들을 통해 조선민족의 끈끈한 동족애의 원천을 추구하려는 면이 엿보이고 있다고 할 수 있다. '칠거지악'과 '씨받이'등의 악습을 비판하던 유원이 어머니의 제사를 앞장서서 주도하고 있는 모습에서도 작품의 의도를 엿볼 수 있다.

이와 함께 제주도 여인만이 아니라 조선여인의 특징이라 할 수 있는 샤머니즘, 즉 무당의 굿과 주술에 대한 확신이 일상생활에 미치는 영향에 대해서도 상세히 언급한다.

선옥(仙玉)의 병은 그냥 병이 아니라, 살(煞)을 맞아 귀(鬼)가 들린 것으로, 무당을 불러 살풀이를 해야 한다는 것이었다. 살이란, 그 어떤 사기(邪氣), 즉 눈에 보이지 않게 사람에 들러붙어 해를 끼치는 기

---

14) 『화산도(火山島) 2』, 100, 101쪽.
15) 『화산도(火山島) 2』, 157쪽.

운으로서, 혼히 초상집이나 혼인집에 갔다가 돌연 맞는다고 한다.16)

　　40대로 보이는 하얀 무복차림의 무당은 제단 바로 앞의 돗자리 한 가운데 앉아서, 혼자 장구를 치면서, 그 무슨 사설을 리드미컬한 목소리로 읊고 있었다. 그 무당 앞에는 점구(占具)인 신칼이며 요령들이 놓여있고, 무당 뒤쪽에는 징과 북을 두드리는 여인들이 앉아 있었다. 이들을 먼 둘레로 비잉 둘러싸고 많은 아낙네며 어린아이들이 앉아 있었다.17)

　　이렇게 굿은 끊임없이 심야까지 이어져, 밤 두시 경에야 일단 휴식에 들어가 잠시 눈을 붙인 다음, 새벽녘에 다시 시작되어서는 이튿날까지 계속 이어진다.(하략)18)

　제주도의 여인들이 절대시하고 있는 샤머니즘적 주술과 굿에 대한 믿음은 부정적인 것이 아닌, 끈질긴 생명력을 바탕에 둔 삶의 원동력으로 묘사된다. 연약한 여인으로서는 감당하기 힘든 불의의 재난과 고통에서 오는 절망감을 굿을 통해 털어버리고 자신들이 처한 입장을 주변의 사람들에게 알림으로써, 새로운 이해와 화합의 장을 마련하는 중요한 수단으로 작용해왔다는 인식이 토대가 되어 있다. 무당에 의한 굿을 조선 여인들, 그 중에서도 한 많은 제주여인들의 생활 그 자체로 보고 있는 것이다.
　그런데 선옥의 병을 치유하기 위해 벌인 굿판에서 이방근과 부엌이의 관계가 폭로된다. 부친 이태수는 어이없어 하지만 이방근으로서는 그것이 사실이므로 할 말이 없다. 이와 같은 설정을 통해 단지 미신으

---

16) 『화산도(火山島) 5』, 158쪽.
17) 『화산도(火山島) 5』, 161, 162쪽.
18) 『화산도(火山島) 5』, 173쪽.

로서의 샤머니즘이 아니라, 실제로 영적인 세계를 관장할 수 있는 실질적인 생활의 수단으로서의 역할도 강조하고 있는 것이다.

3.3. 제주도의 전통 음식에 대한 묘사

『火山島』에는 등장인물들의 식사하는 장면이 끊임없이 묘사되고 있는데, 언제나 각기 다른 표현으로 제주 음식의 특징과 이를 즐기는 인물들의 생각을 그려낸다.

그 대표적인 예로 도살된 돼지 뱃속에 들어 있던 새끼돼지의 회인 '새끼회'를 즐기는 장면을 들 수 있다.

> 새끼회는 어미 뱃속에 든 새끼돼지를 양막(羊膜)과 함께 저미듯 다져서, 식초・고추장・후춧가루・고춧가루・참기름・참깨・설탕・간장・마늘・파 등 갖은 양념을 넣어 맛을 낸다. 거기에다 조심스럽게 받아두었던 양수(羊水)를 적당히 섞으면 된다.(중략)
> 이방근은 두세 숟갈을 계속 입에 넣었다. 이빨에 오도독오도독 하는 상쾌한 감촉이 느껴질 만큼 가볍게 씹으면서, 작은 연골을 혀끝으로 발라낸 뒤 꿀꺽 삼킨다. 때로는 연골까지 씹어 먹는다. 양수와 피가 섞인, 생명의 원초에서 솟아나오는 듯한 깊은 맛이 갖은 양념 맛을 제치고 입 전체에 퍼져나간다. 두어 숟갈 먹을 무렵이면 이 비린내가 역겨워져서, 청주를 함께 마시면서 냄새를 없애지 않으면 삼키기가 어렵다. 그렇다고 너무 양념을 많이 넣어 이 미묘한 생명의 냄새를 지워버리면, 그건 더 이상 새끼회가 아니다. 그리고 색깔은 역시 노랗지도 않고 파랗지도 않으면서, 다른 색깔도 아닌, 살색의 얇은 고기조각을 덮은 옅은 핏빛이 아니면, 이 냄새와 맛에 어울리지 않는 법이다. 이방근은 잘게 다진 고기조각이 섞인 걸쭉한 액체를 숟가락으로 뜨면서, 양수가 생명의 냄새라면 생명은 핏빛을 띠고 있구나 하고 생각한다.[19]

제주의 많은 음식에 관한 표현 중에 '새끼회'에 대한 묘사의 일부를 소개한 것으로, 음식에 대한 구체적인 그림을 머릿속에 떠올리고 실제 맛을 느낄 수 있을 만큼 세밀하고 생동감 넘치는 필체를 구사하고 있으며, 즐기는 이의 철학적 사고까지 곁들여져 있다. 『火山島』에 묘사되는 대상들 중에서 역사적 사실에 대한 기술을 제외한다면 대체로 위와 같은 섬세함이 돋보이는 표현들이 많다.

  이상으로 제주의 자연과 역사, 그리고 풍속 등에 관한 묘사를 중심으로 한 민족적 색채를 고찰해보았다. 한국에 발을 들여놓을 수 없었던 작가는 젊은 시절 제주에 체류했던 길지 않은 시간의 기억을 더듬어 내고, 제주의 사진 등을 통해 상상의 나래를 펼치면서 집필에 임했다. 작품에 전개되는 제주민중의 삶에 관한 토속적이고 섬세한 묘사는 한민족, 그 중에서도 제주민중의 처참한 역사 속에서 꿋꿋한 삶을 이어온 끈질긴 생명력에 대한 경외심과 애착에서 비롯된 것임은 의심할 여지가 없을 것이다.

---

19) 『화산도(火山島) 2』, 13, 14쪽.

『火山島』와 기존 작품과의 제 관계

『火山島』의 모태라고 할 수 있는 「까마귀의 죽음」과 그 과도기적인 작품으로 도중에 집필을 중단한 한글 『화산도』에 대해서는 앞장에서 자세하게 언급하였다. 그리고 이 두 작품은 내용과 구성, 그리고 등장인물에 있어서 『火山島』와 맥락을 같이하며 발전단계로서 일직선상에 놓여있는 작품이라는 것을 확인하였다.

그런데 『火山島』는 직접적인 영향을 받은 위의 두 작품 이외에도 작가가 그 동안에 집필해온 많은 작품들의 주제 및 소재와 연관성을 가지고 있다. 이는 한마디로 작가 김석범의 작품을 망라하여 집필된 것이 『火山島』라는 표현으로 그 평가를 대신할 수 있을 것이다.

본고에서는 「까마귀의 죽음」과 한글 『화산도』를 제외한 다른 작품과 일본어로 쓴 『火山島』의 관계를 고찰하고자 한다. 작품 중에는 「바다 속에서, 땅 속에서(海の底から, 地の底から)」[1], 「만월(満月)」[2] 등과 같이 『火山島』를 출간한 뒤에 집필된 것도 있는데, 이미 『火山島』에 반영된 내용을 좀 더 심화시킨 작품들이라고 할 수 있다.

---

1) 『군상(群像)』, 1999년 11월 발표.
2) 『군상(群像)』, 2001년 4월 발표.

『火山島』와 다른 작품들과의 관계를 고찰하는 데 있어 효과적인 방법 중의 하나가 각각의 등장인물의 특성을 비교해 보는 것이라 하겠는데, 『火山島』의 등장인물 중에 이미 기존의 작품 속에서 하나의 전형(典型)으로 형상화되어 있는 인물을 비교 고찰하면 다음과 같다.

먼저, 작품 속의 '남승지(南承之)'라는 등장인물은 젊은 시절의 작가를 모델로 하고 있다고 볼 수 있다. 남승지 어머니의 고향이 제주도라는 것과 현재는 오사카에서 삯바느질을 하며 살고 있다는 것, 그리고 해방을 전후해서 서울로 돌아와 공부를 했다는 과거의 행적은 작가 김석범의 젊은 시절과 매우 유사하기 때문이다. 이러한 내용은 작가의 자전적 소설집인『1945年夏』3)에 수록된「장화(長靴)」,「고향(故鄕)」,「방황(彷徨)」,「출발(出發)」에서 작가 자신의 분신인'김태조(金泰造)'를 통해 쉽게 확인해 볼 수 있다. 그러나 작가 자신은 해방 이듬해인 1946년 여름 무렵에 일본으로 밀항하여 정착하였으므로, 남승지라는 인물은 당시의 작가 자신이 걸었어야 할 혁명투쟁의 길을 대신 걷고 있는 이상적인 모델이라고 할 수 있다.

'용백(龍白)'은 불구인 그의 어머니가 관음사(觀音寺)라는 절에 맡기고 떠나는 바람에 그 절의 공양주가 된 인물이다. 그는 우직하고 좀 아둔해 보이지만, 애초에 그를 거둬들인 스님이 '살아 있는 부처'라고 말했을 정도로 진실한 인간이다. 이와 비슷한 인물이 '용백'이라는 같은 이름으로「똥과 자유와(糞と自由と)」4)에 등장한다. 북해도 탄광에서 노동을 하던 용백은 탈주를 시도하다 잡힌 조선인을 다른 사람들로 하여금 죽을 때까지 차례차례 몽둥이로 때리게 하는 일본인 감독의 말을 듣지 않는다. "나는 형제를 때리지 않을 거예요. 죽어도 안 때릴 거예

---

3) 金石範,『1945년 여름(1945年夏)』, 筑摩書房, 1974.
4)『문예수도(文芸首都)』, 1960년 4월 발표.

요. 나는 싫어요."⁵⁾라고 말하고는 자신 역시 불구의 몸이 되도록 두들겨 맞는다. 또한「만덕유령기담(万德幽霊奇譚)」⁶⁾에서는 '만덕(万德)'이란 이름으로 용백과 동일한 인물을 그려내고 있다. 만덕을 주인공으로 하는 이 작품에서는 진실 된 자연인의 모습을 추구한 작가의 내면세계를 엿볼 수 있다.

'부스럼 영감(でんぼう爺い)'은 작품의 후반부에서 처형당한 빨치산의 머리를 바구니에 담아 신원을 확인하려는 일을 함으로써 무자비한 진압 경찰의 편에 들러붙은 야비한 영감으로 비칠 우려도 있다. 그러나 작가가 이 모든 것을 포함해서 자연인의 모습으로 그려내고자 했으며, 이러한 부스럼 영감의 전형은「관덕정(観德亭)」⁷⁾에서 찾아 볼 수 있다. '관덕정(観德亭)' 마루 밑을 거처로 삼고 있던 부스럼 영감은 처형당한 사람의 머리를 찾아 전해달라며 찾아 온 매춘부 '소푼이'에 끌린다. 그러던 어느 날 부스럼 영감은 관덕정 광장을 지나는 처형당할 사람들의 행렬에 뛰어 들다 총살당하는 소푼이를 목격한다. 영감은 돈을 써서 소푼이의 시신을 건네받은 뒤 모습을 감춘다. 부스럼 영감의 존재는 용백과 더불어 자연인으로서의 진실한 인간성 추구에 의해 형상화된 인물로『火山島』에서도 중요한 위치를 차지한다.

이방근의 여동생으로 등장하는 '이유원(李有媛)'은 남승지와 함께 주인공 이방근에 못지 않는 핵심적인 인물이다. 그런데 이와 비슷한 인물은「까마귀의 죽음」과 한글『화산도』는 물론이고 김석범의 다른 작품에는 그 모델을 찾아 볼 수 없다. 다만 작가 자신과 함께 서울에서 시국을 논하던 친구 장용석(張龍錫)을 회상하며 그에 대한 그리움을

---

5) 金石範,「똥과 자유와(糞と自由と)」,『까마귀의 죽음(鴉の死)』, 講談社文庫, 1973, 251쪽.
6)『인간으로서(人間として)』, 1970년 12월 발표.
7)『문화평론(文化評論)』, 1962년 5월 발표.

그려낸 작품으로 「유명의 초상(幽冥の肖像)」[8]이 있는데, 여기에 이유원을 연상시키는 인물이 잠깐 등장한다. 즉 용석 자신은 일본으로 가기가 어렵게 되었지만, 대신 "어느 고등여학교 5년의 수학을 마쳤고, 성적은 국민학교 때부터 수석을 지켜왔으며, 현재는 모 음악학교 성악과에 재학 중"[9]인 자신이 사랑하는 여인의 일본 유학을 상담하는 내용의 편지가 등장한다. 그 편지에는 또 "힘 있는 집안에서 곱게 자란 여인"이라는 말을 덧붙이고 있어서 외형적인 요건은 『火山島』의 이유원과 많이 닮아 있음을 알 수 있다.

'부엌이'는 이방근을 비롯한 많은 인물들을 포용하는 대지의 여신과 같은 존재로 작품에 등장하지만, 이러한 인물의 전형을 그려낸 다른 작품은 없다. 그렇지만 작가가 부엌이를 통해 무엇을 형상화하고자 했는지 그 실마리를 제공하는 내용의 문장을 자전적 평론 「어떤 재일조선인의 독백(一在日朝鮮人の独白)」[10]에서 찾아 볼 수 있다. 이 평론에는 조선시장으로 불리는 오사카의 이카이노(猪飼野)의 풍경이 묘사되어 있는데, "그곳은 먼 바다의 바닷가로서, 나는 맨발을 적시며 걷고, 그리고 해조음과 함께 밀려오는 원초적인 냄새를 맡으며, 나의 체취가 그것으로 씻겨나가는 것을 이내 느낀다."[11]는 표현으로 제주도와 연결시켜 그려내고 있음을 알 수 있다.

또한 이곳 조선시장에서 일하는 여인들의 대지를 품어 안는 강인한 생명력에 대해서 "민족적 차별에 의한 박해 속에서 고통 받고 멸시당해도, 우둔하다고 할 만큼 원초적인 것을 간직하고 있는 그녀들의 육

---

[8] 『문예(文芸)』, 1982년 1월 발표.
[9] 金石範, 「유명의 초상(幽冥の肖像)」, 『金石範作品集Ⅱ』, 平凡社, 2005, 353쪽.
[10] 『아사히저널(朝日ジャーナル)』, 1969. 2. 16~3. 16일 발표.
[11] 金石範, 「어떤 재일조선인의 독백(一在日朝鮮人の独白)」, 『말의 주박(言葉の呪縛)』, 筑摩書房, 1972. 17, 18쪽.

체에는 전혀 영향을 미치지 못하는 것 같았으며, 따라서 열등감이 자리 잡을 공간이 없었던 것이다."12)라는 언급을 하고 있는데,『火山島』의 부엌이가 지니고 있는 특성과 거의 일치하고 있음을 알 수 있다. 이러한 이카이노의 조선여인들에 대한 느낌과 인상은 부엌이 치마 속의 바다 냄새를 통해 이방근이 느끼던 원초적인 편안한 생명력과 매우 흡사하다. 제주 여성들의 원초적이고 강인한 생명력에 대한 작가의 향수가 『火山島』의 부엌이를 형상화시킨 것으로 보인다.

'김문원(金文源)'은 제주 한라신문의 편집장으로 등장하는데, 빨치산 조직원이기도 한 그는 새로운 투쟁을 독려하기 위한 전단지의 인쇄라는 조직의 명령을 마지못해 실행하게 된다. 그러나 전단지가 배포되자 그 인쇄를 할 수 있는 곳은 한라신문밖에 없다는 것을 안 경찰의 급습으로 김문원은 체포되어 처형되고 만다. 소설가이며 시인이기도 한 김문원은 일제치하의 우리나라를 청상과부로 비유한 저항시「피나게 좋이 울어 먼 데서 울어……」를 짓기도 하였다. 그런데 이러한 내용은「빛의 동굴(光の洞窟)」13)에 등장인물이 김봉지로 이름만 바뀐 채 그대로 수록되어 있다.

작품에 등장하는 고양이 '흰둥이'는 이유원이 목포역에서 주워온 것으로, 그녀가 제주를 떠나 있는 동안에는 부엌이가 기르고 있었다. 그런데 이 고양이가 이방근과 부엌이의 정사 때 밖으로 나와 울어대는 바람에, 잠에서 깬 계모 선옥(仙玉)이 이방근의 방에서 나가는 부엌이를 보게 된다. 작품에서는 이와 관련된 사건을 묘사하면서 고양이의 습성과 행동양식에 대해 놀랄 만큼 자세히 그려내고 있는데, 이는 작

---

12) 위의 책,「어떤 재일조선인의 독백(一在日朝鮮人の独白)」,『말의 주박(言葉の呪縛)』, 19쪽.
13)『군상(群像)』, 1994년 12월 발표.

가 자신이 두 마리의 고양이를 기르면서 느낀 희로애락을 그려낸 작품「데꼬와 꼬마(テコとコマ)」14)에서 그 전형을 찾아 볼 수 있다.

이상과 같은 등장인물과 동물 이외에도『火山島』와 관련된 내용을 담고 있는 작품들이 있다.

친일파에 대한 작가의 인식은『火山島』의 토대를 이루는 하나의 사상적 체계로서 반영되고 있으며, 이광수(李光洙)를 비롯한 친일문인들에 대한 철저한 비판이 가해지고 있다. 또한『國民文學』과 같은 친일 기관지에 대한 상세한 기술도 보이는데, 이는 모두 작가의 평론「친일에 대하여(親日について)」15)와 맥락을 같이하고 있는 내용들이다.

그리고 작품에는 이방근이 부친 이태수(李泰洙)와 술을 함께 하다가 술이 떨어지자 직접 술을 담아 오는 도중에 술병을 놓칠 뻔하여 마당에 술을 약간 쏟는 장면이 있다. 부친의 어찌된 일이냐는 물음에 이방근은 "(파가저택의) 꺼림칙한 연못이 사라진 자리에 술을 부었다"16)라는 말을 한다. 그러자 부친은 부엌이로 하여금 술을 많이 가져오게 하여 파가저택의 저주를 없앤다며 마당에 마구 술을 뿌려댄다. 이 장면은 이방근과 부친의 화해가 시작되었음을 암시하는 대목이다. 그런데 이 '파가저택(破家瀦宅)'에 관한 내용을 담고 있는 작품으로는「향천유기(鄕天遊記)」17)가 있으며, "대역죄인인 까닭으로 그 집을 허물고 그 자리를 파서 물을 채워 연못을 만든다"18)는 뜻을 가진 말이라는 설명을 덧붙이고 있다.

이상으로『火山島』와 제 작품과의 관계에 대해서 고찰해보았다. 이

---

14)『스바루(すばる)』, 1994년 2월 발표.
15)『세계(世界)』, 1992년 6, 7, 9, 11, 12월, 1993년 2월 발표.
16)『火山島 Ⅵ』, 493쪽.
17)『스바루(すばる)』, 1985년 12월 발표.
18) 金石範,「향천유기(鄕天遊記)」,『속박의 세월(金縛りの歲月)』, 集英社, 1986, 54쪽.

를 통해서『火山島』가 <제주4·3사건>을 소재로 삼은 다른 많은 작품들에서 특성 있게 정형화된 인물과 소재를 다시 활용하고 있음을 확인해 볼 수 있었다. 이러한 노력의 과정 역시 잊혀진 제주민의 진실된 역사를 복원하려는 작가의 확고한 의지가 담겨 있다 하겠다.

소결

　김석범은 1951년의 「1949년 무렵의 일지에서」라는 기행문 형식의 감상문을 시작으로, 2006년 현재 문예잡지 『스바루(すばる)』에 연재 중인 『火山島』의 속편에 이르기까지 조선민족의 삶과 운명을 그려내지 않은 작품은 없다. 이것은 그의 몸이 비록 일본에 있으나 마음은 언제나 조국과 함께 있었다는 반증이라 할 수 있을 것이다. 그리고 그의 작품에 등장하는 민중으로서의 조선인들은 일본제국주의에 의한 식민지배의 상흔과 분단된 조국의 고통을 온몸에 짊어진 채 고단한 삶을 살아간다. 이러한 조선민중의 삶은 작가 김석범의 고향인 제주도의 4·3봉기로 촉발되는 전대미문의 양민학살사건을 접하면서 작품으로 형상화되기 시작한다.

　『火山島』는 이렇게 왜곡된 역사를 살아가는 제주민중의 삶과, 해방 전후의 복잡한 양상으로 전개되는 좌우 이데올로기의 대립을 기회로 삼아 다시 자신들의 활동무대를 넓혀가려는 친일파들의 움직임을 사실주의적인 시각에서 그려내고 있다. 뿐만 아니라, 조선의 토속적인 정취를 물씬 풍기는 민중의 삶과 생활 풍습의 묘사를 통하여 정치·사회적인 사건들로 굳어지기 쉬운 작품 세계를 유려한 것으로 승화시키고 있다.

<제주4·3사건>과 관련되어 묘사되는 주인공 이방근의 민족의식은 작품의 정치·사회적인 배경에 대한 고찰을 통하여 확인된다. 이방근의 4·3봉기에 대한 지원은 공산혁명을 꿈꾸는 인간들이 범하고 있는 사상적인 오류보다는, 자신의 영달을 위해서 조국을 팔아넘긴 자들이 해방된 조국에서 그 주인인 양 행사하는 친일파들에 대한 분노와 적개심이 훨씬 큰 것에서 비롯되었다고 할 수 있다. 그러면서도 이방근은 공산주의와 제주 빨치산에 대한 비판을 서슴지 않고 있는데, 이는 그의 목적이 공산주의 사회 건설에 있는 것이 아니라, 친일파 일소와 민족의 자주적 통일에 있다는 것을 확실하게 보여주는 것이라 할 수 있다.

이방근을 통해 표출되는 이와 같은 역사인식이『火山島』의 토대를 이루고 있는 까닭에, 작품에서는 미국과 당시의 남한 정권이 자신들의 세력을 공고히 하기 위해 어떻게 민중을 탄압해갔는지에 대해 초점이 맞춰져있으며, <제주4·3사건> 역시 이러한 일련의 과정 속에서 돌출된 민중의 항거로 그려내고 있다.

『火山島』는 이와 같은 정치·사회적인 사건의 전개와 함께, 제주민중의 토속적인 삶을 묘사하는 데도 많은 지면을 할애하고 있다. 제주의 자연환경과 제주민의 형성과정, 샤머니즘을 비롯한 제주의 풍속 및 설화, '이어도' 노래 등과 같은 조선과 제주민중의 독특한 문화를 상세히 소개하고 있다.

또한 이방근의 여성과 관련된 내면세계를 다양한 각도에서 포착하여 허무주의적 좌절 속에서 소용돌이치는 사랑의 갈등을 그려냄으로써 인간적인 정취를 세련된 필치로 담아내고 있다. 이러한 이방근의 여성관계에 대한 묘사 중에는 남녀 관계를 떠나 자신의 주변 사람들과 제주 민중이 겪는 고통을 우회적으로 표현하여 투영시킨 경우도 많이 있으며, 고차원적인 영적 예지의 세계를 상징적으로 그려내고 있다.

『火山島』는 <제주4・3사건>의 진실을 밝힘으로써 오랫동안 은폐되어온 역사를 복원하여 제주민중의 억눌린 영혼을 해방시키고, 이데올로기의 대립보다는 통일에 의한 민족의 회복이 시급하다는 것을 호소한다. 그리고 작품에 그려지는 제주민중의 삶에 관한 토속적이고 섬세한 묘사는 처참한 역사 속에서도 꿋꿋한 삶을 이어온 끈질긴 생명력에 대한 경외심과 애착에서 비롯된 것임은 의심할 여지가 없다 하겠다.

VI. 결론

　본 논문의 연구목적은 재일조선인 작가 김사량·김달수·김석범의 문학이 '민족문학'이라는 것을 입증하는데 있으며, 이를 위해 제Ⅱ부에서는 '민족문학'의 개념을 고찰함과 동시에, 민족문학은 '민족주의'를 문학적으로 뒷받침하고 있다는 입장에서 '민족주의'의 인류사적 가치를 검토하였다. 그 결과 안정된 근대국가의 건설을 목표로 민족의 통합을 추진하고 있는 나라에서는 이의 효과적인 추진을 위한 방편으로 '민족주의'의 필요성이 인정된다는 것을 확인하였다.

　이와 같은 이론적 토대 위에서 한반도의 현실을 돌아보면, 민족주의에 바탕을 둔 조국과 민족의 통일을 도모해야 할 단계에 있으며, 이를 문학적으로 뒷받침하기 위한 민족문학의 역할이 적지 않다는 것을 알 수 있었다.

　또한 이들 세 작가의 일본어 글쓰기를 통한 조선적인 것에 대한 구현노력을 고찰하고, 이를 실증할 수 있는 작품의 일부를 확인해 보았다. 그리고 일본어로 쓴 '재일조선인 문학'도 '한국문학'이 될 수 있다는 입장에서 속문주의에 비판적인 연구자들의 견해를 검토하였다.

제 Ⅲ, Ⅳ, Ⅴ부에서는 각각 김사량·김달수·김석범의 문학을 집중적으로 고찰하였는데, 그 개략을 정리하면 다음과 같다.

조선인에 의한 일본어 작품으로 일본문단에 처음 등장한 것은 1932년에「아귀도(餓鬼道)」를 문예잡지『改造』의 현상 당선작으로 발표한 장혁주(張赫宙)라고 할 수 있으며, 1939년에는 김사량(金史良)이「빛 속으로(光の中に)」를 발표하여 아쿠타가와(芥川)상 후보에 오르기도 하였다. 이 두 작가가 식민치하의 조선을 대표하는 일본어 작가라고 할 수 있는데, 장혁주가 일제의 '내선일체'와 '황국신민화' 정책의 추진에 영합해 간 반면에, 김사량은 외부적 강압으로 약간의 흔들림은 보였을지언정 끝까지 일제에 저항하는 자세를 잃지 않았다.

김사량의 작품 중에는 식민치하에서 신음하는 조선민중의 애달픈 삶을 묘사한 것이 많고, 조선민족의 불안한 장래에 대한 우려 속에서 민중 속에 살아 숨 쉬는 조선적인 정서와 풍정의 아름다움을 애수에 찬 시선으로 그려내는 특징을 가진다. 그리고 자신의 일본어 글쓰기에 대해서도 투쟁을 위한 수단이라는 확실한 목표의식을 가지고 창작에 임했다. 그런데 내선일체라는 용어를 도입하고 있는「광명(光冥)」이나「향수(鄕愁)」와 같은 작품이 김사량의 '자발적 창작 전념기'에 집필된 까닭에 민족주의적 작가로서의 위상에 흠집을 내고 있다는 평가를 받고 있는 것도 사실이다. 그러나 김사량은 조선민중을 시야에 두고 민족적 양심에 따라 충실히 글을 썼던 작가라는 것은 의심의 여지가 없다. 그렇기 때문에 '자발적 창작 전념기'의 작품 중에서도 내선일체라는 용어를 도입하면서까지 조선의 말과 문화를 지켜내려 했으며, 억압 속에서 신음하고 있는 조선민중의 영혼을 구원해 보고자 했던 것이다. 바로 이러한 작품이「빛 속으로」이며 시대상황의 변화에 따라「광명」과「향수」로 이어졌던 것이고, 평론에서도「조선문학풍월록(朝鮮

文學風月錄)」에서 「조선문화통신(朝鮮文化通信)」으로 그 노력은 지속된다. 이는 한마디로 '조선말과 민중을 위한 협력적 제스처'라는 말로 표현될 수 있는 김사량의 글쓰기였던 것이다.

김사량의 『太白山脈』은 식민지 말기에 조선총독부의 기관지 역할을 했던 문예잡지 『國民文學』에 연재되었다. 『國民文學』의 창간목적이 조선민중의 황국신민화와 침략전쟁에 동원하기 위한 선전에 있었던 만큼, 이에 실린 작품은 모두 일제의 정책에 영합하여 협력한 것으로 간주되었던 것이 사실이다. 그러나 『太白山脈』은 이러한 선입감이 무색할 만큼 민족주의적 색채로 가득하다. 『太白山脈』의 '조선민중의 혼을 담아내기 위한 글쓰기'는 일본의 탄압을 피하면서도 민족독립의 꿈을 그려내기에 적합한 소재를 찾아내려는 노력의 결실이라 할 수 있다. 이 과정에서 김사량은 주인공 윤천일(尹天一)을 통해 조국과 민족의 독립에 대한 자신의 염원을 담아내고 있으며, 현실에 대한 좌절과 함께 새로운 희망으로 자신을 위로하려는 노력을 우회적인 표현으로 애절하게 드러내고 있다.

해방 이후에 이와 같은 김사량의 일본어 글쓰기에 의한 문학적 성과를 계승 발전시킨 것은 '재일조선인 문학'의 제1세대로 불리는 김달수(金達寿)와 김석범(金石範)이라 할 수 있다. 해방 직후부터 1960년대 초반까지의 두 사람은 친일파 세력을 용인한 이승만 정부에 대한 반발로써 일본의 조총련 조직과 관계된 일이나 작품 활동을 하였지만, 교조주의적 독재체제 풍토에 견디지 못하고 모두 이탈하게 된다.

이 시기의 뚜렷한 문학적 성과는 1964년부터 1968년 사이에 집필된 김달수의 『太白山脈』이라 할 수 있는데, 해방 직후의 혼란한 상황 속에서 조선민족의 미래상에 대한 작가의 진지한 고민이 엿보이는 작품이다. 이와 같은 성향을 가진 첫 작품은 1949년의 「반란군」이라 할 수 있으며, 이 작품에서는 <여수·순천사건>에 합류하여 투쟁을 전개해간다는 내용을 그려냄으로써, 미국과 이승만 정부에 대해 본격적으로 대항하려는 의지를 담아내고 있다. 또한 작가 자신의 과거의 친일적 행적에 대한 번뇌와 함께 이를 정당화하려는 노력도 엿보이고 있어서, 이후의 작품들에서 다루는 중요한 소재들을 대부분 포함하고 있다 하겠다.

김달수의『太白山脈』은 해방 직후의 혼란한 상황을 배경으로 이승만(李承晩)과 그의 측근들의 사고와 행동, 그리고 친일파들의 움직임을 백성오(白省五)와 서경태(西敬泰)라는 민중적 지식인의 시선을 통해 리얼하고 생동감 있게 그려내고 있다. 민족의 회복과 민중 해방을 염원하는 작가의 의지는 주인공 백성오의 투쟁을 통해 자연스럽게 표출되고 있으며, 등장인물들의 타당성 있는 주장과 행동은 인류역사의 보편적 진실과도 맥락을 같이하는 것이라고 할 수 있다.

그런데 김달수가 1970년대에 들어서면서부터 소설 창작과는 거리를 둔 채 '일본속의 조선문화'에 대한 연구와 집필에 전념하는 것과 대조적으로, 일본어 글쓰기로 조선적인 것을 그려 낼 수 있다는 확신을 갖게 된 김석범은 오랜 공백을 깨고 본격적인 창작활동에 돌입하게 된다.

김석범은 1957년에 발표한「까마귀의 죽음(鴉の死)」등에서 <제주 4·3사건>을 배경으로 한 작품을 집필하기 시작하여, 1997년에는 4백자 원고지 1만 1천매에 달하는『火山島』전7권을 완성하였다. <제주4·3사건>의 문학적 복원을 통해 해방 직후의 혼란했던 시대를 살았던 조선의 민중, 그 중에서도 정당하지 못한 권력에 희생되고 역사 속에 스러져간 제주민중의 투쟁에 대한 진정성을 회복시킴으로써, 분단된 조국과 민족의 상흔을 치유함과 동시에 미래지향적인 민족의 화

합을 도모하려는 집념의 소산이『火山島』라 할 수 있다.

　이와 같은 김석범 문학은 20대 초반의 젊은 시절에 접했던 <제주 4·3사건>에 대한 충격을 생생하게 담고 있는「1949년 무렵의 일지에서」를 그 출발로 볼 수 있으며, 한글『화산도』는「까마귀의 죽음」을 장편『火山島』로 구조적 틀을 확대해 가는 중계적 위치에 있는 작품이라는 것을 확인하였다. 또한「까마귀의 죽음」, 한글『화산도』,『火山島』로 이어지는 주인공들의 인물특성을 비교 고찰한 결과, 투쟁에 적극 가담하려는 인물에서 실천적 허무주의자로 그 설정이 변해가고 있음을 알 수 있었으며, 이는 민족통일이 좀처럼 실현되지 못하고 있는 것에 대한 작가의 안타까운 심정을 반영한 것으로 볼 수 있다.

　1976년부터 1997년 사이에 집필된『火山島』는 왜곡된 역사를 살아가는 제주민중의 삶과, 해방 전후의 복잡한 양상으로 전개되는 좌우 이데올로기의 대립을 기회로 자신들의 활동무대를 넓혀가려는 친일파들의 움직임을 사실주의적인 시각에서 그려내고 있다. 뿐만 아니라, 조선의 토속적인 정취를 물씬 풍기는 민중의 삶과 생활 풍습의 묘사를 통하여 정치·사회적인 사건들로 굳어지기 쉬운 작품 세계를 유려한 필치로 승화시키고 있다. 이와 같이 <제주4·3사건>을 소재로 한 김석범의 작품은 억압에 의해 잊혀진 진실을 복원하고 해방 이후의 역사를 재조명함으로써, 민족의 회복과 완전한 자주 독립의 전기를 마련하겠다는 염원을 담고 있으며, 이는 인류사의 보편적 가치 추구와도 맥락을 같이 하는 것이라 할 수 있다.

　또한『火山島』에는 당시의 조국과 민족을 바라보는 작가의 허무한 심정이 그대로 반영되어 있다고 할 수 있다. 남·북한의 정권은 제각기 자신들의 정당성만을 주장하는 바람에 통일의 전망은 좀처럼 찾아보기 어려웠고, 여전히 주변 강국의 영향력에서 벗어나지 못하고 있는 조국의 미래에 대한 불안이 허무주의로 연결되고 있었던 것이다. 조국을 응시하는 김석범의 허무는『火山島』의 주인공 이방근을 통해 작품 전반에 흐르고 있으며, 이는 조국의 미래에 대한 불안감을 우회적으로 표출시킨 것이라 하겠다.

그런데 김사량・김달수・김석범 세 작가에 의한 조선민족의 생존과 미래를 다룬 작품을 비교해보면, 시대 배경의 변화에 따른 일련의 발전과정을 엿볼 수 있다.

먼저 김사량의 작품에 엿보이는 특징은 일제식민치하 말기의 지식인으로서의 고뇌를 반영하듯 조국과 민족의 앞날에 대한 어두운 그림자가 작품전반을 감싸고 있다는 점이다. 절망과 애수로 가득한 작품들은 당시의 암울했던 조선민족의 운명을 그대로 반영하고 있다고 해야 할 것이다.

이에 비해 해방 이후에 집필 된 김달수의 작품들은 민족반역자로 척결했어야 할 친일파들을 기반으로 성립된 이승만 정권에 대한 반발이 작품 전반을 주도하고 있다. 초기의 작품 중에 김일성에 대한 기대감을 표출하는 내용들이 엿보이는 것도 이러한 작가의 심정을 반영한 것이지, 북한의 공산주의 정권을 신뢰하고 있었던 것은 아니라고 할 수 있다. 따라서 북한 정권의 실체가 확연히 드러나기 시작하는 1970년대부터는 소설 창작과 거리를 두고 '일본 속의 조선문화'에 관련된 집필에 몰두하게 된다.

김석범은『火山島』에서 주인공 이방근(李芳根)으로 하여금 제주민중의 4・3봉기가 실패할 것임을 알면서도 이에 협조적인 태도를 보이도록 설정하고 있는데, 이는 정당하지 못한 정권에 항거하는 민중성을 외면할 수 없었기 때문이라 할 수 있다. 그러나 민중들을 조종하는 공산주의자들의 당과 혁명에 대한 맹신과 교조주의적 태도에 이방근은 더욱 처참한 심정이 된다. 봉기는 결국 실패로 끝나고 이방근은 한라산 중턱으로 올라가 폐허가 된 제주를 내려다보며 자살을 시도한다.

이상과 같이 김사량은 식민치하 조선민중의 고통과 독립의 염원을, 김달수는 해방된 조국의 자주적인 통일국가 건설의 꿈을, 김석범은 조국의 민족통일이 좀처럼 이룩되지 못하는 것에 대한 안타까움을 각각의 작품을 통해 그려내고 있음을 알 수 있다.

본 논문에서 고찰을 시도한 이상의 세 작가에 의한 작품들은 한국인으로서의 정체성을 고민할 필요가 없는 국내 작가들의 작품보다 현실적이고 절실한 '민족문학'으로서의 특징을 지니고 있음을 부정하기 어렵다. 이는 조국을 잃은 비통함에 젖어 있거나 남·북한의 이데올로기 정권으로부터 버림받은 좌절에서 솟구쳐 오르는 민족에 대한 애착이 그만큼 절실하기 때문이다.

이와 같은 '민족문학으로서의 재일조선인 문학'은 1990년대 들어서면서부터 비로소 한국 사회에 자유롭게 소개될 수 있었으며, 본격적인 연구도 가능하게 되었다. 그러나 한국사회의 '재일조선인 문학'에 대한 관심은 증대되었다 할지라도, 그것은 일부 젊은 작가들의 흥미를 본위로 하는 작품에 한정되어 있을 뿐, 분단된 조국의 현실을 타개하는 데 훌륭한 지침이 될 수 있는 제1, 2세대의 문학작품은 제대로 소개되지 못하고 있는 실정이다.

재일조선인 문학이 국내에서 제대로 인정을 받지 못하고 있는 이유는 크게 두 가지로 생각할 수 있다. 그 첫 번째로 '민족주의'와 '민족문학'에 대한 이해부족을 들 수 있다. 한반도의 현실을 망각한 채 서구의 개인주의적 사고에 젖어 든 일부의 지식인들은 민족주의를 마치 독재정치를 위한 이데올로기쯤으로 생각하고, 이로 인해 한국인들이 자유를 상실한 것처럼 과장된 표현으로 그 의미를 변질시킨다. 이러한 분위기 속에서는 민족주의의 바람직한 실천 방향을 제시하고 동참을 호소하는 수단으로서의 민족문학마저도 매도당하기 십상이며, '민족문학으로서의 재일조선인 문학'을 멀리하려는 원인으로 작용하게 된다.

그 두 번째 이유로는 한국의 민족문학 연구자들의 소극적인 태도와 관련이 있다. '한국문학'의 범주는 한국어로 쓴 문학이라는 고정관념에서 탈피하지 못하고 있을 뿐만 아니라, '민족문학'이라는 개념조차도 응당 한국문학 중에서 민족의 통일과 화합을 적극적으로 주장하고 있는 문학이라는 정도의 막연한 인식에 그쳐서는, 아무리 뛰어난 민족문학을 재일조선인 문학에서 생산한다 하더라도 그 설자리는 요원할 수밖에 없는 것이다.

우리는 과거의 조선말과 글을 침탈당했던 암울했던 시기의 쓰라린 기억을 잊어서는 안 되겠지만, 그에 얽매여 더 이상 소극적인 태도로 일관해서도 안 될 것이다. '한국문학'이 '세계문학'으로 웅비하기 위해서는 일본어와 같은 외국어로 쓰인 우리의 '민족문학'부터 수용하겠다는 적극적인 자세가 필요하다 하겠다.

≪참고 문헌≫

◀국내편▶

1. 작품

김달수著·임규찬譯『태백산맥 上·下』연구사, 1988.5.
김사량著『낙조外』동양, 1995.
김사량著·오근영譯『빛 속으로 - 김사량 작품집』소담출판사, 2001.2.
김사량著·오근영譯『천마 - 김사량 작품집』소담출판사, 2001.2.
김사량著『해군행(海軍行)』매일신보 1943.10.10～10.23.
김사량著「太白山脈」『國民文學』1943.2～10(5월호 제외).
김사량著·김학동譯『태백산맥』도서출판 노트북, 2006.1.
김사량著·김재용編『노마만리』실천문학사, 2002.8.
김석범著·김석희譯『까마귀의 죽음』소나무, 1988.
김석범著, 이호철·김석희譯『화산도 1～5권』실천문학사, 1988.6.
조정래著『太白山脈 1,2,3권』한길사, 1986.10.
조정래著『太白山脈 4,5권』한길사, 1987.11.
조정래著『太白山脈 6,7권』한길사, 1988.12.
조정래著『太白山脈 8,9,10권』한길사, 1989.11.
조정래著『太白山脈 1～10권』해냄출판사, 2003.
조정래著『인간연습』실천문학사, 2006.
현기영著『順伊삼촌』창작과 비평사, 1994.3.
현기영著『아스팔트』창작과 비평사, 1996.1.

2. 단행본

강동진著『일제의 한국 침략 정책사』한길사, 1980.9.

고은外 9인『문학과 역사와 인간 -「태백산맥」의 소설적 성과와 통일문학의 전망』한길사, 1991.

권영민著『권영민 교수의 太白山脈 다시 읽기』해냄출판사, 2003.7.

김구著・도진순註解『백범일지』돌베개, 2002.8.

김달수著・배석주譯『일본속의 한국문화 유적을 찾아서 1』대원사, 1995.8.

김달수著・배석주譯『일본속의 한국문화 유적을 찾아서 2』대원사, 1997.7.

김달수著・배석주譯『일본속의 한국문화 유적을 찾아서 3』대원사, 1999.6.

김삼웅著『백범 김구 평전』시대의 창, 2004.8.

김윤식著『한일문학의 관련양상』一志社, 1974.5.

김윤식著『한국문학의 근대성과 이데올로기 비판』서울대학교출판부, 1987.

김윤식著『작가와의 대화』문학동네, 1996.4.

김윤식著『한일 근대문학의 관련양상 신론』서울대학교출판부, 2001.7.

김윤식著『일제말기 한국작가의 일본어 글쓰기론』서울대학교출판부, 2003.

김재용著『협력과 저항 － 일제 말 사회와 문화』소명출판, 2004.7.

김재용 외 8인著『재일본 및 재만주 친일문학의 논리』연락, 2004.

김종오著『소설 太白山脈 그 현장을 찾아서』도서출판 鐘소리, 1992.

김종회著『한민족 문화권의 문학』국학자료원, 2003.

김현택著『재외 한인작가 연구』고려대학교 한국학연구소, 2001.

김환기編『재일디아스포라 문학』새미, 2006.

김호성著『한국민족주의론Ⅱ』한국학술정보(주), 2002.2.

나카무라 후쿠지著・표세만外 3인譯『김석범「화산도」읽기』삼인, 2001.4.

박명림著『한국전쟁의 발발과 기원Ⅰ - 결정과 발발』(주)나남출판, 1996.6.
박명림著『한국전쟁의 발발과 기원Ⅱ - 기원과 원인』(주)나남출판, 1996.6.
박원순著『국가보안법연구3 - 국가보안법 폐지론』역사비평사, 1992.10.
박유하著『반일 민족주의를 넘어서』사회평론, 2004.4.
박종성『탈식민주의에 대한 성찰』살림, 2006.
박지향외 3인 엮음『해방 전후사의 재인식 1, 2』책세상, 2006.
백낙청著『民族主義란 무엇인가』창작과비평사, 1981.
백낙청著『民族文學과 世界文學 : 백낙청 평론집Ⅰ』창작과비평사, 1979.
백낙청著『民族文學과 世界文學 : 백낙청 평론집Ⅱ』창작과비평사, 1985.
변태섭著『한국사 통론』삼영사, 1996.1.
브르스 커밍스著・김자동譯『한국전쟁의 기원』일월서각, 1986.10.
서중석著『한국 현대 민족운동연구 2』역사비평사, 1996.9.
송건호外11인著『해방전후사의 인식Ⅰ』한길사, 2004.5.
송건호・강만길著『韓國民族主義論Ⅰ』창작과비평사, 1982.6.
안우식著・심원섭譯『김사량 평전』문학과지성사, 2000.5.
양왕용著『일제강점기 재일한국인의 문학활동과 문학의식연구』부산대학교출판부, 1998.
에르네스트 르낭著・신행선譯『민족이란 무엇인가』책세상, 2002.1.
역사문제연구소外著『제주4・3연구』역사비평사, 1999.1.
오카자키 요시에著, 장남호・임종석譯『日本의 文芸』시사일본어사, 1991.
유숙자著『재일한국인 문학연구』도서출판 월인, 2000.6.
윤근식編著『유물론적 역사이론들』성균관대학교출판부, 1993.2.
임종국著『親日文學論』민족문제연구소, 2002.9.
임종국著『친일, 그 과거와 현재』아세아문화사, 1994.12.
임종국著『또 망국을 할 것인가』아세아문화사, 1995.5.
임지현著『마르크스・엥겔스와 민족문제』탐구당, 1990.

임지현著『민족주의는 반역이다』소나무, 1999.
장백일著『한국 현대문학 특수소재연구 - 빨치산문학 특강』탐구당, 2001.2.
전여옥著『일본은 없다』知識工作所, 1993.
전남 동부지역 사회연구소 홍영기編『여순사건자료집Ⅰ- 국회속기록・
    잡지편』도서출판 선인, 2001.6.
제주4・3연구소編『이제사 말햄수다-4・3증언자료집Ⅰ』한울, 1989.4.
제주4・3연구소編『무덤에서 살아나온 4・3수형자들』역사비평사, 2002.8.
진용선著『중국 조선족의 아리랑』수문출판사, 2001.1.
정영진著『통한의 실종 문인』문이당, 1989.
차기벽著『民族主義 原論』한길사, 1990.2.
秋錫敏著『金史良文学の研究』제이앤씨, 2001.5.
크리스하먼著・배일룡譯『민족문제의 재등장』도서출판 책갈피, 2001.7.
탁석산著『한국의 민족주의를 말한다』웅진닷컴, 2004.
프로이트著 조대경譯『꿈의 해석』서울대학교출판부, 1993.6.
하정일著『민족문학의 이념과 방법』태학사, 1993.12.
한만수著『태백산맥 문학기행』해냄출판사, 2003.7.
한완상著『민중과 지식인』정우사, 1978.6.
한일민족문제학회編『재일조선인 그들은 누구인가』삼인, 2003.3.
홍기삼編『재일한국인 문학』솔, 2001.
황장엽著『북한의 진실과 허위』시대정신, 2006.

3. 논문 및 에세이, 기타

김승환「친일문학연구의 태도와 의미」『논문 - 문학사상』2003.12.
金英順「在日朝鮮人の＜外登令＞の適用過程」『日本學報』제19집, 2003.
金英順 「在日外国人のなかの＜在日＞- 人口統計にみる在日外国人-」
    『日本文化學報』제21집, 2004.

金英順「戦後在日韓国・朝鮮人の日本定住への転換」『日本文化學報』제
　　15집, 2002.
김재남「김사량 문학연구」세종대학교 논문집 17, 1991.
김학동「小説『太白山脈』研究－金史良・金達寿・趙廷来を中心に－」충
　　남대학교 석사학위논문, 2005.2.
김환기「김학영 문학과 '벽'」, 홍기삼 편『재일한국인 문학』, 솔, 2001.
김환기「김학영의『얼어붙은 입』론」,『日語日文學研究』제39집, 2001.11.
김환기「이양지의『유희』론」,『日語日文學研究』제41집, 2002, 5.
김환기「이양지 문학과 전통 '가락'」,『日語日文學研究』제45집, 2003.5.
김환기「현월(玄月)문학의 실존적 글쓰기」,『日本學報』제61집, 2004.11.
김환기「김달수 문학의 민족적 글쓰기」,『日本語文學』제29집, 2005.5.
김환기「金鶴泳 文學論－작가적 고뇌의 원질, 그로부터의 해방구 모색－」,
　　『韓日民族問題研究』제9호, 2005.12.
朴晋雨「敗戰直後天皇制存續과 在日朝鮮人」『韓日民族問題研究』제8호,
　　2005.6.
서울신문기사「재일동포 60년, 왜 귀화하는가」2005.5.24.
이한창「재일교포문학의 작품 성향 연구－정치의식 변화를 중심으로－」,
　　중앙대학교 박사학위 논문, 1996.
이한창「在日韓國人文學의 역사와 그 現況」,『日本研究』제5집, 중앙대일
　　본연구소, 1990.2.
이한창「재일 교포문학의 주제 연구」,『日本學報』제29집, 1992.11.
이한창「재일교포문학 연구」,『외국문학』, 1994, 겨울.
이한창「재일동포 작가와 아쿠타가와상」,『외국문학』, 1997, 여름.
이한창「소외감과 내향적인 김학영의 문학세계－『얼어붙은 입』과『흙의
　　슬픔』을 중심으로」,『日本學報』제37집, 1996.11.
이한창「민족문학으로서의 재일 동포문학 연구」,『일본어 문학』제3집,

1997.6.

이한창「아쿠타가와상을 통해 본 재일동포 문학」,『東國大日本學』제19집, 2000.12.

이한창「在日同胞文学を通じて見る日本文学」,『日語日文學硏究』제39집, 2001.

이한창「해방 전 재일조선인 사회주의자들의 문학활동-1920년대 일본 프로문학잡지에 발표된 작품을 중심으로-」,『日語日文學硏究』제49집, 2004.

이한창「재일 동포문학의 역사와 그 연구 현황」,『日本學硏究』제17집, 2005.10.

이한창「梁石日의 多樣한 文學世界」,『韓日民族問題硏究』제9호, 2005.12.

鄭大成「작가 金石範의 인생역정, 작품세계, 사상과 행동-서론적인 소묘로서-」『韓日民族問題硏究』제9호, 2005.

鄭大成「<書評>日本에게<他者>란 누구이며<戰後>란 언제인가?-와타나베 카즈타미(渡辺一民),『<他者>としての朝鮮-文学的考察』(岩波書店,2003)-」『韓日民族問題硏究』제8호, 2005.6.

정백수「김사량 소설연구」서울대학교 대학원 석사학위 논문, 1991.

鄭昌石「<戰爭文學>에서<받들어 모시는 文學>까지-日帝下所爲<國民文學>論議 -」,『日語日文學硏究』제35집, 1999.

鄭昌石「<大東亞意識>과 韓國人」,『日本學報』제51집, 2002.

鄭昌石「植民과 原住民-注入과 感染 - 崔載瑞와 佐藤清一」『日本學報』제54집, 2003.

정현기「김사량론 : 험하고 긴 문학적 행보」『현대문학』1990.

秋錫敏「金史良硏究 -日本語로서의 작품을 중심으로-」『日語日文學硏究』제21집, 1992.

秋錫敏「金史良の文学硏究-『ムルオリ島』を中心に-」『日語日文學硏

究』제44집, 2003.

秋錫敏「金史良の『天馬』と田中英光の『酔いどれ船』―知識人の群像から見た真実―」『日語日文學研究』제47집, 2003.

高城幸一「福沢諭吉の＜移住論＞と朝鮮」『日語日文學研究』제38집, 2001.

高城幸一 「福沢諭吉と甲申政変―『時事新報』朝鮮関連社説を中心として」『日本學報』제51집, 2002.

高城幸一 「日清戦争前後の福沢諭吉の朝鮮改革論―『時事新報』朝鮮関連社説を中心として―」『日本學報』제60집, 2004.

田村榮章「1935年張赫宙の思想的転換点」『日本文化學報』제15집, 2002.

허광무「戰後, 日本公的扶助體制의 再編과 在日朝鮮人―＜생활보호법―민생위원＞체제의 성립을 중심으로―」『日本學報』제58집, 2004.

홍기삼「재외 한국인 문학 개관」『문학사와 문학비평』해냄, 1996.

홍기삼「재일 한국인 문학론」, 홍기삼 편『재일 한국인 문학』솔, 2001.

한겨레·중앙·동아일보기사「소설『太白山脈』11년 만에 무혐의」2005.3.29.

◀일본편▶

1. 작품

金達寿著「叛亂軍」『金達寿小説全集1』筑摩書房, 1980.

金達寿著「大韓民国から来た男」『金達寿小説全集1』筑摩書房, 1980.

金達寿著「対馬まで」『金達寿小説全集3』筑摩書房, 1980.

金達寿著「落照」『金達寿小説全集3』筑摩書房, 1980.

金達寿著「玄海灘」『金達寿小説全集6』筑摩書房, 1980.

金達寿著「太白山脈」『金達寿小説全集7』筑摩書房, 1980.

金達寿著「後裔の街」『後裔の街』東風社, 1966.

金達寿著『故国の人』筑摩書房, 1956.

金達寿著「朴達の裁判」『朴達の裁判』東風社, 1966.

金達寿著『故国まで』河出書房新社, 1982.

金史良著 金達寿編「光の中に」『金史良作品集』理論社, 1954.

金史良著 金達寿編「天馬」『金史良作品集』理論社, 1954.

金史良著「郷愁」『金史良全集Ⅱ』河出書房新社, 1973.

金史良著「太白山脈」『金史良全集Ⅱ』河出書房新社, 1973.

金史良著「朝鮮文化通信」『金史良全集Ⅳ』河出書房新社, 1973.

金史良著「朝鮮の作家を語る」『金史良全集Ⅳ』河出書房新社, 1973.

金史良著『故郷』甲鳥書林, 1942.

金石範著「화산도」『文學芸術』1965.5～1967.8.連載, 在日本朝鮮文學芸術家 同盟編.

金石範著「鴉の死」『鴉の死』講談社文庫, 1973.

金石範著「看守朴書房」『鴉の死』講談社文庫, 1973.

金石範著「観徳亭」『鴉の死』講談社文庫, 1973.

金石範著「虚夢譚」『鴉の死』講談社文庫, 1973.

金石範著『火山島Ⅰ』文芸春愁, 1983.6.

金石範著『火山島Ⅱ』文芸春愁, 1983.7.

金石範著『火山島Ⅲ』文芸春愁, 1983.9.

金石範著『火山島Ⅳ』文芸春愁, 1996.8.

金石範著『火山島Ⅴ』文芸春愁, 1996.11.

金石範著『火山島Ⅵ』文芸春愁, 1997.2.

金石範著『火山島Ⅶ』文芸春愁, 1997.9.

金石範著「長靴」『1945夏』筑摩書房, 1974.4.

金石範著「故郷」『1945夏』筑摩書房, 1974.4.

金石範著「彷徨」『1945夏』筑摩書房, 1974.4.

金石範著「出発」『1945夏』筑摩書房, 1974.4.

金石範著『万徳幽霊奇譚』筑摩書房, 1971.11.

金石範著「驟雨」『遺された記憶』河出書房新社, 1977.1.

金石範著「遺された記憶」『遺された記憶』河出書房新社, 1977.1.

金石範著「優雅な誘い」『遺された記憶』河出書房新社, 1977.1.

金石範著「至尊の息子」『往生異聞』集英社, 1979.11.

金石範著「往生異聞」『往生異聞』集英社, 1979.11.

金石範著『祭司なき祭り』集英社, 1981.6.

金石範著「郷天遊記」『金縛りの歳月』集英社, 1986.9.

金石範著「帰途」『金縛りの歳月』集英社, 1986.9.

金石範著「金縛りの歳月」『金縛りの歳月』集英社, 1986.9.

金石範著『故国行』岩波書店, 1990.8.

金石範著『地の影』集英社, 1996.6.

金石範著「夢、草深し」『夢、草深し』講談社, 1995.6.

金石範著「光の洞窟」『夢、草深し』講談社, 1995.6.

金石範著『海の底から、地の底から』講談社, 2000.2.

金石範著『満月』講談社, 2001.8.

金石範著「紵茂る幼い墓」『虚日』講談社, 2000.12.

金石範著「離れた森」『虚日』講談社, 2000.12.

金石範著「かくも難しき韓国行」『虚日』講談社, 2000.12.

金石範著「虚日」『虚日』講談社, 2000.12.

金石範著「苦難の終りの韓国行」『虚日』講談社, 2000.12.

『金石範作品集Ⅰ,Ⅱ』平凡社, 2005.

金石範著『地底の太陽』集英社, 2006.

趙廷来著・筒井真樹子外3人訳『太白山脈 1・2・3・4』集英社, 1999.10－12.

趙廷来著・筒井真樹子外3人訳『太白山脈 5・6・7・8・9・10』集英社, 1999.1－6.

玄基榮著・金石範訳「順伊おばさん」『順伊おばさん』新幹社, 2001.4.

玄基榮著・金石範訳「海龍の話」『順伊おばさん』新幹社, 2001.4.

玄基榮著・金石範訳「道」『順伊おばさん』新幹社, 2001.4.

玄基榮著・金石範訳「アスファルト」『順伊おばさん』新幹社, 2001.4.

2. 단행본

川村湊著『異郷の昭和文学』岩波新書, 1990.

川村湊著『戦後文学を問う』岩波新書, 1995.

川村湊著『生まれたらそこがふるさと－在日朝鮮人文学論』平凡社, 1999.

川村湊著『「酔いどれ船」の青春』インパクト出版会, 2000.

姜在彦著『日本による朝鮮支配の40年』在日文庫, 1992.

姜在彦著『玄海灘に架けた歴史』在日文庫, 1993.

黒川創著『＜外地＞の日本語文学選－朝鮮－』新宿書房, 1996.

金達寿著『朝鮮』岩波新書, 1958.

金達寿著『金達寿評論集 上、わが文学』筑摩書房, 1976.

金達寿著『金達寿評論集 下、わが民族』筑摩書房, 1976.

金達寿著『わがアリランの歌』中央公論新社, 1977.

金達寿・姜在彦著『手記＝在日朝鮮人』竜渓書舎, 1981.

金達寿著『我が文学と生活』青丘文化社, 1998.

金贊汀著『朝鮮総連』新潮新書, 2004.

金石範著『ことばの呪縛－＜在日朝鮮人＞と日本語－』筑摩書房, 1972.

金石範著『口あるものは語れ』筑摩書房, 1975.

金石範著『転向と親日派』岩波書店, 1993.

金石範著『新編＜在日＞の思想』講談社, 2001.

金石範・金時鐘著『なぜ書きつづけてきたか、なぜ沈黙してきたか－済州島4・3事件の記憶と文学－』平凡社, 2001.

金石範著『国境を越えるもの －＜在日＞の文学と政治』文芸春愁, 2004.

金時鐘著『在日のはざまで』平凡社, 2001.

金芝河他著『良心宣言』大月書店, 1975.

金芝河他著『獄中から』大月書店, 1977.

金壎我著『在日朝鮮人文学論』作品社, 2004.

南富鎭著『近代文学の＜朝鮮＞体験』勉誠出版社, 2001.

中根隆行著『＜朝鮮＞表象の文化誌』新曜社, 2004.

中村福治著『金石範と「火山島」』同時代社, 2001.

野村進著『コリアン世界の旅』講談社, 1996.

高崎隆治著『文学のなかの朝鮮人像』青弓社, 1982.

高崎宗司著『＜反日感情＞韓国・朝鮮人と日本人』講談社現代新書, 1993.

竹田青嗣著『＜在日＞という根拠－李炋成・金石範・金鶴泳』国文社, 1983.

竹田青嗣著『＜在日＞という根拠』筑摩書房, 1995.

田中明著『韓国の＜民族＞と＜反日＞』朝日文庫, 1988.

田中宏著『在日外国人－新版』岩波親書, 1995.

円谷真護著『光る鏡－金石範の世界』論創社, 2005.

松尾章一著『近代天皇制国家と民衆・アジア・上』法政大学出版局, 1997.

松尾章一著『近代天皇制国家と民衆・アジア・下』法政大学出版局, 1998.

朴鐵民編『在日を生きる思想－＜セヌリ＞対談集』東方出版, 2004.

白川豊著『植民地期朝鮮の作家と日本』大學教育出版, 1995.
辛基秀編『金達寿ルネサンス－文學・歴史・民族』解放出版社, 2002.
辛淑玉著『韓国北朝鮮在日コリアン社会がわかる本』KKベストセラーズ, 1998.
辛淑玉著『在日コリアンの胸のうち』光文社, 2000.
青柳優子著『韓国女性文學研究Ⅰ』お茶の水書房, 1997.
安宇植著『評伝金史良』草風館, 1983.
柳沢遊・岡部牧夫著『帝国主義と植民地』東京堂出版, 2001.
山崎正純著『戦後＜在日＞文学論』洋々社, 2003.
八木信雄著『日本と韓国』日韓文化出版社, 1983.
小野悌次郎著『存在の原基、金石範文學』新幹社, 1998.
梅沢利彦他2人著『文學の中の被差別部落像－戦後篇－』明石書店, 1982.
井上ひさし・小森陽一『(座談会)昭和文学史第5巻』集英社, 2004.
磯貝治郎著『戦後日本文學の中の朝鮮・韓国』大和書房, 1992.
磯貝治郎著『＜在日＞文学論』新幹社, 2004.
李進熙編『＜在日＞はいま－在日韓国・朝鮮人の戦後50年』青丘文化社, 1996.
李恢成著『イムジン江をめざすとき』角川書店, 1975.
李恢成著『風よ海をわたれ、李恢成の10年の対論』同時代社, 1982.
李恢成著『可能性としての＜在日＞』講談社, 2002.
李恢成・水野直樹編『「アリランの歌」覚書－キム・サンとニム・ウエールズ』岩波書店, 1991.
任展慧著『日本における朝鮮人の文學の歴史－1945年まで－』法政大学出版局, 1994.
渡邊一民著『＜他者＞としての朝鮮、文学的考察』岩波書店, 2003.
鄭大均著『在日韓国人の終焉』文春新書, 2001.
崔孝先著『海狹に立つ人－金達寿の文學と生涯』批評社, 1998.

林浩治著『在日朝鮮人日本語文学論』新幹社, 1991.
林浩治著『戦後非日文学論』新幹社, 1997.
福岡安則著『在日韓国・朝鮮人』中公新書, 1993.
T・K生「世界」編集部編『韓国からの通信』岩波親書, 1974.
E,H,カー著 清水幾太郎訳『歴史とは何か』岩波親書, 1962.
「朱夏」ワークショップ『越境する視線』せらび書房, 1996.
梶村秀樹著作集刊行委員会編『朝鮮史と日本人ー第1巻』明石書店, 1992.
梶村秀樹著作集刊行委員会編『朝鮮史の方法ー第2巻』明石書店, 1993.
梶村秀樹著作集刊行委員会編『近代朝鮮社会経済論ー第3巻』明石書店, 1993.
梶村秀樹著作集刊行委員会編『朝鮮近代の民衆運動ー第4巻』明石書店, 1993.
梶村秀樹著作集刊行委員会編『現代朝鮮への視座ー第5巻』明石書店, 1993.
梶村秀樹著作集刊行委員会編『在日朝鮮人論ー第6巻』明石書店, 1993.
梶村秀樹著作集刊行委員会編『回想と遺文ー別巻』明石書店, 1990.

3. 논문 및 에세이, 기타

河合修「他者の起源ー植民地支配と＜在日＞文學」『朱夏』19号, 2004.
河合修「中野重治『甲乙丙丁』論ー私小説の必然性」『私小説研究』第5号, 2004.
河合修「私小説時評2004,＜在日＞文學と私生活」『私小説研究』第6号, 2005.
河合修「植民地支配と文學ー金史良『光の中に』を視座にして」『社會文學』21号, 2005.
川村湊「金史良と張赫宙ー植民地人の精神構造ー」『抵抗と屈従(岩波講座,近代日本と植民地6)』岩波書店, 1993.
川村湊「＜在日＞作家と日本文學ーその課題と現在』『講座昭和文学史,第5巻 解体と変容』有精堂, 1989.
川村研二「朝鮮と『国民文學』」『昭和文學研究』第25集, 1992.
木曾隆一「金達寿論」『近代文學』卷号6－5, 1951.

金達寿他3人「金史良追悼」『新日本文學』1952年12月号.
金達寿「労働と創作(2)―私の歩いてきた道に即して」『創作のための理解 と 実践』岩波書店, 1955.
金達寿「戦死した金史良」『新日本文学』1952年12月号.
金達寿「私の文學修業」『新日本文學』第29巻, 第12号.
金石範「＜在日朝鮮人文學＞と李恢成」『新鋭作家叢書―李恢成集』河出書房新社, 1972.
金石範「金史良について―ことばの側面から」『文學』40号, 岩波書店, 1972.
金石範「在日朝鮮人文學」『岩波講座, 文學8』岩波書店, 1976.
金石範・玄月「幸福な時代の在日作家」『文学界』文芸春愁, 2000年3月号.
金石範「嘘は如何にして大きくなるか」『文学界』文芸春愁, 2002年8月号.
金石範「敵のいない韓国行」『すばる』2005年6月号.
金石範「豚の夢」『すばる』2005年7月号.
金石範「李芳根の死」『すばる』2005年10月号.
金石範「割れた夢」『すばる』2006年1月号.
金成妍「語れない自己の物語り―金史良の『光の中に』論」『九大日文02』2003.2.
小森陽一「文學01」『平成14年版, 文芸年鑑』日本文芸協会編, 2002.
中根隆行「民主主義と在日コリアン文學の懸隔―金達寿と『民主朝鮮』をめぐる知的言説の進展」『昭和文學研究』第42集, 2000.
ナカニシヒロシ「民族文學の胎動―金達寿『後裔の街』をめぐって」『文學』巻号16－9, 1948.
中山和子「植民地末期の朝鮮文壇と日本語文學(1)」『文芸研究』第69号, 明治大學文芸研究会, 1993.
永平和雄「『玄海灘』について」『日本文學』巻号3－5, 日本文学協会編, 1954.
南富鎭「金史良『光の中に』と創氏改名」『橋本近代文學』21集, 筑波大學 日本文学会近代部会, 1996.

南富鎭「金史良文學に現れた白々教事件の影-『草深し』を中心に据えて」『橋本近代文學』22集, 筑波大學日本文学会近代部会, 1997.

南富鎭「金史良文學に現れた創氏改名-『光冥』と『親方コブセ』を中心に」『昭和文學研究』第38集, 1999.

南富鎭「朝鮮の作家と日本語」『昭和文學研究』第42集, 2001.

南富鎭「朝鮮人日本語文學」『昭和文學研究』第46集, 2002.

布袋敏博「解放後の金史良覚書」『青丘学術論集』第19集, 韓国文化研究財団, 2001.

田村榮章「在日朝鮮人と下町の社会史-金史良『光の中に』」『学芸国語国文學』第34号, 2002.

宮澤剛「1950年代からの在日朝鮮人文學-はみ出すことと遅れること」『文學』第5・6巻, 岩波書店, 2004.

水野明善「『太白山脈』論-戦後朝鮮の全体像への試み」『民主文學』第5巻2号, 1967.

朴杓禮「金史良作品試論-『光の中に』を中心に」『駒沢国文』第37号, 2000.

瀬沼茂樹「金達寿と水野辰吉」『戦後文學の動向』明治書院, 1966.

矢作勝美「民族的ドラマの幕あき-金達寿『玄海灘』」『民主文學』第3巻 第2号, 1967.

梁石日「在日文學の地平」『境地の文學-21世紀文學の創造5』岩波書店, 2003.

小田切秀雄「24.金達寿の登場」『私の見た昭和の思想と文學の50年』集英社, 1988.

小田切秀雄「問題としての金史良-安宇植『金史良』」『群像』講談社, 第27巻 第4号, 1972.

磯貝治郎「抵抗と背信と-金達寿『玄海灘』覚書」『新日本文學』第29巻 第12号, 1978.

磯貝治郎「金達寿の位置」『新日本文學』第51巻 第2号, 1996.

乙部宗徳「在日朝鮮人文學が突きつけるもの－金石範・李炊成の作品に即して」『時代の転換点と文學』日本民主主義文学会編, 2004.

大橋一雄「金史良,光芒50年」『梨の花通信』第35号, 中野重治の会, 2000.

大橋一雄「金史良の光芒Ⅱ」『梨の花通信』第37号, 中野重治の会, 2000.

大橋一雄「金史良の光芒Ⅲ」『梨の花通信』第42号, 中野重治の会, 2002.

大橋一雄「金史良の光芒Ⅳ」『梨の花通信』第46号, 中野重治の会, 2003.

柳美里・川村湊「民族が放つ光－『太白山脈』をめぐって」『すばる』集英社, 1999年 12月号

李建志「朝鮮文化研究の10年」『朱夏』16号, 2001.

任展慧「小田切先生と＜在日朝鮮人文學＞」『小田切秀雄の文學論争』菁柿堂, 2005.

鄭百秀「血と名前の存在拘束とそれへの抵抗－金史良の日本語小説『光の中に』」『比較文學研究』第73号, 1999.

鄭百秀「被植民者の言語・文化的対応－金史良『草深し』」『比較文學研究』第74号, 1999.

鄭百秀「植民地＜国語＞作家の内面－金史良『天馬』」『現代思想』第29卷第1号, 2001.

趙正民「金達寿『孫令監』試論－＜朝鮮戦争＞と＜6・25＞のあいだ」『叙説Ⅱ－03』2002.

趙正民「金達寿『朴達の裁判』論」『叙説Ⅱ－04』2002.

崔孝先「金達寿－処女作まで」『解放』1998年 7・8月号.

崔孝先「最近の在日朝鮮人文學の評価をめぐって－『すばる』第23卷 第10号の座談会を中心に」『解放』2002年7・8月号.

円谷真護「荒野に立って神を呼ばず－金石範『火山島』について」『アジアの中の日本文學』千年紀文學の会, 1998.

平林一「国民文學の問題－『玄海灘』をめぐって」『日本文學』日本文學協会編, 4卷 2号, 1995.

『新日本文學』, 2003年, 5・6月合併号.
『新日本文學』, 1998年, 3月号.
『文芸』, 河出書房新社, 1975年 5月.
『文芸』, 河出書房新社, 第25卷 第3号, 1976年 8月.
『復刻「民主朝鮮」本誌別卷』, 明石書店, 1993年 5月.
『環』, 藤原書店, 2002年 12月号.
『海峽』, 朝鮮問題研究会, 19, 20, 21号.
『架橋』, 在日朝鮮人作家を読む会, 9, 10, 12, 13, 14, 25号.
『季刊民涛』, 民涛社, 1～10号, 1987年 11月～1990年 3月.
『在日朝鮮人史研究』, アジア問題研究所, 第1号～27号, 1977年 12月～1997年 9月.
『季刊三千里』, 三千里社, 第1号～50号, 1975年 2月～1987年 5月.
『季刊青丘』, 青丘文化社第, 1号～25号, 1989年 8月～1996年 2月.

民族文学としての在日朝鮮人文学
　－金史良・金達寿・金石範の文学を中心に－

金鶴童

忠南大学校 大学院 日語日文学科 日文学専攻
(指導教授 張南瑚)

　本論文の研究目的は在日朝鮮人作家、金史良・金達寿・金石範の文学が「民族文学」であるということを立証することにあるので、第Ⅱ部では「民族文学」の概念を考察すると同時に、「民族文学」は「民族主義」を文学的に支えているという立場から「民族主義」の人類史的価値を検討した。その結果安定した近代国家形成の為、民族の統合を推進している国々がこれを効果的に推進する為の「民族主義」は、その必要性が認められることを確認した。このような理論的土台を背景に韓半島の現実を振り返ってみると、「民族主義」を背景とする祖国と民族の統一を図るべき段階にあり、これを文学的に支える為の「民族文学」の役割が少なくないことが判った。また、これを三人の作家の日本語著作を通じた朝鮮的なものに対する具現努力

を考察し、これを実証することができる作品の一部を確認してみた。そして日本語で書いた「在日朝鮮人文学」も韓国文学となり得るという立場から、屬文主義に批判的な研究者たちの見解を検討した。

　第Ⅲ・Ⅳ・Ⅴ部ではそれぞれ金史良・金達寿・金石範の文学を集中的に考察したが、その概略を整理すれば次のようなものである。

　金史良作品の中には植民地下で呻吟する朝鮮民衆の堪えがたい生を描写したものが多いが、朝鮮民族の不安な将来に対する憂慮の中、民衆の中に息づく朝鮮的情緒と風情の美しさを哀愁に溢れた視線で描く特徴を持っている。そして自身の日本語著作に対しても「闘争のための手段」という確かな目標意識を持って創作に臨んでいる。ところが、内鮮一体に同調する内容を含んでいるものと判断される「光冥」や「郷愁」といった作品が金史良の「自発的創作専念期」に執筆されたことを理由に、民族主義的作家としての位相に傷をつけているとの評価を受けていることも事実である。しかし本論文では、このような作品もやはり朝鮮民衆を視野においた民族的良心に従って忠実に執筆されたことを立証する為の努力を傾けた。

　金史良の『太白山脈』は日帝植民地末期に朝鮮総督府機関誌の役割をしていた文芸雑誌『国民文学』に連載された。『国民文学』の創刊目的が朝鮮民衆の皇国臣民化と侵略戦争に動員するための宣伝にあっただけに、続いて載せられた作品はすべて日帝の政策に迎合、協力したものと看做されていたことは事実である。しかし『太白山脈』はこのような先入観を払拭する程民族主義的色彩に満ちている。本論文では主人公・尹天一を通じて遠回しに表出される作家の民族独

立に対する念願を考察した。

　解放以後にこのような金史良の日本語創作による文学的成果を継承、発展させたのは「在日朝鮮人文学」の第一世代と呼ばれる金達寿と金石範であると言える。解放直後から1960年代初盤までの二人は親日派勢力を容認した政府に対する反発として朝鮮総連に関係した仕事や創作をするが、教条主義的独裁体制の風土に堪えられず共に組織から離脱することになる。

　この時期の際立った文学的成果は1964年から1968年の間に執筆された金達寿の『太白山脈』であると言えるのであるが、これは解放直後の混乱した状況の中で韓民族の本当のあるべき未来像に対する作家の真摯な苦悩が窺い知れる作品である。このような性向を持った作品が初めて発表されたのは1949年の「叛亂軍」だと言えるが、この作品では＜麗水・順天事件＞に合流して闘争を展開して行くという内容を描き出すことで、米国と李承晩政府に対し本格的に対抗しようという意志が込められており、作家自身の過去の親日的歩みに対する煩悩と共にこれを正当化しようとする努力も垣間見られ、以後の作品群に使用される重要な素材を大部分内包していると言うことができる。

　金石範は1957年に発表した「鴉の死」等で＜済州4・3事件＞を背景にした作品を執筆し始め、1997年には4百字詰め原稿用紙1万1千枚に達する『火山島』全7巻を完成した。＜済州4・3事件＞の文学的復元を通じて解放直後の混乱した時代を生きた朝鮮の民衆、その中でも正当ではない権力の犠牲にされ歴史から姿を消していた済州民衆の闘争に対する正当性を回復させることで、分断された祖国と民族の傷痕を癒すと同時に未來指向的な民族の和合を図ろうという執念の

所産が『火山島』に集約されたと言える。

　本論文で考察してきた以上三人の作家による作品群は、韓国(朝鮮)人としてのアイデンティティに悩む必要のない国内の作家よりも更に強力な「民族文学」としての特徴を持っている。これは祖国を失った悲嘆に暮れたり、南北朝鮮のイデオロギー政権から捨てられた挫折から湧き上がる、民族に対する愛着がそれだけ切実だからである。

　こうした「民族文学」としての「在日朝鮮人文学」は1990年代に入ってから漸く韓国社会で自由に紹介され研究できるようになった。しかし韓国社会の「在日朝鮮人文学」に対する関心は増大されたと言っても、それは一部若手作家の興味を本位とする作品に限定されるのみであり、分断された祖国の現実を打開する上で立派な指針となり得る第1、第2世代の文学作品はまともに紹介されていないのが実情である。

　このような現実を打開できないでいる理由は大きく二つに考えられる。まず「民族主義」と「民族文学」に対する理解不足が挙げられる。韓(朝鮮)半島の現実を忘却したまま西欧の個人主義的思考が染み付いた一部の知識人たちは「民族主義」をまるで独裁政治の為のイデオロギー位と考え、これにより韓国人たちが自由を喪失したかのような誇張された表現で社会の混乱を惹起した。こうした雰囲気の中で「民族主義」の望ましい実践方向を提示し、人々に活動参加を訴える手段としての「民族文学」さえも罵倒の恰好の対象となり、民族文学としての「在日朝鮮人文学」を遠ざける原因として作用することになった。

　二つ目の理由としては韓国の民族文学研究者たちの偏狭で消極的

な態度と関連がある。「韓国文学」のカテゴリーは韓国語で書いた文学であるという固定観念から脱皮することができないだけでなく、「民族文学」という概念さえも当然「韓国文学」の中で民族の統一と和合を積極的に主張している文学だという程度の漠然とした認識をしている間は、いくら優れた「民族文学」を「在日朝鮮人文学」から生産すると言っても、それを活かす場を持てなくなるのである。

　我々は今、朝鮮語と文字を侵奪された過去の暗鬱な時代の辛い記憶を忘れてはならないが、これ以上これに縛られて消極的な態度を続けてはならないのである。「韓国文学」が世界に雄飛する為には、日本語のような外国語で書かれた我々の「民族文学」からまず受容するのだという積極的な姿勢を見せなければならない。これらの文学を韓国語に翻訳すれば、大概が国内の著名な民族文学作品に決して劣らないであろう。

ABSTRACT*

Korean Japanese Literature as National Literature
— With of Kim sah—ryang, Kim dal—soo and Kim suk—beom
as the central figure

hak—dong Kim

Department of Japanese Literature, Graduate School
ChungNam National University, Daejon, Korea
(Supervised by Professor nam—ho Jang)

The purpose of this thesis is to give proof that the literature of Korean —Japanese writer such as Kim sah—ryang, Kim dal—soo and Kim suk—beom are the products of nationalism. Therefore in chapter one, I contemplate the notion of 「National Literature」 while considering the value of the history of man from the point of view which 「National

---

* A thesis submitted to the committee of Graduate School, Chungnam National University in a partial fulfillment of the requirements for the degree of Doctor of Literature conferred in February 2007.

Literature」 supports 「Nationalism」 in a literal way. Aa a result, I confirm that 「Nationalism」 is necessary because it is an inevitable fact in promoting the foundation of a modern nation and the integration of the Korean people. For the following reasons, Koreans are in the stage which is based on nationalism and we should strive forthe unification of our nation and so the role of 「National Literature」 is really important. Besides, I study the realization of 'Koreanism' from these three writers' works written in Japanese and verify the parts of their work which can prove those facts. From the point of view that literature written in Japanese can be Korean literature, I also examine the opinion of the researchers who criticize the 'literature of subordinate words'.

In the chapter three, four and five, I concentrate on studying of the writings of Kim sah—ryang, Kim dal—soo and Kim suk—beom. Kim sah—ryang's works describe the tough and heartbreaking life of the Korean people under Japan's domination . However it tells us of the spirit of 'Joseon', the breathing of the common people and the picturesque scenery from the anxiety about the uneasy prospects of the Joseon people. In addition, he wrote his work in Japanese with the certain purpose that it was a mere tool for fighting against Japan. For all that, it is also true that his works such as 「The Light(Kyang myeong)」 and 「Nostalgia(Hyang—su)」 are estimated aspro—Japanese writing, so they injured his reputation as a 'Nationalist writer.' Nevertheless, I try to prove that these kinds of works are also written with his national conscience.

Kim sah—ryang's 「Taebag mountain range (Taebag Sanmac)」 was

published serially in the literal magazine 「National Literature」 which took a role as the voice of the Japanese Governor—General of Korea. The object of the publication of 「National Literature」 was to be an advertisement for calling up the people to be soldiers, so the work in that paper is considered pro—Japanese naturally. However 「Taebag mountain range (Taebag Sanmac) has nationalist features firmly against that kind of prejudice. In this thesis, I study the writer's hope for independence through the hero Yoon cheon—ill.

After liberation, Kim dal—soo and Kim suk—beom so the called first generation of the 「Korean Residents in Japan Literature」 took over from Kim sah—ryang. Right after the liberation until the early 1960's they wrote about the 'Jochongnyeon', the pro—North Korean residents league in Japan, because they could not accept the Lee seung—man administration which admitted the pro—Japanese party. However they left the 'Jochongyeon' as they could not bear the dogmatic autocracy of it.

The visible and literal outcome of that period was Kim dal—su's 「Taebag mountain range (Taebag Sanmac)」 which was witten from 1964 to 1968 and it handled the future of Korea deeply. He wrote this kind of work 「A Rebel Army」 first in 1949. In this novel we can see the will which is against the Americans and the Lee seung—man administration through the struggle <Yeosu, Sunchon Event>. Besides it contained the anxiety of his Pro—Japanese past and the effort to justify himself, so hereafter his work dealt with that kind of subject matter.

Kim suk—bum wrote his novel 「The death of the crow」 in 1957 which described the <Jeju 4.3 Event> and completed 「The Volcano Island(火山島)」 series as seven books in 1997. He tried to heal the separated nation and the scars of the people while contriving a combination of a nation. All about those thought is in 「The Volcano Island(火山島)」 through literal restoration of <Jeju 4.3 Event> and the recovering of the Joseon people who were sacrificed by the non—proper power and dimmed in history.

These three writers of literature had stronger national features than those from interior of the country who did not have the anxiety of Korean identity, since they were in the deep sorrow of a lost nation or had more affection for people who were abandoned by South—North Korean ideology political power.

This 「Korean Residents in Japan Literature」 as 「National Literature」 was introduced and researched freely in Korean society from 1990's. Still it arose Korean society's interest, it is limited to some young writer's interesting novels and does not take care of the first or the second generation's work which could be a nice tool for the unification of the Korea.

I can think of two reasons why we cannot break the deadlock. First, Korean society has a lack of understanding about 「Nationalism」 and 「National Literature」. Some intellectuals who forget the actualities of the Korean Peninsula and indulge themselves in western individualism think 「Nationalism」 is just an ideology for the autocracy, and because of that Koreans are deprived of their freedom, and for that, they cause chaos in society. In this atmosphere, it is easy tolook down not only 「Nationalism」 and 「National Literature」 which could be the advisable tool for unification, but also 「Korean residents in Japan literature」 as National literature.

The second reason is the narrow passive attitudes of researchers of Korean National literature. They just consider that 「Korean Literature」 is literature written only in Korean and that the literature's main subject should be the unification and harmony of the nation. Therefore, no matter how Korean residents in Japan literature」 is wonderful, it cannot have place in the 「National Literature.」

We should not forget the painful period when Korean language and letters were stolen, and we should not have a passive attitude because of it. For soaring up 「Korean Literature」 to the world, we should have an active attitude which can accept our literature although it is written in a foreign language like Japanese. That literature could be prominent domestic national literature if it were translate into Korean literature.

Ⅶ. 부록

≪김사량 연보≫

金史良 年譜는 안우식(安宇植)著 『金史良評傳』(草風館,1983), 『金史良全集Ⅳ』(河出書房新社,1973), 『빛 속으로(光の中に)－金史良作品集－』(講談社文芸文庫,1999)을 참고하여 필자가 임의로 발췌 정리한 것이다.

1914년3월 3일, 평안남도 평양부 육로리(陸路里) 102번지의 부유한 가정에서 태어났다. 부친은 매우 보수적인 편이었으나, 모친은 당시의 조선에서는 보기 드문 "미국식 교육을 받은 재원"이었다고 한다. 모친과 여동생은 기독교에 귀의하였다. 형은 시명(時明), 누이는 특실(特實), 여동생은 오덕(五德). 김사량은 네 형제 중 차남으로 본명을 시창(時昌)이었다. 소학교시절에 관해서는 거의 알려진 바가 없다.

1928년 (14세) 평양고등보통학교(중학교)에 입학.

1930년 (16세) 1월, 광주시에 발생한 학생반일투쟁에 호응하여 평양에서도 숭실(崇實)전문학교를 중심으로 반일항의투쟁이 일어났는데, 김사량도 여기에 참가하여 경찰에 쫓기기도 하였다.

1931년 (17세) 가을, 평양고등보통학교 5학년에 재학 중 동맹휴교사건이 발생. 배속장교 및 일본인 교사, 그리고 그들에게 아첨하는 조선인 교사를 쫓아내겠다는 명목을 내걸었지만, 실은 광주에서 일어난 반일학생투쟁 2주년을 기념하여 조직된 것이었다. 여기에 가담한 김사량은 주모자의 한 명으로 지목되어 퇴학처분을 받는다.

12월, 밀항을 해서라도 일본에 가겠다는 생각으로 도항증명서도 없이 부산으로 향했다. 교토(京都)제국대학 법학부에 재학 중이던 형 시명이 사태의 다급함을 알아채고 동지사(同志社)대학의 제복, 제모, 그리고 학생증까지 갖추고 급히 달려와 일본으로 건너갈 수 있었다.

1933년 (19세) 4월, (舊制)사가(佐賀)고등학교 문과(文科) 을류(乙類)에 입학. 나중에 동경(東京)제국대학의 동급생이자, 『제방(堤防)』의 동인이 되는 쓰루마루 다쓰오(鶴丸辰雄), 나카지마 기진(中島義人) 등과 알게 된다.

1934년 (20세) 고등학교 2학년이던 이때 일본어로「土城廊」을 썼다. 그렇지만 일본어에 자신이 없어 책상 깊숙이 쳐박아 두었으나, 자신의 최초의 작품으로 명실 공히 처녀작이라고 김사량 스스로가 말한 바 있다.

1935년 (21세) 화전민 답사 등을 겸한 강원도 여행을 다녀온 뒤 기행문인 「산골짜기 수첩」을 『東亞日報』에 연재. 신협극단의 사가공연에 참가, 다키자와 오사무(滝沢修) 등과 심야 좌담회를 추진하였다.

1936년 (22세) 2월, 『사가(佐賀)고등학교 文科乙類卒業記念誌』에 장편소설 「짐(荷)」을 게재하였다.

4월, 동경제국대학 문학부 독문과에 입학하여 동경시외 미타카무라(三鷹村) 미타카 아파트에서 하숙을 하였다. 얼마 안 되어 혼고(本郷) 분쿄(文京)구 오이와케쵸(追分町)의 오이와케 아파트로 이사하였다.

6월, 쓰로마루 다쓰오, 우메자와 지로(梅沢次郎), 신다니 도시로(新谷俊郎), 나카지마 기진 등과 함께 '제방(堤防)' 동인(同人)을 만들고, 잡지 『堤防』(격월간행)을 발행하였다. 창간호에 구민(具珉)이라는 필명으로 에세이 「雑音」을 게재하였다. 이 무렵 친구 安英一(禎浩)이 연출관계로 신협극단에 소속되어 있었기 때문에 "큰 키, 마른 몸에 동경대 금단추의 제복을 입고", "그리고 희곡을 쓰고 싶다"며 무라야마 도모요시(村山知義)를 찾아가 인사를 하였다.

9월, 『堤防』2호에 소설 「土城廊」을 게재하였다. 이 때 무라야마 도모요시의 소개로 『新潮』편집자인 나라자키 쓰토무(樽崎勤)를 찾아가 "2백매 가량의 중편소설을 보자기에서 꺼내, 읽어주시길 바란다"고 말했다. 10월 28일, 朝

鮮藝術座에 대한 일제 검거에 의해 安英一, 金龍濟 등이 구류되는 바람에 모토후지(本富士) 경찰서에 미결 구류되었다.

12월 중순, 모토후지 경찰서에서 미결로 석방되자 다시 나라자키 쓰토무를찾아가 "불시에 잡혀가 여러 유치장을 옮겨다니다가 바로 2, 3일전에 출소한 참"이라고 말한 이후, 얼마 안 있어 귀향하였다.

1937년 (23세) 3월,『堤防』4호에「빼앗긴 시(奪われの詩)」를 게재하였다.『東京帝國大學新聞』20일호 학내 동인잡지 대표들에 의한 '신인 콩트' 특집에 소설「尹參奉」을 게재하였는데, 이 작품은「荷」을 개작하고 제목도 바꾼 것이다.

4월, 여동생 오덕을 동반하고 동경으로 돌아왔다. 여동생이 제국여자전문학교에 입학했기 때문에 고이시가와(小石川)구 고히나타다이마치(小日向台町)에 주거를 정했다. 11월, 여동생이 서울의 이화여자전문학교로 전교했기 때문에 함께 귀향했다. 이 무렵의 고향 주소는 평양부 상수리(上需里) 38－1번지로 되어 있었다. 김사량은 다시 동경으로 돌아가, 하숙을 혼고(文京)구 다이마치(台町) 62번지 노지마 댁(野島方)에 옮겼다가, 다시 다이마치 41번지, 가쿠다칸(角田館)으로 옮겼다.

1938년 (24세) 8월, 신협극단에 의한『春香傳』(張赫宙 각색)의 조선공연계획을 알고 이에 동조하여, 순회공연 준비로 조선으로 먼저 떠난 무라야마 도모요시를 안내 차 귀향한 후 극단 공연에도 협력하였다.

1939년 (25세) 1월 6일, 평양 계리산정현(鷄里山亭峴)교회당에서 김관식 목사 입회 하에 최창옥(崔昌玉)과 결혼하였다. 졸업논문 「HeinrichHeine,der letzte Romantiker」를 사가고교 시절의 친구 나카지마 기진을 통해 제출하였다.

2월에서 3월, 『文藝首都』의 주재자인 야스다카 도쿠조(保高德蔵)에 사숙(私淑)하는 형식으로 친교를 시작하였는데, 야스다카는 "金史良군이 나를 처음 찾아온 것은 소화14(1939)년의 봄이었다. 아직 동경대의 독문과의 학생이었다"라고 당시의 일을 기록하고 있다.

졸업식에는 참여하지 않고 3월 25일경부터 약 일주일 예정으로 북경으로 '所謂漫遊'를 시도하여 떠났다.

4월 5일, 朝鮮日報社에서 온 전보를 받고 서울로 가서 학예부 기자가 되었다. 동경지국 근무를 희망했었다. 이 무렵 서울의 하숙집에서 소설 「빛 속으로(光の中に)」를 집필하였다. 27일, 東京帝國大學 대학원 입학 허가를 받았다.

6월 6일, 아내와 함께 동경 도착하자마자쓰루마루 다쓰오 부부를 방문했다. 시부야(渋谷) 요요기우에하라(代々木上原) 아파트에 거처를 마련하였다가 곧 요요기니시하라(代々木西原)로 이전하였다. 평론「朝鮮文學風月錄」을 『文藝首都』에, 「극연좌(劇研座)의 "춘향전"를 보고」를 『批判』에 게재하였다. 이 무렵부터 'モダン(모던)日本'社의 위촉을 받아 同社의 기획에 의한 잡지 『モダン(모

던)日本』朝鮮版의 편집에 참가, 여기에 게재하기 위해 조선 문학작품의 선택 및 번역에 착수하였다.

8월, 수필「北京往來」를 金時昌의 이름으로『博文』에 게재.

9월, 에세이「에나멜 구두의 포로(エナメル靴の捕虜)」를 『文藝首都』에, 평론「독일의 애국문학」(한글)을 『朝光』 에 게재하였다.

10월, 소설「빛 속으로」를 『文藝首都』에, 평론「독일과 大戰문학」(한글)을 『朝光』에, 평론「朝鮮文學側面觀」 (한글)을 4일부터 6일에 걸쳐『朝鮮日報』에 각각 게재하였다. 에세이「密航」(한글)을『文章』에 金時昌의 이름으로 게재하였다.

11월 평론「조선의 작가를 말한다」를 『모던일본』조선판에, 또 이광수의 소설「무명」을 번역, 상기 조선판에 게재한다.

1940년 (26세) 2월,『朝光』에 최초의 장편소설「落照」(한글)의 연재를 시작했다. 상반기 아쿠타가와(芥川)상 후보작에「빛 속으로」가 선정되었다. 때마침 귀향해 있던 金史良은 야스타카 도쿠조로부터 전보를 받고 곧 渡日의 길에 올랐다.『堤防』에 게재한「土城廊」을 개작해서『文藝首都』 에 게재하였다.

3월 6일, 동경・레인보그릴에서 열린 文藝春秋社 주최 아쿠타가와상 수상식에 참석하였고,「빛 속으로」가『문예춘추』에 轉載되었다.

4월, 「어머니에게 보내는 편지(母への手紙)」를 『文藝首都』에 게재하였다. 이 무렵 귀향하여 江原道 洪川郡 斗村面 가마연봉을 중심으로 화전민부락의 실태조사에 나섰다. 당시 형 時明이 홍천군 郡守職에 있었던 것이 계기가 된 것으로 생각된다.

6월, 소설 「天馬」를 『文藝春秋』에, 소설 「箕子林」을 『文藝首都』에 게재하였다. 고야마(小山)서점에서 간행한 『日本小說 代表作全集 4』 昭和14(1939)년 後半期版에 「빛 속으로」가 수록되었다.

7월, 소설 「무성한 풀섶(草深し)」를 『文藝』의 朝鮮文學特輯號에 게재하였다.

8월, 에세이 「玄海灘密航」을 『文藝首都』에 게재하였는데, 이 작품은 「密航」(한글)과 거의 같은 내용이다.

9월, 소설 「無窮一家」를 『改造』에, 평론 「朝鮮文化通信」을 『現地報告』에 각각 게재하였다.

10월, 기행 「山家三時間」(한글)을 조선잡지 『三千里』에 게재하였는데, 이것은 이듬해 일본어로 번역하여 「화전지대를 가다(火田地帶を行く)」라는 제명으로 바꾸었다. 평안남도 陽德온천으로 가서 소설 「산의 신들(山の神々)」의 창작 소재를 얻는다.

11월, 서간 「평양에서(平壤より)」를 『文藝首都』에 게재하였다. 여동생 특실(特實)이 사망했다.

12월, 동경 아카쓰카쇼보(赤塚書房)에서 간행된『朝鮮文學選集』제3권에「無窮一家」를 수록하였다. 또 이것의 제1권(3月 刊)에는 이광수 작「無明」이 金史良의 번역으로 수록되었다.『빛 속으로(光の中に)』라고 제목을 붙인 첫 번째 소설집을 동경 고야마 서점에서 출간하였다. 여기에 수록된「蛇」「곱단네(コプタンネ)」등의 작품의 初出 之名에 대해서는 미상.

1941년 (27세) 1월, 평론「朝鮮文學과 言語問題」(한글)를『三千里』에 게재. 장편소설「落照」의 연재를 끝냈다.

2월, 소설「光冥」을『文學界』에 게재하였다. 소설「유치장에서 만난 사나이」(한글)를 조선의 대표적인 순수 문예지『文章』의 창작특집에 게재하였다. 이 작품은 나중에 작가 자신이 일본어로 번역하여「Q백작(Q伯爵)」으로 제목을 붙여 제2 소설집에 수록되었다.

3월, 기행문「화전지대를 가다」를『文藝首都』에 5월까지 연재하였다. 야스다카 도쿠조에 의하면 당시의 김사량은 "출산 때문에 부인을 평양으로 되돌려 보내고 나서는 더욱더 열심히 창작 삼매경에 빠졌다"고 한다.

4월, 가마쿠라(鎌倉)시 오기가야쓰(扇ヶ谷) 407번지 여관 米新亭의 별채로 옮겼다. 소설「지기미(ちぎみ)」를『三千里』에 게재.

5월, 소설「도둑(泥棒)」을『文藝』에, 에세이「고향을 그리워하다(故郷を想う)」를『知性』에 각각 게재하였다. 마

미야 모스케(間宮茂輔)는 자신을 방문한 김사량이 "약간 신경질적인 얼굴로 문학과 민족과 혁명 이야기를 하였고", "일본에서 공부한 당시의 조선인으로서 마음의 응어리를 정직하게 이야기하고, 소설과의 관계로 번민하고 있는 자신의 속마음을 감추지 않았다"고 전한다. 얼마 안 있어 귀향한 김사량은, 조선과 만주로 여행 중이던 히로쓰 가즈오(広津和郎), 마미야 모스케를 평양에서 환대하였다. 이 때 김사량은 "이번 탄압은 기독교신자를 목표로 했기 때문에 나의 모친과 여동생도 당했습니다"라고 히로쓰 가즈오에게 말했다고 한다.

7월, 소설「蟲」을『新潮』에, 소설「鄕愁」를『文藝春秋』에, 스케치「산의 신들」을『文藝首都』에 각각 게재하였다. 조선 국내여행에서 돌아온 뒤 우메자와 지로(梅沢二郎)와 쓰로마루 다쓰오의 징집을 알게 된다. 여동생 오덕이 결혼하였다.

9월, 일본으로 건너와 사가(佐賀), 사세보(佐世保) 등을 방문하여 쓰루마루 야에코(鶴丸八重子)와 만났다.

10월, 소설「코(鼻)」를『知性』에 게재하였다.

11월 초순, 전년의 '用紙規格統制領' 공포에 이어 동인잡지의 통폐합이 끝났다. 이에 따라 김달수(金達寿)가 소속된『아오사루(蒼猿)』와, 그 외에『山脈』이『文藝首都』와 통합되었다. 히비야(日比谷) 교차로 근처에 있는 모리나가(森永) 그릴에서의 통합집회 석상에서 김달수와 알게 된

다. 19일부터 28일까지의 어느 일요일 1시경, 김달수의 초대로 요코스카(横須賀)를 방문하여 소설「곱사왕초(親方コブセ)」의 모델이 된 李守燮을 만났으며, 그들이 개최한 운동회에도 참가하였다. 소설「며느리(嫁)」를『新潮』의 지방문학 특집에 게재하였다.

12월 9일, 전날 태평양전쟁이 개시되어 이 날 미명 사상범 예방 구금법에 의해 가마쿠라경찰서에 구금되어, "남방군을 따라 돌면서 '皇軍'을 찬양하고 전승을 보도"하도록 강요당했지만 거부하였다. 김달수로부터 金史良의 구금 소식을 들은 야스타카 도쿠조, 시마키 겐사쿠(島木健作), 구메 마사오(久米正雄)가 그의 석방에 진력하였다.

1942년 (28세) 1월 29일, 가마쿠라 경찰서에서 석방되었다. 소설「곱사왕초」을『新潮』에, 소설「물오리섬(ムルオリ島)」을 조선에서 간행되고 있던 일본어 잡지『國民文學』에 게재하였다.

2월, 귀향하여 평양부 仁興町 458-84번지에 거주하였다.

4월, 제 2 소설집『故郷』을 甲鳥書林에서 출간하였다. 그리고 여기에 수록된「尹主事」는『東京帝國大學新聞』에 게재한「尹參奉」으로 제목을 바꾼 것이고,「산의 신들」은『文藝首都』에 게재한 스케치를 소설로 전면 개작한 것이다. 그 외에「天使」,「月女」는 初出誌 미상이다.

8월, 고야마 서점에서 간행한『日本小説代表作全集8』소화16(1941)년도 後半期版에「蟲」이 수록되었다.

12월, 조선시찰 여행을 하고 있던 유아사 가쓰에(湯浅克衛), 야스타카 도쿠조, 나라자키 쓰토무, 미우라 이쓰오(三浦逸雄) 등을 평양으로 맞이하여 환대하였다.

1943년(29세) 2월, 장편소설『太白山脈』을『國民文學』에 연재 시작.

8월 28일, 국민총력 조선연맹에 의해서 해군견학단의 일원으로 진해경비부, 사세보해병단, 해군병학교, 오다케(大竹)해군잠수학교, 해군성, 쓰치우라(土浦)해군항공대 등으로 파견되었다. 이는 조선인에 대한 해군특별지원병제도의 실시에 따른 것으로 조선의 문화관계자에 의한 해군사상의 보급, 계몽 등에 그 목적이 있었다. 또한 이에 파견되기 위해 서울을 찾은 金史良은 이 무렵 경성일보사의 기자였던 김달수와 만났다. 또 견학단으로서 찾은 동경에서 재회한 야스타카 도쿠조에게 "시대가 시대이니만큼 헌병이나 특별고등경찰이라도 있었으면 당장 체포되고 말았을", 가슴이 조마조마해질 정도로 탁자를 세게 내리치며 일본의 통치권력에 대한 울분을 터트렸다.

10월, 해군견학단으로서 방문한 일본에서 귀향하자마자 르포「海軍行」(한글)을 10일에서 23일에 걸쳐『每日新報』에 연재하였다. 두 번의 휴재를 포함하여『太白山脈』의 연재가 끝났다.

11월, 에세이「날파람(ナルパラム)」을『모던일본』에서『新太陽』으로 바뀐 잡지의「싸우는 조선 특집·징병제도 실시기념(戦ふ朝鮮特集·徴兵制度實施記念)」호에 게재하였다.

12월 14일부터『每日新報』에 장편소설『바다의 노래』(한글)의 연재를 시작하였다.

1944년 (30세) 1월 초순, 서울중앙공회당에서 金史良작의 희곡『太白山脈』이 상연되었다.

4월, 평양의 대동공업전문학교 교사가 되었다.

6월 중순에서 8월에 걸쳐 중국을 여행하였다. 이 사이에 서주(徐州)의 협구(夾溝), 숙현(宿県) 등에 학도병으로 동원된 처조카, 지인 등을 위문하였고, 천진(天津)에 있던 지인 李박사를 찾아가 7월말까지 상해에서 보냈다.

10월 초순, 193회에 이르는『바다의 노래』의 연재를 끝냈다.

1945년 (31세) 2월, 국민총력 조선연맹 병사후원부에서 '재지(在支) 조선출신 학도병위문단'원으로서 중국으로 파견되었다. 이에 앞서 전란을 피하기 위하여 노모와 처자, 그리고 가재도구를 長光島로 옮겼다.

5월 23일, 위문단의 임무를 마치고 연안지구로 탈출을 시도하였다.

31일, 우여곡절 끝에 화북조선독립동맹·조선의용군의 '군사적으로 말하자면 전선의 초소, 정치적으로는 연락 지점'에 도착하였다.

8월 15일, 일본의 패전 소식을 접하자마자 화북조선독립동맹·조선의용군의 先遣부대에 합류하여 귀국 길에 올랐다.

11월, 귀국 후 '어떤 조직상의 일'로 서울을 방문하였다.

이 때 무라야마 도모요시와 재회한 뒤, 희곡「호접(胡蝶)」(별명「胡宗莊의 전투」)을 "일본어로 번역하여 들려주고서" 그의 협력을 얻어 서울에 있는 극장에서 아랑극단에 의해 상연하였다.

1946년 (32세) 2월, 서울에서 평양으로 귀향하였다.

3월, 장편 희곡「더벙이와 배뱅이」(이하 작품은 한글)를 『文化戰線』 제1집에 士亮이라는 이름으로, 2, 3집에는 金史良이라는 이름으로 연재하였다. 그리고 5일에 공포된 '土地改革'에 관한 법령 실시와 함께 들끓는 농민의 의식과 생활의 변화 등을 작품화하기 위하여 지방으로 파견되었다.

6월, '노동법령'의 실시와 함께 평양시내 십대 공장 중 하나인 특수화학공장으로 파견되었다. 3·1극장에서 개최된 '축하모임'에 출연하여 자작 콩트를 낭독하였다. 소설「차돌이의 기차」를 집필하였으나, 초출지명은 미상. 29일 평안남도 예술연맹이 재조직됨에 따라 위원장으로 취임하였다.

12월, 소설「마식령」을 집필, 初出誌名은 미상.

1947년 (33세) 1월, 희곡「복돌이의 군복」(태행산 근거지에서 집필됨)이 일본에서 발행되고 있던 잡지『民主朝鮮』에 金元基의 번역으로 轉載되었다. 김달수는 이 작품에 대해 "『적성(赤星)』이라는 경성에서 발행된 잡지에 실린 것을 찾아 번역 게재하였다"고 말했다.

4월, 르포「동원 작가의 수첩」을『文化戰線』제4집에 게재하였다.

8월, 조선 해방 2주년을 기념하여 장편 르포『노마만리』를 평양 良書閣에 출간하였다. 金史良에 의하면 이외에도 태행산 근거지에서 집필한「山寨生活記」「帰国日録」등이 있었다고 하나, 발표된 흔적을 찾기 어렵다.

1948년 (34세) 1월, 소설「마식령」「차돌이의 기차」, 희곡「복돌이의 군복」,「더벙이와 배뱅이」를 수록하여『풍상(風霜)』으로 제목을 붙인 작품집을 조선인민출판사에서 상재하였다.

9월, 文化宣傳省에 의해 편집된『8·15해방 3주년 기념 창작집』에 소설「남에서 온 편지」를 수록하였으나 초출지명은 미상. 또 이때부터 12월에 걸쳐 희곡「뇌성(雷聲)」을 집필, 나웅(羅雄)의 연출에 의해 상연되었다. 그 외에 소설「E기자」가 있지만 초출지명은 미상.

1949년 (35세) 이 해의 후반에 희곡「地熱」이 집필되었다는 것 외에 구체적인 행적은 알려져 있지 않다.

1950년 (36세) 6월 25일 조선전쟁이 개시되자마자 곧 종군작가로 조선인민군과 함께 남하하였다. 종군기간 중에는 르포「지리산 유격지대를 가다」,「바다가 보인다」,「우리는 이렇게 승리하였다」등을『노동신문』,『民主朝鮮』등의 지면에 연재하였으나 초출지명은 정확하지 않다.

10월부터 11월에 걸쳐 미국군의 인천상륙에 대응하기 위한 조선인민군의 후퇴에 즈음하여, 지병인 심장병이 원인으로 강원도 원주 부근에서 낙오되어 소식이 끊겼는데, 사망한 것으로 판단된다. 이 해에 「바다가 보인다」가 『전선문고』에 수록되어 간행되었다.

1953년 『中央公論』 추계문예 특집에 「바다가 보인다」를 김달수 번역으로 게재하였다.

1954년 6월, 김달수에 의해 『金史良作品集』이 동경 이론사(理論社)에서 간행되었다.

1971년 9월에서 다음해 6월까지 『아시아 레뷰(アジアレビュー)』에 「노마만리」가 安宇植의 번역으로 연재되었다.

1972년 3월, 『金史良작품집』이 김달수에 의해 동경 이론사에서 신장판으로 출간되었다.

8월 아사히(朝日)신문사에서 안우식의 번역으로 『駑馬萬里』가 간행되었다.

1973년 1월, 金史良전집 편집위원회에 의해 『金史良전집Ⅱ』가 川出書房新社에서 간행되었다.

2월 『金史良전집Ⅰ』이 간행되었다.

4월 『金史良전집Ⅳ』이 간행되었다.

1974년 9월 『金史良전집Ⅲ』이 간행되었다.

2006년 1월, 김학동의 번역으로 『(김사량의) 태백산맥』이 노트북에서 출간되었다.

≪김달수 연보≫

　김달수의 연보를 정리함에 있어 1980년까지는 『金達寿小説全集』 전7권(筑摩書房)의 「月報」에 게재된 자필연보를 참고로 하였고, 1981년부터는 김달수의 『나의 문학과 생활(わが文学と生活)』(青丘文化社)에 수록된 연보를 토대로 삼았다.

1920년1월 17일(舊曆으로는 1919년 11월 27일) 경상남도 창원군(昌原郡)에서 3남으로 태어났다. 집은 중농이었으나 이 무렵 급속히 몰락하고 있었다. 집으로 찾아오는 일본인 고리대금업자의 얼굴을 보게 된다.

1925년 (5세) 양친은 집을 남의 손에 넘기고 11월에 장남 성수(声寿)와 여동생 君子(자필연보에는 장녀 명수로 되어 있음)를 데리고 일본으로 도항했다. 둘째 양수(良寿)와 작가는 고향의 조모에게 맡겨졌는데 얼마 안 있어 양수가 급사(1월)하였고, 12월 5일에는 부친의 사망 통지서가 도쿄에서 날아들었다. 조모는 단숨에 백발이 되었다.

1930년 (10세) 데리러 온 형 성수를 따라 일본으로 도항하였다. 11월경에 도쿄의 시나가와(品川)역에서 내렸다. 조모는 숙모가 모시기로 했고 그것이 마지막 이별이 되었다.

1931년 (11세) 4월 낫토(푹 삶은 메주콩을 띄운 것)팔이, 넝마주이 등을 하며 오이(大井)야간 소학교에 다녔는데, 비로소 일본어를 배우게 되었다.

　이듬해, 에바라(荏原)소학교 4학년에 편입해서 일본인 동급생으로부터 『少年倶楽部』등을 빌려 읽고, 「다쓰카와(立川)文庫」 등도 알게 된다. 6학년 때 퇴학하였다.

도쿄를 중심으로 전전하면서 전구염색공장, 건전지공장, 공중목욕탕의 불 때기 등 닥치는 대로 일했다.

1936년 (16세) 가나가와(神奈川)현 요코스카(橫須賀)로 이사한 뒤 영사기사 견습생, 폐품 수집, 토공, 또 폐품 수집을 했다. 이 사이 몇 번인가 야간중학의 통학을 시도해보지만 모두 실패하고, 와세다대학(早稻田大學)의 강의록으로 독학을 하였다.

張斗植과 알게 되어 등사판잡지 『오타케비(雄叫び)』 등을 만들었다. 「世界文学全集」, 「現代日本文学全集」 등을 읽기 시작했다.

1939년 (19세) 日本大学専門部芸術科에 입학. 일본 친구들과 동인지 『新生作家』를 만들고, 「현대문학의 동향에 관하여(現代文学の動向について)」라는 논문을 처음으로 활자화하였다.

1940년 (20세) 단편 「位置」를 『芸術科』 8월호에 발표하였으나, 검열로 복자가 많았다. 어머니와 형을 따라 십년 만에 고향을 찾았으며, 처음으로 서울(경성)의 땅을 밟고 강렬한 인상을 받는다.

1941년 (21세) 동인지 『아오사루(蒼猿)』의 일원으로 활동하고 있다가 『文芸首都』와 합병되는 바람에 김사량을 알게 되었다. 이후 문학적으로 크게 영향 받는다.

소설「기차 도시락(汽車弁)」(3월),「族譜」(11월)를『新芸術』에 발표하였다.

12월, 일본대학 예술과를 조기 졸업하였다. 태평양전쟁이 시작되자, 형 성수가 가마쿠라(鎌倉)에 있던 김사량과 함께 가나가와현 특수고등경찰에 검거되었다.

1942년 (22세) 1월, 가나가와(神奈川)신문사에 취직하였다. 전년도 작인 단편「쓰레기(塵芥(ごみ))」를『文芸首都』3월호에 발표하였다.

1943년 (23세) 5월, 가나가와신문사를 퇴사하고 단신으로 조선 서울로 건너와 京城日報社에 입사하였다. 김사량과 만났다.

1944년 (24세) 2월, 서울에서 탈출하듯이 일본으로 돌아가 재차 가나가와신문사에 입사하였다. 장두식 외 몇 명과 은밀히 회람동인지『鷄林』을 창간하고 서울에서의 체험을 토대로 한 장편『후예의 거리(後裔の街)』를 쓰기 시작함과 동시에 단편「할머니 생각(祖母の思い出)」 등을 썼다.

1945년 (25세) 6월, 가나가와신문사 퇴사. 8월, 태평양전쟁이 끝나자 즉시 在日朝鮮人連盟(朝連)의 결성에 참가하여 활기 넘치는 시간을 보낸다.

1946년 (26세) 3월, '朝連'의 원조를 받아 요코스카에서 잡지『民主朝鮮』을 창간하고 편집자가 되었다. 同誌에 장편『후예의 거리』를 연재하기 시작함과 동시에 孫仁章, 朴永泰, 金文洙 등의 필명으로 단편, 평론 등을 쓰게 된다. 평론「민주 일본의 구상(民主日本への構想)」을『人民戦

線』10월호에 발표하였다. 10월, 新日本文学會員이 되었다.
1947년 (27세) 단편「잡초와 같이(雑草の如く)」를『民主朝鮮』6월
호에,「거짓말 하는 여자(嘘をつく女)」를『국제TIMES
(国際タイムス)』(7월)에,「이만상과 차계류(李万相と車
桂流)」를『民主朝鮮』9월호와 12월호에,「8·15 이후
(8·15以後)」를『新日本文学』10월호에 발표하였다.
평론「조선 민족문학 운동의 전개(朝鮮民族文学運動の
展開)」「조선문학가의 입장(朝鮮文学者の立場)」 등을
『국제TIMES』(3월, 4월)에,「어느 날의 노트(ある日の
ノート)」를『民主朝鮮』에,「여운형의 생애(呂運亨の生
涯)」를 同誌 8월호에 발표하였다. 장편『후예의 거리』를
완결하였다.
1948년 (28세) 장편『族譜』를『民主朝鮮』1월호부터 연재하기 시
작. 단편「傷痕」을『朝鮮文芸』1월호에,「사동정 57번지
(司諌町57番地)」를『文学時標』제3호에,「華燭」을『東
洋文化』창간호에,「자기소개(自己紹介)」를『東京民
報』(2월)에,「탁주의 건배(濁酒の乾杯)」를『思潮』9월
호에 발표하였다.
평론「하나의 가능성(一つの可能性)」을『朝鮮文芸』4
월호에,「북조선의 문학(北朝鮮の文学)」을『新日本文
学』5월호에,「조선의 현상과 그 전망(朝鮮の現状とそ
の展望)」을『民主朝鮮』5월호에,「조선문학에 있어서의
민족의식의 흐름(朝鮮文学における民族意識のながれ)」

을 『文学』 11월호에, 「새로운 조선문학에 대하여(新しい朝鮮文学について)」를 규슈(九州)評論社에서 간행하는 『世界文学研究』 제1집에, 新日本文学会 제3회 대회에 대한 보고 「8·15이후의 조선문학(8·15以後の朝鮮文学)」을 新日本文学会 간행 『民主主義文学運動』에 발표하였다. 장편 『후예의 거리』를 朝鮮文芸社에서 간행하였다.

1949년 (29세) 단편 「번지 없는 부락(番地のない部落)」을 『世界評論』 3월호에, 「叛亂軍」을 『潮流』 8월-9월호에, 「네 말 됫박의 할머니(四斗樽の婆さん)」를 『신가나가와(新神奈川)』(3월-10월)에, 「대한민국에서 온 사나이(大韓民国から来た男)」를 『新日本文学』 11월호에 발표하였다. 평론 「조선남북의 문학정세(朝鮮南北の文学情勢)」를 『展望』 6월호에, 「재일조선인의 지향(在日朝鮮人の志向)」을 『世界評論』 11월호에 발표하였다. 장편 『族譜』를 완결했지만 다시 고쳐 쓰기로 하여 未刊으로 남겼다.
장편 『후예의 거리』를 世界評論社에서 재간행하였다. 도쿄 조선고교의 일본어교사가 되었으나 미군과 일본정부의 탄압으로 조선민족학교 폐쇄 명령이 내려지면서 도쿄도립(東京都立)으로 이관되었다.

1950년 (30세) 단편 「야노쓰고개(矢の津峠)」을 『世界』 4월호에, 「눈빛(眼の色)」을 『新日本文学』 12월호에, 기록 「1949년 9월 8일」을 『民主朝鮮』 5월호에 발표하였다. 평론 「조

선문학·문화의 문제(朝鮮文学·文化の問題)」를 『新日本文学』6월호에 발표.

6월, 6·25전쟁이 발발했다. 통분에 휩싸여「분노와 슬픔과(怒りと悲しみと)」를『婦人民主朝鮮』(7월)에 발표하고, 이어「'大韓民國'問答」이라는 긴 논문을 썼지만 미군 검열 때문에 발표하지 못했다.

단편집『叛亂軍』을 冬芽書房에서 간행하였다. 요코스카에서 도쿄로 거처를 옮겼다.

1951년 (31세) 단편「후지가 보이는 마을에서(富士のみえる村で)」를 『世界』 5월호에,「孫令監」을 『新日本文学』 9월호에 발표하였다. 평론「살해된 김태준에 대하여(殺された金台俊について)」를 『新日本文学』 1월호에,「이기영의 『소생하는 대지』(李箕永の『蘇る大地』)」를 동지 6월호에, 번역 (김일성의)「작가·예술가에게 보내는 격려의 말(作家·芸術家におくる激励のことば)」을 同誌 10월호에 발표하였다. 共譯(이기영의 장편)『소생하는 대지』를 나우카사(ナウカ社)에서 간행하였다.

1952년 (32세) 장편『玄海灘』을『新日本文学』1월호에 연재하기 시작하였다. 단편「釜山」을『文学芸術』제2호에,「전야의 장(前夜の章)」을『中央公論』4월호에,「標札」을『新世紀』11월호에,「혜순의 바람(惠順の願い)」을『婦人民主新聞』(10월－12월)에 발표하였다.

평론「植民地的人間」을『近代文学』4월호에,「조선문

학의 사적 비망록(朝鮮文学の史的おぼえがき)」을 『文学』 8월호에, 기록 「전사한 김사량(戦死した金史良)」을 『新日本文学』 11월호에, 「주민과 라디오(住民とラジオ)」를 『文学芸術』 제4호에 발표하였다. 단편집 『후지가 보이는 마을에서』를 東方社에서 간행하였다.

1953년 (33세) 단편 「부대장과 법무중위(副隊長と法務中尉)」를 『近代文学』 1월-2월호에, 번역(김사량의 6·25전쟁 종군기)「바다가 보인다(海が見える)」를 『中央公論·文芸特集』호에 발표하였다. 평론 「조선인에 대하여(朝鮮人について)」를 『婦人公論』 3월호에, 『만보산』과 李라인(『万宝山』と李ライン)」을 이와나미(岩波)書店 간행 「資本主義講座」 제4권 『月報』에, 「민족교육에 대하여(民族教育について)」, 「조선전쟁에 대한 우리의 시선(朝鮮戦争についてのわれわれの眼)」, 「휴전회의에 보이는 것(休戦会議で見えるもの)」 등을 『文学報』에 발표하였다. 장편 『玄海灘』 완결.

1954년 (34세) 단편 「울상(泣き面相)」을 『別冊·文芸春秋』에, 「어머니와 두 아들(母と二人の息子)」을 『群像』 5월호에, 「고국의 사람(故国の人)」(1부)을 『改造』 10월호에 발표하였다.

평론 「김사량·사람과 작품(金史良·人と作品)」을 『朝鮮評論』 제9호에, 「어느 조선인·나의 문학 자각(一朝鮮人·私の文学自覚)」을 『世界』 6월호에, 「문학과 정치

에 관한 감상(文学と政治についての感想)」을 『日本文学』 6월호에, 「안토노프 『단편소설작법』을 읽다(アントーノフ『短編小説作法』を読む)」를 『早稲田大学新聞』(6월)에, 「교토학파가 조선인의 '친류'였다는 이야기(京都学派が朝鮮人の"親類"であったという話)」를 『新日本文学』 8월호에, 「創作体験」을 新評論社 간행 『現代文学』(2)에, 「시가나오야(志賀直哉) 『애송이의 신(小僧の神様)』」을 岩波講座 『문학의 창조와 감상(文学の創造と鑑賞)』(1)에 발표하였다.

장편 『玄海灘』을 筑摩書房에서 간행하고, 編・譯 『金史良作品集』을 理論社에서 간행하였다.

1955년 (35세) 단편 「나고야의 이야기(名古屋の話)」를 『新日本文学』 4월호에, 「여행에서 만난 사람(旅で会った人)」을 同誌 11월호에 발표하였다.

평론 「노동과 창작(労働と創作)」을 岩波講座 『문학의 창조와 감상(文学の創造と鑑賞)』(2)에, 「고바야시 다키지(小林多喜二) 『1928년 3월 15일』」을 가와데쇼보(河出書房) 간행 『다키지・유리코(百合子) 연구』 제2집에, 「『민족의 시(民族の詩)』에 대하여」를 『文学』 6월호에, 「『玄海灘』에 대해 어느 서클에 보내는 답(『玄海灘』についてあるサークルへの答)」을 『熔岩』 제29호에 발표하였다.

단편집 『前夜の章』를 東京書林에서, 평론・기록집 『나

의 창작과 체험(私の創作と体験)』을 葦出版社에서, 東方新書의『후예의 거리』를 東方社에서 간행하였다.『玄海灘』이 극단 生活舞臺에 의해 상연되었다.

8월 나카노 시게하루(中野重治), 니시노 다쓰기치(西野辰吉)와 함께 처음으로 홋카이도(北海道)로 강연 여행을 떠났다.

1956년 (36세) 장편「일본의 겨울(日本の冬)」을『아카하타(アカハタ)』(8월－12월)에 연재하였다. 기록「金日成傳」을『知性』3월호에, 평론「이 라인을 둘러싼 문제(李ラインをめぐる問題)」를『群像』4월호에 발표하였다. 장편(신작)『고국의 사람(故国の人)』을 筑摩書房에서 간행하였다.

1957년 (37세) 기록「옆에서 본 메이데이(横から見たメーデー)」를『新日本文学』6월호에,「나의 선생님들(私の先生たち)」을 明治図書 간행『잊을 수 없는 교사(忘れえぬ教師)』에,「소학교의 추억(小学校の思出)」을 英宝社 간행『아이들에게 들려주고 싶은 소중히 간직해 둔 이야기(子どもに聞かせたいとっておきの話)』제2집에 발표하였다. 평론「民族・民族意識」을 岩波講座「現代思想」제6권『月報』에,「사실을 사실로써(事実を事実として)」를『新日本文学』8월호에,「재일조선인의 문학(在日朝鮮人の文学)」을 오쓰키(大月)講座『日本近代文學史』제4권에 발표하였다.

장편『일본의 겨울(日本の冬)』을 筑摩書房에서 간행하

였다.『고국의 사람』과 그 외에 작품에으로 日本文化人会議(의장 아베 도모지(阿部知二))로부터「平和文化賞」을 수상하였다.

1958년 (38세) 중편「박달의 재판(朴達の裁判)」을『新日本文学』11월호에(『文藝春秋』59년 4월호에 轉載), 단편「참외와 황제(まくわ瓜と皇帝)」를『二日』제1호에 발표하고, 장편『密航者』를『関西公論』에 연재하기 시작하였지만 同誌가 폐간되어 중단하였다.

평론「이것은 인도적인 문제가 아닐까(これは人道問題ではないか)」를『世界』3월호에,「'한일 회담'과 재일조선인('日韓会談'と在日朝鮮人)」을『新日本文学』3월호에,「조선민주주의 인민공화국에 대하여(朝鮮民主主義人民共和国について)」를『리얼리즘(リアリズム)』제1호에,「조선 활자 이야기(朝鮮の活字の話)」를『印刷界』10월호에,「묘사에 대하여(描写について)」를 이즈카(飯塚)書店 간행『現代文学講座』제1권에, 기록「日錄」을『일본 요미우리(読売)新聞』(11월)에 발표하였다.

9월, 岩波新書『朝鮮』(신작)을 岩波書店에서 간행하였다.

1959년 (39세) 장편『密航者』를『리얼리즘』(후에 월간『현실과 문학(現実と文学)』으로 개제(改題))에 연재를 시작. 단편「위원장과 분회장(委員長と分会長)」을『文学界』3월호에,「호촌길동전의 시도(壺村吉童伝の試み)」를『別冊・文芸春秋』에,「일본에 남긴 등록증(日本にのこす登録証)」을

『別冊・週刊朝日(朝日)』에 발표하였다.

평론「일본문학 속의 조선인상(日本文学のなかの朝鮮人像)」을 『文学』 1월호에, 「재일조선인 작가와 작품(在日朝鮮人作家と作品)」을 同誌 2월호에, 「『조선』에 대한 '비판'에 대하여(『朝鮮』にたいする"批判"について)」를 『아카하타』(2월)에, 「창작 방법을 둘러싸고(創作方法をめぐって)」를 『文学』 11월호에 발표하였다.

기록「조선의 학생들(朝鮮の学生たち)」을 『学生通信』 3월 15일호에, 「일본 속의 조선・슬픈 현실(本のなかの朝鮮・悲しい現実)」을 『婦人公論』 5월호에, 「돌아가는 자・남는 자(帰るもの・留まるもの)」를 『文藝春秋』 10월호에, 「재일조선인의 귀국(在日朝鮮人の帰国)」을 『학습의 벗(学習の友)』 11월호에, 「귀국선을 떠나보내며(帰国船を見送って)」를 『読売新聞』(12월호)에, 「병・입원기(病気・入院の記)」를 『鶏林』 제5호에 발표하였다.

중단편집 『박달의 재판(朴達の裁判)』을 筑摩書房에서, 단편・기록・평론집 『번지 없는 부락(番地のない部落)』을 히카리쇼보(光書房)에서 간행하였다.

급성간염으로 2개월 입원 생활을 하였다.

1960년 (40세) 단편「밤에 온 남자(夜来た男)」를 『別冊・文芸春秋』에, 시나리오「개척지의 어느 마을(開拓地のある村)」을 『映画評論』 1월호에, 기록「니가타에서 돌아온 사람들(新潟から帰った人々)」을 『別冊・週刊朝日』에 발표하였다.

평론「조선인의 한사람으로써 생각한다(朝鮮人のひとりとして思う)」를 『朝日新聞』(4월)에,「남조선의 데모봉기와 그 항쟁 의식(南朝鮮のデモ蜂起とその抗争意識)」을『思想』7월호에, 기록「나카노에 대해서(中野さんのこと)」를『나카노 시게하루(中野重治) 연구』의『月報』에 발표하였다.

『박달의 재판』이 극단 칠요회(七曜会)에 의해 상연되었다. 이후 동대연극연구회(東大演劇研究会), 아오모리(青森), 홋카이도(北海道), 오키나와(沖縄) 등 각지의 극단에 의해 상연되었다.

1961년 (41세) 단편「일본인처(日本人妻)」를『別冊・週刊朝日』에,「백일몽(白昼夢)」을『日本読売新聞』(9월)에, 기록「고마쓰가와 사건의 안과 밖(小松川事件の内と外)」을『別冊・新日本文学』에,「황사영의 순교(黄嗣永の殉教)」를『BOOKS』10월 – 11월호에 발표하였다.

평론「남조선의 쿠데타에 대하여(南朝鮮のクーデターについて)」를『図書新聞』(5월)에,「태평양전쟁하의 조선문학(太平洋戦争下の朝鮮文学)」을『文学』8월호에 발표하였다. 단편집『밤에 온 남자』를 東方社에서 간행하였다.

1962년 (42세) 단편「고독한 그들(孤独な彼ら)」을『新日本文学』3월호에,「中山道」를 同誌 12월호에,「장군상(将軍の像)」

을 『文化評論』 12월호에, 기록 「분회와 그 사람들(分会とその人々)」을 『文化評論』 2월호에 발표하였다.

평론 「일본 속의 조선문화(日本のなかの朝鮮文化)」를 『젊은 세대(若い世代)』 1월호에, 「식민지 속에서의 작가(植民地のなかからの作家)」를 『아시아・아프리카통신(アジア・アフリカ通信)』 8월호에, 「아시아 근대사의 문학화(アジア近代史の文学化)」를 『도설・국민의 역사(図説・国民の歴史)』 제6권에, 「'한일회담'에서 생각할 일('日韓会談'で考えること)」을 『현대의 눈(現代の眼)』 11월호에, 기록 「살해된 조용수(殺された趙鏞寿のこと)」을 『新週刊』 5월 16일호에 발표하였다.

아오키(青木)文庫 『玄海灘』 上・下를 青木書店에서, 공저 『신리얼리즘으로 가는 길(新しいリアリズムへの道)』을 新読書社에서 간행하였다. 도쿄도립대학 문학부 강사가 되어 「朝鮮文學史」를 담당하였다.

1963년 (43세) 단편 「서울의 해후(ソウルの邂逅)」를 『文化評論』 중간호에, 「慰靈祭」를 『현대의 눈』 11월호에, 기록 「고마신사와 심대사(高麗神社と深大寺)」를 『朝陽』 제1호에, 「1963年 1月」을 『朝陽』 제2호에, 「이진우의 죽음(李珍宇の死)」을 『현실과 문학(現実と文学)』 8월호에 발표하였다. 장편 『密航者』 완결. 평론 「종합적 방법의 가능성(総合的方法の可能性)」을 『아카하타』(1월)에, 「인간 차별과 문학(人間差別と文学)」을 『部落』 1월호에, 「조선

민족의 운명(朝鮮民族の運命)」을 『中央公論』 5월호에, 「중·소 논쟁에 대한 감상(中ソ論争についての感想)」을 『現實과 文學(『現実と文学』)』 11월호에 발표하였다.

장편 『密航者』를 筑摩書房에서, 단편·기록집 『中山道』를 東方社에서, 공저 『현실 변혁의 사상과 방법(現実変革の思想と方法)』을 新読書社에서 간행하였다. 『密航者』가 극단 백조좌(白鳥座)에 의해 상연되었다.

1964년 (44세) 장편 『太白山脈』을 『文化評論』 9월호부터 연재 시작. 단편 「직함이 없는 남자(肩書きのない男)」를 『新日本文学』 3월호에, 기록 「1964年 1月」을 『現実과 文学』 4월호에 발표하였다.

평론 「창작방법 토론에 즈음하여(創作方法の討論によせて)」를 『現実과 文学』 1월호에, 「일본의 문학운동과 나의 입장(日本の文学運動と私の立場)」을 同誌 5월호에, 「'한일회의'가 초래하는 것("日韓会議"のもたらすもの)」을 『마나부(まなぶ)』 4월호에, 「8·15 전후」를 『映画芸術』 8월호에 발표하였다.

1965년 (45세) 중편 「공복이문(公僕異聞)」을 『現実과 文学』 6월호에, 기록 「정월의 여행(正月の旅)」을 同誌 4월호에 발표하였다.

평론 「제국주의 감각은 되살아나는가?(帝国主義感覚はよみかえるか)」를 『現実과 文学』 1월호에, 「인간과 리얼리즘의 회복(人間とリアリズムの回復)」을 『文学』 5

월호에,「조선에서 본 도요토미 히데요시(朝鮮からみた 豊臣秀吉)」를『歷史読本』5월호에,「'한일조약'에 대한 자세("日韓条約"への姿勢)」를『東京大学新聞』(7월)에, 「무엇이『선린우호』인가(なにが『善隣友好』か)」를『아카하타』(11월)에 발표하였다.

중・단편집『公僕異聞』을 東方社에서, 新日本文学全集 제13권『김달수・니시노 다쓰기치(金達寿・西野辰吉)』를 集英社에서, 共著『文学入門』을 飯塚書店에서 간행하였다.

1966년 (46세) 단편「나에시로가와(苗代川)」를『民主文学』4월호에, 기록「어머니가 남긴 가르침(母の教えのこしたもの)」을 明治図書 간행『나의 마음에 남은 어머니의 교육(私の心に残る母の教育)』에 발표하였다.

평론「작가에게 있어서의 현실과 방법(作家における現実と方法)」을『文学』5월호에,「문학과 지도자 의식에 대하여(文学と指導者意識について)」를『民主文学』8월호에,「반민족교육을 받은 자로부터(反民族教育を受けたものから)」를『教育』9월호에 발표하였다.

東風双書의『후예의 거리』,『박달의 재판』을 東風社에서 간행하였다.

1967년 (47세) 평론「『맨발의 다리에(はだしのダリエ)』론」을『東欧文学全集』제9권『맨발의 다리에』에,「어느 편지・도표・논문(ある手紙・図表・論文)」을『民主文学』5월호에, 「재일조선인에게 있어서의 민족교육의 의미(在日朝鮮人における民族教育の意味)」를 『朝日JOURNAL』 5월 7일호에 발표하였다. 『박달의 재판』 러시아어 번역이 모스크바에서 간행되었다.

1968년 (48세) 평론 「조선 문화에 대하여(朝鮮文化について)」를 岩波講座 『哲学』 제13권에, 「『명치백년』과 재일조선인(『明治百年』と在日朝鮮人)」을 青木書店 간행 『明治百年問題』에, 「일본인의 차별의식에 대하여(日本人の差別意識について)」를 『호루푸(ほるぷ)』 11월호에 발표하였다. 장편 『太白山脈』 완결. '金嬉老 裁判'의 특별변호인이 되어 이후 4년간 시즈오카 지방재판소에 다녔다.

1969년 (49세) 기행 「조선유적 여행(朝鮮遺跡の旅)」을 『民主文学』 3월-5월호에, 평론 「김희로란 누구인가(金嬉老とはなにか)」를 『中央公論』 10월호에 발표. 장편 『太白山脈』을 筑摩書房에서 간행하였다.

1970년 (50세) 고대문화유적기행에 본격적으로 몰두하여 「조선유적의 여행(朝鮮遺跡の旅)」을 『사상의 과학(思想の科学)』 1월호부터 연재 시작. 이 연재는 나중에 『일본 속의 조선문화(日本の中の朝鮮文化)』로 간행되었다.

단편 「高麗青瓷」를 『世界』 2월호에, 기록 「김희로라는 인간(金嬉老なる人間)」을 『現代와 文學』 제2호에, 「마쓰바라 히로시씨의 악수(松原寛氏の握手)」를 同誌 제3호에, 「이토 히토시씨의 미소(伊藤整氏の微笑)」를 同誌

제4호에 발표하였다.

평론「국제 펜대회와『五賊』(国際ペン大会と『五賊』)」을 『文学』 8월호에,「조선 문학에서의 유머와 풍자(朝鮮文学におけるユーモアと諷刺)」를 同誌 11월호에,「재일 조선인과 부락(在日朝鮮人と部落)」을 明治図書 간행『인간(にんげん)』에,「귀화인이라고 하는 말(帰化人ということば)」을 잡지『일본속의 조선문화(日本の中の朝鮮文化)』제6호에, 기록「단 한마디의 말(ただ一つのことば)」을『毎日新聞』(11월)에,『穴』의 문체와 조선인상(『穴』の文体と朝鮮人像)」을「구로시마 덴지(黒島伝治)全集」제1권『月報』에 발표하였다. 기행『일본 속의 조선문화(日本の中の朝鮮文化)』(1)를 고단샤(講談社)에서 간행하였다.

1971년 (51세) 기행「가와치의 조선도래인 사원(河内の朝鮮渡来人寺院)」을『旅』 11월호에, 평론「우에노 마사아키(上田正昭)『日本神話』」를『世界』 1월호에,「일본 속의 조선(日本の中の朝鮮)」을『読売新聞』(1월)에,『인간』을 읽고(『人間』を読んで)」를『朝日新聞』(2월)에,「일본인과 조선인(日本人と朝鮮人)」을『SUNDAY마이니치(サンデー毎日)』 5월 16일호에,「조선인 학살의 기록 2, 3(朝鮮人虐殺の記録二、三)」을『시오(潮)』 9월호에,『輸入』이라고 하는 말(『輸入』ということば)」을『일본속의 조선문화(日本の中の朝鮮文化)』제11호에,「종이 돌맹이(紙

つぶて)」를 『中日新聞』(7월-12월)에 발표하였다.

호세이대학(法政大学) 문학부 강사가 되어 「作家・作品硏究」를 담당하였다.

1972년 (52세) 단편 「어느 해후(ある邂逅)」를 『文芸』5월호에, 기행 「치카쓰아스카와 다케노우치 가도(近つ飛鳥と竹の内街道)」를 『文芸春秋』중간호에, 기록 「나의 전후사(私の戦後史)」를 『朝日新聞』(10월-11월)에 발표하였다.

평론 「조선과 『만엽집(万葉集)』」을 『国文学』5월호에, 「아스카의 벽화 고분(飛鳥の壁画古墳)」을 『東京新聞』(3월)에, 「『귀화인』이란 무엇인가?(『帰化人』とはなにか)」를 『歴史読本』8월호에, 「『귀화인』과 도래인(『帰化人』と渡来人)」을 中央公論社 간행 『다카마쓰즈카고분과 아스카(高松塚古墳と飛鳥)』에 발표하였다.

기행 『일본속의 조선문화』(2), 同(3)을 講談社에서, 『고대유적 여행』을 산케이(サンケイ)新聞 출판국에서, 중편집 『박달의 재판』을 東邦出版社에서, 기행・논집 『고대문화와 「귀화인」(古代文化と『帰化人』)』을 新人物往来社에서 간행하였고, 共著 『벽화 고분의 수수께끼(壁画古墳の謎)』를 講談社에서, 共著 『일본의 조선문화(日本の朝鮮文化)』를 中央公論社에서 간행하였다.

1973년 (53세) 기행 「아리타와 나에시로가와((有田と苗代川)」을 『太陽』3월호에, 「야마토의 조선문화유적(大和の朝鮮文化遺跡)」을 『일본속의 조선문화』제19호에, 기록 「아베

씨의 편지(阿部さんの手紙)」를『文芸』7월호에, 평론
「고대사가로서의 사카구치 안고(古代史家としての坂口
安吾)」를『中央公論』4월호에,「일본 고대사의『귀화인』
(日本古代史の『帰化人』)」을『오하라류 꽂꽂이(小原流
挿花)』5월호에,「조선의 속담(朝鮮の俚諺)」을 自由国民
社 간행『고사명언속담총해설(故事名言ことわざ総解
説)』에 발표하였다.

기행『일본속의 조선문화』(4)를 講談社에서, 潮文庫『박
달의 재판』을 潮出版社에서, 共著『왜에서 일본으로(倭
から日本へ)』를 二月社에서 간행하였다.

1974년(54세)『季刊三千里』의 창간에 참가(5월), 편집위원이 되었다.

기행「조선유적여행」을「일본 속의 조선문화」로 하여『季
刊 역사와 문학(季刊歴史と文学)』春季호에 연재 시작.

「고대의 회랑(古代の回廊)」을 小学館 간행『역사여행・
기타큐슈(歴史の旅・北九州)』에,「히메시마의 히메語曹
신사(姫島の比売語曹神社)」를『자연과 문화(自然と文
化)』제17호에,「하리마(播磨)의『新羅國』을『동아시아
의 고대 문화(東アジアの古代文化)』제2호에,「사가미
의 조선문화유적(相模の朝鮮文化遺跡)」을 同誌 제4호
에,「아스카의 도래인(飛鳥の渡来人)」를 小学館 간행
『일본고대사여행・아스카(日本古代史の旅・飛鳥)』에,
「아스카의 도래인(明日香の渡来人)」을『아스카촌사(明
日香村史)』상권에 발표하였다.

평론 「황폐와 불신에 대하여(荒廃と不信について)」를 『中央公論』 2월호에, 「천무제는 동생인가?(天武帝は弟か?)」를 『毎日新聞』(3월)에, 「소설도 쓰다……(小説も書く……)」를 『文芸』 5월호에, 「내 안에 있는 황국사관(わが内なる皇国史観)」을 『展望』 8월호에, 「야마토 개신」에 대하여(『大化の改新』について)」를 『일본 속의 조선문화』 제22호에, 「『임신의 난』에 대하여(『壬申の乱』について)」를 同誌 제23호에 발표하였다.

共著『고대 일본과 조선(古代日本と朝鮮)』을 中央公論社에서 간행하였다.

1975년 (55세) 단편 「쓰시마까지(対馬まで)」를 『文芸』 4월호에, 기록 「나의 소년시절(私の少年時代)」을 『PHP』 중간호에, 기행 「나라 야마토의 발견(奈良大和の発見)」을 『野性時代』 중간호에, 「『임신의 난』의 길을 걷다(『壬申の乱』の道を歩く)」를 『東京新聞』(10월)에 발표하였다.

평론 「법륭사와 성덕태자(法隆寺と聖徳太子)」를 『문예춘추딜럭스(文藝春秋デラックス)』 3월호에, 「역사의 중심은 도래인이었다(歴史の中心は渡来人だった)」를 朝日新聞社 간행 『고대사의 수수께끼(古代史の謎)』에, 「시라게우타에 관하여(志良宜歌をめぐって)」를 가도카와(角川)書店 간행 『歌謡』(1)에, 「귀화인인가? 도래인인가?(帰化人か渡来人か)」를 『週刊読売』 7월 5일호에, 「김지하에게 있어서의 정치와 문학(金芝河における政

治と文学)」을 산이치쇼보(三一書房) 간행 『金之河』에, 「古代朝日関係史入門」을 読売新聞社 간행 『고대조선의 역사와 문화(古代朝鮮の歷史と文化)』에, 「유종열과의 만남(柳宗悦との出会い)」을 『国語通信』 9월호에, 「문학에 있어서의 지방(文学にとっての地方)」을 『이바라키(茨城)문학』 제3호에 발표하였다.

기행 『일본속의 조선문화』(5), 講談社文庫 『玄海灘』을 講談社에서, 단편집 『小說在日朝鮮人史』 上・下를 創樹社에서 간행하고, 共著 『일본 문화의 원류를 찾아(日本文化の源流を求めて)』를 筑摩書房에서, 共著 『일본의 도래 문화(日本の渡来文化)』를 中央公論社에서 간행하였다.

1976년 (56세) 기행 「오미観音寺山과 사사키성(近江観音寺山と佐々木城)」을 『産経新聞』(1월)에, 「이토국과 가야・신라(伊都国と加羅・新羅)」를 『別冊・週刊読売』에, 기록 「나의 이조백자(私の李朝白磁)」를 『芸術新潮』 2월호에, 「장유유서(長幼序あり)」를 『現代』 5월호에, 「나의 야초효(わが野草孝)」를 『読売新聞・日曜版』(4월-5월)에, 「재일조선인의 청춘(在日朝鮮人の青春)」을 『호세이통신(法政通信)』 7월호에 발표하였다.

평론 「재판이라고 하는 것(裁判というもの)」을 『展望』 2월호에, 「차별이라고 하는 것(差別というもの)」을 同誌 3월호에, 「권력이라고 하는 것(権力というもの)」을

同誌 4월호에, 「金敬得君의『請願』에 대하여(金敬得君の『請願』について)」를『朝日新聞』(3월)에, 「渡來人群像」을 学習研究社 간행『아스카의 애가(飛鳥の哀歌)』에, 「고대 조선과 이토국(古代朝鮮と伊都国)」를 朝日新聞社 간행『야마다이코쿠의 모든 것(邪馬大国のすべて)』에, 「일본의 축제(제사)와 조선의 축제(日本の祭と朝鮮の祭)」를『文藝春秋딜럭스』9월호에, 「도래인의 문화(渡来人の文化)」를 유세이도(有精堂) 간행『일본 신화와 조선(日本神話と朝鮮)』에, 「인터내셔널한 者(インターナショナルなもの)」를 岩波講座『文学』제11권에 발표하였다.

기행『일본속의 조선문화』(6)를 講談社에서, 『金達寿評論集』上(나의 文學) 下(나의 民族), 기행・논집『일본 고대사와 조선 문화(日本古代史と朝鮮文化)』를 筑摩書房에서 간행하였다.

1977년 (57세) 평론『귀화인』에 대하여(『帰化人』をめぐって)」를『季刊三千里』제10호에, 「고대 일본과 조선어(古代日本と朝鮮語)」를 同誌 제11호에, 『귀화인』이란 무엇인가?(『帰化人』とはなにか)」를 同誌 제12호에, 「어느 여중생의 고대사관(ある女子中学生の古代史観)」을『일본 속의 조선문화』제35호에 발표하였다.

기록「고국은 먼 곳에 있고(故国は遠きにありて)」를『文学界』7월호에, 「나의 강사 체험(私の講師体験)」을

『東京新聞』(6월)에, 「스에카와 히로시 선생의 휘호(末川博先生の揮毫)」를 『일본속의 조선문화』제33호에, 「다케다 다이준씨에 대해서(武田泰淳氏とのこと)」을 『文芸』8월호에, 「우메자키 하루오씨의 추억(梅崎春生氏の思い出)」을 『直』제2호에, 「장두식의 죽음(張斗植の死)」을 『SUNDAY毎日』10월 6일호에, 「어느 책장의 역사(ある本棚の歷史)」를 『오루요미모노(オール読物)』12월호에 발표하였다.

기록(신작) 중앙신서 『나의 아리랑 노래(わがアリランの歌)』를 中央公論社에서, 대담집 『일본과 조선(日本と朝鮮)』을 講談社에서 간행하였다.

1978년 (58세) 장편 「行基의 시대(行基の時代)」를 『季刊三千里』제13호에 연재 시작. 중편 「마지막 참봉(最後の參奉)」을 『文藝展望』夏季号에 발표하였다.

평론 「일본에 있어서의 조선(日本にとっての朝鮮)」을 『일본 속의 조선문화』제37호에, 『임신의 난』과 조선 삼국(『壬申の乱』と朝鮮三国)」을 毎日新聞社 간행 「일본사의 수수께끼와 발견(日本史の謎と發見)」제4권 『여제의 세기(女帝の世紀)』에, 기록 「다카미 준씨의 한마디(高見順の一言)」를 『直』제3호에, 「다케우치 요시미씨의 캄파(竹内好氏のカンパ)」를 『루쉰(魯迅)文集』제6권『月報』에, 「나의 자기선전(私の自己宣伝)」을 『潮』6월호에, 「나의 하세가와 시로(わが長谷川四郎)」을 『하세가와 시로전집(長谷川四郎全集)』제15권『月報』에,「나의 문장 수업(私の文章修業)」을『週刊朝日』7월 7일호에,「포플러 나무(ポプラの木)」를『스바루(すばる)』10월호에,「나의 문학수업(私の文学修業)」을『新日本文学』12월호에 발표하였다. 저서「치쿠마 현대문학대계(筑摩現代文学大系)」제62권『다무라 타이지로(田村泰次郎)·김달수·오하라 도미에(大原富枝)집』을 筑摩書房에서, 共著『조선과 고대 일본문화(朝鮮と古代日本文化)』를 中央公論社에서 간행하였다.『나의 아리랑 노래』를 출간한 김달수의 모임」을 개최(사학회관)(3월). 소설「行基」를『季刊三千里』제14호부터 제16호에 발표.

1979년 (59세) 중편「備忘錄」을『文芸』8월호에 발표. 기행「조선문화유적여행(朝鮮文化遺跡の旅)」을 全電通労組学習誌『아스도(あすど)』7월호(격월 간행)에 연재 시작. 평론『전후문학과 아시아(『戦後文学とアジア』について)』에 대하여」를『公明新聞』(2월)에,「투표권 정도는……(投票権ぐらいは……)」을『일간 현대(日刊ゲンダイ)』에,「재일외국인에게 투표권을(在日外国人に投票権を)」을『朝日新聞』(10월)에,「장두식·사람과 작품(張斗植·人と作品)」을『장두식의 추억(張斗植の思い出)』에,「신궁과 신사를 둘러싸고(神宮と神社をめぐって)」를『일본속의 조선문화(日本の中の朝鮮文化)』제42호에,「신들의 고향(神々のふるさと)」을『季刊三千里』제19

호에,「간진은 왜 왔을까(鑑眞はなぜ来たか)」를 每日新聞社 간행「인물해의 일본사(人物海の日本史)」제1권 『海上路와 고대사(海の道と古代史)』에,「원시 여성은 태양이었나(原始女性は太陽であったか)」를 同社 간행 『일본사 속의 여성(日本史の中の女性)』에,「스에키・자기 및 조선식 산성(須惠器・磁器および朝鮮式山城」을 PRESIDENT사(プレジデント社) 간행『고대 일본과 조선문화(古代日本と朝鮮文化)』에 발표하였다.

기록「나카노씨와 함께(中野さんと共に)」를『나카노 시게하루 전집(中野重治全集)』제11권『月報』에,「나카노씨의 자상함(中野さんの優しさ)」을『日本読売新聞』(9월)에,「내 안의 나카노씨(私のなかの中野さん)」를『文藝』11월호에,「십대 초반(十代のはじめ)」를『NHK・昭和回顧錄』(1)에,「고대 조선문화유적-도호쿠・홋카이도의 경우(古代朝鮮文化遺跡-東北・北海道の場合)」를『北海道新聞』(4월)에,「내가 좋아하는 말(私の好きなことば)」을『朝日新聞』(9월)에 발표하였다. 소설「行基」를『季刊三千里』제17호에서 제20호에 연재. 同誌 제20호에 좌담회「총련・한덕수 의장에게 묻다(総連・韓德洙議長に問う)」(姜在彦/金達寿/金石範/李進熙/李哲)를 발표하였다. 중편『落照』(「마지막 참봉」改題)를 筑摩書房에서, 중・단편집『쓰시마까지』를 河出書房신사에서, 기행・논집『일본속의 고대조선』을 学生社에서 간행하고, 共著『교과서에 쓰여 있는 조선(教科書に書かれた朝鮮)』(4월)을 講談社에서, 『나의 서재(私の書斎)』를 地産出版에서 간행하였다.

1980년 (60세) 평론『古事記』속의 조선(『古事記』の中の朝鮮)」을『文学』4월호에,「교과서 속의 조선(教科書の中の朝鮮)」을『현대와 사상(現代と思想)』제40호에,「스에키의 도래에 대하여(須恵器の渡来について)」를『日本美術』제170호에,「60년대 이후의 조선 문학(60年代以後の朝鮮文学)」을 平凡社『世界大百科事典』(증보판)에,「고마신사와 시라히게신사(高麗神社と白髭神社)」를『다마의 발자취(多摩のあゆみ)』제20호에,「기비 속의 조선문화(吉備の中の朝鮮文化)」를『문화재 후쿠야마(文化財ふくやま)』제15호에 발표하였다. 기록「年賀状再開」「받은 것에서(もらいものから)」「『귀화인』에 대하여(『帰化人』のこと)」「朝鮮語」「왠지 쓸쓸하다(「何だかさびしい」)」를『고베(神戸)新聞』(1-3월)에,「자료를 읽는 즐거움(資料を読むたのしみ)」을『本』3월호에,「아라 마사히토씨에 대하여(荒正人氏のこと)」를『直』제10호에,「너무 소중해서……(大事にしすぎて……)」를『人文』제20호에,「재일 50년-나의 문학과 생활(在日50年-わが文学と生活)」을『毎日新聞』(3월)에,「고독했지만……(孤独だったが……)」을『週刊読書人』(5월)에,「신슈로의 여행(信州への旅)」을『文藝春秋』7월 20일

호에, 「裝幀家・다무라 요시야(裝幀家・田村義也)」를
『삶의 창조(暮しの創造)』제13호에, 「처녀작 무렵(処女
作のころ)」을 『別冊・文芸春秋』제152호에, 「8월-두
가지의 35년(8月一二つの35年)」을 『読売新聞』(8월)에,
「여름 고교야구(夏の高校野球)」를 『스바루』 10월호에
발표하였다.
　　소설 「行基」를 『季刊三千里』제21호부터 제24호에 발표.
기행・논집 『古代朝日関係史入門』『金達寿小説全集』
(전7권)을 筑摩書房에서 간행하였다.

1981년 (61세) 전후 37년 만에 「재일동포 수형자들에 대한 관용을
청원하는 동포 문필가들의 고국 방문단(在日同胞受刑者
たちに対する寛容を請願する同胞文筆家たちの故国
訪問団)」으로서 『季刊三千里』편집위원(姜在彦/金達寿/
李進熙/社主・徐彩源)과 訪韓(3월).
　　「行基」를 『季刊三千里』제25호에서 27호에 발표. 同誌
28호에 좌담회 「3월의 방한을 둘러싸고(3月の訪韓をめ
ぐって)」(姜在彦/金達寿/李進熙/李哲)를 발표하였다.
　　잡지 『일본 속의 조선문화』50호에서 終刊(6월). 소설 「고
국까지(故国まで)」를 『文芸』7월호에서 12월호에 발표.
共著『역사 속의 일본과 조선』을 講談社(7월)에서 간행하
였다.

1982년 (62세) 장편 『行基의 시대(行基の時代)』를 朝日新聞사에
서 간행(3월). 소설 『고국까지』를 『文芸』1, 2월호에 발

표하고 河出書房新社(4월)에서 단행본으로 간행하였다. 『일본속의 조선문화』와 함께」를 『季刊三千里』 제29호에 발표. 「일본속의 조선문화」를 同誌 제30호부터 연재하기 시작하여 제31호, 제32호에 발표. 좌담회 「교과서의 조선을 둘러싸고(敎科書の朝鮮をめぐって)」(姜在彦/金達寿/李進熙/李哲)를 同誌 제32호에 발표. 『나의 소년시절-차별 속에서 살다(私の少年時代-差別の中に生きる)』를 포플러(ポプラ)社(8월)에서 간행하였다.

1983년 (63세) 鼎談 「日本・朝鮮・中國」(시바 료타로(司馬遼太郎)/陳舜臣/金達寿)을 『季刊三千里』 제33호에 발표, 후에 보강해서 『역사의 교차로에서(歷史の交差路にて)』라는 제목으로 講談社에서 간행(84년 6월, 講談社문고 1991년 1월). 기행 『일본속의 조선문화』(7) 講談社 간행(3월), 同書를 講談社文庫로서 (1)(2)를 간행하였다.

「일본속의 조선문화」 『季刊三千里』 제33호에서 제36호에 발표. 同誌 36호에 대담 「그 때 인간은(そのとき人間は)」(야스오카 쇼타로(安岡章太郎)/金達寿)을 발표하였다. 「자료를 읽다(資料を読む)」를 『만다(まんだ)』 제20호에 발표. 11월 도쿄 나카노(中野)구로 이사하였다.

1984년 (64세) 「일본속의 조선문화」를 『季刊三千里』 제37호에서 제40호에 발표. 鼎談 「외국인등록법을 둘러싸고(外国人登録法をめぐって)」(다나카 히로시(田中宏)/니이미 다카시(新美隆)/金達寿)를 『季刊三千里』 제37호에, 「천황

의 '말씀'(天皇の「お言葉」)」을『直』제22호에 발표.『고
대 일본과 조선문화』를 筑摩書房(9월)에서 간행하였다.
기행『일본속의 조선문화』(8)을 講談社(10월)에서 간행하였다. 同書가 講談社文庫로 (3)-(5)가 간행되었다.

1985년 (65세) 「일본속의 조선문화」를『季刊三千里』제41호에서 제44호에 발표.「『고대 조선과 일본 불교』를 읽다(『古代朝鮮と日本仏教』を読む)」를 다무라 엔초(田村圓澄)著『고대 조선과 일본 불교(古代朝鮮と日本仏教)』(講談社学術文庫)의 해설로 썼다.「「도래인」이라고 하다(「渡来人」という)」를『直』제23호에,「매실과 호박(ウメとカボチャ)」을 同誌 제24호에,「도래인・도래문화」를 동 25호에,「아스카 속의 조선 문화(飛鳥の中の朝鮮文化)」를『아스카풍(明日香風)』제16호에 발표하였다.

『고대의 일본과 조선』을 筑摩少年図書館(9월)에서 간행.
『일본 고대사와 조선(日本古代史と朝鮮)』을 講談社 학술문고에서 간행.

기행『일본속의 조선문화』(9)를 講談社(10월)에서 간행하였다. 12월 담석으로 1주일 정도 오사카의 박애(博愛)胃腸病院에 입원하였다.

1986년 (66세) 좌담회「역사교과서의 조선을 묻다(歷史教科書の朝鮮を問う)」(姜德相/姜在彦/金達寿/李進熙)를『季刊三千里』제45호에,「일본속의 조선문화」를 同誌 45호에서 제48호에 발표하였다.

「아스카왕조와 조선 도래인(飛鳥王朝と朝鮮渡来人)」을 『週刊読売』(1월19일)에, 「신라・가야와 고대(新羅・加耶と古代)」를 『別冊太陽』 9월호에, 「역사가로서의 사카구치 안고-고대 일본과(歴史家としての坂口安吾-古代日本と)」를 『유리이카(ユリイカ)』 10월호에, 「오키나와로의 여행(沖縄への旅)」을 『東京新聞』 석간(10월23일)에, 「미시마와 『스사노오노미코토』의 조선 도래(三島と『須佐之男命』の朝鮮渡り)」를 『本』 12월호에, 「미치노쿠의 여행(みちのくの旅)」을 『直』 제28호에 발표하였다. 『고대 조선과 일본문화』를 講談社 학술문고에서 간행하였다.

1987년 (67세) 「일본속의 조선문화」를 『季刊三千里』 제49호, 50호에 발표.

1975년 2월에 창간된 『季刊三千里』(5월)가 50호로 終刊되었다.

「오사카 속의 백제(大阪の中の百済)」를 『산케이(産経)신문』 오사카판(1월 1일)에, 「80년대 후반이 되어-『비판』에 대답하다(80年代後半になって-『批判』にこたえる)」를 『동아시아의 고대 문화(東アジアの古代文化)』 제50호에, 「무사시에도 있었던 진씨족(武蔵にもいた秦氏族)」을 『다마의 발자취(多摩のあゆみ)』 제47호에, 「왜 『소이야』일까(なぜ『ソイヤ』なのか)」를 『直』 30호에 발표하였다.

1988년 (68세)「『王賜』銘鉄剣」을『中央公論』4월호에,『도래인의 마을』은 무엇인가-고대 인구에 대하여(渡来者の村』はなにか―古代人口をめぐって)」를『동아시아의 고대문화(東アジアの古代文化)』제55호에,「일본속의 백제・고구려・신라(日本のなかの百済・高句麗・新羅)」를 学生社 간행『고대의 일본과 한국(1)(古代の日本と韓国(1))』에 발표하였다.

기행『일본속의 조선문화』(10)를 講談社에서 간행(4월). 同書 講談社文庫(6)을 간행하였다. 共著『지명의 고대사-규슈편(地名の古代史-九州編)』을 河出書房신사(8월)에서 간행하였다.

「万葉集」를『아사히 컬쳐-총서 나의 고대 발굴(朝日カルチャー叢書私の古代発掘)』(光村図書)에,「일본속의 고구려문화(日本の中の高句麗文化)」를 学生社 간행『고대 일본과 한국(4)』에,「再考・일본의 조선문화유적」을『読売新聞』석간(10월 18일)에 발표하였다.

12월말 담석이 계속되어 위궤양을 수술하고 반년 간 입원(中野공립병원)하였다.

1989년 (69세)『季刊青丘』의 창간편집위원이 되었다.

鼎談「조몬・야요이인에 대하여(縄文・弥生人をめぐって)」(하니와라 가즈로(埴原和郎)/다나베 유이치(田名部雄一)/金達寿)를『季刊 青丘』제2호에 발표하였다.

기행『일본속의 조선문화』(11)을 講談社(8월)에서 간행,

同書 講談社文庫(7)을 간행하였다.

1990년 (70세) 「일본 속의 아메노히보코(日本の中の天日槍)」을 学生社 간행 『고대 일본과 한국(3)』에, 「和辻・木下・花村」를 『季刊靑丘』제4호에 발표하였다.

논문과 각 강연을 정리하여 『도래인과 도래 문화(渡来人と渡来文化)』라는 제목으로 河出書房신사(12월)에서 간행하였다.

1991년 (71세) 「新考・일본의 조선문화유적」을 『韓國文化』10월호부터 연재 시작. 대담 「『일본속의 조선문화』의 21년」(오와 이와오(大和岩雄)/金達寿)을 『季刊靑丘』제10호에 발표하였다.

기행 『일본속의 조선문화』(12)를 講談社에서 간행. 『일본속의 조선문화』전12권의 완결을 축하하는 모임을 열었다.(알카디아이치가야(アルカディア市谷)・11월), 同書 講談社文庫(8)을 간행하였다.

1992년 (72세) 「新考・일본의 조선문화유적」을 『韓國文化』1월호에서 12월호에 발표하였다.

「풍토와 변용이라는 것(風土と変容ということ)」을 『동아시아의 고대문화』제71호에 발표. 講談社문고『일본속의 조선문화』(9)를 講談社에서 간행하였다.

1993년 (73세) 「新考・일본의 조선문화유적」을 『韓国文化』1월호부터 12월호에 발표하였다.

「承前・나의 문학과 생활(わが文学と生活)」을 『季刊靑

丘』제17, 18호에 연재하였다.

講談社文庫『일본속의 조선문화』(10)을 講談社에서 간행.「신라 침공의『왜』는 어디에서 왔을까?(新羅侵攻の『倭』はどこからきたか)」를『동아시아의 고대문화』제74호에,「이에야스・요리노부의『국제주의』(家康・頼宣の『国際主義』)」를『東京新聞』석간(7월 30일)에,「以文常会友」를『에세이 일본의 역사(하)(エッセイ日本の歴史(下))』文芸春秋편에,「재인식되는 고대의 일본과 조선(見直される古代の日本と朝鮮)」을『THIS IS 요미우리』12월호에 발표하였다.

1994년 (74세)「新考・일본의 조선문화유적」을『韓国文化』1월호부터 12호에 발표하였다.

「承前・나의 문학과 생활」을『季刊青丘』제19, 20호에, 좌담회「『三千里』『青丘』의 20년」(姜在彦/李進熙/金達寿)을 同誌 제20호에 발표하였다.

「아메노히보코족의 도래(天日槍族の渡来)」를『公明新聞』(4월 2일)에 발표. 논문과 강연을 정리하여『재인식되는 고대의 일본과 조선』이라는 제목으로 大和書房(6월)에서 간행하였다. 講談社文庫『일본속의 조선문화』(11)를 講談社에서 간행하였다.

1995년 (75세)「新考・일본의 조선문화유적」을『韓国文化』1월호부터 12호에 발표하였다.

좌담회『재일』50년을 말하다(『在日』50年を語る)」(朴

慶植/梁永厚/李進熙/金達寿)를 『季刊靑丘』 제21호에, 「承前・나의 문학과 생활」同誌 제21, 22, 24호에 발표하였다.

講談社文庫 『일본 속의 조선문화』(12)를 간행하였다.

1996년 (76세) 『季刊靑丘』가 제25호(2월)로 종간되었다.

NHK위성 제2 방송 「세계・내 마음의 여행(世界・わが心の旅)』『한국・아득히 먼 고국(韓国・はるかなる故国)』을 2월 10일에 방영하였다.

「新考・일본의 조선문화유적」을 『韓国文化』 1월호에서 7월호에, 「承前・나의 문학과 생활」을 『季刊靑丘』 제25호에 발표하였다. 신판 『나의 소년시절(私の少年時代)』을 포푸라사(4월)에서 간행하였다.

1997년 (77세) 맏형인 성수 사망(1월). 1월 17일 복통으로 긴급 입원하여 신우염 및 간경변으로 진단 받고(阿佐谷河北病院) 2월에 퇴원하였다. 4월 29일 나카노(中野)의 공립병원에 재입원하였으나, 5월 24일에 간부전으로 영면하였다.

'ETV 특집' 「김달수-해협에서의 외침(金達寿-海峡からの問いかけ)」을 NHK 교육텔레비젼에서 7월 30일에 방영하였다.

≪김석범 연보≫

金石範 年譜는『新編「在日」의 思想』(講談社, 2001)에 수록된 자작연보와 히라즈카(平塚毅)가 정리하여『金石範作品集Ⅱ』(平凡社, 2005)에 수록한 연보를 참고로 하고, 필자가 조사한 내용을 추가하여 작성하였다.

1925년 10월 2일 (음력 8월 15일), 어머니가 제주도에서 도일한 지 3, 4개월 후에 오사카 히가시나리 이카이노(大阪東成猪飼野)에서 출생.
1927년 (2세) 한일합방 이후의 반봉건적 식민사회에서 몰락계급 출신의 아버지는 파락호(破落戶 — 蕩兒)로서 많지도 않은 가산을 탕진하고 36세로 제주도에서 병사하였다. 어머니가 한복 바느질과 작은 단층집에서 동포를 상대로 하숙을 하여 생계를 꾸렸다. 자주 드나드는 조선인과 일본인 노동운동가들에게 유복하지 않은 생활임에도 가능한 한 물심양면으로 원조를 하였다. 5, 6세 무렵에는 전협(일본전국노동조합협의회)에 소속되어 있던 형을 체포하기 위해 사복형사들이 흙발로 난입하는 것을 목격하였다.
1938년 (13세) 오사카 시립 쓰루바시(鶴橋) 제2심상소학교 졸업 후 칫솔공장에서 일을 시작하였다.
1939년 (14세) 여름, 유년 시절에는 몇 번 왕복한 적이 있으나, 철이 들어서는 처음으로 제주에 건너가 몇 개월을 지냈다. 한라산의 웅대한 자연에 흠뻑 빠져들었다. 오사카로 돌아와서 간판제작 견습, 철공소 등에서 다시 일을 시작하였는데, 신문배달을 가장 오래하였다. 독학으로 공부를 시작하였다. 제주도에서 돌아온 이후 태어난 오사카가 고향이 아니라 제주도가 고향이라는 의식이 강해지고, 점차 반일사상이 농후해져서 조선(한국)의 독립을 열렬히 꿈꾸는 작은 민족주의자로 변해갔다. 남몰래 한국의 역사책을 구하여 읽었다. 잃어버린 조국에 대한 생각을 억제하기 어려워졌다.

1940년 (15세) 오사카부립 다카즈(高津)야간중학입학자격(학과시험, 고등소학교졸)을 취득하고, 본시험(학과시험 없음)의 체력검사, 구두시험에서 불합격. 체력검사는 체육관을 몇 바퀴 돌리다가 한발로 뛰게 하는 것이었다.

1941년 (16세) 오사카 지쿄(自疆)학원 중학 3년에 편입하여 1년간 재학하였다. 12월 8일, 진주만 공격이 있던 날, 이마자토(今里) 로타리 근처의 마이니치(每日)신문 판매점에서 신문배달을 하고, 호외를 돌리면서, 어쨌든 일본은 패할 것이라는 막연한 확신을 가졌다.

1943년 (18세) 가을, 제주도 숙모의 집과 원당봉(元堂峯) 원당사(元堂寺), 한라산 관음사(觀音寺)에 기숙하면서 한글과 천자문 등의 한문공부를 통해서 한국어 공부를 하였다. 관음사에서 김상희(金商熙)와 함께 지내며 조선의 독립에 대해 토론하였는데, 일본에서는 거의 불가능한 일이었다.

1944년 (19세) 여름까지 제주도에서 체재하였다. 어떻게든 서울에 가보려고 하였으나 뜻을 이루지 못하고 오사카로 돌아왔다. 얼마 지나지 않아 제주도에서 단파무선전신국(短波無線電信局)사건(淸津단파사건, 11월)이 발생했다. 제주도 체재 중 심야에 제주무선전신국에서 조선독립을 호소하는 샌프랜시스코 방송을 함께 수신한 적도 있는 김운제(金運濟)가 소련으로 탈출하던 도중에 북한의 청진에서 체포되었다. 이 바람에 김상희 등도 체포되어 청진형무소에 수감된 사실을 알고 큰 충격을 받았다. 만일 한두 달 오사카에 돌아오는 것이 늦었더라면 제주도에서 체포되었을 것이다. 일제의 패전 이후 사건 관계자는 석방되었지만 김상희는 행방불명이 되었다. 형이 경영하는 작은 공장에서 일하면서 도사보리(土佐堀) YMCA 영어 학교에 이듬해 3월까지 다녔다. 이때까지 3, 4년에 걸쳐서 전검(專檢 - 전문학교 입학자 검정)을 수험, 12과목 중 역사·지리·영어·공민의 학점을 취득하고 중단하였다. 일본 국내에서 중국으로 탈출하겠다는 결심을 굳혔다.

1945년 (20세) 3월 하순, 대한민국 임시정부가 있는 중국의 중경(重慶)으로 망명하려는 계획을 품고 제주도에서 징병검사를 받겠다는 구실로 서울에 왔다. 당시의 징병검사는 체류지인 오사카에서 받게 되어있었지만, 고향인 제주도에서 조상께 성묘를 드리고 일편단심 검사에 임하겠다는 결심을 피력한 덕분에 간신히 경찰의 도항증명을 얻어 다시는 돌아오지 않겠다는 각오로 오사카를 떠났다. 일단 서울의 선학원(禪學院)에서 머물다가 4월 초에 창씨개명을 하지 않고 본명으로 제주도에서 징병검사를 받았다. 며칠 전부터 굶고 안경을 쓰지 않은 채로 검사를 받았는데도 제2을종으로 합격하였다. 다시 서울로 돌아와 선학원에서 이석구(李錫玖) 선생을 만났다. 이 선생의 제자로 청년승(僧)의 모습을 한 장용석(張龍錫)이 전라도로 여행을 가던 도중에 선학원에서 하룻밤을 머물렀는데, 거의 한숨도 자지 않고 조선의 독립을 이야기한 뒤 아침 일찍 장용석은 떠났다. 5월, 발진티푸스에 걸려 순화병원에 한 달 가까이 입원하였다. 의지할 곳 없는 몸이었지만 조선(한국)의 수도에 있다는 존재감 같은 것만으로 고독을 견뎌내고 있었다. 퇴원 후에는 이 선생의 주선으로 강원도 산골의 절에서 요양을 위해 열흘 정도 머물렀다. 그러는 사이에 이 선생의 말을 듣고 중국 탈출이 철없는 공상에 지나지 않았음을 깨닫는다. 이 선생에게 어머니와 형이 있는 오사카로 돌아가겠다는 생각을 전하자 노기를 띠며 "이제 와서 불바다로 변한 일본에 무엇하러 가는가"라며 반대하였다. 절의 주지도 똑같이 반대하였다. 이 선생은 "금강산의 절에 들어가서 한동안 기다리게. 거기에는 자네와 같은 뜻을 가진 청년들이 은신하고 있다네. 때가 되면 연락을 할 테니 그때 하산하게"라고 말했으나, 시기가 언제인지 그 의미를 잘 알 수가 없었다. 일제의 패전이 불과 몇 개월 남겨두고 있다는 생각은 하지 못했다. 한심하게도 반대를 뿌리치고 6월말 경에 쇠약해진

몸으로 오사카에 돌아왔다. 8월에 일제가 항복하자 조선은 독립했다. 도쿄・아라카와(東京・荒川)의 숙소인 미노와(三ノ輪) 병원에서 조국의 독립을 환희로 맞은 뒤, 급격히 허무적인 자세로 마음의 문을 닫게 된다. 사회주의 지향과의 갈등이 심했다. 10월, 송태옥(宋太玉)과 함께 부중형무소(府中刑務所)의 예방구금소를 방문하여 도쿠타 규이치(德田球一)・시가 요시오(志賀義雄) 등과 만났다. 11월, 신생조국의 건설에 참가하기 위해 이번에야말로 일본을 떠나 귀국하겠다는 결심으로 서울에 왔다. 이 선생과 장용석 등을 만나 비로소 선학원이 독립운동의 아지트였으며, 조선인민당 조직부장인 이 선생이 당시에 승려로 변장하여 건국동맹간부로서 지하운동을 하고 있던 독립운동의 투사였다는 것을 알게 된다. 일제의 패전을 전제로 조선독립의 비밀결사인 건국동맹이 여운형(呂運亨)・이석구(李錫玖)・김진우(金振宇) 등 6명의 주동에 의해 전년 8월에 조직되어 있었다. 장용석이 있던 남산 기슭의 구사택(舊社宅)에서 학생 및 김동오(金東午)・김영선(金永善) 등의 노동조합 간부 청년과 공동생활을 시작하였다. 12월 그믐, 모스크바 삼상(三相)회의에서 조선의 신탁통치가 결정되었다는 뉴스가 전해지자 서울은 신탁통치반대 움직임으로 크게 술렁였다.

1946년 (21세) 새해 첫날부터 전날의 조선공산당・조선인민당 등의 신탁통치 반대 데모에서 급거 조선공산당・조선인민당 등

좌익진영의 신탁통치 찬성으로의 전환데모에 매일 참가. 하룻밤 만에 반탁에서 찬탁으로 바뀌는 순간을 지켜본 것이다. 3월, 서울에서 조선(한국)임시정부 수립을 위한 제1차 미소공동위원회가 개최되었으나 5월에 결렬. 이 사이에 이석구 선생의 권유로 독립운동의 동지이자 한학(漢學)의 대가이며 역사학자이고 국문학자인 정인보 선생이 설립한 서울의 국학전문학교(國學專門學校) 국문과(國文科)에 장용석, 김동오와 함께 입학하였다. 여름에 1개월의 예정으로 오사카에 밀항하였다. 가을부터 임시 거주지역인 이쿠노나카가와(生野中川) 조선소학교에서 아동을 가르치는 교원이 되었다.

1947년 (22세) 서울의 장용석으로부터 "왜 자네는 우리들이 기다리고 있는 조국으로 돌아오지 않는가" 라는 편지가 1개월 이상 걸려서 도착하였다. 달에 한두 통씩 아마도 그가 총살되었다고 생각되는 시점까지 계속 되었다. 마지막 편지의 날짜는 1949년 5월 5일이었다. 지난 여름 서울에 머물고 있었거나, 오사카에서 예정대로 다시 서울로 돌아갔다면, 동년배인 그들과 함께 20대 전반에 세상을 하직하고 말았을 것이다. 장용석으로부터 온 20통 남짓한 편지는 아직도 곁에 두고 있다. 4월, 관서대학(関西大学)전문부경제과에 3학년 편입. 5월부터 서울에서 개최된 제2차 미소공동위원회가 결렬. 8·15 해방 독립은 이름뿐이고, 일본제국의 조선총독부 기구를 그대로 계승한 아메리카 군정은 일제시대의 친일파 세력을 토대로 가혹함을 더했다.

1948년 (23세) 3월, 간사이(関西)대학 전문부 경제과 졸업. 4월, 교토(京都)대학 문학부 미학과(美學科) 입학. 예술의 '영원성'과 '보편성'을 부정하는 마르크스주의의 예술 이데올로기론에 의문을 품고 미학을 선택했지만 거의 수업을 듣지 않았다. 일단 퇴학계를 냈지만 주임 교수인 이지마 쓰토무(井島勉) 선생의 만류로 간신히 졸업했다. 재일조선인학생동맹간사이(関西)본부(오사카) 일에 종사하였다. 일본공산당에 입당.<제주4·3사건>이 일어났다. 한신(阪神)교육투쟁탄압에 저항하여 오사카부청 앞 데모에 참가. 이때 김태일(金太一) 소년이 경관의 총에 사살되는 총성을 데모 군중의 인파 쪽에서 듣는다. 가을 이후, 제주도의 학살을 피해 오사카 지방으로 밀항이 시작된다. 밀항자들은 입을 굳게 닫고 말을 하지 않았지만, 그 중에서 먼 친척 되는 숙부에게 학살의 진상을 전해 듣고 평생 잊지 못할 충격을 받는다.

1949년 (24세) 이른 봄, 밀항해 온 먼 친척 숙모를 맞으러 쓰시마(対馬)에 가서 '유방이 없는 여인'을 만났다. 겉보기에 평범한 두 여성 모두 투옥되어 고문을 경험했다. 숙모에게 제주도의 일을 들려달라고 하자 "옆에 있는 사람은 유방이 없다. 도려내는 고문을 당했다"고 말했다. 그 여성은 담담하게 그렇다고 대답했다. 다시 묻고 싶은 기분이 들지 않았다. 9월, 단체 등 규정령(團體等規正令)에 의해 재일본조선인연맹(朝連)에 해산명령이 떨어져서 재산을 강제로 몰수당했다. 10월, 조선인학교에 폐쇄·개조(改組) 명령이 떨어져 모든 학교가 폐쇄되었다. 이듬 해 6월 25일에 조선(한국)전쟁이 일어났다.

1951년 (26세) 3월, 교토대학 문학부 미학과 졸업. 졸업논문「예술과 이데올로기(芸術とイデオロギー)」. 4월, 조련 해산 후의 민전(在日朝鮮統一民主戰線) 조직 산하의 오사카 조선청년고등학원에서 일을 시작하였다. 30명 정도의 조선인 근로청년을 모은 야간학교로, 수업료는 없었다. 경영난으로 얼마 못 가 문을 닫았다. 10월, 오사카 조선인 문화협회의 설립에 관여하였다. 12월, 김종명(金鐘鳴) 등과 『朝鮮評論』을 창간하였고, 김시종(金時鐘)과 만났다. 박통(朴樋)이라는 필명으로 「1949년 무렵의 일지에서(1949年頃の日誌より)-「죽음의 산(死の山)」의 일절에서(一節より)-」를 게재하였다.

1952년 (27세) 2월, 일본공산당 탈당. 『朝鮮評論』제3호의 편집 작업을 끝내고 나서 비밀리에 센다이(仙台)로 갔다. 그곳에서 어떤 조직의, 겉으로는 지방신문사의 광고를 모집하는 일을 했지만, 극도의 신경쇠약에 걸려 일을 견뎌내지 못하고 3, 4개월 만에 그만두고 도쿄로 돌아왔다. 조직 활동을 하면 애국자로 불리던 시대에 두 개의 조직에서 이탈했다는 것은 정치생명이 끊어진 것을 의미했다. 자신에 대한 절망적인 기분으로 떠나온 센다이의 생활이 나중에 「까마귀의 죽음(鴉の死)」을 집필하는 계기로 작용했다. 오사카에는

돌아갈 수 없었으므로 도쿄로 가서 『平和新聞』 편집부와 재일조선문학회에서 일했다. 이 무렵 김태생(金泰生)과 처음 만났다.

1953년 (28세) 5월, 「요나키소바(夜なきそば)」를 『文學報』에 개제. 라면 포장마차 장사의 이야기로 「고레카라(これから)」(1958)와 「밤의 목소리(夜の声)」(1974)의 원형이다. 나중에 실제로 포장마차를 하게 될 줄은 생각지도 못했다. 7월, 한국전쟁 휴전협정 조인.

1955년 (30세) 4월, 외국인등록법의 지문에 관한 법령 시행. 5월, 민전(民戰)조직을 해산하고 재일본조선인총연합회(朝鮮總連)가 결성되었다. 오사카로 돌아와서 공장일 등으로 생계를 꾸렸다.

1957년 (32세) 5월, 구리 사다코(久利定子)와 결혼. 「看守朴書房」을 『文芸首都』 8월호에 발표. 「까마귀의 죽음(鴉の死)」을 『文芸首都』 12월호에 발표. 「看守朴書房」이 먼저 게재되었지만, 이전부터 가슴속에 담아둔 채 신경을 써온 것은 「까마귀의 죽음」 쪽이었다. 김석범의 본격적인 문학은 「까마귀의 죽음」에서 시작된다.

1958년 (33세) 8월, 재일한국인 청년 이진우(李珍宇)에 의한 살인사건인 고마쓰가와(小松川)사건(김석범은 이 사건을 다룬 『사제 없는 제사(祭司なき祭り)』를 집필하는 등 큰 관심을 지니고 있었다 - 필자)이 일어났다. 이진우는 이듬 해 12월에 사형판결을 받았으며, 1962년 11월에 사형이 집행되었

다. 10월, 72세의 모친이 병으로 사망.「고레카라」를『文芸首都』12월호에 발표하였다.

1959년 (34세) 12월, 귀국운동이 일어나 제1차 귀국선이 니가타(新潟)항을 출발하여 북한으로 향했다. 오사카 쓰루바시(鶴橋)역 주변에 꼬치구이 포장마차를 시작하여 가게 이름을 '구렁텅이'라 명명하였으며, 근처에 조선총련오사카본부가 있었다. 손님들은 매우 놀랐으며, 그 중에는 "대학을 나온 사람이 포장마차밖에 못하는가"라며 만난 적도 없는 손님이 시비를 거는 경우도 있었지만, 친구들이 많이 찾아주었다. 다양한 이야기를 손님들에게 들을 수 있었는데,「똥과 자유와(糞と自由と)」가 바로 포장마차에서 들은 이야기를 토대로 하고 있다. 이야기를 들려준 사람도 후에 북한으로 귀국했다.

1960년 (35세) 3월, 포장마차를 그만두었다. 그때까지 단골손님이었던 오사카조선고교장 한학수(韓鶴洙 — 후에 처자를 동반하여 북한으로 귀국하였으나 처형당했다)와 같은 학교의 교원이며 역사학자인 강재언(姜在彦)을 비롯한 학생동맹 시절부터 알고지낸 벗들이, 포장마차를 그만두고 학교에 오라고 권하였지만 응하지 않았다. 3월에 들어서 갑자기 일본어 교원이 한사람 그만두었기 때문에 꼭 와달라는 부탁을 받고, 고전과 같은 과목은 자신이 없었지만 1년간의 예정으로 신학기부터 오사카 조선고교의 교사가 되었다. 자유롭게 결정해도 된다는 말에 따라 '일본어' 시간에는 부독본으로 『金史良作品集』을 사용하여 1년을 마쳤다. 한편, 고학년에서는 '문학(한글)' 수업을 맡아 이듬 해 1학기로 마치고 학교를 떠났다. 「똥과 자유와」를 『文芸首都』 4월호에 발표하였다.

1961년 (36세) 10월, 지난달에 일간으로 바뀐 『朝鮮新報』편집국으로 옮기면서 도쿄로 이사했다.

1962년 (37세) 2월, 朝鮮青年社에서 간행한 『어느 여교사의 수기(ある女教師の手記)』를 일본어로 번역하였다. 「観德亭」을 『文化評論』 5월호에 발표하였다.

1964년 (39세) 가을, 재일본조선문학예술가동맹(文芸同)으로 옮겨 기관지 『文学芸術』(한글판)의 편집을 하였다. 한글로 여러 편의 단편을 쓰고 한글 장편 『화산도』를 『文学芸術』에 연재하였으나 1967년에 중단하였다. 3월 16일부터 4월 21일에 걸쳐서 「재일조선인 조국 자유왕래실현요청 오사카-도쿄 720km 도보행진」에 참가. 「큰 분노를 조용한 행진에(大きな怒りを静かな行進に)」를 『文化評論』 7월호에 실었다. 이듬해에는 김달수(金達寿)와의 대담 「문학과 정치(文學と政治)」가 『아사히 저널(朝日ジャーナル)』 10월 10일호에 게재되었다.

1967년 (42세) 9월, 「까마귀의 죽음」 「看守朴書房」 「똥과 자유와」 「観德亭」의 네 편을 수록한 작품집 『까마귀의 죽음(鴉の死)』을 신흥서방(新興書房)에서 간행하였다. 『까마귀의 죽음』의 간행을 조직(조총련-필자)에서 반대했지만 이를 강행했다. 10월, 요요기(代々木)병원에서 위암 수술을 받고 3개월간 입원하였다. 12월, 북한에의 귀국선 운항이 중단되었다.

1968년 (43세) 건강의 회복을 위해 노력하였다. 해방 전후의 남한에서 투쟁을 벌이다 20여년이라는 짧은 생애를 마감한 친구와 불행한 모친을 생각하면서 자주 고향인 제주도의 눈 덮인 한라산을 그리워했다. 2월에 김희로(金嬉老)사건이 일어나자「라이플총 사건을 생각한다(ライフル銃事件に思う)」를 2월 26일자『교토신문(京都新聞)』에 게재하였다. 여름에 조총련 조직을 떠났다.

1969년 (44세)「어느 재일조선인의 독백(一在日朝鮮人の独白)」을『아사히 저널』2월 16일호부터 3월 16일호까지 5회 연재.『世界』8월호에 발표한「虛夢譚」은 7년 만에 쓴 일본어 소설로, 다시금 일본어로 쓴다는 것에 대해 고민을 시작하였다.

1970년 (45세) 이즈미 세이치(泉靖一)와의 대담「고향 제주도(ふるさと濟州道)」를『世界』4월호에 게제. 9월,「언어와 자유 - 일본어로 쓴다는 것(言語と自由-日本語で書くということ)」을『인간으로서(人間として)』제3호에 게재. 오에 겐자부로(大江健三郎)・이회성(李恢成)과의 정담(鼎談)「일본어로 쓰는 것에 대해서(日本語で書くことについて)」를『文学』11월호에 게재. 12월,「万徳幽霊奇譚」을『인간으로서』제4호에 발표하였는데, 이 작품은 이듬 해 상반기의

제65회 아쿠타가와(芥川)상 후보가 되었다.
1971년 (46세) 「長靴」를 『世界』 4월호에 발표. 「제주도에 대해서(濟州道のこと) - <4·3사건>의 참극을 생각한다(<4·3事件>の慘劇に思う)」를 『아사히신문(朝日新聞)』 5월 10일자 석간에 게재. 7월, 「왜 일본어로 쓰는가에 대하여(なぜ日本語で書くかについて)」를 『文学的立場』 5월호에 게재. 「민족의 자립과 인간의 자립(民族の自立と人間の自立)」을 『展望』 8월호에 게재. 신흥서방의 『까마귀의 죽음』에 「虛夢譚」을 추가하여 신장(新裝)판 『까마귀의 죽음(鴉の死)』를 고단사(講談社)에서 출간. 11월, 『万德幽靈奇譚』을 치쿠마(筑摩)서방에서 간행. 「밤(夜)」을 『文学界』 11월호에 발표. 12월, 「故鄕」을 『인간으로서』 제8호에 발표. 같은 호에 오다 미노루(小田実)·고라 루미코(高良留美子)·시바타 쇼(柴田翔)·쓰루미 슌스케(鶴見俊輔)·마쓰기 노부히코(真継伸彦)와의 토론 「현실에 맞서는 방법을(現実と拮抗する方法を)」과, 오다 미노루·시바타 쇼(柴田翔)·마쓰기 노부히코(真継伸彦)와의 「서평 김석범 『万德幽靈奇譚』」이 게재되었다.
1972년 (47세) 2월, 해설 「「재일조선인문학」과 이회성」을 가와데쇼보신사(河出書房新社)에서 간행한 『新銳作家双書 李恢成集』에, 「김사량에 대해서(金史良について) - 언어의 측면에서(ことばの側面から)」를 『文学』 2월호에, 「재일조선인문학의 확립은 가능한가」를 『週刊読書人』 2월 14일호에 게재하였다. 4월, 「오다 미노루에 대해서(小田実のこと)」를 筑摩書房에서 간행한 『現代日本文学大系84』의 월보에 게재. 5월에 「長靴」가 講談社에서 간행한 『昭和47年版文学選集37』에 수록 되었다. 「등록증 도둑(トーロク泥棒)」을 『文学界』 5월호에 발표하였으며, 「김지하와 재일조선인문학자」를 『展望』 6월호에 게재하였다. 7월에 남북공동성명이 발표되자, 「조선통일을 위한 공동성명을 접하고(朝鮮統一のための共同声明に接して)—울고 싶을 정도의 기쁨(泣きたいほどの喜び)」을 『京都新聞』 7월 11일자에 게재. 평론집 『언어의 주박(ことばの呪縛)』을 筑摩書房에서 간행. 9월, 「彷徨」을 『인간으로서』 제11호에 발표. 12월, 「사라져버린 역사(消えてしまった歴史)」를 『인간으로서』 제12호에, 「距離感」을 『展望』 12월호에, 「언어, 보편에의 가교로 작용하는 것(ことば、普遍への架橋をするもの)」를 『群像』 12월호에 게재하였다.

1973년 (48세) 「나에게 있어서의 언어(私にとってのことば)」를 『와세다문학(早稲田文学)』 3월호에, 「재일조선인문필가에 대해서」를 『展望』 3월호에 게재. 인터뷰 「베트남과 제주도를 관통하는 것(ベトナムと濟州道をつらぬくもの)—저항의 원점을 어디에 놓을 것인가(抵抗の原点をどこにおくか)」를 『思想の 科学』 3월호에 게재. 「李訓長」을 『文学界』 6월호에 발표. 7월, 「出発」을 『文芸展望』 제2호에 발표. 「<민족・언어(ことば)・문학)>과 나」를 『文芸・教

育』10호에 게재. 10월,「夜」「등록증 도둑」「李訓長」의 3편을 수록한 작품집『夜』을 文芸春秋社에서 간행. 12월, 講談社 문고판으로『까마귀의 죽음』을 간행.「詐欺師」를『群像』12월호에 발표.

1974년 (49세)『까마귀의 죽음』이 세상에 나오기까지」를『部落解放』2월호에 게재. 4월,「長靴」「故郷」「彷徨」「出発」을 대폭적으로 가필・수정한 장편『1945年夏』을 筑摩書房에서 간행.「밤의 소리(夜の声)」를『文芸』4월호에 발표.「途上」을『海』5월호에 발표. 7월,「詐欺師」「밤의 소리」「途上」3편을 수록한 작품집『詐欺師』를 講談社에서 간행.「＜재일조선인문학＞에 대하여」를『新日本文学』7월호에,「濟州道4・3事件과 李德九」를『歷史와 人物』7월호에,「말하라, 말하라, 찢긴 몸으로(語れ、語れ、引き裂かれた体で)」를『中央公論』7월호에 게재. 7월에 민청학련사건으로 김지하 등을 체포한 박정희 정권이 이들에게 사형을 선고하자, 16일부터 19일에 걸쳐서 마쓰기 노부히코(真継伸彦)・난보 요시미치(南坊義道)・김시종・이회성 등과 함께 김지하의 사형판결에 항의하고 스키야바시(数寄屋橋) 공원에서 단식 시위를 감행했다.「문학에 있어서 ＜저항＞이란 무엇인가」를『東京新聞』7월 9일자에,「공포로는 인간을 지배할 수 없다(恐怖では人間を支配できない)」를『週刊読売』7월 13일호에,「김지하씨 등의 수난을 생각한다(金芝河氏らの受難を思う)」를『毎日新聞』7월 26일자 석간에, 「용서할 수 없는 펜대표의 궤변(許せぬペン代表の詭弁)」을 『시나노(信濃)每日新聞』 8월 4일자에 게재. 9월, 解題(후에 「전후의 김사량의 작품(戰後における金史良の作品)」으로 改題)를 河出書房新社에서 간행한 『金史良全集第3卷』에 수록. 「내안의 조선(私の中の朝鮮)」을 『월간이코노미스트(月刊エコノミスト)』10월호에서 12월호의 3회에 걸쳐 연재. 「박정권과 테러리즘(朴政權とテロリズム)」을 『中央公論』11월호에 게재. 12월, 「까마귀의 죽음」이 講談社에서 간행한 『현대문학39 전후Ⅱ』에 수록되었다.

1975년 (50세) 2월, 전년의 준비단계에서 편집위원으로서 『季刊三千里』(이하 『三千里』)를 창간하고, 당시 옥중에 있던 김지하를 특집으로 다뤘는데, 「당파를 싫어하는 자의 당파적인 행동(黨派ぎらいの黨派的ということ)」을 게재. 「옛날 이야기(昔話) - 달래나 보지 언덕의 남매(タルネナボジ峠の姉弟)」를 『문예춘추딜럭스(文藝春秋デラックス)』 2월호에 게재. 4월, 평론집 『입 있는 자는 말하라(口あるものは語れ)』를 筑摩書房에서 간행. 5월, 「취우(驟雨)」를 『三千里』제2호에 발표. 8월, 「『마당(まだん)』의 질문에 답한다」「제주4·3사건 봉기에 대하여」를 『三千里』 제3호에 게재. 9월, 「남겨진 기억(殘された記憶)」을 『文芸』 9월호에 발표. 「누군가가 쓴다(誰かが書く)」를 『小說歷史』 가을호에 게재. 10월, 『入國管理月報』에 사카나카 히데노리(坂中英德)의 논문 「금후의 출입국행정의 방식에 대하여(今後

の出入国行政のあり方について)」를 게재하였다. 「六価 크롬(クロム)禍를 생각한다」를 『주간이코노미스트』 10월 14일호에 게재.

1976년 (51세) 1월, 해설 「＜한(恨)＞과『良心宣言』」을 三一書房에서 간행한 『金芝河』에 게재. 2월, 「해소(海嘯)」(『火山島』의 제1부)를 『文学界』 2월호에 발표함으로써 연재를 시작하였다. 요코하마(橫浜) 지방법원에서 「사죄광고 및 손해배상청구사건」의 공판이 개시되었다(『마당』 편집위원인 김양기(金兩基)가 원고). 이후 1977년 11월의 제11회 공판을 거쳐 1978년 1월에 화해로 원고 취하를 했지만, 「名譽毀損」의 소송에 대해서 『三千里』 편집위원의 한사람의 입장에서 그 경과를 「왜 재판인가(なぜ裁判か)」라는 제목으로 『三千里』 제6호에서 13호까지 6회에 걸쳐 연재하였다. 해설 「＜그리움(懐かしさ)를 거부하는 것(拒否するもの)＞」을 시라카와서원(白川書院)에서 간행한 『고바야시 마사루(小林勝) 作品集 第5卷』에 수록. 8월, 「在日朝鮮人文学」을 이와나미(岩波)書店에서 간행한 『岩波講座文学第八卷』에 수록. 「일본어로 ＜조선＞을 쓸 수 있는가」를 『言語』 10월호에 게재. 11월, 평론집 『민족·언어(ことば)·문학』을 創樹社에서 간행. 「우아한 유혹(優雅な誘い)」을 『文芸』 11월호에 발표. 12월, 「나의 원풍경(私の原風景)－濟州道」를 『스바루(すばる)』 제26호에 수록하였다.

1977년 (52세) 1월,「驟雨」「남겨진 기억」「우아한 유혹」의 3편을 수록한 작품집 『남겨진 기억(遺された記憶)』을 河出書房新社에서 간행.「在日朝鮮青年의 人間宣言－歸化와 아이덴티티(アイデンティティ)」를 『주간이코노미스트』 2월 15일호에 게재. 4월, 옥중의 김지하에게 로타스(ロータス)상을 전달하기 위해 노마 히로시(野間宏)를 단장으로 하는 일본AA작가회의 멤버에 합류하기 위해 한국에의 입국신청을 하였지만 거부당했다.「＜在日＞의 虛構」를 『朝日新聞』 8월 10일자 석간에 게재. 12월,「万徳幽霊奇譚」「虛夢譚」의 2편이 筑摩書房에서 간행한 『筑摩現代文学大系95 丸山健二・清岡卓行・阿部昭・金石範集』에 수록 되었다.

1978년 (53세) 7월, 『만득이 이야기(マンドギ物語)』를 筑摩書房에서 간행.「지존의 아들(至尊の息子)」를 『스바루(すばる)』 8월호에 발표. 9월, 卷末논문「배신자 다리에브에 관한 것 등(裏切者タリエブのことなど)」을 河出書房新社에서 간행한 『現代아랍(アラブ)小說全集10 阿片과 채찍(阿片と鞭)』에 수록. 11월,「결혼식 날」을 『三千里』 제16호에 발표.

1979년 (54세) 5월,「＜在日＞이란 무엇인가」를 『三千里』 제18호에 게재.「往生異聞」을 『스바루』 8월호에 발표. 11월,「지존의 아들」「往生異聞」의 2편을 수록한 작품집 『往生異聞』을 集英社에서 간행하였다.「＜民族虛無主義의 所産＞에 대해서」를 『三千里』 제20호에 게재하였는데, 이는 「往生

異聞」에 재일조선인 조직을 폄하하고 있다는 조선총련계의 비평가가「民族虛無主義의 所産」이라고 공격한 것에 대한 반론이다.

1980년 (55세) 영화 평론「영화<유랑연예인의 기록(旅芸人の記錄)>에 대해서」를『스바루』4월호에 게재. 5월,『太白山脈』의 속편을」를 筑摩書房에서 간행한『金達寿小說全集第7卷』의 월보에 수록.「일본어의 주박」을『言語生活』5월호에 게재. 한국에서 광주(光州)사태가 발생하자「광주학살을 생각한다(光州虐殺に思う)」를『三千里』제23호에 게재하였다.

1981년 (56세) 1월, 이누마 지로(飯沼二郎)・오자와 신이치로(大沢真一郎)・쓰루미 슌스케(鶴見俊輔)・小野誠之・히다카 로쿠로(日高六郎)・姜在彦과의 좌담회「在日朝鮮人文学에 관하여(在日朝鮮人文学をめぐって)」가『朝鮮人』제10호에 게재되었다.「사제 없는 제사(祭司なき祭り)」를『스바루』1월호에 발표. 2월,『三千里』의 편집위원인 金達寿・姜在彦・李進熙 등이 한국을 방문하자 이에 반발하여 3월에 편집위원을 그만두었다. 이 일에 대해서는 후일『世界』에 쓴「현기증 나는 고국(眩暈のなかの故国)」(「故國行」으로 改題)에서 밝히고 있다.「유방이 없는 여자(乳房のない女)」를『文学的立場』5월호에 발표하였다. 6월,『사제 없는 제사(祭司なき祭り)』를 集英社에서 간행.「海嘯」가『文学界』8월호로 연재를 종료됨. 12월, 평론집「在日」의 思想」을 筑

摩書房에서 간행하였다.

1982년 (57세) 「幽冥의 肖像」을 『文芸』 1월호에 발표. 「醉夢의 季節」을 『海』 8월호에 발표. 10월, 「유방이 없는 여자」 「幽冥의 肖像」 「醉夢의 季節」 「결혼식 날」의 4편을 수록한 작품집 『幽冥의 肖像(幽冥の肖像)』을 筑摩書房에서 간행하였다. 「도령마루의 까마귀(トリョン峠の烏)」를 『文芸』 12월호에 게재하였다.

1983년 (58세) 『文学界』에 연재했던 「海嘯」에 제10장에서 제12장까지 4백자 원고로 약 1000매를 새로이 추가하여 『火山島』로 제목을 바꾸고 6월에 제1권, 7월에 제2권, 9월에 제3권을 文芸春秋에서 간행하였다. 12월, 「제주도를 생각한다(濟州道を思う)」를 講談社에서 간행한 『세계의 나라 시리즈15 조선・몽골』에 게재하였다.

1984년 (59세) 2월, 「조선인과 유머」를 JICC출판국에서 간행한 『別册寶島39 조선・한국을 알 수 있는 책(朝鮮・韓国を知る本)』에 게재. 「구렁텅이(どん底)」를 『스바루』 3월호에 게재. 제주도 출신의 작가 현기영(玄基榮)의 「순이 삼촌」 「해룡 이야기」의 2편을 일본어로 번역하고, 해설 「현기영에 대해서」를 추가하여 『海』 4월호에 게재하였다. 「속박의 세월(金縛りの歲月)」을 『스바루』 7월호에 발표. 「＜朝鮮＞과 교과서 검정의 관점」을 『世界』 9월호에 게재. 10월, 『火山島』(全3卷)으로 제11회 오사라기 지로(大佛二郎)상을 수상하였다. 12월, 朝日新聞社에서 제공한 경

비행기로 제주도 근해의 방공식별권까지 비행하여 멀리에서 제주도의 모습을 바라보았다.

1985년 (60세) 6월, 講談社文庫에서 新裝版 『까마귀의 죽음(鴉の死)』을 간행하였다. 「帰途」를 『世界』 7월호에 발표. 여가를 이용하여 젊은 사람들과 지문날인거부운동에 참가하였다. 「지문날인에 관해서(指紋捺印のこと)」를 『海燕』 11월호에 게재. 11월, 외국인등록증 갱신에 즈음하여 가와구치(川口)시청 시민과에서 지문날인을 거부. 「郷天遊記」를 『스바루』 12월호에 발표. 「이래봬도 페미니스트 願望(これでもフェミスト願望)」를 『와세다(早稲田)文学』 12월호에 게재하였다.

1986년 (61세) 『火山島』(제2부)를 『文學界』 6월호부터 연재를 시작하였다. 9월, 「속박의 세월」 「歸途」 「郷天遊記」의 3편을 수록한 작품집 『속박의 세월(金縛りの歳月)』를 集英社에서 간행. 11월, 「늙음과 <敬> - 朝鮮社會와 그 전통」을 岩波書店에서 간행한 『늙음(老い)의 발견1 늙음의 人類史』에 수록하였다.

1988년 (63세) 「민주화를 열망한 <6월혁명>의 불은 꺼지지 않는다」를 『아사히저널(朝日ジャーナル)』 1월 1일과 8일호에 게재. 3월, 新幹社에서 간행한 존・메릴(ジョン・メリル)의 『濟州道4・3蜂起』(文京洙譯)에 서문을 썼다. 한국에서 『火山島』(제1부)가 전5권(실천문학사, 李浩哲・金石嬉譯)으로, 또 『까마귀의 죽음(鴉の死)』(소나무출판, 金石嬉

譯)이 번역 출판되었다. 『鴉の死』의 중국어번역이 『當代世界小說家讀本』(台北, 光復書局)의 제31권으로서 출간되었다. 6월에『火山島』와『까마귀의 죽음』의 번역 출판 기념회에 참가하기 위해 서울을 방문할 예정이었으나 한국대사관의 연기요청으로 단념하였다. 한국어판『까마귀의 죽음』과『火山島』가 일시적으로 금서(禁書) 취급을 받았다. 11월, 42년 만에 한국을 방문하였다. 4일부터 25일까지 22일간 주로 서울과 제주도에 머물렀다. 서울에서는 유학중인 이양지(李良枝)와도 만났다. 문국주(文國柱)·김민주(金民柱)·현광수(玄光洙)와의 좌담회「제주도4·3사건은 무엇인가-40주년을 기념해서」와 강연록「왜 제주4·3사건에 매달리는가」가 新幹社에서 간행한『제주도4·3사건이란 무엇인가』에 게재되었다.

1989년 (64세)「침략의 아픔을 느낄 수 없는 조서(侵略の痛み感じられぬ詔書)」를『아사히저널』1월 25일 긴급 증간호에 게재. 이양지가「유희(由熙)」로 제100회 아쿠타가와상을 수상.「42년 만의 한국, 나는 울었다(42年ぶりの韓国、私は泣いた)」를『文芸春秋』5월호에 게재.「현기증 나는 고국(眩暈のなかの故国)」을『世界』9월호에서 12월호까지 4회에 걸쳐서 연재하였다.

1990년 (65세) 8월, 평론집『故國行』을 岩波書店에서 간행. 전년에『世界』에 연재하였던「현기증 나는 고국」을「故國行」으로 제목을 바꾸고,『火山島』와 제주도에 관한 에세이를 추가로 수록하였다.

1991년 (66세) 「꿈, 풀이 깊다(夢、草深し)」를 『群像』 4월호에 발표. 「권력은 스스로의 정체를 드러낸다(権力は自らの正体を暴く)」를 『세계』 4월호에 게재. 8월, 『万徳幽霊奇譚・詐欺師』를 講談社문예문고에서 간행. 10월, 연재중인 「火山島」(제2부)의 취재를 목적으로 한국에 입국신청을 하였으나 입국 직전에 이유도 없이 거부당했다. 「고국 재방문, 이루지 못하다(故国再訪、成らず)」를 『文学界』 12월호에 게재하였다.

1992년 (67세) 「고국에 질문한다 - 재방문을 거부당하고(故国への問い一再訪を拒まれて)」를 『世界』 2월호에 게재. 5월, 이양지가 갑자기 세상을 떠나다. 「고국에 질문한다 - 친일에 대하여(親日について)」를 『世界』 6월호부터 이듬 해 2월호에 걸쳐서 6회 연재. 「弔辞 - 李良枝에게」가 『群像』 7월호에 게재되었다.

1993년 (68세) 7월, 평론집 『전향과 친일파(転向と親日派)』를 岩波書店에서 간행. 「작렬하는 어둠(炸裂する闇)」를 『스바루』 9월호에 발표하였다.

1994년 (69세) 「데코와 꼬마(テコとコマ)」를 『스바루』 2월호에 발표. 「김일성의 죽음, 기타(金日成の死、その他)」를 『文学界』 10월호에 게재. 「빛의 동굴(光の洞窟)」를 『群像』 12월호에 발표하였다.

1995년 (70세) 6월, 「꿈, 풀이 깊다」 「빛의 동굴」의 2편을 수록한 작

품집『꿈, 풀이 깊다(夢、草深し)』를 講談社에서 간행. 「火山島」(제2부)가『文学界』9월호로서 연재를 종료하였다. 「노란 태양, 흰 달(黃色き陽、白き月)」을『群像』12월호에 발표하였다.

1996년 (71세) 6월,「작렬하는 어둠」「데코와 꼬마」「노란 태양, 흰 달」을『땅 그림자(地の影)』라는 제목으로 集英社에서 간행. 8월,『火山島』제4권을 文芸春秋에서 간행. 10월, 서울에서 개최된 한국의 문화체육부 후원「한민족문학인대회」에 초청되어『火山島』의 취재를 겸해서 참가하였다. 해방 이후 두 번째로 한국방문을 달성하였다. 도쿄 출발 이틀 전에서야 입국허가를 받았는데, 17일간의 여정으로 제주도에는 10일간 체재하였다. 「떨어진 숲(離れた森)」를『群像』10월호에 발표. 11월,『火山島』제5권을 文芸春秋에서 간행하였다.

1997년 (72세) 2월,『火山島』제6권을 文芸春秋에서 간행. 「다시 온 한국, 다시 온 제주도(再びの韓国、再びの濟州道)-『火山島』에의 길」을『世界』2월호와 4월호에 연재. 9월,『火山島』제7권을 文芸春秋에서 간행함으로써,『火山島』(전7권, 4백자 원고 1만 1천매)는『文学界』1976년 2월호에 연재를 시작한 뒤 20여년의 시간을 들여서 완결하였다. 「까마귀의 죽음」으로부터는 40년, 눈에 보이지 않는 큰 시대의 흐름과 대치하면서 탄생되었다.

1998년 (73세) 1월,『火山島』(전7권)으로 마이니치(每日)예술상 수

상. 5월, 김시종과의 대담「濟州道4・3事件50周年에, 반세기를 되돌아보며」가『새누리(セヌリ)』제29호에 게재되었다. 「망각은 소생하는가(忘却は蘇るか)-＜중얼거림의 정치사상(つぶやきの政治思想)＞에 대한 단상(斷想)」을『思想』5월호에 게재. 7월, 제주도에서 개최되는 제주도 4・3사건50주년 국제 심포지엄에 참가하기 위해 한국에 입국신청을 하였지만 거부당했다. 대회 참가자 300여명 전원의 항의로 한국정부가 움직여 입국이 허가되었고, 급히 대회 최종일에 제주도에 도착할 수 있었다. 8월, 인터뷰「火山島」에서 통일을 전망하며(「火山島」から統一を見据えて)」가『ONE KOREA』14주년 팸플릿에 게재되었다. 「모시풀 무성한 어린 무덤(苧茂る幼い墓)」를『群像』10월호에 발표. 「지금＜在日＞에게＜國籍＞이란 무엇인가-이회성군에 보낸 편지」를『世界』10월호에 게재. 「이렇게도 어려운 한국행(かくも難しき韓国行)」를『群像』12월호에 게재하였다.

1999년 (74세) 3월, 강연록「문화는 어떻게 국경을 초월하는가(文化はいかに国境を越えるか)-재일조선인 작가의 시점에서」가『立敎아메리칸・스타디즈(立敎アメリカン・スタディーズ)』12월호에 게재되었다.『까마귀의 죽음(鴉の死) 꿈, 풀이 깊다(夢、草深し)』를 小学館文庫에서 간행하였는데, 평론「왜 일본어로 쓰는가에 대하여(なぜ日本語で書くのかについて)」도 수록하였다. 「다시 한 번＜在日＞에 있어서의 <國籍>에 대하여―準統一國籍의 제도를」를 『世界』 5월호에 게재. 「바다 속에서, 땅 속에서(海の底から、地の底から)」를 『群像』 11월호에 발표. 12월, '제주도 4·3사건 진상규명 및 희생자 명예회복에 관한 특별법(4·3특별법)'이 한국국회를 통과하여 이듬 해 1월에 공포, 5월에 시행됨으로써, 작품과 현실의 역사가 양립할 수 있게 되었다.

2000년 (75세) 2월, 『바다 속에서 땅 속에서』를 講談社에서 간행. 「나의 戰爭體驗―충량한 대일본제국신민」을 『文芸春秋』 임시 증간호에 게재. 제122회 아쿠타가와상을 수상한 현월(玄月)과의 대담 「행복한 시대의 재일작가(幸福な時代の在日作家)」가 『文学界』 3월호에 게재되었다. 6월, 평양에서 남북정상회담이 이루어지고 공동성명이 발표되었다. 11월, 「무지개 같은 이념과 허무주의(虹のような理念とニヒリズム)」를 勉誠出版에서 간행한 『오다기리 히데오(小田切秀雄)全集 별권 오다기리 히데오 회상(追想)』에 수록. 12월, 불어판 『까마귀의 죽음』(고다마 크리스티누譯(小玉クリスティーヌ譯))이 파리 라르마땅(ラルマタン)社에서 번역 출판되었다. 양석일(梁石日)과의 대담 『피와 뼈(血と骨)』의 초월성에 대하여(超越性をめぐって)」가 『유리이카(ユリイカ)』 12월호에 게재되었다.

2001년 (76세) 4월, 「滿月」을 『群像』 4월호에 발표하였다. 현기영의 『순이 삼촌』 일본어 번역을 新幹社에서 간행하였는데,

1984년에 번역한「순이 삼촌」「해룡 이야기」에「아스팔트」「道」의 두 편을 새롭게 번역하여 추가한 것이다. 해설「주인공의 성격창조와 초월성」을 幻冬社文庫에서 간행한 양석일의『피와 뼈(下)』에 수록하였다. 그리고 오사카 聖光会가 기획한 '4・3사건의 현장을 돌아보는 투어(4・3事件の跡地を巡るツアー)'로 제주와 서울을 찾았다. 5월, 평론집『新編＜在日＞의 思想』을 講談社文芸文庫에서 간행하였다. 8월,『滿月』을 講談社에서 간행. 현기영과의 대담「제주4・3사건을 왜 계속 쓰는가」가『世界』8월호에 게재되었다. 10월 이노우에 히사시(井上ひさし)・고모리 요이치(小森陽一)・박유하(朴裕河)와의 좌담회「在日朝鮮人文學－日本語文學과 日本文學」이『스바루』10월호에 게재되었다. 11월, 문경수編・김시종과의 공저『왜 계속 써왔는가 왜 침묵해왔는가(なぜ書き続けてきたか なぜ沈黙してきたか)－제주4・3사건의 기억과 문학』을 平凡社에서 간행.「고난이 끝난 한국행(苦難の終りの韓国行)」을『文学界』11월호에 게재하였다.

2002년 (77세) 2월,「虛夢譚」이 講談社文芸文庫에서 간행한『戰後短篇小說再発見9』에 수록되었다.「虛日」을『群像』5월호에 발표.「거짓은 어떻게 커지는가(嘘は如何にして大きくなるか)」「월드컵의 내셔널리즘(W杯のナショナリズム)」를『文学界』8월호에 게재. 12월,「모시풀 무성한 어린 무덤」「떨어진 숲」「虛日」의 3편과 기행문・에세이를 수록한『虛日』을 講談社에서 간행하였다.「역사는 완수되는가 (歷史は全うされるか)-북일국교정상화에 대하여」를『世界』12월호에 게재하였다.

2003년 (78세) 인터뷰「일본인은 역사를 잊었는가(日本人は歷史を忘れたのか)」가『情況』1, 2월호에 게재되었다. 3월, 제주 MBC TV가 특별기획한 '4·3과<火山島>'의 출연을 겸해서 방한하였다.「제주4·3사건의 부활」을『歷史地理敎育』4월호에 게재. 인터뷰「감정적인 북한보도가 계속되는 가운데 생각한다(感情的北朝鮮報道が続くなかで考える)-일본인의 <국민감정>과 <역사의 공백>」이『展望』4월호에 게재되었다. 10월 31일, 노무현 대통령이 제주도를 방문하여 4·3학살을 '과거의 국가권력의 잘못'으로 인정하고 국민에게 사죄하였다.

2004년 (79세)「귀문(鬼門)으로서의 한국행」을『文學界』1월호에서 3월호까지 3회 연재. 3월, '日帝强占下親日反民族行爲眞相糾明特別法(親日法)'이 한국국회를 통과하여 9월부터 시행. 8월, 평론집『국경을 초월하는 것(国境を越えるもの)-<在日>의 문학과 정치』를 文芸春秋에서 간행하였다. 11월, 해설『동백의 바다의 기록(椿の海の記)』의 巫女性과 普遍性」을 藤原書店에서 간행한『이시무레 미치코(石牟礼道子)전집·시라누이(不知火) 제4권』에 수록하였다.

2005년 (80세) 4월, 제주4·3사건 58주년 기념행사에 참가하기위해서 한국을 찾았다.「적이 없는 한국행(敵のいない韓国行)」

를 『스바루』 6월호에 게재. 「돼지의 꿈(豚の夢)」(連作『壞滅』1)을 『스바루』 7월호에 발표. 「이방근의 죽음(李芳根の死)」(連作『壞滅』2)을 『스바루』 10월호에 발표.

2006년 (81세) 「깨진 꿈(割れた夢)」(連作『壞滅』3)을 『스바루』 1월호에 발표. 「하얀 태양(白い太陽)」(連作『壞滅』4)을 『스바루』 4월호에 발표. 「방근 오빠(バングンオッパア)」(連作『壞滅』5)를 『스바루』 7월호에 발표. 11월, 連作『壞滅』 5회분을 『땅 속의 태양(地底の太陽)』이라는 제목으로 集英社에서 출간하였다.

『火山島』의 주요 등장인물과 줄거리

※ 『화산도(火山島)』는 4백자 원고지 1만 1천매(2백자 원고지 3만매)에 달하는 대장편으로, 그 줄거리를 짧게 정리한다는 것은 매우 어려운 작업이었다. 그렇지만 아직 완결된 번역본이 출간되지 못하고 있다는 점을 고려하여 주요 등장인물과 전체적인 내용의 흐름이 파악될 수 있을 정도의 줄거리를 정리해보았다.

1. 주요 등장인물

- 이방근(李芳根) − 33세. 주인공. 제주도 굴지의 실업가이며 권세가인 이태수의 차남. 일본유학시절에 항일활동에 가담하여 투옥된 경력이 있다. 국내에서도 좌익 활동과 연계된 활동으로 투옥되었다가 병을 얻게 되자 전향하여 1년 만에 석방되었는데, 훗날 이일에 대하여 자주 떳떳치 못하게 생각한다. 석방 후에는 해방 될 때까지 산천단(山泉壇) 근처의 관음사(觀音寺)에서 머물렀으나, 해방 이후에는 부친의 집에 거주하게 되었다. 그러나 매일 같이 술을 마시며 허무주의자처럼 소파에만 앉아 세월을 보낸다. 일시적이나마 부친이 경영하는 자동차회사의 전무를 지낸 적도 있다. 식모인 부엌이와의 육체관계를 눈치 챈 젊은 계모 선옥과 마찰을 빚기

도 한다. 돌아가신 모친의 제법 많은 유산을 물려받아 부친의 도움 없이도 풍족한 생활을 한다. 부친이 뒤를 봐주는 탓도 있겠지만 유도 유단자인 만큼 운동신경이 매우 빨라서 서북패들과 맞붙어 싸움을 하기도 한다. 허무주의 속에 감춰진 그의 정신세계는 강한 민족주의를 기반으로 하고 있다. 그러나 남승지의 순수한 혁명의지에 항상 열등감을 느끼고 있다. 제주 무장봉기가 완전히 진압된 후 산천단에 올라가 자살한다.

- 남승지(南承之) — 23세. 이전 중학교 교사. 현재는 남로당 당원으로 지하조직부 조직원. 변명(變名) 김명우(金明宇). 어머니와 여동생 말순은 일본 오사카(大阪)에 살고 있다. 해방 후 조선에 돌아와 서울의 P전문학교에서 공부했으며, 일본에 정착할 기회를 가졌으면서도 조국의 혁명 완수를 위해 제주도로 돌아온다. 이방근과는 제주 미군정청에서 통역으로 일하던 양준오의 소개로 알게 된다. 양준오와는 해방 전에 일본에서 선후배로서 친하게 지낸 사이였다. 이방근의 여동생인 이유원을 사랑하게 된다. 빨치산이 완전히 소탕될 무렵, 이방근의 도움으로 일본에 밀항하여 살아남는다.

- 이유원(李有媛) — 22세. 이방근의 여동생. 서울 S여자전문학교 음악과 재학 중. 제주 동향(同鄕)학생회에서 남승지를 알게 된다. 계모인 선옥을 무척 싫어하고 식모인 부엌이를 식구처럼 생각한다. 자신의 출신 성분에 대한 부담감으로 혁명 활동에 관심을 갖게 되는데, 삐라 부착 혐의로 서울 종로경찰

서에 12일간 구속 수감되기도 한다. 부친과 계모의 강압으로 최용학이라는 제주에서 잘나가는 실업가의 아들과 선을 보기도 한다. 오빠 이방근의 도움으로 일본에 밀항하여 음악학교 3학년에 편입한다.

• 양준오(梁俊午) — 27세. 미혼. 남로당 비밀조직원. 미군정 통역으로 일하다가 1948년 4월부터 제주도지사의 비서 겸 경리과장으로 자리를 옮겨 근무한다. 부친을 모르는 사생아라는 자괴감을 안고 있다. 야간 중학생 때 오사카(大阪) 경찰서 유치장에서 이방근을 만나 감화를 받은 이후로 그를 존경하게 되었다. 남승지의 선배 격이면서도 친구처럼 지낸다. 이방근을 이해할 수 있는 유일한 사람이다. 사상성을 의심 받아 조직원으로부터 사살 당한다.

• 유달현(柳達鉉) — 33세. 남로당 성내지구 책임자. 중학교 3학년 주임교사. 이방근의 소학교 동급이다. 항상 사상과 혁명의 원칙론을 앞세우지만, 해방 전에는 일본에서 활발한 내선일체 운동을 펼쳐 경시청으로부터 표창을 받기도 한 기회주의자이다. 이방근을 조직 안으로 끌어들이려 빨치산에 의한 무장봉기가 일어날 것이라는 것을 사전에 그에게 알려주지만 뜻을 쉽게 이루지 못한다. 무장봉기가 실패로 돌아가자 제주 경찰 정세용에게 성내조직 정보를 넘기고 자신은 돈을 받아 일본으로 밀항을 시도한다. 그러나 이방근에게 걸려들어 밀항선을 타고 가던 도중에 목숨을 잃게 된다.

• 강몽구(康蒙九) — 40세 전후. 남로당 제주도 부위원장 겸 조직부장.

변명(變名) 고일대(高日大). 남승지와는 모계 쪽으로 멀지 않은 인척관계이다. 좌익 활동 혐의로 제주 경찰서에 수감 중이던 때에 서북청년단원에게 폭력을 휘두른 혐의로 잠시 구속된 이방근과 알게 된다. 호방한 성격에 불굴의 의지를 가진 혁명의 지도자로 등장한다. 무장투쟁 자금을 마련하기 위해 남승지를 데리고 일본에 다녀오기도 한다. 무장투쟁 도중에 사망한다.

· 정세용(鄭世容) – 36, 7세. 제주경찰서 경무계장. 이방근과는 모계 쪽의 먼 인척이 된다. 동경의 고학시절에 학우를 밀고하여 경찰로서의 입지를 굳힌 인물이다. 토벌대와 빨치산간의 4·28 평화회담을 결렬시킨 결정적인 역할을 인정받아 전남도경으로 승진 발령을 받는다. 유달현이 조직원이라는 낌새를 알아차리고 그를 협박하여 성내 조직의 정보를 입수한 뒤 이를 일망타진 한다. 이러한 그의 행동이 분노를 사게 되어 빨치산에 납치된 뒤 연락을 받고 입산한 이방근에 의해 사살된다.

· 부엌이 – 39세 전후. 이태수 집안의 식모. 이방근과 육체관계를 갖다가 이를 알아차린 이방근의 계모 선옥에 의해 쫓겨났으나. 선옥이 임신하자 다시 돌아온다. 그녀는 이방근에게 제주민중의 전형적인 생명의 원천으로 인식된다. 몸이 건강해서 장작패기와 같은 남정네들이 하는 일도 척척해낸다.

· 문난설(文蘭雪) – 30세 전후. 평양 출신으로 대단한 미인. 결혼에 한 번 실패한 독신 여성. 부친이 일제치하의 지방 고급관리

였던 관계로 재산을 몰수당하고 가족들은 뿔뿔이 흩어져 생사를 알지 못한다. 부친이 해방직후 서울에 일본인 주택을 구입해 둔 것을 서북청년단 숙소로 사용하고 있어 그곳에 가끔 들른다. 부친의 친구로 세력 있는 국회의원이 관여하는 국제통신사 일을 돕는다. 문난설은 이방근을 알게 된 후 그동안 사귀어 오던 라영호와의 관계를 청산한다.

- 신영옥(辛英玉) — 해방직후 성내지구 여성민주동맹부위원장을 지내다가 입산한 여자빨치산. 이방근이 부엌이 문제로 집을 나와 하숙하던 집의 조카로, 빨치산에서 이탈하여 자수를 생각하다가 이방근의 도움으로 일본으로 밀항한다. 이방근과 순간적이고 고독한 사랑에 빠진다.

- 이태수(李泰洙) — 63,4세. 이방근의 부친. 남해자동차와 식산은행의 경영자. 제주의 대표적인 실업가며 권세가. 적극적인 친일파는 아니지만 현실주의적인 입장에서 실익과 체면을 먼저 생각하여 처세하는 인물. 이방근과 여러 가지로 대립관계에 있었으나 결국 서로가 묵시적으로 서로의 입장을 납득하게 된다.

- 선옥(仙玉) — 40을 갓 넘김. 기생출신으로 이태수의 전처(이방근의 어머니)가 병을 얻어 죽자 그의 후처가 되어 들어왔다. 많은 노력을 기울여 결국 남아를 출산한다. 샤머니즘적인 무당의 신통력을 굳게 믿고 있다. 이방근과 원만한 관계를 유지하려는 노력을 기울인다.

- 박산봉(朴山奉) — 남로당원. 남해자동차 화차부의 트럭 운전수. 이

방근을 두려워하면서도 그를 신뢰하고 따른다. 어머니는 사생아인 그를 낳고 동네에서 쫓겨났는데, 이러한 자신의 출생에 대해 심한 갈등을 겪는다.
- 부스럼 영감 – 60세 전후. 이방근이 본토에서 데리고 온 노인. 부스럼 영감이란 종기가 난 환자의 고름을 빨아 치료해 주고 얻어먹으며 지냈다하여 붙여진 이름이다. 이 씨 집안에서 하인으로 일하다가 선옥에게 쫓겨나 거지나 다름없는 생활을 한다. 가끔 이방근을 만나면 용돈을 얻기도 하고 집으로 따라가 부엌이에게 밥을 얻어먹기도 한다. 가끔은 목탁영감의 거처에 들렀다 가기도 한다.
- 목탁영감(木鐸令監) – 산천단의 동굴에 사는 노인. 도인이라는 소문도 있었다. 이방근이 자연인으로서의 진정한 깨달음을 얻은 분으로 경애하여 가끔 찾아 가곤 하였다. 토벌대와 빨치산이 공방전을 치르는 가운데 자취를 감추었다.
- 이용근(李容根) – 이방근의 형. 일본명 하타나카 요시오(畑中義雄). 일본에서 개업한 의사로, 일본여성과 결혼하여 일본인으로 귀화했다. 이런 이유로 이방근은 그를 형으로 인정하지 않으려 한다. 강몽구와 남승지가 무장투쟁 자금의 협조를 얻으러 갔을 때, 유달현의 친일행적을 증언하였다. 조국과 고향에 대한 애정은 가지고 있다.
- 이건수(李健洙) – 이태수의 사촌동생. 서울 건국일보 업무부장. 서울에서 학교에 다니는 이유원을 자신의 집에서 숙식하게 하며 친딸처럼 보살핀다. 이방근 역시 서울에 올라오면 이 집

에서 머문다. 후덕한 그의 부인도 이방근 오누이를 친자식처럼 대한다.
- 황동성(黃東成) – 남로당 비밀당원. 국제통신편집국장 등의 직함을 가짐. 변명(變名) 박갑삼(朴甲三), 김동삼(金東三). 이방근에게 유달현의 배신을 암시한 인물로 친일 경력이 있지만 이를 극복하고 수완이 뛰어난 혁명가로서 활약하고 있다. 그러나 너무 혁명이나 중앙당의 권위를 강조하는 그에게 이방근은 거부감을 느낀다. 이방근에게 권총을 선물한다.
- 최용학(崔龍鶴) – 이태수와 함께 제주 굴지의 실업가의 한 사람인 최상규(崔相圭)의 아들. 광주의 은행계장. 이유원을 짝사랑하여 갖은 수법을 동원해 둘의 결혼을 성사시키려하지만, 이유원과 이방근은 아무런 개념도 없는 그의 기회주의자적인 행태에 극도의 거부감을 느낀다.
- 라영호(羅英鎬) – 이방근과는 유학을 함께한 사이. 항일운동으로 고문을 받아 오른쪽 팔이 마비되었다. 유명하지 않은 신예 작가로 국제통신사의 기자로 재직하고 있다. 이방근과 문난설과의 사이를 질투하여 문제를 일으키기도 한다.
- 하동명(河東鳴) – 40세 전후. 서울S전문학교 음악과 교수. 이유원의 스승. 이유원의 일본유학을 적극 추천한다.
- 오남주(吳南柱) – 제주 출신으로 S대학 건축학과 휴학 중. 이유원과는 동향회 모임에서 알게 된다. 그의 형이 빨치산 활동을 위해 입산하는 바람에 위기에 몰린 가족을 살리려고 서북출신 군인과 결혼한 여동생을 저주한다. 그는 결국 여동생의 남

편을 죽이고 입산한다. 그러자 여동생은 자살하고 어머니는 군경의 총에 살해된다.

· 한대용(韓大用) - 27, 8세. 이방근의 후배. 일본군에 징용되어 싱가폴 전선에 배치되었다가 종전을 맞이하자 BC급 전범으로 형무소 생활을 하다 돌아온 인물이다. 호방한 성격에 술을 좋아한다. 이방근에 대한 절대적인 신뢰감으로 그가 추진하는 빨치산들의 일본밀항을 도와 헌신적으로 일한다.

· 용백(龍白) - 관음사의 공양주. 어릴 적에 불구자인 어머니가 절에 맡기고 떠남. 서울보살이 절의 실권을 행사하면서부터는 아둔한 것처럼 보이는 용백을 몹시 학대한다. 그러나 공양주로서의 임무는 자신이 살아 있는 의미라며 절을 떠나지 않는다.

· 함병호(咸炳浩) - 서북청년회 제주도 지부장. 이방근에 대해서는 고도의 반공주의 이론을 갖추고 있다며 높이 평가한다. 정세용의 4·28 평화회담 방해공작을 처음으로 암시한 인물이기도 하다.

· 고영상(高永相) - 34, 5세. 서북청년회 중앙총본부사무국장. 일제 치하에서는 조선인 고등계 형사 다카기(高木) 경부로 항일운동가들에게 악명을 떨친 인물이다. 이승만 정부의 후원으로 절대적인 권력을 행사하게 되었다.

· 우상배(禹尙培) - 30대 후반. 나이 차이는 많지만 양준오와 친하게 지낸 허무주의자. 고무장화 브로커.

· 김동진(金東辰) - 제주 한라신문 기자. 남로당원으로 신문사 인쇄

소에서 삐라 인쇄를 한 혐의로 쫓기다 입산한다. 그 대신 체포된 부친을 이방근이 돈을 써서 빼낸다.
- 고원식(高元植) - 이방근의 형 용근의 친구로 성내에서 외과의원을 하면서 좌익세력을 후원하고 있다.
- 손 서방(孫書房) - 죽창 만들기의 명인으로 소문난 구두수선쟁이. 민병대의 분대장이기도 한 그는 엎드려 물을 마시고 있던 경관의 권총을 빼앗아오는 바람에 큰 소동을 일으키기도 한다.
- 송진산 한방의(宋珍山韓方醫) - 손 서방이 살고 있는 어느 중 산간부락의 한방의. 얼굴이 네모지고 커서 두장백이라 불린다. 호인으로 빨치산 투쟁을 적극적으로 지원한다.
- 남승일(南承日) - 남승지의 사촌형. 고베(神戶)에서 고무공업을 경영. 강몽구와 남승지가 자금지원을 부탁하러 찾아가자 거액을 기부한다. 실은 강몽구와 남승일 사이에 남승지를 일본에 남겨놓고 간다는 묵시적인 조건이 있었음을 남승지는 나중에 깨닫고 크게 반발한다.
- 남말순(南茉順) - 남승지의 여동생으로 어머니와 둘이서 오사카 이카이노(大阪猪飼野)에 살고 있다. 오빠가 어머니와 함께 오사카에 정착하기를 원한다. 재일조선인 연맹에서 일하다가 나중에는 조선인 학교에서 조선어를 가르치게 된다.
- 나카무라 히로시(中村博) - 일본패전 당시 제주에 주둔 중이던 일본군 장교로 한라산 중에 은닉해 둔 무기의 위치를 강몽구에게 알려준다. 그러나 결국은 그 무기를 찾아내지 못한다.

• 단선(丹仙) - 명선관(明仙館)의 기생으로 이방근을 사모한다. 이방
　　　근과 잠자리를 함께하는 데는 성공하지만 이방근의 육체적
　　　사랑을 얻지는 못한다.

2. 줄거리

　<제1장>

　1948년 2월, 남로당 지하 조직부 조직원인 남승지는 농민으로 가장한 채 성내(城內=제주읍) 조직 책임자이며 중학교 교사인 유달현을 만나기 위해 성내로 잠입한다. 잠입하는 도중에 그는 미군통역을 그만두겠다는 선배격의 양준오를 계속 일하도록 설득했던 일을 떠올린다.
　성내에서 우연히 제주 한라신문사에 근무하는 김동진을 만난 남승지는 깜짝 놀란다. 경찰이나 서북패와 마주칠 것을 걱정하고 있던 차에 김동진이 말을 걸어왔기 때문이었다. 급한 마음에 그와는 이내 헤어진다.
　남승지는 유달현을 만나러 가면서 자신이 서울의 P전문학교 국문과 학생시절 동향회에서 그를 처음 만났을 때 가졌던 불쾌한 감정이 다시 되살아나는 것을 느꼈다. 같이 참석했던 김동진의 작품에 대하여 퇴폐적이고 부르주아 냄새가 풍긴다며 맹비난을 했었는데, 그때 그의 얼굴에 드러난 지도자 의식에 역겨움을 느꼈던 것이다.
　유달현은 급성폐렴을 앓던 아내가 죽은 뒤 혼자 하숙을 하고 있었다. 남승지를 방안에 혼자 남겨두고 나간 유달현은 김동진과 남해자동차 트럭운전수인 박산봉을 데리고 들어왔다. 오늘의 비밀만남에서는 산에서 열리는 회의에 관한 전달사항과 참가자 확인으로 끝났다.

<제2장>

이방근은 제주도지사가 과장 대우로 맞아들이고 싶어 하는 양준오와 함께 결혼식장을 가기 위해 걷고 있다가 부스럼영감을 만났다. 돈을 몇 푼 그의 손에 쥐어주었다. 결혼식장에서 유달현을 만난다. 주례는 제주인민위원회 부위원장을 지낸 최상화 판사였다. 이방근은 부모들의 주선으로 마지못해 결혼하였다가 자신이 감옥에 가 있는 동안에 그의 아내가 친정으로 돌아가 버린 일을 떠올렸다.

최근에 유달현은 이방근을 조직 안으로 끌어들이기 위해 갖은 노력을 기울이고 있었으나 이방근은 쉽사리 응하지 않는다. 이방근을 찾아온 그는 자신들이 1, 2개월 안에 무장봉기를 일으킬 것이라는 말을 하여 이방근을 놀라게 한다. 그러나 이방근은 유달현을 시류에 편승하는 삶을 사는 사람으로 생각하여 달가워하지 않는다.

이방근은 집으로 찾아온 양준오에게 남승지를 만나게 해달라고 부탁한다. 그리고 두 사람은 신세계라는 술집에 들러 술을 마시다가 시비를 걸어오는 서북패를 두들겨 팬다. 두 사람은 경찰서로 연행되었다. 감방으로 들어간 이방근은 제주도당 부위원장이자 조직부장인 강몽구를 만난다. 이튿날 아들인 이방근과는 거의 대화도 못해보고 지내는 부친 이태수가 먼 친척이며 경찰인 정세용에게 전화를 걸어 이방근은 바로 석방되었다. 정세용은 「서북」쪽에서 진단서를 끊어왔으니 돈을 건네줘야 일이 끝난다고 전한다. 그러면서 좌익의 거물 강몽구를 조심하라고 이른다. 이방근은 부친이 국회의원으로 출마하려는 최상화의 추천인이 되려는 것에 일말의 불안감을 느낀다.

이방근은 양준오의 안내로 남승지의 숙모가 사는 마을 S촌에 가서 인사를 드리고 남승지에게 만나고 싶다는 의사를 전해달라는 부탁을 한다. 이방근은 남승지를 만나려는 이유를 묻는 양준오의 질문에 대답하지 못한다.

이방근은 3·1절 전날에 서울의 여동생 유원으로부터 제주로 출발한다는 전보를 받았다. 어머니의 제사가 다가온 것이다.

이방근은 심한 숙취와 함께 지난밤의 부엌이와의 정사장면을 생생하게 떠올렸다. 멸치젓이 썩은 것 같은 심연의 냄새가 그녀의 숨결에 섞여 어딘지 꽃가루를 갈아 뭉갠 듯한 향기와 함께 그 열린 두꺼운 목 안쪽에서 거센 열기로 뿜어져 나왔었다.

3·1절 특별사면으로 석방된 강몽구가 찾아왔다. 이방근은 강몽구에게도 남승지를 만나게 해달라는 부탁을 했다. 왠지 모르게 소파에만 앉아 지내던 이방근의 주변 상황이 빠르게 움직이기 시작했다.

<제3장>

여동생 유원이 목포역 주변에 방치되어있었다는 하얀 어린 고양이 한 마리를 안고 돌아왔다. 유원은 계모인 선옥을 몹시 싫어하였다. 돌아가신 어머니의 자리를 빼앗은 여자라고해서 어머니라 부르지 않고 아주머니라 불렀다. 어머니의 제사는 유원이 주도적으로 끌고 나갔다.

이방근이 남승지를 만나고 싶어 했던 것은 동생인 유원에게 그를 만나게 해 줄 심산이었는데, 그 이유는 그 자신도 잘 몰랐다. 그런데 유원은 자신을 대하는 부엌이의 태도가 이상하다며 불평을 했다. 이방근은 유원에게 남승지를 만나보도록 제안을 했다. 그러면서 부친이 말을 꺼낸 제일은행 이사장 최상규의 아들 최용학과의 결혼이야기를 떠올렸다.

이방근은 박산봉이 유달현의 집 주위에서 그와 이야기하다 헤어져 돌아가는 것을 미행했다. 그리고는 그가 사는 집으로 들어가 지금도 남로당원인지 물었다. 부친 회사의 트럭 운전수였기 때문이다. 그는 부인했으나 나중에 다시 찾아와 시인했다.

이방근은 명선관에 들렀다. 해방 이후 소련과 미군의 진주를 비롯한 지금까지의 안타까운 역사의 시간들이 주마등처럼 머리를 스치고 지나갔다. 단선과 둘이 앉아 따라주는 술을 마셨으나 그녀의 요구에도 불구하고 그녀를 안을 수는 없었다.

이방근은 양준오의 연락으로 남승지와 만났다. 그리고 다음날 남승지를 집으로 오도록 해서 동생 유원과 만나게 해준다. 동생 유원에게는 남승지가 꼭 만나고 싶어 한다고 거짓말을 하였다. 그러나 남승지도 꿈속에서 그녀를 안았던 만큼 만나고 보니 반가웠다. 이를 계기로 이유원은 남승지에 대한 호의적인 호기심을 갖게 된다.

<제4장>

이방근의 어머니 제사에는 손님이 많았는데, 그 중에는 제주경찰서 경무계장 정세용이 데리고 온 서북제주부지부장이 권총으로 가슴이 불룩한 채 절을 하기도 했다. 그리고 부친인 이태수가 유원을 시집보내려고 마음먹고 있는 제일은행이사장 최상규의 아들 최용학의 모습도 보였다. 이방근은 그를 보자마자 허영심으로 가득한 인간이라는 것을 알았다.

그리고 도인으로 불리기도 하는 목탁영감도 모습을 드러냈다. 그러나 볼품없는 차림새의 그를 사람들은 조롱했다. 그는 한 겨울에도 산천단의 바위굴 속에서 거적을 깔고 얇은 이불 한 장 덮고 자는 강인한 정신력의 소유자였다. 이방근은 그를 자유 그 자체라고 생각했다.

정세용은 강몽구가 찾아오지 않았느냐는 등 이방근에게 꼬치꼬치 캐물었으나 일일이 대답할 그가 아니었다. 이방근의 소학교의 담임이었던 차 선생은 이방근이 졸업을 며칠 앞둔 어느 날 천황의 사진을 모셔놓은 봉안전(奉安殿) 앞에 오줌을 갈기다 발각되어 유치장에 3일이나 감금되는 등 큰 고초를 겪다가 학교를 쫓겨난 일을 자랑스럽게 이야기 하였다.

이태수는 아들 방근과 딸 유원이 앞장서서 제사를 치러내는 것을 보고 내심 크게 자랑스러워했다.

그런데 이방근은 동생 유원이 일본에 가고 싶다는 말을 꺼내는 바람에 크게 놀란다.

이튿날 찾아온 최용학이 사람은 서울 말씨를 써야한다며 너스레를 떨자, 이를 참지 못한 이방근은 그를 내쫓아 버린다. (제1권 끝)

〈제5장〉

이유원은 제사를 마치자 서울로 떠났다. 남승지는 S리로 돌아와 송진산 한방의의 집 한 구석에서 구두수선쟁이인 손 서방이 죽창 만드는 일을 돕고 있다. 강몽구도 잠시 옆에서 지켜본다. 남승지는 사람들의 움직임을 보며 1901년의 이재수의 난을 생각한다.

그런데 남승지는 강몽구를 따라 일본에 자금을 마련하러 떠나게 되었다. 승지의 사촌형이 고베에서 고무공장을 하고 있었는데, 그와의 연결을 수월히 하기 위한 조치였다.

남승지는 강몽구를 따라 일본 선적의 10톤 정도 되는 밀항선을 탔다. 김 등을 싣고 일본으로 갔다가 의약품과 의류 등을 싣고 오는 배였다. 배 삯은 한사람에 3만 엔, 거액이었다. 선장은 절대자였다.

두 사람은 야마구치(山口)현에서 내려 강몽구의 지인의 집에 하룻밤 묵었다. 목욕탕에서 강몽구의 등을 밀어주려다 고문으로 인한 상처가 많은 것에 놀란다. 그러면서 혁명투사의 기개를 느낀다. 이튿날 두 사람은 기차를 타고 고베로 향했다.
　남승지의 사촌형인 남승일의 집에 도착하자 부부가 함께 무척 반갑게 맞아주었다. 강몽구가 찾아 온 목적을 밝히자 선뜻 40만 엔의 거액의 자금 지원을 응해주었을 뿐만 아니라, 또 다른 자금 지원을 할 만한 다른 사람까지 소개시켜주었다. 남승일은 현재 진행 중인 일본정부의 조선민족교육의 탄압에 대해 분개했다. 그러면서 자식이 없는 남승일은 승지에게 대를 이를 자식을 낳기 위해서는 일본에 남아 결혼을 해야 한다고 강력한 어조로 말했다. 그것이 오사카에서 누이동생과 사는 어머니에게 효도하는 길이라고도 하였다.
　이튿날 강몽구와 함께 오사카의 이카이노(猪飼野)에 사는 어머니를 찾아갔다. 어머니와 여동생은 갑작스레 나타난 승지를 보고 꿈인지 생시인지 분간을 못하였다. 저녁을 마친 강몽구는 돌아가고, 승지는 어머니와 여동생 셋이서 참으로 오랜만에 애틋한 시간을 보낸다. 어머니는 승지가 오사카에 정착하기를 기대하고 있었다.
　남승지는 강몽구를 따라 동해고무에 갔다가 일찍이 양준오와 친교가 있었던 허무주의자 우상배를 만났다. 우상배는 동해고무에서 중개상을 하고 있었는데 강몽구는 그를 타락분자 취급을 하며 상대하려 들지 않았다.

<제6장>
　도쿄(東京)에서는 일본공산당의 최고 간부 중에 한사람이며, 재일조선인운동지도를 담당하고 있는 고의천(高義天) 의 협조를 얻어 자금을 모았다. 그러나 무기의 구입에는 협조할 수 없다는 입장을 표명했다.

고의천의 소개로 일본인 여성과 결혼한 뒤 일본인으로 귀화하여 하타나카(畑中) 의원을 개업했다는 곳을 찾아가게 되었는데, 하타나카가 다름아닌 이방근의 형인 이용근이었다는 사실에 모두 충격을 받는다. 하타나카는 5만 엔의 자금을 내놓았다. 그리고 이방근에게 안부 전해 달라는 부탁을 한다. 또한 유달현이 내선일체와 일억 총력전운동의 열성분자로 경시청의 표창 받은 사실을 증언했다.

사실상 자금확보를 끝낸 강몽구는 고무장화와 운동화, 의약품, 의료기구, 의류, 학용품 등 필요 물품을 구입하기 위해 분주했다. 그리고 패전과 함께 다량의 무기를 제주도의 어느 곳엔가 묻고 철수했다는 와카야마(和歌山)현의 나카무라(中村)를 찾아 떠났다. 패전 당시 소위였던 나카무라는 무기를 묻어둔 장소를 종이에 그려주었다.

남승일과 어머니, 그리고 여동생은 승지가 제주도로 돌아가는 것을 원치 않았다. 그런데 강몽구마저도 입을 다물고 아무 말이 없었다. 사촌형과 입을 맞춘 모양이었다. 그래서 제주도에 이방근의 여동생인 이유원이라는 결혼할 여성이 있다는 궁색한 변명으로 돌아갈 구실을 찾았다. 이 말에는 강몽구도 놀랐다.

남승지의 동생 말순은 오빠의 스웨터를 열심히 짜고 있었다. 어머니는 애틋하고도 자상한 눈으로 승지를 지긋이 바라본다. 밤에 집을 나섰다. 전송 나온 두 사람을 어둠속에 남겨놓고 남승지는 걷기 시작했다.

강몽구와 남승지 두 사람은 시모노세키 주변에서 짐을 가득 실은 배에 올랐다. 신(申) 선장과 선원 한사람, 그리고 다른 화주가 두 사람이 타고 있었다. 바다는 거칠었다. 선장은 배가 가라앉을 것 같으니 짐을 버리라고 명령 하였다. 강몽구는 권총을 빼들고 다른 화주들을 위협하여 그들의 짐을 버리게 했다.

<제7장>

이방근은 왠지 모를 동요와 불안 속에 자신의 소파가 움직이기 시작하는 것을 느낀다. 여동생 유원으로부터 개교기념일 등으로 수업이 없어 3월 26일 서울을 출발해 제주로 간다는 편지가 도착했다. 최용학이 자신에게 불쾌한 편지를 보내는 등 서울에 출장 왔다는 핑계로 주변을 맴돌며 괴롭힌다는 내용도 있었다.

유달현이 이방근을 찾아와 북한의 당과 연결된 중요한 위치에 있는 동지를 만나줄 것을 부탁한다. 그러나 이방근은 긍정의 답을 주지 않는다.

강몽구가 전화를 걸어 이방근이 집에 있음을 확인하고는 이내 찾아왔다. 그는 일본에서 하타나카(畑中) 즉 이방근의 형 용근을 만났으며 그가 자금지원을 한 사실을 전했다. 그리고 며칠 이내로 무장봉기의 날짜가 결정될 것이라는 귀띔을 하였다.그리고 봉기가 일어나더라도 이방근의 부친은 민족자본가이므로 안전할 것이라 했다. 강몽구는 이방근에게 당원이 되어 줄 것도 당부한다. 그러나 생각해보겠다는 대답으로 일단락 지었다. 그는 이방근에게도 자금 지원을 완곡하게 요청했다. 그리고 일본에서 남승지가 이유원과 결혼할 것이라는 말을 했다는 것도 전한다.

이태수는 아들인 방근과 오랜만에 밥상을 마주하고 앉자, 강몽구와의 관계를 경찰인 정세용이 걱정하고 있다는 말을 전하고, 가문의 장손이며 자신의 상속자가 되기에 걸맞는 노력과 행동을 요구한다. 이방근은 부친과의 관계 단절을 의미하는 것은 아니지만 재산 상속을 원치 않는다고 말한다. 이태수는 전처가 방근에게 남겨준 재산이 문제라며 한탄을 한다.

이방근은 여동생 유원이 올 것을 알고 있었지만 산천단의 암굴에 기거하는 목탁영감을 찾아 길을 나선다. 목탁영감과 이야기를 나누고 있는 도중에 마침 그곳을 지나가던 남승지가 얼굴을 내밀었다. 목탁영감과 헤어져 성내로 가고 있다는 남승지와 길을 함께 했다. 이방근과 남승지는 혁명의 당위성과 문제점에 대한 토론을 벌였다. 이방근은 남승지의 순수한 혁명의 열정을 높이 사면서도 교조적 혁명투쟁의 전개에 대한 우려를 감추지 않았다.

여동생 유원은 이미 집에 도착해 있었다. 이방근은 여동생이 목욕을 마친 목욕통에 떠 있는 음모를 바라보다 이미 성숙된 아름다운 유원의 육체를 떠올렸다. 남승지가 밤늦게 찾아 올 것임을 그녀에게 알렸다.

남승지는 최용학이 유원에게 보냈다는 편지를 건네받고 읽었다. 그리고는 두서없는 내용에 오히려 안도의 한숨을 쉬었다. 이방근은 남승지에게 '해방구'에 갈 수 있도록 주선해달라는 부탁을 했다. (제2권 끝)

<제8장>

이방근은 제주 경찰의 경무계장이자 먼 친척인 정세용을 만나 고원식 외과의사의 조속한 석방에 대해 협의했다. 서북패와의 중계를 요청한 것이었다. 한밤중에 들이닥친 서북패들이 집안에서 단검이 나오자 불법무기 소지죄로 잡아갔다는 것인데, 이는 분명 이방근에게 구타당한 서북대원의 진단서를 자신들의 요구대로 발급하지 않은 보복이었다. 그들은 거액의 현금을 요구할 것이 뻔했다.

생각보다 빨리 이방근의 해방구 방문이 허락되었다. 여동생 유원을 데리고 갈 것인지 고민했으나 결국 같이 가기로 결정했다.

유달현이 북한과 연결된 선을 만나줄 것을 부탁하러 다시 이방근을 찾았을 때 마침 강몽구도 모습을 드러내면서 두 사람 사이에 살벌한 논쟁이 오갔다. 강몽구에게 이방근을 빼앗긴 유달현의 분풀이였다. 강몽구는 무장봉기의 결행 날짜가 4월 3일이나 4일이라고 전했다.

이방근은 유달현의 청에 못 이겨 그의 하숙집으로 가 남로당중앙특수부 소속이라는 박갑삼(朴甲三)을 만났다. 그는 서울에서 발행될 신문의 편집국장을 맡아 줄 것을 부탁했는데, 이는 자금지원을 의미하는 것이기도 했다. 그는 조직의 절대권위를 내세웠는데 이방근에게는 일종의 강요처럼 느껴졌다.

이방근은 여동생 유원과 함께 오전 9시 반 버스를 타고 남승지가 기다리고 있는 마을로 갔다. 마중 나온 남승지가 중 산간 부락으로 안내했다. 그들은 무기를 만들고 있는 현장과 군사훈련을 받고 있는 대원들의 모습을 보고 무장봉기가 실제로 일어날 것임을 확인했다. Y리의 송 한방의에 들러 저녁을 먹었다. 여자들의 '이어도' 노래 소리가 들렸다.

4월 1일이다. 강몽구는 일본군이 무기를 매장했다는 장소를 찾아내지 못하여 빨치산들의 무기는 매우 부족했다.

이방근은 무장봉기를 생각하자 부엌이가 내리치는 도끼로 장작이 두 조각나는 장면을 떠올렸다. 조각난 장작에서는 빨간 피가 품어져 나오고 있었다.

이방근은 부친을 만나 국회의원에 출마하려는 최상화의 후원자가 되는 것에 대해 재고를 요청한다. 그러나 철회를 요청하는 이유인 무장봉기가 일어날 것이라는 말은 못한다. 그리고 여동생이 일본으로 유학가기를 원한다는 말을 넌지시 전했다. 그런데 부친인 이태수는 두 사람이 어제 어디를 갖다왔는지 캐물었다. Y리의 정류장에서 강몽구와 함께 있는 것을 본 사람이 있다는 것이었다. 이방근과 유원은 입을 맞춰놓았기 때문에 이를 부인했다. 그냥 성산포에 놀러갔다 왔다고만 했다. 본 사람이 없을 것이라 확신한 이방근은 유달현을 의심했다. 그가 가정을 해서 소문을 퍼뜨렸을 것이라는 생각이 들었다.

그날 밤에 부엌이가 이방근의 침소로 들어왔다. 둘이 절정에 달해있을 때, 유원이 데려와 부엌이가 기르고 있던 고양이가 밖으로 나와 계속 울어댔다. 이방근은 누군가 접근해 오는 발소리를 들었다. 부엌이가 뒷문으로 빠져나가 고양이를 안고 자신의 방안으로 들어갔다.

<제9장>

4월 1일 밤부터 무장봉기를 향한 움직임이 활발해졌다. 등사판 전단지도 준비되었다. 그 내용은,

1. 미군은 즉각 철수하라!
2. 망국적인 단독선거에 절대 반대한다.
3. 투옥중인 애국자를 무조건 즉시 석방하라!
4. 국제연합 조선위원단은 즉시 돌아가라!
5. 이승만 매국도당을 타도하라!
6. 응원경찰대와 테러집단은 즉각 철수하라!
7. 조선통일 독립만세!

였다.

남승지는 이러한 내용의 전단지를 인수하기 위해 손서방과 함께 성내로 잠입했다. 유달현은 남승지에게 전단지를 전달하면서 노골적으

로 이방근을 비판했다.

이방근은 부친이 사무실에서 쓰러졌다는 전화를 받고 급히 달려갔다. 부친은 방근과 유원이 빨치산 근거지에 갔다 왔다는 확실한 이야기를 최상화로부터 들었다는 것이었다. 이방근은 근거 없는 소문이라고 주장했다.

이방근은 유원을 데리고 칠성다방에 들어갔다. 그곳에서 박갑삼을 만났는데 작은 메모지를 남기고 사라졌다. 오늘 밤에 제주를 떠나니 만나고 싶다는 것이었다.

남승지는 전단지를 손 서방에게 넘기고 유원을 만나고 싶다는 생각으로 이방근의 집을 찾았다. 이야기를 나눈 뒤 남승지는 양준오의 하숙집에서 하룻밤을 보냈다.

이튿날 차를 타고 떠나려는 남승지를 전송하려고 이유원이 정류장으로 나왔다. 두 사람은 사람 눈을 피해 손을 맞잡았다.

이방근은 밤에 부두가로 나가 형사 두 사람의 호위를 받으며 나타난 박갑삼과 여관방에서 말을 나눴다. 그는 유달현을 조심할 것과 서울에 오면 찾아오라며 주소를 남기고 떠났다.

이방근이 집에 돌아오자, 선옥이 부엌이를 그만두라고 했다며 여동생의 기분이 매우 상해있었다. 그러나 부엌이는 아무 말 없이 그냥 있었다.

4월 3일 새벽 2시, 아무 일도 일어나지 않자 이방근은 안절부절 하지 못했다. 2시 20분이 지나면서 한라산록에 많은 봉화가 보이기 시작했다. 그런데 성내는 너무 조용했다. 불발로 끝난 것이었다.

아침 늦게 깊은 잠이 든 이방근을 오전 9시경에 폭동이 일어났다며 유원이 급히 깨웠다. 거리에는 서북패들의 그림자도 보이지 않았다. 그런데 빨치산들이 경찰의 아버지라는 이유로 무고한 노인까지 죽인 것은 너무했다는 소문이 돌았다.

이방근은 어서 빨리 여동생을 서울로 보내고 싶었다. 그리고 기회가 되면 일본으로 보내고 싶었다. 그 이유는 그도 잘 몰랐지만 여동생의 혁명에 대한 관심이 신경이 쓰였던 것이다. 선옥으로부터 떠나라는 말을 들은 부엌이는 그냥 계속 눌러 있었고 이방근도 별로 신경 쓰지 않았다.

이방근은 양준오와 함께 밤 10시의 연락선으로 제주를 떠나는 여동생 유원을 전송하였다.

<제10장>

무장봉기 이튿날이 되어도 성내는 여전히 조용하기만 했고 이방근은 안도보다는 왠지 모를 허탈감을 느꼈다. 환상이 깨진 느낌이었다.

이방근은 국회의원 출마를 꿈꾸고 있던 최상화를 찾아가 자신과 여동생이 해방구에 갔다 왔다는 이야기를 어디서 들었는지 물었다. 그는 그의 친척인 최상규로부터 들었다고 했는데, 최상규와 자주 만나고 있는 유달현의 입에서 나온 것이라고 이방근은 생각했다. 최상화는 빨치산과의 협상을 중개하고 싶다며 이방근에게 강몽구를 소개해달라는 요청을 했다.

이방근은 박산봉을 찾아가 유달현의 모든 것을 자백하라며 목을 조른다.

한라신문사 기자인 김동진의 집을 찾아 갔으나 그는 없었다. 전단지를 신문사에서 인쇄한 것이 탈로날 것에 대비해 모습을 감춰버린 것인지도 몰랐다.

4월 5일에 폭도 진압을 위한 제주지방비상경비사령부가 설치되었다. 각 도의 경찰관 1700명을 4월 10일까지 제주에 파견하고, 국방경비대 제5연대 제1대대의 파견도 결정되었다.

김동진은 입산한다는 취지의 편지를 인편에 보내왔다.

경찰인 정세용이 전화를 걸어 서북 제주 지부장 함병호와 함께 식사를 하자는 요청을 해왔으나, 이방근은 다음 기회로 미루자고 했다.

이방근은 빨치산 측과 경찰 측이 무고한 사람들을 죽이기 시작한 것에 대해 매우 불길한 예감이 들었다.

빗속을 마다않고 유달현이 저녁 8시경에 이방근을 찾아왔다. 부친 이태수와 선옥은 친척의 결혼식으로 집을 비우고 있었다. 유달현은 제주지방비상경비사령부가 설치되었지만 군과 경찰이 견원지간이어서 아무런 영향력도 발휘하지 못할 것이라고 했다. 그러나 이방근은 뒤에서 지원하는 미국을 무시해서는 안 된다는 생각을 말한다.

이방근은 자신과 여동생이 해방구에 갔다 온 이야기를 누구한테 들었는지 유달현을 추궁했다. 유달현은 이방근과 유원이 강몽구를 통해서 해방구를 방문한 사실을 도(島)위원회 위원으로부터 들었다고 했다. 그리고 이 일로 유달현은 이방근에게 배신감을 느꼈다고 했다. 자신이 완전히 따돌림 당한 것으로 생각했던 것이다.

그때 부친 이태수와 운전수가 축 늘어진 선옥을 부축하고 집안으로 들어왔다.

<제11장>

이방근의 계모인 선옥은 몸이 아픈 것이 아니고 일종의 귀신이 붙은 것으로 무당을 불러 액을 쫓아내야했다. 굿을 하던 신들린 무당은 죽은 이방근의 어머니 말을 빌어 이방근과 부엌이의 관계를 밝혀내면서

절정을 맞고 있었다. 선옥이 미친 듯이 춤을 추고, 부엌이도 앞으로 나와서는 춤을 추더니 쓰러져 울면서 이방근과의 관계를 털어놓고 말았다.

이방근은 집을 나와 명선관에서 술을 마시고 묵었다. 이튿날이 되자 소문은 이미 성내에 완전히 퍼져 있었다. 선거는 하지 않더라도 일단 선거인 등록은 하는 것이 좋겠다는 판단으로 등록을 하고 난 이방근은 2, 3일 안에 서울로 떠나야겠다는 생각을 한다. 부친 이태수는 말도 안 되는 소문이라며 오히려 태연한 모습이었다. 부친으로부터 부엌이를 쫓아낸다는 말을 들은 이방근은 차라리 자신이 집을 나가겠다고 말한다.

유달현은 이방근이 서울에 가서 박갑삼을 만나주면 해방구에 갔다 온 일을 완전히 덮겠다는 말을 한다. 이것으로 소문은 일단락되었다.

제주도의 선거인 등록은 5일 현재 전국 평균이 73%임에도 불구하고 11%에 지나지 않았다.

드디어 한라신문이 압수수색을 당했다. 김동진의 아버지가 연행되었다. 정세용을 통해 석방을 요청했다. 필요한 금액은 이방근이 부담하기로 했다.

본토에 갔다 오기 위해서는 여행증명서가 필요했다. 양준오를 통해 도청 서무과에서 증명서를 받았다. 그리고 부엌이에게 줄 1만 엔의 예금통장을 만들어 양준오에게 맡겼다.

연락선은 다음날 아침 8시 무렵 목포항에 도착하였다. 이방근이 부두에 내려서자 한라신문 공무부장을 마중 나왔다는 강몽구가 어깨를 두들겼다. 강몽구는 전라남도당위원회의 당무로 와 있었다. 그는 어제 부산항을 출발한 제5연대 제2대대가 제주의 제9연대에 배속될 예정이지만, 이 부대의 대대장인 오(吳) 소령이 좌익계라서 빨치산 토벌 활동에는 참가하지 않을 것이라 했다. 그렇지만 미군을 의식하지 않으면 안 된다고 했다. 강몽구와 헤어진 이방근은 다음날 아침 열차를 타고 서울로 향했다.

이방근은 유원이 신세를 지고 있는 이건수 당숙의 집에 머물렀다. 당숙은 김구 노선을 지지하는 신문 건국일보(建國日報)의 업무부장을 하고 있었다. 당숙은 최근에는 김구와 김규식 등이 남북정치협상회의에 참석하기 위해 평양을 가는 문제로 떠들썩하다는 말을 했다. 그리고 미군정 경무부장 조병옥이 서북청년회원 500명을 경찰관으로 임명해서 제주도에 파견할 것을 결정했다는 보도가 있었다고 했다.

이방근은 유원의 친구 조영하(趙英夏)와 셋이서 시내의 식당에서 함께 식사하던 중에 그녀가 탁자 밑의 발로 장난을 걸어오자 무척 당혹스러워한다. 그러나 유원은 알아차리지 못한다.

이방근은 박갑삼, 즉 또 다른 이름 황동성을 찾아갔다. 그는 남북평화협상에 참가하기 위해 비밀리에 월북한다고 했다. 그러면서 38선을 국경선으로 만들게 될 5·10 단독선거는 막아야 한다고 했다. 미군정청과 이승만은 좌익에 대한 체포와 탄압을 한층 강화하고 있다고도 하였다. 말끝마다 '당중앙'을 달고 다니는 황동성은 부동산 회사의 중역으로 위장하고 있었다. 이방근은 신문 사업에 대한 자금지원은 생각해 보겠지만 부편집국장이 될 마음은 없다고 잘라 말했다.

서북청년회중앙본부에서 황동성의 참고인으로 조사할 것이 있다며 이방근을 끌고 갔다. 황동성이 체포되었다 한다. 일제치하에서 종로경찰서의 특고 형사로 악명을 날리던 사무국장 고영상이 부하들에 둘러싸여 살벌한 분위기 속에서 기다리고 있었다. 그때 30세 전후의 늘씬한 양장의 여자가 커피를 내려놓고 갔는데 그 모습이 이방근의 뇌리에 박혔다. 고영상은 황동성이 체포되었다면서 그와는 무슨 관계인지 물었다. 황동성이 체포되었다는 말을 믿지 않은 이방근은 그를 모른다고 잡아떼었다.

<제12장>

이방근은 여객선의 운항이 중지된 제주도에 화물선을 타고 돌아왔다. 부엌이는 고양이를 데리고 자신의 집이 있는 중 산간 부락으로 돌아가 있었다. 집안일은 옆집의 할머니가 대신 맡아서 하고 있었는데 부엌이만큼 잘 할 수는 없어서 여러 가지로 불편했다.

이방근에게 부엌이는 부스럼 영감과 같은 존재였었다. 부엌이가 빨치산에 가담하여 큰 도끼로 내려찍는 장면과 피의 바다를 상상했다.

일본군에 징용되어 싱가폴 전선에 있다가 전범으로 몰려 형무소 생활 끝에 돌아온 후배 한대용을 만난 이방근은 무척 기뻤다. 그는 술로 세월을 보내고 있었지만 호방한 성격의 멋쟁이였다. 그는 고국에 돌아오면 친일파는 일소되고 새로운 세상이 열려있을 줄 알았는데 여전히 친일파의 세상이라며 분개했다.

국방경비대 9연대장 김익구(金益九) 소령이 평화협상에 나섰다. 경찰인 정세용은 이를 독선적인 행동이라며 비판했다.

미군정통역으로 일하던 양준오는 지금은 제주도지사 비서 겸 도청 경리과장으로 재직하고 있었다.

이유원이 해상봉쇄 중인데도 불구하고 아무런 예고 없이 돌아오는 바람에 부친인 이태수를 비롯해 모두가 몹시 놀랐다. 이방근은 유원이 자신과 부엌이의 일을 알게 될까봐 신경이 쓰였다. 그녀는 부엌이가 그만두었다는 말을 듣고 다시 데려오기 위해 내려왔다는 것이다.

강몽구는 이방근이 조직에 들어올 것인지 최종결정을 요구했다. 이방근은 조직이 절대적인 정의처럼 되는 것에 반대한다며 거부의사를 표시했다. 그러나 이방근은 빨치산 측이 군의 평화 교섭을 받아들여야 한다는 점을 강조했다.

이방근은 자신의 방에서 유원에게 부엌이와의 관계를 털어놓았다. 유원은 당혹감과 함께 불쾌감을 드러내고 방을 나가버렸다. 나중에 유원은 부엌이를 데리러 함께 가자는 제안을 하였다.

꿈 속에서 유원의 모습을 본 남승지는 부엌이를 데리러 이방근과 함께 중 산간 부락으로 들어온 그녀와 실제로 만나게 된다. 남승지로부터 조영하의 연인이었던 한라신문의 김동진이 빨치산이 되었다는 말을 들은 유원은 충격을 받은 듯 했다. 유원의 목적은 부엌이를 데려온다는 것 이외에도 남승지를 만나는 것과 빨치산의 실상을 알고 싶었던 것이라고 이방근은 생각한다. 유원은 점점 혁명투쟁에의 참가를 생각하고 있는 듯 했다.

이방근은 양준오와 남승지를 만난 자리에서 '중앙당이라는 것이 절대 속의 절대적인 존재, 즉 신성불가침의 신이 되었다'고 비판한다. 그는 또 자신의 모든 재산을 처분하여 자유롭고 싶다고 했다. 일종의 목탁영감과 같은 존재가 되고 싶다는 암시를 한다. 양준오만이 그의 심정을 이해하는 듯 했다.

4월 28일 오후 빨치산 측 대표 김성달(金星達)과 김익구 연대장 사이에 회담이 성립되어 정전(停戰)을 하기로 결정하였다. 그러나 미군정청 경무부장 조병옥은 이를 거부하였다.

정전협상이 성립된 후 4일째인 5월 1일, 수용소의 천막이 있는 O리에서 정체불명의 청년집단이 마을을 습격하고 방화하여 다수의 사상자가 발생하였다. 경찰과 빨치산은 서로 책임을 떠넘겼다. 그러나 습격해 온 청년들의 말투가 서북 사투리였다는 증언들이 이어졌다. 이방근은 친척이며 경찰인 정세용이 관여했을 것이라는 예감이 들었다.

또한 3일에는 미군과 제9연대 병사들의 호위를 받으며 하산하던 빨치산들이 갑자기 경찰 무장대의 습격을 받아 전투가 벌어졌다. 이로써 정전협정은 결렬된 셈이었다. 살아남은 무장경찰대원은 자신이 제주경찰 소속이라는 자백을 했다.

4일에는 미중앙군정장관 딘 중장이 국방경비대 총사령관 송호성 중장, 조병옥 경무부장, 안재홍 민정장관을 대동하고 제주비행장에 착륙했다. 김익구 연대장은 해임되었다. 회의석상에서 김익구는 조병옥과 난투극을 벌였다.

5・10 선거를 며칠 앞두고 빨치산의 공세가 강화되었다. 토벌대의 공격도 빨치산에 한정되지 않고 그 보급을 끊기 위해 제주도민 전체로 확대되고 있었다. (제3권 끝)

<제13장>

이방근은 여동생 유원이 전단지 부착혐의로 종로경찰서에 구속되었다는 소식을 듣고 급히 상경하였다. 부친 이태수는 딸을 잘 감시하지 못했다며 사촌인 이건수를 비난하였다.

서울에서는 김구 선생 계열인 한국독립당과 민주독립당 등 20여 정당사회 단체가 모여 제주도사건 대책위원회를 구성했다. 그리고 제주도 출신 학생들은 미군정청과 각 방면에 청원서를 제출했다.

서울시내의 식당에서 당숙인 이건수와 식사를 마치고 나오던 이방근은 동경유학시절의 학우인 라영호를 우연히 만났다. 그와 같이 있던 아름다운 여인을 문난설이라고 소개하였는데, 서북중앙사무국에서 커피를 내온 바로 그 여인이었다. 라영호는 신진 작가라고 할 수 있는 인물이었는데, 항일운동으로 고문을 받아 오른쪽 팔이 마비되어 있었다. 이방근은 그가 적극적인 친일청산을 위한 글을 쓰지 않는 것이 불만이었다.

이방근은 건수 당숙과 함께 자신이 구속되어 갇혀 있던 기억이 생생한 종로경찰서로 향했다. 사찰계 주임이 훈계조의 잔소리를 마치고 이유원은 12일 만에 석방되었다. 그녀는 동료들을 감방 안에 남겨둔 채 자신만이 석방되는 것을 못내 괴로워했다.

대한민국의 존립을 위해서는 30만 제주도민의 희생도 어쩔 수 없다는 방침 아래 진압작전을 펼치던 김익구 연대장의 후임 박진경(朴景進) 대령은 그의 잔혹한 토벌작전을 보다 못한 부하대원 현상일(玄相一) 중위 등에 의해 암살되었다.

광복절을 내일로 앞두고도 이방근은 아무런 감흥이 없었다. 점점 자신의 부친과 같은 친일파의 세상이 되어 가고 있었기 때문이었다.

이방근은 동생 유원과 동기동창이면서 3살 위인 장석주(蔣石柱)를 생각했다. 그는 소학교 5학년 창가 시간에 '니혼 단지(日本男兒)'를 '일본 똥단지'라고 발음하여 학교를 쫓겨났던 인물이었다.

유원이 생각에 골몰한 이방근을 보고 '로댕과 같이 무거운 십자가를 짊어진 구부러진 등으로 철학을 하는 사람'이라는 말을 한다. 그런데 이때 이방근은 여동생 유원이 남로당 조직과 관계하는 것을 막을 궁리를 하고 있었다.

<제14장>

일본 오사카에서 동해고무 중개상을 하는 우상배가 밀항선으로 부산에 들어왔다는 연락을 하고 찾아왔다. 이방근은 우상배가 타고 온

배에 여동생 유원을 태워 보내는 상상을 하였다.

우상배는 황동성(박갑삼)에 대하여 자신과 중학교 동창인지라 잘 알고 있다고 하면서, 일제치하에서 오사카 신문사의 경성특파원으로 친일적인 활동을 한 인물이라 하였다. 그러나 해방 후 조선공산당에 입당하여 철저히 반성하고 열성적인 활동을 벌이고 있다 한다.

이방근은 고서적 거리를 돌다가『국민문학(國民文學)』을 발견하고 조선인들의 여러 친일적인 글귀에 새삼 마음이 상한다.

이방근은 유원의 담당 교수인 하동명을 만났다. 하 교수는 유원의 일본유학을 추천한다는 말을 했다.

우상배의 배가 8월 말에 부산을 출항한다는 말을 듣고도, 이방근은 동생 유원을 태워 보낼 것인지 결정을 못하고 있었다.

이방근은 제주도의 5·10 선거가 빨치산들의 방해 공작과 도민들의 참여저조로 무기한 연기되었던 일을 떠올렸다.

제주도의 부친으로부터 당숙에게 계모인 선옥이 임신했다는 연락을 해왔다. 유원은 그 말을 듣자 몹시 불쾌해하더니 구토를 시작했다. 절대적인 거부반응이었다. 이방근은 이런 난국에 자신과는 배다른 새로운 생명이 잉태된 것에 신비감마저 느꼈다.

그런데 유원은 이제 와서 일본에 가고 싶지 않다는 말을 했다. 유원은 스스로의 독립된 삶을 살아가고자 하였다.

이방근은 황동성을 만나기 위해 그의 사무실로 향했다. 그런데 문난설이 그쪽 방향에서 걸어오고 있는 것이 보였다. 방근은 몸을 숨겼다. 황동성을 만나 넌지시 물어보니 국제통신사의 일로 왔다 갔다고 했다. 그녀는 중도 우익의 국회의원인 서 회장의 친척이라 했다. 그는 서랍에서 권총을 꺼내더니 필요하면 주겠노라 한다. 이방근이 사양하자 필요할 때는 언제든지 주겠노라 했다. 그러면서 이승만 정부와 미군이 정판사(精板社) 위조지폐사건을 날조하여 좌익 탄압에 나섰다고 했다. 황동성은 라영호가 문난설에게 마음이 있는 것 같다는 말을 했다. 그리고 그는 최고인민회의 대의원을 뽑는 선거가 남북한 동시에 실시되고 있다고 했다. 남한에서도 360명의 대의원이 지하선거로 선출된다고 하였다. 황동성의 가족은 모두 북한에 있다고 하였다.

이방근이 라영호를 만나기 위해 충무로에 나가보니 뜻밖에 문난설이 동석해 있었다. 그녀가 한쪽 팔을 들어 올리자 겨드랑이로 보이는 진한 털이 부엌이를 연상시켰다. 술집으로 자리를 옮겼다. 라영호가 화장실에 간 사이에 이방근은 둘 사이를 넌지시 물었다. 이방근은 라영호를 질투하고 있었다. 문난설은 자신은 자유의 몸이라 했다.

이유원은 방근에게 남승지가 죽는 꿈을 꾸어서 불안하다는 말을 했다.

<제15장>

남승지는 최근에 일본에 다녀온 강몽구가 가져온 여동생 말순의 편지를 읽었다. 미국 점령군과 일본정부의 조선민족학교 교육에 대한 탄압에 맞선 4·28 한신(阪神) 교육 투쟁에 관한 내용이 담겨 있었다.

남승지는 최근에 제주도당 위원장이면서 군사부장인 김성달외 몇 명의 주요 당원들이 북한에서 열리는 회의에 참석한다는 명목으로 제주도를 탈출한 사실을 떠올렸다. 그리고 지금은 성내지구 책임자도 유달현에서 유성원(兪成源)으로 바뀌어 있었으며 빨치산의 공세도 소강 상태에 놓여 있었다. 그러나 유달현은 자신이 당 중앙과 연결되어 있는 사람임을 강조했다.

암살당한 박진경 대령의 후임인 최경오(崔慶伍) 중령은 경찰이 해안지대 경비에 임하고 군이 산간지대토벌에 나서도록 했다. 그리고는 7월 중순에 소탕작전이 성공리에 끝났다고 발표했다.

남승지는 포로수용소장이 되어 있는 오균(吳均) 소령을 만났다. 그는 좌익세력과 연관되어 있는 인물이었으므로 그의 도움을 받아 김동진을 찾아내기 위해서였다. 그러나 수용소 안에 김동진은 없었다. 그런데 그곳의 수용자 명부에서 관음사 공양주인 용백(龍白)의 이름을 찾아냈다. 조직에서 관음사를 아지트로 사용하고 있었기 때문에 남승지는 용백을 잘 알고 있었다. 목포 보살의 괴롭힘에도 아랑곳 않고 부처님 공양을 천직으로 알고 있는 그가 왜 수용소에 보호되어 있는지 알 수 없었다. 조사서를 보니 목포보살이 그를 희생양으로 내려 보낸 것이었다. 용백은 다음 날 아침 출소하여 절로 돌아갔다.

양준오는 찾아 온 남승지에게 이방근이 여동생 유원을 데리고 일본으로 떠날 생각을 했었다는 말을 하여 놀라게 한다.

유달현은 경찰인 정세용이 자신을 노리고 있다는 구실로 성내지구 책임자를 그만두었는데, 이에 관하여 트럭운전수 박산봉은 그가 정세용의 끄나풀이 된 것이 아닌지 의심된다는 말을 남승지에게 하였다. 그러면서 자신은 정세용이 죽는 꿈을 자주 꾼다는 것이었다. 일주일 전쯤에 특별한 이유 없이 정세용을 미행한 적이 있는데 그의 집에서 유달현이 나오더라는 것이었다.

남승지는 아침을 양준오의 집에서 먹기로 하였기 때문에 이른 아침 그의 하숙집으로 향하다가 읍사무소에 인공기가 걸려 있는 것을 보고 매우 놀라 멈춰 섰다. 그는 의심받을 것을 우려하여 서둘러 그 자리를 피했다. 골목으로 들어서면서 공교롭게 경관 둘과 마주쳤는데, 당황한 남승지의 모습을 보고 경찰서로 연행해 갔다. 공교롭게도 인공기 게양 사건이 터진 터라서 남승지는 일단 혐의자로 구속되었다. 남승지는 교

대하는 간수에게 얼마인가 돈을 밀어주며 도청의 양준오에게 자신의 구속을 알려달라는 부탁을 했다.

양준오는 오후 3시가 돼서야 나타났다. 그것도 범인이 잡혀서 석방되는 것이라 했다.

유달현과 정세용의 관계가 의심스러웠지만 확증이 없는 한 달리 어떻게 할 방도도 없었다.

<제16장>

대한민국 정부가 수립된 지 일주일이 지났다. 북한 정권의 주도로 실시되는 25일 남북총선거의 혼란을 막기 위해 이승만 정부는 총력을 기울이고 있었다.

이방근은 당숙 건수의 요청으로 제주 동향회에 참석했으나 친일협력자에 대한 평가로 의견이 대립되는 바람에 씁쓸한 마음으로 돌아왔다. 그 자신의 부친도 친일적인 재산을 형성하고 있다는 문제를 안고 있었기 때문이다. 그리고 그 자리에 참석한 한성일보 기자 윤봉(尹奉)이 문난설을 가리켜 국제통신사 회장의 첩이라고 단정적으로 말한 것에도 충격을 받는다.

문난설과 라영호의 제주도 방문이 추진되는 가운데 유원과 동향회에서 알게 된 오남주(吳南柱)가 찾아왔다. 자신도 제주도에 데려가 달라는 것이었다. 자신의 형이 빨치산으로 입산하자 여동생이 가족들을 살리기 위해 서북 군인과 결혼을 한 것에 심한 충격을 받은 모양이었다. 이방근은 그의 입도(入島) 허가서를 문난설에게 부탁해보는 수밖에 없다고 생각한다.

이방근은 우상배의 배가 늦어도 9월초에는 부산을 출항할 것임을 알고 있었기에 마음이 급했다. 그리고 이번에 제주에 가면 유원을 일본으로 유학 보내는 일로 부친과도 담판을 지어야 했다.

한밤중에 눈을 뜬 이방근은 방문 앞에 서있는 사람 그림자에 놀라 누구냐고 물었다. 속옷 차림의 그녀는 낮에 놀러왔던 유원의 친구 조영하였다. 누구냐고 묻는 소리에 그녀는 살며시 돌아갔다. 그녀는 이튿날 이방근이 일어나기 전에 떠났다.

이방근은 제주도로 내려가기 전에 여동생의 확답을 요구했다. 그러자 유원은 일본에 가겠다고 대답했다.

그런데 이러한 결정의 과정에는 철저히 부친인 이태수의 의견을 무시하고 있었다. 부친은 유원이 대학을 마치면 어떻게든 최용학과의 결혼을 추진하려 할 것이 뻔했다. 그러나 유원은 부친의 뜻대로 하지 않고 혁명운동에 참여할 염려가 있다고 이방근은 생각하고 있었다. 이방근은 여동생이 공산주의 혁명의 대열에 참여하는 것을 결코 원치 않았다.

그런데 유원은 오빠인 방근도 함께 제주도를 떠나 일본에 간다는 것이 믿기지 않는 듯하였다.

문난설은 자신과 라영호, 그리고 오남주가 제주도에 갈 수 있도록 여행증명서를 발급해 줄 수 있는 충분한 능력을 가지고 있었다. 배후에 국회의원인 서 회장이 있기 때문이었다.

이방근은 라영호와 문난설을 만나기로 한 파-라-라는 다방으로 갔다. 문난설이 매혹적인 모습으로 혼자 앉아 있었다. 라영호는 일이 있어 나올 수 없다고 하였다. 두 사람이 밖으로 나오자 붉은 노을빛이 사방을 감싸고 있었다. 이방근은 붉은 석양 아래에서 아름다운 그녀를 안고 싶다는 생각을 했다.

서북중앙사무국장 고영상은 자신의 육촌 오빠의 친구라 했다.

두 사람은 아바이 순대집으로 갔다. 그곳에서 만난 수도경찰청 최공안과장이 문난설을 보고 아는 체를 했다. 그가 문난설 일행의 제주행 여행증명서를 발급해줬다는 것이었다. (제4권 끝)

<제17장>

문난설은 어젯밤 집으로 돌아가는 택시 안에서 이방근의 무릎 위에 머리를 대고 자는 척을 하고 있었다. 그리고는 집 앞에 도착하자 스스로 일어나는 것이었다.

문난설과 라영호는 일종의 취재를 위해 제주에 가는 것으로 되어 있었다. 이방근은 유원이 남승지를 위해 짠 스웨터를 받아들고 문난설, 라영호, 오남주와 서울역에서 만나 목포로 향했다.

여동생이 서북 출신 군인과 결혼한 것을 분개하며 제주를 향하고 있던 오남주는 문난설이 서북 출신이라는 것을 알고 당황하는 눈치였으나 이내 사태를 파악한 듯 아무렇지 않은 얼굴을 하였다.

그런데 제주 동향회에서 진상조사단을 구성하여 제주로 파견했다는 소문이 들렸다. 어쩌면 목포에서 같은 배를 타게 될지도 모를 일이었다.

목포역에 도착하여 경찰의 검문을 받는 자리에서 맨 앞에선 문난설을 보고 갑자기 경찰이 부동의 자세로 경례를 하는 것이었다. 알고 보니 그녀는 내무부 치안국이 발행하는 총경(總警) 대우의 신분증을 가지고 있었는데, 목포경찰보다 두 계급이나 위였던 것이다. 국회의원이자 국제통신사 회장인 서원제의 배려였다.

이내 사람은 목포의 여관에서 묵었다. 이튿날 네 사람의 도항증명서는 발급되었다. 그날 저녁 늦게 조사단 일행도 목포역에 도착하였다.

그러나 그들이 승선할 수 있을 지는 의문이었다.

여객선은 운항금지 명령이 내려져 있었기 때문에 화물선이 출발하는 시간까지 기다려야 했다. 목포에서 하룻밤을 또 자고 그들은 9시 좀 지나서 부두로 나갔다. 그들이 3백 톤급의 화물선에 오르고 나자 조사단 일행이 도착했으나 그들은 승선을 거부당했다. 배는 출항준비에 들어갔다. 갑자기 오남주가 승선사다리를 달려 내려갔다. 그리고는 이내 사다리가 철거되었다.

제주에 도착한 일행은 여동생 유원의 방에는 문난설이. 이방근의 온돌방에서는 라영호가 자기로 했다.

이방근의 부친은 그에게 라영호와 문난설이 뭘 하는 사람들인지 물었다. 그리고는 2, 3일 안으로 이방근의 결혼문제로 문중회의를 연다고 하였다. 일본인으로 귀화한 형 대신에 종가집의 대를 이어야할 그였으므로 집안 문중에서는 이방근의 결혼에 대하여 집요하게 매달렸다. 또 부친은 부엌이가 며칠 내로 돌아올 것이라는 말도 하였다. 이방근은 결국 자신이 집을 나가야겠다고 생각한다. 그리고 우상배의 배를 타기 위해 모레는 어렵겠지만 31일에는 출발해야겠다고 생각했다.

이튿날 문난설이 국제통신사의 서 회장에게 전화를 걸고 있는 모습을 지켜보던 이방근은 그녀가 아버님이라 호칭을 사용하는 것에 대해 의아하게 생각한다. 첩으로서의 호칭으로는 좀 이상하다는 생각을 했기 때문이다.

이방근은 마침내 부친에게 유원의 유학문제에 관한 말을 꺼냈다. 유원의 음악 교수 하동명을 거론하며 유학의 당위성과 유원의 혁명투쟁에의 참가를 우려해서 보내는 것이 좋겠다는 취지를 전했다. 그러나 이태수는 완고히 거절했다. 또한 며칠 후에는 일본으로 떠난다는 말을 듣고 아연실색했다. 그리고 한없는 슬픔으로 한탄했다.

이방근은 부친 이태수로부터 정세용이 도경찰국으로 영전하게 되었다는 말을 들었다. 그러자 그는 서북제주지부장 함병호로부터 4·28정전협상과 5월 3일의 하산하던 빨치산에 대한 총격 사건 때는 정세용에게 신세를 많이 졌다는 말을 들었던 일을 떠올렸다. 정세용이 개입했다는 암시였다.

부친 이태수는 반민족행위특별조사위원회가 설치된다는 말을 듣고 신경을 쓰는 듯했으나 자신의 입장을 변명하려 하지는 않았다. 그리고 이방근에게 유원의 문제에 대해서 부친인 자신의 권리를 침해하지 말라는 경고를 하였다. 또한 일전에 이방근이 집을 나가 살겠다고 언급했던 일을 끄집어내며 이왕이면 서울로 가서 살면 안 되겠는가라는 말을 덧붙였다.

이방근은 양준오를 통해 30만 엔의 조직에 대한 지원 자금을 건넸다. 강몽구에게 전달하라는 뜻이었다. 양준오는 매우 고맙게 받았다. 이방근은 '소유로부터의 자유'라는 말을 했다. 그러나 양준오는 재산을 고의로 없애는 것에는 반대했다. 그리고 이방근이 여동생과 함께 일본에 가려는 것에 대해 반대했다. 양준오 자신과 남승지가 이방근을 필요로 한다는 것이었다. 그리고 정세용과 유달현이 접촉하고 있는 것 같다는 말도 했다.

정세용과 유달현이 접촉하고 있다면 성내 조직은 위험했다. 양준오가 비밀당원인 것을 유달현이 모르고 있겠지만 남승지와 가까이 지내온 만큼 그도 의심받기에 충분할 것이라고 이방근은 생각하였다.

<제18장>

1948년 8·15 이후, 남북에 각각 다른 정권이 생기면서 제주도 4·

3봉기로 일어난 투쟁은 결국 이승만 정부 반대, 인민공화국 지지로 그 정치적 성격도 변하게 되었다. 한반도에서 유일한 대한민국의 정통성을 확립하기 위해서도 빨치산들의 북쪽 지지는 철저한 탄압에 직면하게 된 것이다.

이제 그들은 북으로 탈출한 도당(島党)위원장 안민수(安民洙), 빨치산 사령관 김성달(金星達)이 북한으로부터의 지원군이나 물자를 가지고 돌아오기를 기다리는 수밖에 없었다. 그것이 유달현을 비롯한 공산주의자들이 늘 입버릇처럼 외우고 다니던 교조성(教条性)과도 통하는 것이었다. 앞으로는 빨치산의 승리는 어려울 것이고, 마을 안에서는 빨갱이 사냥을 한다는 명목으로 모든 주민들을 학살과 폭행, 그리고 약탈의 대상으로 삼게 되면 그들은 난을 피해 산으로 올라갈 것이고, 결국 주민들의 말로는 뻔했다.

이방근은 유달현의 정세용과의 내통문제를 확인하기 위해 박산봉을 만나고 오는 길에 유달현을 만났다. 두 사람은 옥류정으로 들어갔다. 유달현으로부터 무언가를 캐내보기 위해서였다. 그러나 유달현은 이방근의 말을 계속 피했다. 유달현이 화장실을 가기 위해 밖으로 나가다가 서북과 시비가 붙었다. 이방근은 싸움을 피하려 했지만 어쩔 수 없이 상대방을 업어치기로 통로에 내동댕이쳤다.

마담의 중재로 서북패들이 일단 돌아갔지만 그들이 이대로 물러설 리가 없었다.

집에서는 라영호가 소파에 골아 떨어져 있었고 문난설이 기다리고 있었다. 그러나 이방근은 이내 잠이 들었다.

잠결에 전화벨이 울려 받아보니 서울의 유원이었다. 부친 이태수에게 수화기를 넘겼다. 부친은 유원에게 일본에 가는 것은 급하지 않으니 일단 제주도로 내려오라고 하였다. 이방근을 완전히 무시한 발언이었다. 이 상태로 유원이 일본으로 갈 수는 없었다.

　문난설이 자지 않고 기다리고 있었다. 라영호의 코고는 소리가 들렸다. 두 사람은 깊은 포옹을 했다. 이방근이 그녀의 몸을 더듬었으나 그녀는 허락하지 않았다. 이방근은 내일 밤에 그녀의 침소로 가겠노라 했다.

　이튿날 문난설은 메모 쪽지를 이방근에게 살며시 전해주었다.

　"오늘 밤에 기다리겠습니다. 그러나 일신상의 사정이 있어서……"라는 내용이었다.

　이방근은 여동생의 일이 왠지 불안했다. 그리고 문난설과 라영호에게 어제 밤의 폭력사태에 대해서 털어놓았다. 문난설의 힘을 빌릴 수도 있었다.

　이방근이 서울에 있는 건수 당숙에게 전화를 걸자 부친 이태수에게 질책을 받았다며 유원과 함께 곧 제주로 내려가겠다고 했다. 이제 이방근이 할 일은 없어졌다.

　제주경찰서장의 문난설 총경에 대한 인사의 의미로 옥류정에서 식사를 하자는 제안이 부친 이태수를 통해 들어오는 바람에 이방근을 빼고 부친을 포함한 세 사람이 마지못해 다녀왔다.

　밤이 깊어 라영호의 코고는 소리만 요란했다. 약속대로 문난설이 있는 방으로 들어간 이방근은 마지막까지 가지는 못했지만 그녀와 함께 황홀한 시간을 보냈다.

　이튿날은 주변에 사는 여자들이 이방근의 색시를 보겠다며 몰려왔다.

　이방근은 문난설에게 오늘밤도 가겠다고 하자 오늘도 곤란하고 서울에서 맞아들이겠다고 했다.

　이방근은 옥류정에서 서북패를 내동댕이친 일을 해결하기 위해 서북제주지부 함병호 지부장을 찾아갔다. 그는 말썽을 일으킨 그들은 자기 소속의 부하들이 아니고 부두에서 일하는 패거리라 좀 어렵겠지만 잘 마무리하겠다며 애국성금을 준비해달라고 했다.

　부엌이가 집으로 돌아왔다. 흰둥이라 이름붙인 고양이는 데려오지 않았다. 그리고 그날 밤에 건수 당숙과 유원, 그리고 목포에서 승선했다 급히 뛰어내렸던 오남주가 함께 왔다. 이방근은 부엌이가 문난설과 자신의 관계를 눈치 챌까봐 신경이 쓰였지만 냉담한 태도로 일관했다.

　문난설과 유원은 서로 마음이 맞는지 즐겁게 대화를 나눴다. 오남주는 내일 어머니를 찾아 간다고 하였다.

　이튿날이 되자 부엌이의 장작 패는 소리가 다시 힘차게 들렸다. 오늘은 이방근의 결혼 문제를 해결하기 위한 친족회의가 있는 날이었다.

　9명 정도가 모인 친족회의에서는 이미 이방근이 결혼할 여성을 결정해 놓은 상태에서 진행되었다. 이방근은 위기를 모면하기 위하여 지금 와 있는 문난설과 결혼할 예정이라는 답을 하였다. 친족들은 그래도 나이가 많아 안 된다고 반대했다. 일단 문난설을 만나보기라도 하자는 말도 나왔으나 몸이 안 좋아 누워있다고 위기를 모면하였다. 물론 사전에 문난설의 동의를 얻어 입을 맞춰놓고 있었다. 문중의 결정에 따르지 않으면 양자를 들이겠다는 협박까지 나오고, 부친인 이태수를 비롯한 연장자들의 반대와 비난이 쏟아지는 험악한 분위기 속에서 회의는 석연치 않게 끝났다.

＜제19장＞

　남승지는 김성달 등 빨치산 간부가 북으로 간지 한 달 반이 넘도록 소식이 없는 불안한 가운데, 지난번 성내 인공기 게양사건으로 체포된 일에 대하여 조직회의에서 자기비판을 했다. 그러나 그의 임무가 막중하여 앞으로도 성내 연락책을 계속 맡기는 것으로 결정되었다. 부엌이를 이용해 이방근의 집을 아지트로 활용하기 위해서도 남승지가 필요했다. 부엌이는 고향인 중 산간부락으로 가 있는 사이에 그들의 연락원이 되어 있었다.

빨치산 측의 보복성을 띤 잔인한 처형방법에는 문제가 있었으며, 주민들의 반발까지 사고 있었다.

관음사로 접근하던 남승지는 용백의 신음소리를 들었다. 목포 보살에게 채찍질 당하는 소리였다. 남승지는 밖에서 장작을 패며 채찍이 끝나길 기다렸다. 한참 있다 밖으로 나온 용백의 저고리에서는 피가 배어나오고 있었다. 용백은 남승지에게 고구마를 가져다주었다.

8·15 이후 빨치산에 대한 토벌대의 대대적인 공격이 계획되고 있었다.

이방근이 살고 있는 집의 뒷문을 개폐하여 조직의 비밀 아지트로 사용한다는 생각은 부엌이로부터 나와 조직이 승인한 것이었다.

남승지는 양준오의 하숙집에 도착하였다. 다 떨어진 양말을 벗고 발을 씻은 뒤 양말을 좀 달라고 했더니 여러 켤레를 건네주었다. 양준오는 제주출신 한(韓) 지사가 경질되자 비서역할은 해임되고 도청 경리과장으로만 남아 있었다.

양준오는 이방근에게 받아둔 스웨터를 남승지에게 건넸다. 이유원의 선물이라는 말을 들은 남승지는 어쩔 줄을 몰랐다. 그리고 이유원이 일본에 가지 않고 현재 성내에 있다는 말을 듣자 무척 기뻐했다. 그런데 그것이 부친인 이태수가 유원의 도항증명서에 도장을 찍어주지 말도록 제주경찰에 압력을 넣고 있는 때문이라는 사실도 알게 된다.

양준오가 이방근을 찾아가자, 문난설과 라영호는 서울로 돌아가고 없었다. 양준오로부터 남승지가 왔다는 말을 들은 이방근은 양준오의 하숙집으로 찾아가기로 했다.

이방근이 오기 전에 하숙집으로 돌아온 양준오는 '이방근을 움직이는 것은 남승지 자네야'라는 말을 한다.

이방근은 양준오와 남승지를 앞에 앉혀놓고 부엌이의 도끼가 자신의 이마를 찍어 내릴 것 같다는 말을 한다. 그러자 양준오는 피해망상이라고 일축한다.

이방근은 남승지에게 유원을 만나고 싶은지 묻고는 내일 집으로 오라고 했다.

이방근은 한대용이 알선해주기로 한 배를 구입하기로 했다는 소식을 두 사람에게 전한다.

남승지는 부엌이의 뒷문 개폐로 이방근 댁이 조직의 아지트로 쓰인다는 말을 해야 할지 무척 고민스러웠다. 그러나 결국 고백하지 못한다.

남승지는 이방근을 찾아가 유원과 만났다. 유원이 12일간 유치장에서 보냈다는 말을 듣고 놀랍기도 하였지만 그녀가 더욱 눈부셔 보였다. 이방근은 조만간 성내의 다른 곳으로 이사를 간다고 하였다. 유원은 서울에 가지 못하게 하는 부친에 대한 항의로 단식 중이라고 했다. 이방근은 남승지에게 돌아갈 때 박산봉의 트럭을 타고 가라고 일렀다.

남승지는 유원에게 빨치산의 투쟁의 의의에 대해 미래의 조선혁명의 근거지가 될 것이라는 등 자랑스럽게 이야기했다.

남승지는 이방근이 자리를 비운 사이 자신들이 비밀리에 사용하게 될 뒷문 쪽으로 가보았다. 그런데 남승지의 모습을 뒤에서 이방근이 지켜보고 있었다.

이방근은 한대용을 만나고 온다며 나갔다.

남승지와 유원이 있는 곳으로 계모인 선옥이 슬며시 다가왔다. 그리고는 남승지에게 지금도 중학교 교사인지 물었다. 그리고는 스웨터를 싼 보자기를 보더니 안색이 변했다. 보자기는 이방근이 계모인 선옥에게 빌린 것이었다.
　이유원은 내가 결혼하는 것에 대해 어떻게 생각하느냐고 남승지에게 물었다. 남승지는 마음이 혼란스러웠다. 유원은 해방구에 다시 가 보고 싶다고 했다.
　이방근이 돌아왔다. 유원이 스웨터를 싼 보자기를 본 계모의 안색이 좋지 않았다는 말을 하자 신경 쓸 것 없다는 대답을 한다.
　반민족행위처벌법이 간신히 국회를 통과하였으나 이승만 대통령이 처벌법 중지를 요청하는 담화를 발표하는 상황이었다.
　이방근은 떠나려는 남승지의 호주머니에 3천 엔 정도의 돈을 찔러 주었다. 남승지가 이방근 댁을 나와 박산봉과 만나기로 한 장소에 가 보니 트럭에는 이유원도 타고 있었다. 유원은 가운데에 끼어 앉았다. 목적지인 Y리 주변에 도착하자 박산봉은 잠깐 볼일이 있어 갔다 온다며 차를 몰고 저쪽으로 가버렸다.
　남승지는 유원이 정말로 결혼을 할 것인지 물었다. 그리고는 길옆 바위벽에 그녀를 밀어붙이고 눌렀다. 두 사람은 풀밭에 뒹굴었다. 승지는 그녀의 가슴에 얼굴을 묻었다.
　트럭이 돌아오는 것을 보며 남승지가 가까운 날에 다시 성내에 가겠노라고 말했다.
　이성운(李成雲) 빨치산 사령관이 참석한 가운데 관음사에서 조직회의가 열렸다. 강몽구로부터 이방근의 30만 엔에 달하는 자금 지원과 선박의 구입계획 등이 보고되었다. 그리고 노획한 무기의 분배로 인한 분쟁을 해결하기 위한 기본 방침도 확인하였다.

육지에서 온 '주(朱)'라는 군사전문 조직책이 '피의 희생 없이 달성된 혁명이 동서고금에 있는가. 혁명의 길은 험하고 무자비하며, 혁명은 피를 두려워하고 죽음을 슬퍼할 여유를 주지 않는다'며 혁명의 중요성을 강조하는 말도 남승지에게는 왠지 공허하고 혐오스러웠다. 외부의 지원이 없는 한 공허한 메아리에 불과했다. 자신들의 근거지를 지키고 해방구을 늘려가야 한다는 이성운 사령관의 말도 틀린 말은 아니었지만 과연 가능할 것인지 의문스러웠다.

강몽구는 이방근이 자금 지원에 적극적인 것은 '남승지 자네의 존재'를 전제로 한 것 같다는 말을 했다. 남승지도 이방근의 변화가 기뻤다.

이따금 올라오는 식량이나 의약품 같은 생필품은 빨치산의 생명줄이었다. (제5권 끝)

<제20장>

이방근은 서문교 근처에 밥을 해주는 하숙집을 구해놓고 있었지만 아직 이사는 가지 않고 있었다. 부친 이태수는 크게 반대하지 않았으나 계모인 선옥은 사람들이 자신을 욕한다며 눈물로 반대하였다.

여동생 유원은 이미 신학기가 시작되었음에도 불구하고 서울에 올라가지 못하고 있었다. 지금까지 여동생에게 절대적인 영향력을 행사하던 이방근은 부친 앞에서 한없이 무력한 존재가 되고 말았다. 부친은 문난설에 대해서도 좋지 않은 소문을 들었는지 탐탁지 않게 생각하는 듯 했다.

이방근은 유원이 부친 앞에서 최용학과의 결혼의사를 밝히지 않는 한 서울로 가지 못할 것이라는 생각을 했다.

이태수는 민족주의자이며 좌익 활동을 한 혐의로 형무소 생활 경험도 있는 변호사 한성주(韓成株) 선생에게 유원과 최용학의 중매를 부탁했다는 말을 했다. 한성주 선생은 이방근도 존경하는 인물이었다. 최용학의 어머니가 선옥을 찾아오자 두 사람은 서로 간에 이미 사돈관계라도 맺은 것처럼 행동하였다.

이방근은 여동생 유원과 최용학과의 결혼을 생각하자, 서북군인과 결혼한 여동생을 죽이겠다던 오남주의 기분을 이해할 것 같았다.

그런데 오남주의 도항증명서 유효기간이 열흘 정도밖에 남지 않았는데도 그로부터는 아무런 연락도 없었다. 잘못되면 그 책임이 문난설에게로 돌아가게 되어있었다.

이방근은 오남주의 집으로 찾아갔다. 오남주는 없었으나 이방근을 만난 그의 어머니는 다 같이 죽자고 난동을 부리는 자식이 두렵다고 했다.

마침 제주도에 와 있던 최용학이 찾아왔다. 그런데 그때 오남주도 찾아왔다. 사고방식이나 삶의 태도가 전혀 다른 그 두 사람은 서로를 경멸했다.

그런데 최용학은 자신의 부친이 정세용의 영전을 축하하기 위한 저녁을 마련했는데, 유달현이 정세용과 함께 와서는 이방근이 공산주의자적인 사고방식을 가지고 있다며 비난을 했다는 말을 했다. 그리고는 여동생인 유원도 오빠의 영향을 받았을 것이라고 덧붙였다 한다. 그러면서 최용학의 부친인 상규에게 유달현 자신의 일본행에 관해서 한마디 흘렸다고 한다. 이방근은 매우 놀랐다. 그가 이미 배신자가 되었음을 느꼈다.

오남주는 이방근에게 자신은 서울로 돌아갈 수 없을 것이라는 말을 했다. 그래서 문난설씨에게 피해주는 것이 마음에 걸려 찾아왔다는 것이다. 즉 입산하겠다는 것이었다.

이유원은 최용학의 간청으로 성내 식당에서 식사를 하기로 했다. 물론 부친의 마음을 돌리기 위한 이방근의 작전지시에 의한 것이었다.

이방근은 명선관의 명선을 찾아가 잠자리를 같이 했다. 뜨거운 포옹으로 둘은 뒤엉겼으나 허무한 신음소리만 내던 명선은 '아이고, 도대체 어찌된 일이야! 하늘과 땅이다'라고 소리치며 베개를 내동댕이쳤다. 그러나 이튿날 새벽에는 황홀경에 빠진 명선이 '집이 무너진다, 집이 무너져내려……'라는 괴성을 질러댔다.

이방근은 북쪽을 지지한다는 것이 마음에 내키지 않았다. 사고를 필요로 않는 독재, 북쪽을 가본 것은 아니지만 제주도의 조직을 보면 알 수 있는 것이었다. 그것이 절대 권력기관이 되어 있을 것이라는 생각을 했다.

반민족행위 처벌법은 없는 것보다는 낫겠지만 엉성하기 그지없는 것이었다.

이방근은 양준오와 만나서 말을 나눈 결과 유달현의 일본행이 '도망'이라는 생각에 일치했다. 이방근은 만일 그가 '유다'라면 절대 일본으로 가게 둘 수는 없다고 말했다.

이방근이 연하의 남승지에게 느끼는 콤플렉스는 「당조직」과 관련된 두려움이나 사상적인 것이 아니었다. 그것은 윤리적인 것이었는데, 일본에 어머니와 여동생을 남겨두고 이 험한 제주도에 버티고 서있다는 점에 있었다.

이방근은 유원이 최용학과 만남으로써 그녀의 서울행이 가능해졌다는 판단을 하고 이사를 결행하기로 했다.

이방근은 유달현의 일본행을 탐지하기 위하여 사촌이 밀항선에 관여하고 있는 고기집 송(宋)씨를 찾아갔다. 사촌 형인 송래운(宋來運)

선주(船主)에게 유달현의 밀항 낌새가 있으면 알려달라는 요청을 했다.

이방근을 만난 양준오는 경찰국 직원으로부터 들어온 정보라며, 앞으로 일주일간 한라산을 포위하고 빨치산사냥에 돌입할 것이라는 말을 했다.

집으로 돌아온 이방근은 대문을 열어준 부엌이의 검은 치마 밑에서 새어나오는 바다의 짠 냄새가 어느 틈엔지 사라져 버린 것을 알았다.

이방근은 유원과 함께 부친을 뵙고 이제 여동생을 서울로 보내달라는 요청을 하였다. 그러자 이태수는 나에게 말한 것을 지키겠다는 서약서를 하나씩 써줄 것을 요구했다. 즉 바로 결혼을 하겠다는 약속을 지키라는 것이었다. 유원은 거부감을 느끼는 모양이었지만, 부친이 원하는 대로 하였다.

이방근의 하숙집 주인 현기림(玄起林) 부부는 일본에서 사업을 하다가 해방이 되자 고향으로 돌아왔지만, 조국의 현실이 너무 각박하여 다시 일본으로 돌아갈 것을 생각하고 있는 사람들에 속한다고 할 수 있었다. 하숙집은 너무 비좁아서 소파를 들여놓을 공간도 없을 지경이었다.

<제21장>

이방근은 한대용의 도움을 얻기 위해서라도 그가 가지고 있는 배를 자신이 구입하는 방안을 생각했다. 한대용에게 그 배를 맡겨서 일본을 왕복하게 하자는 생각이었다. 그리하여 패주해 내려오는 빨치산들을 일본으로 실어 나를 계획이었다. 그러나 이 계획은 패배주의적 발상으로 비칠 수 있어서 강몽구와 같은 빨치산 지도자들의 오해를 살 공산이 매우 컸다.

이방근은 좁은 하숙집을 구해 이사를 하면서도 제주를 떠나려하지 않는 자신을 되돌아보았다.

밤에 양준오가 찾아와 잔혹한 진압작전을 펼치던 박진경 대령을 암살한 현상일 중위 등이 총살당했다는 소식을 전했다. 그리고는 하루이틀사이에 남승지가 성내로 올 것이라는 말도 했다.

남승지를 생각하자 이방근은 왠지 불안감이 밀려왔다.

내일이면 여동생 유원이 오빠 이방근과 세워놓은 계획대로 일본으로 떠나기 위해 제주를 떠난다. 부친은 이러한 배신을 알 리가 없었다.

집을 찾은 이방근을 본 부엌이가 소스라치게 놀랐다. 이것을 이방근은 의아하게 생각했다.

부친은 남승지가 이미 교원이 아니며 공산당이라는 것을 이방근에게 확인하려 했다.

남승지는 성내로 잠입하여 부엌이가 열어 준 뒷문을 통해 이태수 댁으로 들어왔다. 이방근과 유원에게는 경찰에 쫓기다가 담을 넘어 온 것으로 하자고 남승지와 부엌이는 입을 맞춰 놓았다.

부엌이는 유원에게 남승지가 왔으며 지금 별채의 헛간에 있다고 말했다. 유원은 내일 아침 일찍 헛간으로 가겠다는 말을 전했다.

그러나 밤이 되자 남승지는 유원의 방문 앞에서 애원을 하여 간신히 그녀의 방으로 들어갔다.

이방근은 남승지가 올 거라는 말을 들은 다음부터 알 수 없는 불안에 시달렸다. 양준오가 오더니 어제 남승지가 왔음을 알렸다. 남승지가 어데서 묵었는지를 묻자 양준오는 마지못해 사정이 있어 이방근의 집에 갔었던 것 같다고 말했다. 이방근은 믿을 수 없다는 반응을 보였다.

이방근은 자신이 여동생 유원에게 소개한 남승지에 대해 최용학에 대한 그것과는 근본적으로 다른 묘한 질투심을 느끼고 있었다. 집으로 찾아간 이방근은 유원의 시선을 제대로 받아낼 수가 없었다. 그러나 남승지가 멋대로 집으로 들어왔다는 것은 외부로부터의 힘으로 자신의 집안이 무너져 내린다는 것을 의미하는 것이어서 분노의 감정도 섞여있었다.

서울로 떠나려던 유원은 울면서 부친 이태수의 품에 안겼다. 이제 언제 볼 수 있을지 모르는 부친이었다.

이방근의 하숙집에 서북패들이 나타나 태극기를 강매하고 있었다. 일정한 급여가 없는 그들은 수색을 빙자하여 돈이 될 만한 것을 멋대로 가져가거나 이런 식으로 제주도민들을 착취하며 사는 것이었다.

오남주의 도항증명서가 기간을 넘기게 되어 이방근은 경찰서에 가서 참고인 진술을 했다. 이방근은 아직 그가 여동생의 남편인 서북출신군인을 살해한 것이 아님을 확인하고 안심했다.

이방근은 부엌이를 불러 남승지가 집으로 들어온 과정을 캐물었다. 결국 부엌이는 모든 것을 실토하고 말았다. 이방근이 불안해하던 원인은 밝혀졌다. 그는 강몽구와 남승지, 그리고 그 뒤에 버티고 있는 조직에 분노를 느꼈다.

서울의 황동성으로부터 언제 서울에 올라오는 것인지를 묻는 전화가 걸려왔다. 특별한 용건은 없지만 문난설을 만나고 싶다는 생각으로 사정이 허락되면 가겠다는 긍정적인 대답을 했다. 부친 이태수는 오남주와의 관계를 염려했으나 실제로 그와는 별 관계가 없었다. 부친은 또 이참에 서울로 이사를 가서 사는 것이 어떻겠냐는, 제주도에서 추방하려는 듯한 말을 하였다. 이방근은 생각해보겠다고 했다.

서울의 문난설로부터 전화가 왔다고 부엌이가 힐레벌떡 하숙집으로 달려왔다. 오남주와 관련된 일 때문에 좀 입장이 곤란해진 모양이었으나, 잘 수습하겠다는 말을 하였다. 이방근은 내달 초 쯤에 서울에서 만나자는 말로 전화를 끊었다.

이방근은 남해자동차의 도항증명서를 가지고 경찰서로 가서 두말 없는 허가를 받았다. 담당 경찰은 오남주의 어머니가 자식을 도망치게 한 혐의로 체포되었다는 말을 했다.

유달현이 이방근을 찾아와서 자신이 최상규의 중매로 결혼을 하게 되었다고 했다. 그러면서 이방근의 여러 유도신문에 대해 자신한테 무엇을 그리 알아내려고 하느냐며 울먹이는 목소리로 항변했다. 결국 이방근은 유달현이 일본으로 간다는 소문을 들었다고 말하자, 유달현은 만일 자신이 정말 일본에 가게 된다면 이방근에게 인사를 하고 가겠다고 했다. 이방근은 빨치산이 지기를 바라고 있는 것 아니냐며 유달현을 몰아 부치고는, 만일 배신하면 살려두지 않겠다는 협박을 한다.

이방근은 이제 자신이 확실하게 소파를 벗어나 움직이기 시작했음을 느꼈다.

<제22장>

이방근은 밤 9시가 넘어서 서울역에 도착했다. 숙부를 만나 국제신문의 창간호 기사 내용을 들었다. 라영호가 취재한 제주도의 내용은 없었다. 친일문제는 본격적으로 거론하고 있었는데 자칫하면 편집국장인 황동성 자신이 위태로울 판이었다. 문난설에게도 도착했다는 전화를 하였다. 라영호가 셋이서 한 번 만나자고 하였다. 여동생 유원에게는 하동명 교수를 한번 만나고 싶다는 말을 했다.

기다리던 문난설로부터 전화가 걸려왔는데 라영호는 일이 있어서 혼자 나가겠노라 했다. 잘된 일이었다.

유원은 최용학으로부터 걸려온 전화를 받고 있었다. 이방근은 유원에게 그를 만나라고 했다. 그래서 경찰서 유치장에서 12일간 구속당한 사실을 밝히라고 했다.

이방근은 잠깐 낮잠을 자는 사이에 자신이 병신이 되어 있는 꿈을 꾸었다. 자신이 병신이 되었다는 것은 제주도가 병신이 되었다는 것을 암시하는 것으로 생각했다.

이방근은 문난설을 만나 품격있는 한정식집으로 갔다. 아담한 방으로 안내되어 주문을 마친 두 사람은 깊은 포옹을 하였다. 식당을 나와 술집에 들렀다. 그리고 두 사람은 여관에서 한 몸이 된 채 밤을 지새웠다.

문난설은 지난 번 여관에서 한 몸이 되었을 때 자신의 신상에 관한 이야기를 하였다. 그녀는 우리나이로 30세였다. 결혼은 반 년 만에 파탄에 빠졌다. 부친은 북한 평안남도 식산(殖産)부장을 한 탓으로 토지, 가옥 등의 재산 일체를 몰수당하고 행방불명이 되었다고 했다. 어머니와 형제도 뿔뿔이 흩어져 소식을 모른다고 했다. 현재의 서북청년중앙회가 사용하고 있는 건물은 부친이 해방직후 사 놓은 건물인데, 육촌 오빠의 친구인 서북 사무국장 고영상이 빌려 쓰고 있다는 것이었다. 서원제 회장은 돌아가신 부친의 친한 벗이었다 한다.

이방근은 하동명 교수를 만나 이유원의 장래를 상의했다. 그 자리에서 하동명은 혁명을 위한 예술만을 강조하는 좌익의 사상에 비판을 가했다.

제주도는 심각한 국면을 맞이하고 있는 듯 했다. 며칠 내로 제주경비사령부가 설치된다는 것이었다.

최용학을 만난 유원으로부터 전화가 걸려왔다. 자신의 유치장 경력을 털어 놓았다는 것이다. 충격을 받은 최용학은 내일 다시 만나자는 말을 남기고 헤어졌다고 한다.

이방근은 문난설, 라영호와 함께 술을 마시다가 테이블 밑으로 난설의 손이 닿자 살며시 잡았다. 그녀도 그 손에 힘을 주었다. 그때 갑자기 라영호가 일어나 이방근의 뺨을 세차게 후려쳤다. 그리고는 나가버렸다.

이방근은 라영호가 문난설을 좋아하고 있기 때문이라는 말을 했다. 그러자 문난설은 그런 말은 삼가달라고 한다.

건수 당숙의 집으로 돌아오니 유원이 기다렸다는 듯이, 최용학이 모든 것을 자신의 부모에게 말했으며, 그들이 부친인 이태수에게 거만한 태도로 나오고 있다는 말을 했다.

이방근은 당숙 부부와 함께 유원의 일본행을 다시 논의했다. 모두 최용학과의 결혼을 원치 않고 있는 까닭이었다.

이방근은 일요일인 탓으로 집에 전화가 없는 문난설과 통화를 할 수 없어 그녀가 살고 있는 아파트로 찾아갔다. 그런데 그곳에 라영호가 있었다. 세 사람은 모두 놀랐다. 라영호의 '저 여자가 어떤 여잔지 아나?'라는 말에 문난설이 분을 참지 못하고 그의 뺨을 때렸다. 그리고는 라영호를 문밖으로 쫓아내 버렸다. 그녀는 흥분된 모습으로 이방근을 껴안았다. 그러나 이방근은 나갔다 오겠다며 라영호의 뒤를 쫓았다.

라영호를 발견한 이방근은 식당으로 들어가 해산물 찌게와 맥주를 시켰다.

라영호는 문난설과 잤다고 했다. 이 말을 들은 이방근은 문난설에게 혐오감을 느꼈다. 라영호의 소설 팬으로 만났다던 그녀가 거기까지 발전한 줄은 몰랐던 것이다. 라영호는 역시 문난설을 포기하지 못하고 있었다.

이방근이 문난설의 아파트를 다시 찾았을 때는 두 시간 이상이나 흘러 6시가 다 되어 있었다. 아무리 두드려도 반응이 없었다. 길거리를 헤매다 다시 그녀의 아파트를 올려다보았지만 불빛이 보이지 않았다. 문 앞에서 벨을 한 번 누르고는 간단한 사정을 적어 밑으로 밀어 넣었다.

<제23장>

이튿날 아침 갑작스레 이방근이 제주도로 떠난다는 말을 하여 유원을 비롯한 집안사람들은 놀라게 하였다. 실은 양준오로부터 급히 내려와 달라는 편지가 와 있었다.

10월에 들어서면서 한국정부는 제주경비사령부의 설치 등 강력한 대응을 준비하고 있었다.

라영호가 문난설에 끝까지 집착한다면 이방근은 물러나야겠다는 생각을 했다. 그전에 문난설을 한 번 만나보고 싶었다.

문 밑으로 밀어 넣어 둔 메모를 읽었다며 문난설이 전화를 걸어 왔다. 이방근이 내일 제주로 떠난다는 말을 하자 같이 가겠다고 했다.

이튿날 그녀가 서울역에 나왔다. 자신과 라영호와는 아무런 일도 없었다고 했다. 제주도에 따라가고 싶지만 꼭 참석해야 할 결혼식이 있다며 못내 아쉬워했다. 이방근은 문난설의 사랑을 느꼈다. 이제 그는 라영호에게 질투를 느끼지 않게 되었다.

제주에 내려온 이방근을 만난 양준오는 조직에서 자신에게 입산하라는 지시를 내렸다는 말을 했다. 이방근은 왠지 불길한 예감이 들었다. 이방근은 양준오의 입산을 반대했다.

혁명을 입에 담는 것만으로 아무런 생각을 하지 않아도 되는 머리들, 용감한 혁명적 발언, 원칙론만 내세우는 것만으로 모든 것을 대체

할 수 있다고 생각하는 의식구조. 그리고 혁명이라는 말 앞에 '반'을 붙이기만 하면 상대를 단죄할 수 있고, 반혁명이라는 낙인을 찍음으로써 자신을 절대화할 수 있다는 생각의 소유자들.

양준오는 10월 20일경에 여수 제14연대의 1개 대대가 증원 되어 온다는 소식을 전했다. 이방근은 여수 14연대라는 말을 듣자마자 정신이 번쩍 들었다. 유원이 부산항을 출발하는 날이 20일 경이라서 그랬던 것인데 왠지 불길한 생각이 들었다.

제주도는 이미 S리의 중동(中洞)에서 자행된 만행과 같은 빨치산의 공격에 대한 토벌대의 보복성 주민 탄압이 극에 달해있었다.

이방근은 4·3봉기의 필연성은 인정하면서도 장기적인 전망도 없이 무계획적으로 일으킨 무장투쟁이라는 면에서 비난을 면하기 어렵다고 주장한다. 그러나 양준오 자신은 이방근처럼 자유인이 아니고 조직의 결정을 따라야 할 조직원에 불과하다며, 입산해도 서운한 점은 없다고 했다.

이방근은 선박으로 빨치산 탈출을 계획하고 있다는 말을 했다. 20톤급 한 척이면 100명은 태울 수 있으므로 몇 척만 있으면 전원을 탈출시킬 수 있다는 것이다. 그러나 양준오는 그것이 패배주의를 부채질할 수 있다는 말을 한다. 그러면서 입산하겠다는 마음에는 변함이 없다고 했다. 그때 이방근이 그의 뺨을 때렸다.

'노예 민족은 노예로 있는 한 인간이 아니다. 독립을 위해 반항함으로써 인간인 것이고 그것이 자유다' 양준오는 일본에서 유치장에 갇혀 있을 때 이방근으로부터 들은 말을 되뇌었다. 이제 와서 왜 그러느냐는 의미였다.

이방근은 반조직적인 행동이 오히려 선(善)이 될 수도 있다며, 그 선이라는 것은 제주도를 탈출하는 것이라고 했다.

수백에 불과한 빨치산들은 몇 사람 또는 많아야 열댓 명이 그룹으로 분산되어 움직이는 모양이었다. 상식적으로 생각해도 이들이 완전무장한 수천 내지 일만이 넘는 정규군을 상대해서 이기기는 어려운 일이었다.

그런데 탈출했던 김성달이 응원부대를 이끌고 상륙했다는 소문도 있었고, 소련 잠수함을 타고 왔다는 소문도 있었다.

이방근은 한복차림의 한성주와 만났다. 민족주의자이며 변호사인 그는 일제치하에서 항일투쟁을 하다가 대전 형무소에서 일 년을 보낸 적도 있어서, 이방근을 형무소 수감기간이 같은 동기라며 친근감을 표시했다. 한성주는 제주도의 평화를 위해 강몽구를 만나고 싶다며 주선을 부탁했다. 그런데 추진위원에 부친인 이태수도 끼어 있다고 했다. 그리고 서북이 방해를 할지도 모르니 이를 막아달라는 부탁도 했다. 필요한 자금은 준비하겠다고 했다.

이방근은 여동생 유원의 중매인으로 결정된 한성주에게 그간의 사정을 설명하고 이일에서 물러날 것을 요청했다. 한성주는 그런 사실을 몰랐다며 오히려 고맙다는 인사말을 했다.

이유원이 최용학에게 자신의 구속 수감되었던 사실을 털어놓은 다음부터 최용학의 양친이 고자세로 나오자, 부친 이태수는 빨간 물이 들은 딸자식과는 의절할 것이며 앞으로 집안에 한발작도 들어오지 못할 것이라는 말을 했다. 유원과 최용학의 혼인 문제는 이것으로 완전히 끝난 것이었다.

이방근이 빈 술병을 들고 부엌으로 나가 술을 담아 돌아오다가 파가저택(破家瀦宅)이라는 말을 떠올리고는 자칫 술병을 놓칠 뻔하여 '앗' 하는 신음소리를 내었다. 술이 흘러 떨어졌다. 부친이 무슨 일이 있었는지 물었다. 파가저택이란 말이 생각나서 부정을 씻어내려고 마당에 술을 좀 뿌렸다고 둘러대었다.

　부친은 자리에서 일어나더니 술병을 들고 마당으로 나가 술을 뿌려 대기 시작하였다. 술 냄새가 진동을 하자 놀란 선옥이 뛰어나왔다. 부친은 이제 파가저택이 사라졌다고 중얼거렸다.

　서울에서 유원이 전화를 걸어왔다. 이방근은 모든 일이 잘 됐으니 걱정 말라고 했다.

　한대용이 일본에서 돌아와 인사차 들러 강몽구가 성내에 와 있다는 말을 했다. 좀 있자니 고기집 주인 송 씨가 와서 강몽구가 송래운 선주와 함께 기다린다는 전갈을 해왔다. 송래운 선주와는 어제 만나서 자신의 계획을 대충 말했는데 매우 놀라며 원칙적으로는 찬성이지만 빨치산 측으로부터 패배주의자라고 공격받을 수도 있다며 주의를 요했다.

　이방근은 강몽구를 만나서 한성주가 만나고 싶어 한다는 말을 전했다. 그리고 빨치산의 탈출계획에 대해서도 슬며시 말을 꺼냈다. 강몽구는 껄껄 웃으며 말도 안 되는 소리라 했다. 이 소문이 잘못 전달되면 조직이 와해될 것이라 했다.

　이방근과 부친 이태수 사이에 화해가 시작되고 있었다. 유원의 혼인 문제가 해소된 것이 결정적인 계기가 되었다. 부친 이태수는 한성주와 강몽구의 비밀회의 장소로 자신의 집을 사용하도록 배려했다. 놀라운 변화였다.

　10월 17일자 제9연대장 명의로 포고문이 발표되었다. 전 제주도 해안선에서 5킬로 지점을 연결하는 선 밖, 즉 한라산 쪽은 통행을 금지한다는 내용이었다. 특별한 허가 없이는 왕래할 수 없다는 것이었다. 한성주와 강몽구의 회담도 물거품이 되는 순간이었다.

　이방근은 부친 이태수에게 유원에게 남은 것은 일본 유학뿐이라는 생각을 말했다. 유원이 이곳에 있으면 혁명의 대열에 휩쓸릴 것이 뻔하다는 것이었다. 그리고 유학은 담임 교수가 추천하고 본인이 원했던 것이라는 점도 일깨웠다. 그리고 출발이 10월 20일이라는 것을 고했다. 그리고 자신도 꼭 문난설이 아니더라도 결혼을 할 것이라는 말도 했다.

　부친 이태수는 유원의 일본행을 허락했다. 그러나 출발까지 시간이 너무 촉박했다.

　한대용의 배가 22일 밤 10시에 조천면 T리에서 출발하기로 최종 결정되었다. 24일이면 부산을 출항할 것이다.

　유원을 마지막으로 만나기 위해 20일 밤배로 제주를 떠나려던 부친 이태수의 계획은 배의 운항이 취소되는 바람에 물거품이 되고 말았다.

　그리고 놀라운 소식은 19일 밤 여수 주둔 제14연대 제1대대 장병들이 명령을 거부하고 연대 약 3천명의 병사들이 반란을 일으켰다는 것이었다. (제6권 끝)

<제24장>

　국방군의 반란은 우연의 일치였지만 제주 빨치산은 수세에서 공세로 임전태세를 전환시켰다.

　남승지가 성내로 온 것은 22일 밤 7시 무렵이었다.

　자세한 것은 잘 몰랐지만, 남승지 자신은 마치 목전에 혁명의 성취가 다가온 것처럼 착각에 빠질 정도로 흥분하고 있었다.

　남승지의 임무는 제주도 인민유격대장 이성운의 이름으로 선전포고가 임박해짐에 따라, 그 내용을 전단지로 만들어 배포하기 위한 인쇄를 하라는 명령을 한라신문에 전달하기 위한 것이었다.

　골목으로 들어선 남승지는 커다란 남자의 그림자에 놀랐다. 등이 굽은 모습이 이방근에 틀림없었다. 두 사람은 남승지가 임무를 마친 뒤 다시 만나기로 했다.

성내지구책임자 유성원(兪成源)은 3000매를 인쇄하라는 명령에 당혹스러워했다. 그러나 조직의 명령을 거부할 수는 없었다.

이방근과 만난 남승지는 이태수의 집으로 갔다. 별채에서 몰래 자기로 했다. 양준오가 왔다.

이방근의 방으로 부친 이태수가 오고 있다고 급한 목소리로 부엌이가 말했다. 남승지는 급히 뒤뜰 쪽으로 나갔다. 부친은 여수와 순천이 탈환되었다는 이야기를 하였다. 이방근의 어조는 이전과 다르게 부드러웠다.

부친이 돌아가자 방으로 돌아온 남승지는 여수 순천이 탈환되었다는 이야기를 믿으려하지 않았다.

남승지로부터 이성운 사령관 명의의 선전포고를 담은 내용의 전단지 인쇄에 대한 이야기를 들은 이방근과 양준오는 매우 당혹스러워 했다. 한라신문의 김문원(金文源) 편집국장은 이미 명령을 전달받고 인쇄를 시작했을지도 모른다. '결사적인 인쇄군'이라고 이방근이 한마디 했다. 남승지는 비로소 이번 일이 간단하지 않다는 것을 깨달았다.

남승지는 조직에서 이 집을 아지트로 사용하고 있다는 사실을 이방근이 이미 알고 있다고 부엌이로부터 들었다. 그래서 직접 이방근에게 실토했다. 이방근은 용서할 수 없다고 하면서도 더 이상 말하지 않았다.

남승지는 양준오에게 입산 지시를 전달하고는 굳게 악수했다.

남승지는 국방군에 의해 어이없이 여수와 순천이 탈환된 것에 적지 않게 실망했다. 그래도 선전포고 전단지를 살포하게 될 24일 아침까지 이곳 골방에서 지내야 했다.

유성원의 말에 의하면 한라신문 김문원은 처음에 전단지 인쇄가 불가능하다며 거부의사를 밝혔다고 한다. 김문원은 우유병 밑바닥 같이 두꺼운 렌즈를 낀 심한 근시였는데, 일제치하 말기에 일본군의 징병을 피하기 위하여 일부러 나쁘게 했다는 소문이 있었다.

남승지는 지도부의 잘못된 판단을 자신이 전달하고 이행을 강요한 것에 대해 마음의 고통을 느끼고 있었다.

22일 오후 8시 반경에 여수와 순천을 모두 탈환했다는 내용의 이승만정부의 발표가 있었다.

제주경비사령부의 투항권고 전단지가 비행기로 살포되고 있었다. 남승지는 증거물로 투항권고 전단지와 여순사건 발표문을 접어 호주머니에 넣었다.

양준오와 남승지가 이방근과 이야기를 나누고 있을 때 밖에서 이태수의 헛기침 소리가 들렸다. 남승지는 재빨리 테이블 밑으로 들어갔다. 무슨 소리가 난 것 같은데 밖에 경찰이 왔었냐고 묻고는 돌아갔다.

이튿날 유성원은 각 아지트의 세포책임자를 불러 전단지를 전달했다. 남승지는 부엌이로부터 전단지를 받았다. 과연 삼엄한 경비 속에서 전단지가 뿌려질 수 있을까.

이방근은 읍사무소 부근에서 바람에 날리는 몇 장의 전단지를 보았다. 뿌렸다기보다는 일정한 장소에 놓여있었다. 이방근의 부친 이태수는 글씨를 보고는 한라신문에서 인쇄했다고 단정했다.

집집마다 경찰의 일제 수색이 시작되었다. 이방근 댁에도 왔다가 몇 마디 말을 나누고는 그냥 나갔다. 그러나 경찰은 살기등등했다.

유성원은 체포를 면했지만 한라신문 김문원은 오전 중에 체포되었다는 소문이 돌았다. 그리고 성내의 지하당조직세포원들이 거의 다 체포되고 말았다. 사전에 정보 누출이 없다면 불가능한 일이었다. 이방근은 절망 속에서 유달현의 이름을 부르며 분노를 새기고 있었다.

　유달현도 일단 체포되었으나 그것은 위장일 것으로 생각되었다. 백 명에 가까운 조직원이 체포되었는데 그것은 전단지가 뿌려진 것을 결정적인 계기로 삼은 경찰이 그동안의 정보를 토대로 움직인 때문이었다.

　남승지의 좌절은 컸다. 또한 허무주의자 이방근의 유달현에 대한 증오도 불타올랐다. 그의 배후에는 정세용이 있다는 것을 생각해야 했다.

　이방근은 한라신문에서 전단지가 인쇄된 사실에 충격을 받은 부친을 식산은행까지 동행하였다. 예전에 없던 일이었다.

　떠나려던 남승지는 양준오와 포옹을 하고 두 손을 맞잡았다. 그 위로 눈물이 방울져 떨어졌다. 밖에서 들리는 간헐적인 총소리는 공개처형장에서 들리는 소리라 했다. 김문원도 처형된다고 하였다. 남승지는 '아이고―' 소리와 함께 양 손으로 얼굴을 덮었다.

　현재 제주도 각지에서 주민들에 대한 잔혹한 학살과 고문이 자행되고 있었다.

　과연 이방근에게 유달현을 심문하고 처단할 권한이 있는가. 그러나 이방근은 조직에서 할 수 있는 여건이 안 된다면 개인적인 심문을 해야겠다는 분노로 끓었다.

　양준오는 허무주의적인 이방근이 어떻게 이렇게 혁명적이 되는지 의아스럽다고 했다.

　집안일을 거들어 주던 '고네' 아주머니가 아들이 경찰서로 잡혀갔고 고향의 여동생이 학살당했다며 넋을 놓고 울었다. 이방근은 살아남은 동오(東吾) 소년을 위해 그녀의 어머니 시신을 찾아주려고 K리로 들어갔다.

남도당원이며 포로수용소장이었던 오균 소령은 마침내 부관과 함께 체포되었다.

이방근이 K리로 들어가자 백 여구 정도 되는 시체들이 처참하기 이를 데 없었으며 아이들도 섞여 있었다. 까마귀들이 주위를 맴돌고 있었다. 동오 친척과 동행하여 간신히 찾아낸 그의 모친의 시체를 지게에 짊어지고 그들이 살던 집으로 가 뒤뜰에 묻었다. 소년의 어머니는 좌익과는 아무런 관계도 없는 사람이었다. 집으로 돌아온 이방근은 땅속으로 꺼질 것처럼 무거웠다.

마침내 양준오와 남승지는 굳은 악수를 나누고 떠났다.

<제25장>

수 킬로 떨어진 R리에서 불타는 냄새가 열린 뒷문을 통해 서재로 들어온다. 빨치산의 식량으로 쓰이는 것을 막기 위해 말 같은 동물도 태우는데, 그 냄새 속에는 가축뿐이 아닌 인간의 육신도 섞여 있는 것이었다. 그리고 불타고 있는 것은 R리만이 아니고 5킬로 이상의 중 산간지대 여러 곳에서 계속되었다.

임진왜란 때 왜병들이 하던 짓을 본뜬 것인지 빨치산을 사냥한 증거로 오른쪽 귀를 잘라오면 포상금을 주다보니, 서로 다른 부대가 자신들의 수를 늘리려고 왼쪽 귀를 잘라오는 경우도 많아서 나중에는 목을 잘라오도록 했다. 이것이 희생자를 더욱 늘리는 결과를 초래하였다.

한대용은 이방근의 배로 10월 20일경 부산을 경유해서 유원을 싣고 일본으로 가려던 것을 한 달 가량 연기하여 이번 달 20일경에 출발하기로 결정하였다. 오늘이 11일로 열흘 가량 남았다.

현재의 상황은 송일찬(宋一贊) 제9연대장의 지시로 해안부락을 중심으로 전략촌을 만들기 위한 축성 작업이 한창이었다. 이태수 집안에서는 부엌이가 3일 참가한 것으로 끝냈다.

여순사건은 반란군과 행동을 같이 했던 좌익 단체들도 진압군과 마찬가지로 자신들의 말을 듣지 않는다는 이유로 많은 주민을 학살하였다. 이곳 제주도에서도 빨치산들이 주민을 살해한다. 최근에도 한림면 고산리(高山里)에서 빨치산에 의한 서북 못지않은 잔혹한 주민 살해가 있었다.

13일 새벽 무렵 이방근의 하숙집에 여자 빨치산이 찾아들자, 주인아주머니가 놀라며 맞아들였다. 신영옥이라는 성내지구 여성동맹부위원장을 맡고 있던 여성이었다. 이방근이 이사 올 때 방안 구석에 머리카락이 한 가닥 매달린 머리핀을 주어올리고는 감상에 젖어 바라본 적이 있었는데 그 소유자였다.

주인아주머니는 자수를 시켜야할지 고민이라며 이방근이 직접 신영옥과 한 번 만나줄 것을 부탁했다.

한대용이 찾아왔다. 사흘 뒤인 20일 토요일 밤에 한림에서 배를 띄운다고 했다. 토벌대의 묵인은 받아낼 수 있으나 경찰이 문제라고 했다. 부산에는 21일 밤에 도착하게 되고, 22일 부산을 떠나게 된다. 이방근은 서울에 전화를 걸어 일정을 전했다. 부친은 이태수가 밀선을 타고 부산까지 가기는 어려웠다.

신영옥도 결국은 자수를 하지 않고 이방근의 배로 일본에 가기로 했다. 그녀는 고마움의 표시로 큰절을 하다시피 했다.

갑자기 트럭 운전수 박산봉이 찾아와 유달현이 출옥했다는 정보를 전했다.

한대용이 신영옥 이외에 성내의 한사람이 또 승선하기로 되어 있다는 연락을 해왔다. 그것은 유달현일 것이 틀림없었다.

이방근은 신영옥과 함께 택시를 타고 배가 있는 곳으로 향했다. 그녀가 갑자기 검은 머리와 함께 온 몸을 던져왔다. 깊은 포옹이 한동안 계속되었다. 선생님이라 부르는 그녀의 신음소리 위에 입술을 포개었다.

경찰을 무마시키기로 한 지서장이 모습을 감추었다 한다. 배가 닿는 곳에는 군이 경찰의 출입을 막고 있었다. 그래도 배가 출항을 하면 경찰이 발포할 것이 틀림없었다.

이방근과 신영옥은 한대용과 함께 선실에 타기로 되어 있으나, 나머지 밀항자들은 화물창에 타게 된다. 배가 출발하자 경찰들이 일제 사격을 해왔다. 그러나 완전히 불빛을 차단한 채 출항하는 배의 정확한 위치를 알 리가 없었다.

배가 출항에 성공하여 본격적인 항해를 시작하자 이방근은 유달현을 불러오라고 했다. 이방근을 본 유달현은 소스라치게 놀랐다.

이방근이 추궁을 시작하자 '자네가 무슨 자격으로 심문하는가'라는 항변을 했다.

그러자 이방근은 '조직이라면 심문을 받겠다는 것이냐'는 대답을 한다. 그러면서 '나 개인은 보복의 단순한 수단에 불과한 것이고, 보복의 의지는 제주도민 전원의 것이다. 제주이건 세계이건 나를 초월한 보편적인 것이다'라고 덧붙인다.

이방근이 정세용과의 관계를 들춰내며 유달현을 추궁하자 얼굴이 새파랗게 질렸다. 이방근이 성내조직에 대한 정보를 정세용에게 넘긴 것에 대해서도 언급하자 강력히 부인하였다.

이방근은 유달현에게 마치 판사의 판결문 같은 내용으로 그의 죄를 정리한다.

"자네는 친일파의 A급 전범에는 들지 않지만, 충실한 황국신민으로서 친일사업에 헌신하여 경시청으로부터 표창까지 받았다는 것을 알고 있다. 지금 이 나라는 과거의 친일파에 의해 지배되면서 과거의 애국자가 학살되고 해방조국의 역사에 씻을 수 없는 오물을 뿌려놓고 있다. 자네는 결국 같은 길을 걸었다. 그리고는 일본으로 도망치고 있다."
주변에서 다른 밀항자들이 이 광경을 지켜보고 있었다. 밀고자를 마스트에 매달자고 누군가 외쳤다. 바다에 처넣어버리라는 분노의 목소리도 들렸다.

밀항자들이 유달현을 마스트에 매달았다. 그리고는 쇠막대 같은 것으로 그의 발바닥을 세게 갈겼다. 이방근은 그들의 행동을 제지했다.

유달현은 마스트에 매달 때 얼굴을 세게 부딪친 탓으로 얼마 후에 죽었다. 춥다는 말과 함께 까마귀들이 자신을 향해 덤벼든다며 살려달라는 말을 하더니 숨을 거두었다. 결국 아무런 자백도 하지 않은 것이다.

유달현의 죽음을 의도한 것이 아니었던 이방근은 충격을 받았다. 유품으로는 가방과 코트, 그리고 사냥모자와 30만 엔의 거금을 남겼다. 30만 엔은 그의 배신의 대가였다.

한대용의 공작에 의해 경찰의 호위를 받으며 배는 부산을 떠났다.
당숙 이건수 부부와 함께 나온 이유원은 오빠 이방근을 껴안고 볼을 비비며 눈물을 마구 쏟았다. 신영옥은 이 모습을 지켜보고 있었다.

당숙과 함께 8시발 급행열차를 탔다. 오후 6시경에 서울에 도착했다. 문난설이 마중 나와 있었다. 당숙이 신문사에 들른다며 먼저 택시를 타고 떠났다.

이방근은 문난설을 따라 그녀의 아파트로 갔다. 그들은 여러 차례의 희열 넘치는 관계를 가졌다. 결혼에 대한 그녀의 물음에 같이 사는 것은 좋지만 결혼이라는 제도에 얽매이기는 싫다고 했다.

이튿날 건수 당숙은 23일 제주도에 계엄령 포고 제1호가 발표되었다는 소식을 전하며 제주도 사태가 최종단계에 접어든 것 아니냐는 말을 했다.

저녁에 다시 문난설을 만났다. 그녀는 라영호와 관계는 있었으나 그는 고문의 후유증으로 불구라 했다. 그들은 다시 불붙는 정열을 불태웠다.

라영호는 문난설으로부터 이방근과의 결혼을 암시하는 말을 듣고 충격을 받은 모양이었다.

이방근은 문난설의 친척으로 서북간부인 문동준(文東準)이 가족의 대표로 인사하고 싶다는 요청을 받고 만났는데, 그가 제주지부장 함병호의 보고서에 의한다며 정세용이 4·28평화협상의 파괴자라는 확실한 증언을 했다. 제주경찰의 평화협상 파괴음모를 밝히려 했던 고(高)경위를 사살한 것이 정세용이었다는 것이다.

이방근은 자신이 서북패들로부터 철저한 반공주의자로 불리는 이유를 생각해보았다. 그 이유는 공산주의자들이 '개인의 자유는 혁명에 종속된다. 그것이 혁명이라는 역사적 과도기이며 우리들의 존재의 역사성이 된다.'라고 하는 것에 대해, '그러나 나는 개인의 자유가 그 절대적인 과도기 역사의 깨끗하지 못한 탁류에 휩쓸려버리는 것을 원치 않는다.'며 본질적으로는 혁명의 방식에 절망하고 있는 그의 생각의 한 면만이 서북패에게 비치는 모양이었다.

이방근은 12월 7일 제주도로 출발을 앞둔 일요일을 문난설의 아파트에서 함께 보냈다. 문난설은 길고 서러운 통곡을 하였다.

이방근은 황동성에게 받은 권총을 건네받았다.

<제26장>

해안선에서 5킬로 이상의 중 산간 지역의 주민들은 "입산은 애국, 하산은 매국!"이라는 빨치산 측의 선동에 휩쓸려 입산한 채 굶어죽고 얼어 죽는 생지옥을 살고 있었다. 살아남은 사람들도 언제 토벌대의 수색에 걸려 목숨을 잃을지 알 수 없었다.

남승지는 무기가 부족하여 창을 들고 빨치산에 섞여 있었다. 그런데 이방근이 빨치산을 밀항시킨다는 소문이 들렸다. 그것은 반조직, 반혁명적인 이적행위였다.

여동생이 서북군인과 결혼했다는 소식을 듣고 제주로 온 오남주는 결국 여동생의 남편을 죽이고 입산했는데, 그의 여동생은 곧 목을 매 자살했다한다. 그가 있는 빨치산부대에 토벌대가 그의 어머니를 끌고 와서는 확성기에 대고 아들을 투항시키라 강요했으나, 그의 어머니는 '나는 어쩔 수 없이 끌려나왔으니 너는 네가 하고 싶은 대로 여동생과 나의 제사를 지내라'는 말과 함께 아들이 멀리서 지켜보는 가운데 바로 총살되었다는 소식을 남승지는 들었다.

남승지는 본토에서 온 군사고문 조직책의 혐오스럽던 말이 생각났다. 그는 배후지가 없는 고도(孤島)의 절망적인 빨치산 투쟁의 전망에는 한마디 언급도 없이 그저 혁명정신에 의한 무장과 무기에 의한 무장투쟁을 강조했을 뿐이었다.

이방근의 계모 선옥이 특별통행증을 발급받아 관음사에 불공을 드리러 부엌이와 함께 왔다. 남승지는 부엌이에게 이방근과 유원의 안부를 물었다.

관음사에서 조직회의가 열렸다. 앞으로 예상되는 학살과 초토화 작전을 대비한 지구전이 필요하다는 강몽구의 보고가 있었다. 그리고 이방근의 조직파괴행위는 막아야한다는 결론을 내리고 남승지가 이방근을 만나서 경고하기로 했다.

남승지는 성내 조직원들이 숨어있는 아지트를 찾아가 양준오를 만났다. 그는 빨치산 조직의 지리멸렬한 실태에 대해 매우 실망하고 있었다. 그리고 이방근의 빨치산 탈출계획을 조직파괴로 보지 않는다는 말을 했다.

<제27장>

이방근은 목포에서 밀항선을 타고 제주로 왔다. 이방근이 돌아온 지 열흘이 지난 11월 20일이 돼서야 한대용이 돌아왔다. 여동생 유원은 동경의 M음대의 3학년에 편입했고, 당분간 일본인으로 귀화한 이방근의 친형 용근의 집에서 지내기로 했다 한다. 이방근은 안도의 한숨과 함께 반민족적행위라는 씁쓸한 마음이 교차하였다. 신영옥은 오사카에서 조선요리점을 하고 있는 하숙집 주인 현기림의 딸 부부의 일을 도와주면서 앞으로의 일을 계획하고 있다 하였다.

이방근은 유달현이 밀항선을 타기 전에 자신에게 부친 편지를 읽었다. 철저한 거짓으로 일관하고 있었다.

이방근은 정세용에게 전화를 걸어 만났다. 유달현이 바다에서 죽은 일을 말해주고 정세용의 그와의 관계를 추궁했다. 관련 사실들을 부인하는 정세용에게 '하산하던 빨치산 습격사건에 대해 증언하려던 고 경위를 죽인 것이 당신'이라는 것을 알고 있다고 했다. 정세용은 이방근의 뺨을 세게 때렸다.

이방근의 눈앞에는 유달현의 머리가 수박처럼 해면에 떠다니더니 어느 틈에 정세용의 머리로 바뀌어 있는 모습이 펼쳐졌다.

이방근은 깊은 생각에 잠겼다.

"아마도 너무나 자유로워서 타인을 죽일 수 있는 인간은 역설로서 살해될 수 있는 자유를 갖지 않으면 안 될 것이다. 그러기위해서는 살해되는 것이 자유라고 의식할 수 있는 위대한 정신과 감정이 필요하다. 너무나 부자유한 인간이 있어서 내가 너무도 자유롭다는 이유로 죽인다면 나는 죽어도 좋다. 수지가 맞는 장사다. 그러나 자유는 그런 것이 아니다. 타인을 지배하지 않고, 자신의 내부에 지배할 필요가 없는, 권력을 추구할 필요가 없는 자유의 힘을 가진다. 살인은 자유가 아니다. 자유를 잃기 때문에 자살을 한다. 인간은 사람을 죽이기 전에, 적어도 동시에 자신을 죽이지 않으면 안 된다. 즉 자살할 수 있는 인간은 살인을 하지 않는다. 따라서 가장 자유로운 인간은 사람을 죽여서 타인을 범하는 일은 하지 않을 것이다. 살인하기 전에 자신을 죽이는, 즉 자살을 하기 때문이다."

12월 31일 계엄령이 해제되었다.

남승지가 부친의 집에 있던 이방근을 찾아왔다. 찾아온 이유를 알고 있는 이방근은 자신이 탈출자 모집을 한 일이 없고, 그저 경찰에 쫓기는 사람들을 밀항시키고 있을 뿐이라 했다. 이방근은 양준오나 남승지와 같은 인간이 까마귀밥이 되는 것을 보고만 있을 수 없다는 생각을 할 뿐이었다. 이방근의 말에 안심한 듯한 남승지에게 유원이 일본으로 갔다고 알려줬다. 남승지는 매우 놀란 얼굴을 하였다.

계엄령이 풀린 1948년 섣달 그믐날의 성내의 밤은 한 발의 총성도 없이 지나가고 새해를 맞았다.

이방근은 남승지에게 조심해서 돌아가라며 권총을 넘겨줬다. 그리고 유달현의 죽음을 말했다. 남승지는 자연의 섭리라는 말을 했다. 그러면서 정세용은 자신들이 납치할 것이라며 언제가 좋겠는지 물었다.

이방근은 제주도에서 외적과 싸우는 것도 아닌 '동족상잔'의 비극이 일어나고 있는 것을 견딜 수 없었다.

정세용이 문난설의 나체 위에 올라타고 있는 꿈을 꾼 이방근은 그 의미를 이해하기 어려웠다.

미군이 한라산을 향해 목표 지점도 없는 함포사격을 실시하였다.

1월 8일 심야에 이성운이 이끄는 빨치산부대가 성내의 관덕정(觀德亭) 광장에 나타나 경찰서와 관공서 건물을 공격하고 퇴각하였다.

1월 9일에는 라디오에서 친일파 검거 제1호로서 박흥식(朴興植) 화신백화점 사장을 연행했다고 전했다.

부엌이는 밖에 나갔다가 경찰서에서 나오는 부스럼영감을 만났는데 모르는 체 지나가더라는 말을 이방근에게 했다.

Y마을이 초토화되면서 문중의 주요 인물 중의 하나였던 이문수(李文洙)와 가족들이 살해되고 결혼문제로 이방근과 대립하던 그의 아들 이상근(李相根) 만이 살아남아 당분간 집으로 와서 같이 지내게 되었다. 이방근이 데리러 갔을 때 그는 완전히 넋이 나가 있었다.

관덕정 광장에서는 부스럼영감이 빨치산의 목을 짊어지고 다니며 신원을 확인하는 것을 부엌이가 보았다 한다. 그 목에는 빨간 동백꽃이 얹혀있었다고 한다.

<終章>

새해에 들어서면서 반민특위(反民特委)의 활동으로 친일파 검거가 계속되자, 친일파 정치세력에 기반을 두고 있던 대한민국 정부의 존립을 흔드는 사태를 초래했다.

반민특위에 의한 수도 경찰청 간부인 노일배(盧日培)의 체포가 있자 이승만은 반박성명을 발표했다.

  자신이 친일파였음에도 불구하고 이를 청산하기 위한 기사를 주도적으로 실어오던 황동성이 1월 말에 체포되었다는 소식을 문난설이 전했다. 문난설은 애절한 목소리로 만나고 싶고 사랑한다는 말을 반복했다. 문난설은 이방근이 용이 되어 바다 속으로 들어가는 꿈을 꾸었다고 했다.

  2월 7일 이광수가 반민특위에 연행되었다.

  여러 마을의 주민들이 끊임없이 처형되었다. 그 중에는 양자로 기르던 아들이 입산하는 바람에 죽을 뻔한 노파가 친아들이 아니라고 강변하여 간신히 살아난 일도 있었다. 또 남편이 빨치산으로 입산한 탓으로 처형되려는 젊은 아낙의 갓난아이를 같은 동네 아낙이 얼른 낚아채는 바람에 살린 일도 있었다.

  저녁때 집으로 돌아온 부친 이태수는 정세용이 행방불명, 즉 납치되었다는 청천벽력 같은 소식을 전했다. 남승지가 개입된 빨치산들은 성산포의 지서에 갔다 오는 정세용을 납치하는 주도면밀함을 보여준 것이다.

  정세용의 처가 이태수를 찾아와 살려달라고 애원하였다. 정세용이 납치되어 행방불명이 된지 며칠이 지나도록 경찰은 대책 없이 방치하고 있었다.

  이방근은 정세용이 죽일 가치가 있는 인간인가 하는, 살인으로부터 도망치려는 의식의 움직임에 흔들렸다.

  모레 산의 아지트로 와달라는 강몽구의 연락이 송래운 선주를 통해 이방근에게 전달되었다. 정세용의 심문 장면을 보고 싶어 하던 박산봉의 실망은 컸다. 그는 입산 허가를 받지 못했기 때문이었다.

  이방근은 두 청년에게 산속의 아지트로 안내되었다. 중 산간 마을에서 야윌 대로 야윈 남승지가 기다리고 있었다. 궁지에 몰린 빨치산들의 모습을 상상할 수 있었다. 아지트에서 만난 강몽구에게도 예전의 정기는 사라져 있었다.

증언은 필요 없고 정세용 앞에 모습만 보이면 된다고 했다. 무장한 빨치산이 앞서고 강몽구, 남승지와 함께 이방근이 동굴 밖으로 나왔다. 총살시킬 예정이라는 말을 들은 이방근은 자신이 하겠다고 나섰다. 정세용을 끌고 나왔다. 그는 이방근을 보고 얼굴에 핏기가 가셨다.

눈이 가려진 정세용은 이방근에게 살려달라고 애원했다. 이방근은 권총을 받아들고 정세용의 앞에 섰다. 이방근은 총을 들었지만 쏠 수가 없었다. 정세용이 눈가리개를 치우라고 소리치자 강몽구가 그렇게 해주라는 신호를 보냈다. 빨치산 대원 하나가 눈가리개를 치우고 정세용이 이방근을 올려다보는 순간 권총이 불을 뿜었다. 동굴로 돌아온 이방근은 죽은 것처럼 잠들었다.

죽이지 못하는 이유는 살인행위보다는 그 결과가 견디기 힘들어서, 그 때문에 살해에 대한 공포를 가지는 것인데, 그것을 극복한 결과로서 지금의 상태는 살해라는 행위에 지고 말았다는 것인가. 살인 이전에 두려워하고 예상했던 일이, 지금 그렇게 되어 있었다.

그래도 이방근은 정세용을 살해한 것에 만족하고 있었다. 그리고 자신은 다시 사람을 죽일 수 있을 것이라는 생각을 했다.

이방근은 정세용의 목이 남문거리의 변두리 무선전신국의 문기둥에 걸려있다는 말을 듣고 매우 놀랐다.

3월이 되자 제주도지구 전투사령부가 설치되고, 국방군 정예병 3천여 명, 경찰 1천2백여 명, 그 외의 우익 테러단체가 투입되어 입체적 섬멸작전이라 불리는 대공세가 시작되었다.

이방근의 빨치산 탈출계획은 더 이상 비난받을 일이 없어졌다. 조직이 거의 붕괴되어 그럴 여력도 없었다.

토벌대가 빨치산의 아지트인 관음사를 불태웠다.

빨치산의 패배와 함께 하산자(下山者)가 줄을 이었다. 주정공장에는 2백 명 남짓한 하산자가 수용되어 있었다.

계모 선옥은 4월 5일 이른 아침에 무사히 아들을 출산했다. 이방근은 기뻤다. 학살의 폐허 속에서도 생명이 태어난다는 경외감을 느꼈다. 동생은 이춘근(李春根)이라 이름이 붙여졌다.

부엌이가 주정공장으로 끌려가는 남승지를 보았다고 했다. 이승만이 제주도에 오기 전날의 일이었다. 남승지를 살리고 싶다는 생각을 부친인 이태수에게 털어놓았다. 부친은 놀라는 기색이었지만 반대하지는 않았다.

이방근은 서북제주지부 함병호 회장을 만났다. 남승지 건으로 150만 엔을 준비하기로 했다. 웬만한 집 한 채 값이었다.

함병호의 노력으로 남승지는 석방되었다. 이방근은 2, 3일 내로 제주를 떠나라고 했다. 남승지는 거부했다. 그러나 이방근은 단호했다.

양준오는 조직을 비판하는 발언으로 처형되었다고 했다. 이방근은 하늘이 무너져 내리는 느낌이었다.

이방근은 동경 M음대의 주소와 기숙사 전화를 메모한 쪽지를 남승지의 윗옷 주머니에 찔러 넣었다. 그리고 자신의 시계를 풀어 주었다. 바닷바람을 맞으며 두 사람은 깊은 포옹을 했다. 남승지는 오열을 터트릴 것 같은 얼굴을 하였다.

학살은 계속되어 관덕정 주변은 시체가 쌓여갔다. 토벌작전도 막바지에 접어들자 부스럼 영감의 일거리도 없어졌다. 그는 자취를 감추었다.

이방근은 박산봉이 구(旧)서북, 대한청년단사무소에 폭탄을 던져 지부장 함병호와 함께 죽었다는 말을 부엌이를 통해 듣고 매우 놀란다.

1949년 5월 15일 제주도지구 전투사령부가 해산되었다.

6월이 되었다. 시체들이 관덕정 광장을 가득 메운 가운데, 빨치산 사령관 이성운의 사체가 도청과 경찰서의 입구에 있는 돌문기둥에 세워진 십자가에 며칠 째 매달려 있었다. 이성운의 가족은 작년 말부터 처자는 물론 어머니를 포함한 8촌의 친척들에 이르기까지 모두 학살되었다.

6월 6일, 친일파 숙청에 위기감을 느낀 경찰은 반민특위의 국회의원과 직원, 그리고 특경대원들을 연행하고 폭행했다. 친일파를 토대로 한 신생독립국의 추악한 모습이었다. 이방근은 자신이 왜 그토록 친일파를 용서하지 못하는지 생각해 보았다.

이제 이방근의 주위에는 아무도 없었다. 남승지가 떠나고, 양준오가 살해되고, 박산봉이 폭사했다. 유원과도 두 번 다시 만나지 못할 것이다. 한사람, 사랑하는 문난설이 있었다. 그러나 이미 그녀가 사랑했던 이방근이 아니었다.

태어난 아기가 2개월 이상 건강한 울음소리를 내고 있었다. 이방근은 권총의 냄새가 밴 손으로 아기를 안을 수는 없었다. 아기의 까맣고 큰 눈동자가 빤짝거리는 것을 견딜 수 없어 시선을 돌린다. 30년 후에는 이 불행한 민족과 대지 위에도 행복이 올 것인가.

문난설에게서 다시 전화가 걸려왔다. 자신도 아이를 갖고 싶다는 말이 가슴을 도려낸다.

이방근은 자신의 살인행위를 난설에게 고백하고 싶었다. 그녀는 과연 이해할 수 있을까. 자신의 살인 행위를 어떻게 설명할 수 있을까. 그것은 불가능하다.

이방근은 산천단에 올라갔다. 목탁영감이 살던 동굴 앞에서 그가 언제가 방근에게 들려준 서산대사(西山大師)의 시를 떠올렸다.
    生也一片浮雲起死也一片浮雲滅
    浮雲自體本無實生死去來亦如然
순간 문난설의 모습이 이방근의 뇌리를 스치고 지나갔다.

살육자(殺戮者)들이 승리자로서 서울로 개선한 뒤, 폐허가 된 광야를 불어오는 바람 속에 허무는 있는가. 섬을 덮은 사체가 허무를 부정한다. 죽음의 폐허에 허무는 없는 것이다. 멀리 고원을 지난 저쪽으로 초여름 햇살로 반짝이는 부동(不動)의 바다가 보인다. 파란 허공에 총성이 울렸다. (이상 전 7권 끝)

재일조선인 문학과 민족

지은이 | 김학동

인쇄일 | 초판1쇄 2009. 04. 10
발행일 | 초판1쇄 2009. 04. 15
펴낸이 | 정구형
  총괄 | 박지연
  편집 | 강정수 이원석
디자인 | 김숙희
마케팅 | 정찬용
  관리 | 이은미
펴낸곳 | **국학자료원**
    등록일 2005 03 15 제17-423호
    서울시 강동구 성내동 447-11 현영빌딩 2층
    Tel 442-4623 Fax 442-4625
    www.kookhak.co.kr
    kookhak2001@hanmail.net

ISBN | 978-89-6137-438-5 *93900
가격 | 32,000원

* 저자와의 협의하에 인지는 생략합니다.
  잘못된 책은 구입하신 곳에서 교환하여 드립니다.